Pädagogische Anthrop

ERZIEHUNGSKONZEPTIONEN UND PRAXIS

Herausgegeben von Gerd-Bodo von Carlsburg

Band 62

PETER LANG
Frankfurt am Main · Berlin · Bern · Bruxelles · New York · Oxford · Wien

Bruno Hamann

Pädagogische Anthropologie

Theorien – Modelle – Strukturen

Eine Einführung

4., überarbeitete und ergänzte Auflage

PETER LANG
Europäischer Verlag der Wissenschaften

Bibliografische Information Der Deutschen Bibliothek
Die Deutsche Bibliothek verzeichnet diese Publikation in der Deutschen Nationalbibliografie; detaillierte bibliografische Daten sind im Internet über <http://dnb.ddb.de> abrufbar.

Die ersten drei Auflagen sind im
Verlag Julius Klinkhardt (Bad Heilbrunn)
erschienen.

Gedruckt auf alterungsbeständigem,
säurefreiem Papier.

ISSN 0723-7464
ISBN 3-631-53591-0

Europäischer Verlag der Wissenschaften
4., überarbeitete und ergänzte Auflage
Frankfurt am Main 2005

Printed in Germany 1 2 3 4 6 7

www.peterlang.de

Inhaltsverzeichnis

Vorwort

In der Geistesgeschichte unseres Kulturraums zeigt sich ein zu Zeiten unterschiedliches Bemühen um ein gültiges Welt- und Menschenbild. Auch die derzeitigen soziokulturellen Umwälzungen rücken Fragen nach Bestand und Veränderung unseres Wissens über Welt und Menschen in den Blickpunkt. In diesem Zusammenhang sehen wir uns genötigt, Probleme menschlicher Existenz und Lebensführung zu erörtern und dabei auch unser überkommenes Erziehungs- und Bildungsverständnis einer Revision zu unterziehen. Die Frage, wer und was der Mensch ist und soll, wird heutzutage in verschiedenen wissenschaftlichen Disziplinen gestellt und Antworten darauf gesucht: Geistes- und Kulturwissenschaften, aber auch Naturwissenschaften, die aus ihrer jeweiligen Sicht Kenntnisse zur Aufklärung spezifischer hierher gehörender Sachverhalte beisteuern können, sind diesbezüglich herausgefordert. Das gilt insbesondere für die Pädagogik bzw. erziehungswissenschaftliche Teildisziplinen, die menschlichen Perspektiven in allen Bildungsbereichen den Vorrang geben.

Sichtweisen, Fakta und Postulate, die für den Gegenstandsbereich der Pädagogik zentral sind, wesentliche Grundlagen, Ziele und Aufgaben pädagogischen Handelns betreffen, werden dem Fragekomplex der „Pädagogischen Anthropologie" zugeordnet und dort erörtert.

Die in der ersten Auflage der vorliegenden Arbeit skizzierten Kernfragen, unterschiedlichen Ansätze und Entwürfe einer Pädagogischen Anthropologie - wozu auch eine Ausgabe in spanischer Sprache vorliegt - wurden in der zweiten und dritten Auflage durch neu aufgetauchte oder stärker apostrophierte Fragestellungen sowie durch Aufnahme einiger pädagogisch besonders relevanter anthropologischer Konzeptionen erweitert. Die Neuausgabe (vierte Auflage) ist durch die Einbeziehung derzeitig lebhaft diskutierter Probleme und Befunde von Neurowissenschaften (Punkt 7.7) ergänzt.

Die inhaltliche Darstellung der hier behandelten Themenkomplexe zeigt folgende Markierungen: Das erste Kapitel bietet eine Kennzeichnung zentraler Aufgaben der Pädagogischen Anthropologie und die Positionen wichtiger Vertreter derselben. Im zweiten Kapitel werden markante Grundzüge des Menschenbildes und seines Wandels in der abendländischen Geschichte herausgestellt. Im dritten Kapitel folgt ein Überblick über pädagogisch besonders relevante anthropologische Ansätze, die im 20. Jahrhundert im Rahmen verschiedener wissenschaftlicher Disziplinen entwickelt wurden.

Das vierte Kapitel enthält eine interpretierende Darstellung der Strukturen des Menschen, d. h. der Eigentümlichen menschlicher Seins- und Lebensweise. Den Phänomenen der Lernfähigkeit und Erziehbarkeit und damit zusammenhängenden Problemen wird im fünften Kapitel nachgegangen. Im sechsten Kapitel wird versucht, die gewonnenen Einsichten in die menschliche Existenzweise zusammenzufassen und pädagogische Folgerungen zu ziehen.

In dem siebten Kapitel (Anhang) sind in jüngerer Zeit deutlicher in den Vordergrund getretene Probleme und Diskussionspunkte thematisiert. Dabei werden Fragestellungen wie geschlechtsspezifische Differenziertheit, Lebenslauf und Erziehung, Identität als anthropologisches Problem und pädagogische Aufgabe, der Mensch im Spannungsfeld von Natur und Kultur, der Mensch aus der Sicht von Molekularbiologen und Morphologen, pädagogisch-anthropologische Relevanz neurowissenschaftlicher Erkenntnisse differenziert behandelt.

Heidelberg, im Juli 2004 Bruno Hamann

1. Die anthropologische Besinnung in der Gegenwart und das Problem einer Pädagogischen Anthropologie

Wie die Geistesgeschichte zeigt, hat die Frage nach menschlicher Seinsweise und nach dem Sinn menschlicher Existenz immer eine Rolle gespielt. Zu einem ausdrücklichen Gegenstand der Forschung wurde der Mensch allerdings erst im 20. Jahrhundert. Man sucht nach einem neuen Verständnis des Menschen, um neue Grundlagen für eine schwierig gewordene Lebensgestaltung zu gewinnen[1]. Allenthalben spricht man von einer anthropologischen Wende, die wie in den Geisteswissenschaften so auch in den Naturwissenschaften zu beobachten ist.
Die anthropologische Fragestellung gewinnt auch im Rahmen der Erziehungswissenschaft stetig an Bedeutung. Die Klärung pädagogischer Phänomene einerseits und die Begründung des erzieherischen Handelns andrerseits machen eine genauere Sicht des Menschen erforderlich.

1.1 Gegenstand und Aufgabe einer Allgemeinen Anthropologie

Die Frage, ob die Pädagogik oder Erziehungswissenschaft von sich aus in der Lage ist, menschliches Sein hinreichend zu erschließen, muß verneint werden. Eine Theorie oder Lehre vom Sein des Menschen, d. h. seiner Struktur, seiner Stellung in der Welt und der Sinnhaftigkeit seines Daseins zu entwerfen, kann keiner Einzelwissenschaft zugemutet werden. Das Verständnis des Insgesamt des Menschen kann nur in der Weise vorangetrieben werden, daß die Humanwissenschaften allesamt Beiträge zu einer umfassenden Lehre vom Menschen liefern, sozusagen die aus ihrer jeweiligen Sichtweise sich ergebenden Befunde über den Menschen in eine wünschenswerte Allgemeine Anthropologie einbringen.
Solange es die Allgemeine Anthropologie nur erst als Programm bzw. Fernziel gibt, nimmt die Philosophische Anthropologie die schwierige Aufgabe wahr, die Erkenntnisse der Einzel- oder Regionalwissenschaften (Regionalanthropologien) zu einem größeren Ganzen, also zu einer Theorie des Menschseins, zusammenzuführen. Die Hauptschwierigkeit eines solchen Unterfangens liegt darin, daß einmal menschliches Sein wegen der Unabgeschlossenheit und Offenheit des menschlichen Wesens schwer und nie restlos zu erfassen ist, daß zweitens ein gesicherter Maßstab fehlt, von

---

[1] Solche Bemühungen werden etwa sichtbar in: G. Altner, 1973; H.G. Gadamer & P. Vogler, 1972; H. Hofer & G. Altner, 1972; W. Kasper, 1977; K.G. Pöppel, 1978; W. Rudolf & P. Tschohl, 1977; R. Schwarz, 1967; E. Stammler, 1973; H. Staudinger & J. Schlüter, 1981.

dem her die Einzelbefunde der verschiedenen Wissenschaften interpretiert werden könnten und daß drittens nicht alle Erkenntnisse auf ihren Wahrheitsgehalt hin überprüfbar sind. Gleichwohl wagt die Philosophische Anthropologie eine Zusammenschau, indem sie die in den einzelnen Humanwissenschaften erkundeten Fakten bzw. Phänomene in einem ganzheitlichen Zugriff - d. h. als Ausprägung einer Körper, Seele und Geist umspannenden Einheit - zu erfassen sucht, sie zugleich auf die ihnen vorausliegenden ungegenständlichen Voraussetzungen zurückbezieht[2] und solchermaßen aus einem umfassenden Seinsverständnis heraus interpretiert[3].
In ihrem Gesamtentwurf des Menschen durchdringen sich demnach Erfahrungsmaterial und philosophisches Denken.

1.2 Das Verhältnis von Anthropologie und Pädagogik - Aufgaben einer Pädagogischen Anthropologie

Sowohl die pädagogische Theorie wie die pädagogische Praxis sind auf anthropologische Einsichten und Erkenntnisse angewiesen. Deswegen ist das Verhältnis zwischen Pädagogik und Anthropologie sehr eng. Die Art dieses Verhältnisses ist dadurch gekennzeichnet, daß zwischen beiden ein wechselseitiges Geben und Nehmen stattfindet: Die Anthropologie gibt ihre Befunde an die Pädagogik; diese übernimmt, was sie für ihre Zwecke bzw. zur Lösung ihrer Probleme und Aufgaben verwerten kann. Umgekehrt bemüht sich die Pädagogik, genauer: die pädagogische Forschung darum, die aus ihrer Warte gewonnenen Einsichten über den Menschen zu einer anthropologischen Theorie beizusteuern[4].
Wir haben festgestellt: Das Verhältnis zwischen Pädagogik und Anthropologie ist partnerschaftlicher Art, beide befruchten sich gegenseitig. Die Pädagogik kann zu einer Allgemeinen Anthropologie und damit zu einer allgemeinen Theorie des Menschseins einen Beitrag leisten, indem sie pädagogische Phänomene auf die in ihnen zum Ausdruck kommenden allge-

---

[2] Aus der reichhaltigen Literatur sei hier besonders auf relevante Titel folgender Autoren verwiesen: H. E. Hengstenberg, 1966; M. Landmann, 1975; M. Müller, 1974; H. Plessner, 1975; R. Rocek & O. Schatz, 1972; H. Rombach, 1966; G. Scherer, 1976; K. Ziegler, 1957; A. Zimmermann, 1975.

[3] Dieses Seinsverständnis bekundet sich im Wissen des Menschen um sich selbst und um den Bezug zum Ganzen der Wirklichkeit wie auch in der Bereitschaft, diesen Bezug zum Ganzen zu übernehmen.

[4] Zu der gegenseitigen Befruchtung von Anthropologie und Pädagogik vgl. man etwa: H. H.Becker, 1967. Zum Verhältnis beider vgl. man ferner: J. Drechsler, 1965; A. Flitner, 1963; L. Froese & D. Kamper, 1971; B. Gerner, 1974; D. Höltershinken, 1976; J. Speck, 1976. Außerdem ist hier auf die Konzepte Pädagogischer Anthropologie der im Folgenden genannten Autoren zu verweisen: H. Roth, J. Derbolav, K. Dienelt, O.F. Bollnow, W. Loch, M.J. Langeveld, E. Fink, H. Zdarzil, M. Liedtke.

meinmenschlichen Wesenselemente hinterfragt und so zur Deutung des Menschseins aus ihrer Sicht beiträgt. Was umgekehrt die Einbeziehung anthropologischer Einsichten in die Pädagogik und ihre Theorie betrifft, kann man sagen: Anthropologische Befunde werden durch die Pädagogik aufgenommen, auf ihre Verwertbarkeit für die pädagogische Fragestellung und die Lösung pädagogischer Probleme hin untersucht und - sofern sie sich als pädagogisch ergiebig erweisen - ihrem Aussagesystem integriert. Beide Aufgaben, der aus pädagogischer Warte zu leistende Beitrag zur Erhellung des menschlichen Seins einerseits und die Integration anderswo erhobener anthropologischer Befunde in die pädagogische Theorie andrerseits, gehören zum Gegenstandsbereich einer Pädagogischen Anthropologie[5]. Um deren Auf- und Ausbau zeigt sich eine ganze Reihe von Pädagogen bemüht. Dazu gehören vor allem Autoren, wie Heinrich Roth, Josef Derbolav, Karl Dienelt, Otto Friedrich Bollnow, Werner Loch, Martinus Jan Langeveld, Eugen Fink, Karl-Heinz Dickopp, Herbert Zdarzil, Max Liedtke, Hans Scheuerl, Rudolf Lassahn, Erich Weber. Diese haben - sei es ausführlicher oder in Grundzügen - eine Pädagogische Anthropologie konzipiert. Hinsichtlich Ortsbestimmung, Charakter, Thematik oder Gegenstand, Methode, Brauchbarkeit u.a. gehen ihre Ansichten auseinander.

1.2.1 Die Konzeption Heinrich Roths

Der erste faktisch durchgeführte Versuch einer Pädagogischen Anthropologie stammt von Heinrich Roth. Der Autor versteht diese als ein besonderes abgrenzbares Untersuchungsgebiet der Allgemeinen Pädagogik[6]. Ihr obliegt es, alle Beiträge zur Anthropologie, welche von den regionalen Anthropologien geliefert werden, "unter der pädagogischen Fragestellung auf ihren Ertrag für die Erziehung zu befragen und durch ihre eigenen Forschungen zu einer einheitlichen Theorie vom Menschen als einem homo educandus zu erweitern"[7]. Der Pädagogischen Anthropologie als einer "unter der pädagogischen Fragestellung forschenden und datenverarbeitenden Integrationswissenschaft"[8] schreibt Roth die weitgespannte Aufgabe zu,

---

5 Da eine vollständige Bibliographie zum Themenbereich der Pädagogischen Anthropologie noch fehlt, sei hier besonders auf die Auswahlbibliographien bei B. Gerner, 1974, H. Roth, 1976 und D. Höltershinken 1976 aufmerksam gemacht. Einige neuere, in den genannten Bibliographien noch nicht erfaßte Titel finden sich im Literaturverzeichnis unseres Buches.

6 Es handelt sich hier um sein weithin beachtetes zweibändiges Werk "Pädagogische Anthropologie", dessen erster Band 1966 und dessen zweiter Band 1971 jeweils in erster Auflage erschienen.

7 H. Roth, 1976, Bd. 1, S. 103.

8 H. Roth, 1967, S. 122.

aus der wechselseitigen Erhellung von Bildsamkeit und Bestimmung auch die Wechselseitigkeit von Entwicklung und Erziehung zu bestimmen. D. h., daß sie nicht nur die Wesenszüge des Menschen in den Blick zu bringen hat, sondern daß sie auch darüber aufklären müsse, wie das Werden des Menschen in Richtung auf menschliche Bestimmung hin durch Erziehung befördert werden kann[9]. Die von der geistig-seelischen Menschwerdung handelnde Anthropologie hat - so sagt er - zum Generalthema "wie die mögliche Reife und Mündigkeit des Menschen als ein Phänomen der Erziehung begreifbar und faßbar zu machen ist", d. h. unter welchen erzieherischen Bedingungen menschliche Reife Und Mündigkeit möglich ist[10]. Pädagogische Anthropologie ist für Roth eine Teildisziplin der Erziehungswissenschaft und zwar eine empirische Disziplin. Sie basiert auf den Erfahrungswissenschafien vom Menschen, arbeitet sozusagen deren Theorien und Forschungsergebnisse auf (ohne deshalb philosophische und theologische Aussagen über den Menschen für irrelevant zu erklären).
Mit reichen modernen Forschungsergebnissen belegt Roth, der seinen integrativen Ansatz als "empirische Pädagogische Anthropologie" begreift[11], die pädagogische Bedeutung der Erziehungsbedürftigkeit, stellt er den freien Raum der Erziehung zwischen Erbe und Umwelt heraus und arbeitet er die Bestimmung des Menschen durch Vergleich der traditionellen Erziehungsziele und Bildungsideale mit den Ergebnissen und Auffassungen der (empirisch verfahrenden) Humanwissenschaften besonders der Biologie, Psychologie, Soziologie, Kulturanthropologie, Verhaltensforschung - heraus. In deren Zusammenhang entwirft er schließlich eine pädagogische Persönlichkeits- und Handlungslehre, die den reifen Menschen als Erziehungsziel setzt[12].

1.2.2 Die Konzeption Josef Derbolavs

Für Josef Derbolav ist die Pädagogische Anthropologie die Grundlage der Pädagogik[13]. Deren Gegenstand und Inhalt ist der unter Erziehungseinwirkungen aufwachsende Mensch. Dessen Grundstruktur hat sie herauszuarbeiten, wodurch die Wesensmerkmale des Menschen als eines erziehungs-

---

9 Vgl. ebd., S. 127 f; s.a. Ders., 1976, Bd. 1, S. 19, 103 ff.
10 H. Roth, 1967, S. 126.
11 Siehe ebd., S. 121 ff.
12 Das Programm einer integrativ verfahrenden Pädagogischen Anthropologie, die sich als empirische Disziplin versteht, wird bei Max Liedtke aufgegriffen und unter evolutionistischem Aspekt modifiziert (wie unten noch aufzuzeigen sein wird).
13 Für sein Konzept einer Pädagogischen Anthropologie sind besonders relevant: J. Derbolav, 1959, 1964, 1976, 1980.

bedürftigen und erziehungsfähigen Wesens ins Licht gebracht werden. Diese ihre Aufgabenstellung geht über das Zusammentragen von Sachwissen aus anderen Wissenschaften hinaus, insofern nämlich, als sie ein deren Einheit garantierendes Interpretationsprinzip aufweisen muß. Der von ihr zu leistende Strukturaufweis gelingt nur dann, wenn sie ein Interpretationsprinzip besitzt, welches die Einheit der Sachaussagen der Humanwissenschaften garantiert. Dieses Interpretationsprinzip beruht auf weltanschaulicher bzw. philosophischer Besinnung: Es ist das Prinzip der individuellen Selbstverwirklichung oder Personagenese.

Derbolavs Modell der Pädagogischen Anthropologie besitzt in der transzendentalphänomenologischen Aufhellung der Personwerdung ihr philosophisches Fundament. Das besagt näherhin folgendes: Pädagogische Anthropologie, welche die "Genese des Menschenkindes zum Erwachsenen" thematisiert, hat die Theorie der menschlichen Person, der Personagenese, zum Kerngedanken. Nur von diesem Fundament her läßt sich die Erziehungswirklichkeit bestimmen. Die verschiedenen Betrachtungsweisen des Menschen, die sich im Aspekt der Biologie, Psychologie und Soziologie ergeben, erweisen sich nur dann für eine erschöpfende Bestimmung des "Seins" und des "Sinns" der Erziehung brauchbar, wenn durch sie auf ein Humanum verwiesen wird. In ihrem Beitrag zu einer Erziehungstheorie geht es nicht nur darum, die empirische Bio-, Psycho- und Soziogenese des Heranwachsenden und die mit solchen Funktionen verknüpften pädagogischen Motivationen des Erziehers bzw. pädagogische Postulate zu verdeutlichen, sondern auch vor allem um helfende Aufklärung der Entfaltung oder Genese des Selbst[14]. Pädagogische Anthropologie, die solches zu leisten hat, versteht sich als "Theorie der individuellen Selbstverwirklichung". Diese Selbstverwirklichung wird als monadologische Entwicklung im Sinne der Gewissensgenese begriffen: "als eine genetische Aufbauordnung einander überhöhender und überformender Gewissensstrukturen"[15]. Über diese erwirbt bzw. verwirklicht der Mensch sozusagen stufenweise Menschlichkeit, sofern er sich fortschreitend mit neuen Erfahrungen konfrontiert sieht und diesen Erfahrungen entsprechende Durchbrüche zu neuem Sinngewinn erfolgen.

Diesem Verständnis gemäß wird der Pädagogischen Anthropologie also die Aufgabe zugewiesen, die unter Erziehungseinwirkungen erfolgende Personagenese gleichsam als ein Fortschreiten auf dem Weg eines sinnaufschließenden Erfragens zu verdeutlichen, wobei sie "gleichsam die transzendental-phänomenologischen Stufenhorizonte interpretiert", die einander

---

[14] Hierzu und zum Folgenden vgl. man besonders: J. Derbolav, 1980, S. 55 ff.

[15] Ebd., S. 62.

jeweils über verwirklichte Zielhorizonte überhöhen und "in ihrer Integration das reife Gesamtgewissen von Menschlichkeit darstellen"[16]. Pädagogische Anthropologie legt solchermaßen "das moralische Schicksal des Selbst in seiner Entfaltung (dar), in dem die Gegebenheits- und Aufgabenstrukturen der monadologischen Entwicklung des Educandus zusammenfallen"[17].
Derbolav gliedert die Genese des Selbst in sechs Verfassungshorizonte des Gewissens[18]. Wie diese sich konkret erfüllen und Bestimmtheit erlangen - d. h. was sich das Kind in der Genese vom Kind zum Erwachsenen inhaltlich aneignen muß - ist laut Derbolav nicht mehr Aufgabenstellung der Pädagogischen Anthropologie, sondern der Allgemeinen Didaktik, Methodik und Curriculumtheorie[19].
Die sich als Theorie der individuellen Selbstverwirklichung verstehende Pädagogische Anthropologie weiß sich im Dienste der pädagogischen Gesamtaufgabe: der sittlichen Genese bzw. Menschwerdung. Insofern ist auch ihr Praxisbezug gegeben. Laut Derbolav darf sie nicht nur an ihrem theoretischen Anspruch gemessen werden, sondern auch an ihrem "Praktischwerden"[20].

1.2.3 Die Konzeption Karl Dienelts

Karl Dienelt, der ursprünglich die Pädagogische Anthropologie (ähnlich wie J. Derbolav) als Grundwissenschaft der Pädagogik ansah, versteht sie heute (wie O. F. Bollnow) im Sinne einer die gesamte Pädagogik durchziehenden Betrachtungsweise[21]. Sie soll auf dem Hintergrund von aus der Zusammenschau konkreter Einzelphänomene gewonnenen Aussagen über den Menschen pädagogisches Denken, Planen und Handeln begründen[22]. Dienelt ist der Meinung, daß die Pädagogische Anthropologie aufgrund des von den verschiedenen Einzel- bzw. Fachwissenschaften bereitgestell-

---

16 Ebd., S. 64 f., 62.
17 Ebd., S. 65.
18 Vgl. ebd., S. 63 f.
19 Ebd., S. 65.
20 Gewisse Anregungen für einen je eigenen Ansatz zu einer Pädagogischen Anthropologie haben Karl Dienelt und Herbert Zdarzil von Josef Derbolav empfangen.
21 Außer dieser "methodischen" Übereinstimmung mit der Sichtweise O.F. Bollnows zeigt sich bei ihm auch eine thematische Affinität zu dessen philosophischen Aspekten. Impulse inhaltlich-thematischer Art erhielt Dienelt ferner auch von der Existenzanalyse V.E. Frankls und der Erziehungs- und Bildungskonzeption J. Derbolavs. Vgl. K. Dienelt, 1980, S. 81 f., 84 f., 86.
22 Zu den für unseren Zusammenhang wichtigsten Publikationen des Autors gehören seine Buch- und Zeitschriftenveröffentlichungen aus den Jahren 1966, 1970, 1972, 1973, 1977, 1980, 1984 (s. Literaturverzeichnis!).

ten (empirischen) Materials (Datenwissens) die Grundstruktur des Menschen - freilich unter philosophischer Reflexion - herauszuarbeiten in der Lage sei und die menschliche Wirklichkeit, wenn auch nicht vollständig und endgültig, so doch in einer Weise erfasse, die eine Darstellung der Phänomene menschlichen Seins und Seinsollens erlaube und solchermaßen den Schlüssel für eine pädagogische Theorie (bzw. ein pädagogisches System) abgebe[23].
Die Erkenntnisquellen der Pädagogischen Anthropologie sind laut Dienelt nicht (historisch gewordene oder metaphysisch gesetzte) Menschenbilder, "sondern all das Material, das in anthropologisch relevanter Form aus den verschiedenen Wissenschaften zufließt"[24].
Dieses Material liefert Bausteine zu einer Theorie des Menschen, die es erlaubt, konkrete Erziehungsprozesse anthropologisch abzusichern. Daß freilich solche Erziehungsprozesse - und die sie (wenigstens teilweise) leitenden Erziehungsziele - nicht nur auf anthropologischer Grundlage beruhen und daher nicht allein aus anthropologischer Besinnung beurteilt werden dürfen, wird nachdrücklich betont[25].
Was Pädagogische Anthropologie der genannten Aufgabenstellung entsprechend im einzelnen zu leisten hat. ist dieses: Sie hat den Nachweis zu liefern, daß pädagogisches Denken und Handeln ohne Rekurs auf den philosophisch zu ermittelnden Begriff des Menschseins (d. h. eines Begriffs der die Wesenszüge des Humanums umfaßt) nicht auskommen; und sie hat ferner die Berechtigung wie auch die Bedingungen der Möglichkeit erzieherischer Praxis - im Sinne von Verwirklichung personaler Genese - festzustellen[26]. Ihr wird von Dienelt eine dienende und eine kontrollierende Funktion zugeschrieben: sie hat einerseits zwischen einer allgemeinen Anthropologie (d. h. einer wissenschaftlichen Lehre vom Menschen, welche dessen Grundzüge - das Humanum - aufweist) und einer pädagogischen Theorie zu vermitteln, und sie hat andrerseits eine Überprüfung der gegenwärtigen Erziehungssituation zu leisten. Zur erstgenannten Funktion - der theoretischen Absicherung praktischer Pädagogik - gehört eine auf Wesen und Sinn von Erziehung bezogene Auslegung menschlicher Existenzweise (wie sie in konkreter Form in den Erkenntnissen moderner Anthropologie vorliegt). Dazu gehört auch der Aufweis von Grundsätzen, an

---

23 Das ist freilich nicht so zu verstehen, als ob Aussagen über das Wesen des Menschen im ganzen als normative Vorgaben für das erzieherische Handeln angesehen werden könnten. Vgl. K. Dienelt, 1980, S. 85, 92.

24 Ebd., S. 77 f.

25 Siehe ebd., S. 87.

26 Der philosophischen Reflexion wird die Ermittlung des Begriffs vom Menschen ihrer umspannenden Sichtweise wegen - d. h. weil sie sich dem Ganzen der Welt ohne reduktionistische Tendenz verpflichtet weiß - zugetraut.

denen verschiedene Sinngebungen pädagogischen Handelns gemessen werden müßten sowie der Hinweis auf Wege, wie theoretisch-pädagogische Einsichten praktisch wirksam gemacht werden können[27].
Die der Pädagogischen Anthropologie zugeordnete Kontrollfunktion besteht laut Dienelt vor allem darin, sich mit verschiedenen Richtungen und Tendenzen auseinanderzusetzen, die zu einer Zeit das pädagogische Denken in Theorie und Praxis bestimmen und diese auf ihren pädagogischen Gehalt hin zu untersuchen. Ferner obliegt ihr unter genannter Funktion eine Kennzeichnung unverzichtbarer und situationsadäquater Aufgaben der Pädagogik[28].

1.2.4 Die Konzeption Otto Friedrich Bollnows

Otto Friedrich Bollnow vertritt eine philosophisch betriebene Pädagogische Anthropologie[29]. Dieser weist er die Aufgabe zu, die Lebensphänomene - wozu auch Erscheinungen des pädagogischen Feldes gehören - daraufhin zu befragen, was sich in ihnen vollziehe und welche Funktion ihnen demgemäß im Ganzen des menschlichen Lebens zukomme. Geklärt werden soll vordringlich die Wechselbeziehung zwischen erzieherischen Phänomenen und menschlicher Existenz- oder Lebensweise. Es gilt zu ermitteln, in welcher Weise sich beide bedingen.
Dieser Aufgabenstellung gemäß muß Unterschiedliches geleistet werden: divergente Kenntnisse bzw. Ergebnisse der Einzelwissenschaften vom Menschen müssen zusammengefaßt werden. Das ist die Aufgabe einer pädagogischen Anthropologie (im Sinne einer "basalen Anthropologie"). So wichtig eine solche Anthropologie ist, für die Pädagogik genügt sie nicht. Letztere kann nämlich die Ergebnisse der Einzelwissenschaften nicht einfach übernehmen, sondern muß sie aus ihrer eigenen Fragestellung heraus neu durchdenken. Das aber fällt in den Aufgabenbereich einer "anthropologischen Betrachtung"[30]. Anthropologischer Betrachtungsweise ist eigen zu fragen, wie die Fülle einzelwissenschaftlicher Erkenntnisse "vom Gan-

---

27 Vgl. K. Dienelt, 1980, S. 93.

28 K. Dienelt, 1970, S. 247. Früher hat Dienelt die Aufgabenstellung der Pädagogischen Anthropologie auf die dreifache Formel gebracht: Wesensbestimmung des Educandus, Erhellung des Erziehungs- und Bildungsverständnisses, kritische Überprüfung der gegenwärtigen Erziehungssituation (Kontrollfunktion). Vgl. ebd., S. 32, 43, 45, 247; Ders., 1980, S. 84.

29 Von den seine Konzeption verdeutlichenden Veröffentlichungen seien besonders die den pädagogisch-anthropologischen Themenkreis betreffenden Titel aus den Jahren 1965, 1966, 1967, 1971, 1980 zu nennen (s. Literaturverzeichnis!).

30 O.F. Bollnow, 1980, S. 48 f., 53.

zen des Humanum her", d. h. vom Leben als Ganzem (bzw. vom Wesen des Menschen im ganzen) her zu verstehen sei[31].

Der Gedanke, das Lebensganze (Humanum) als übergreifenden Gesichtspunkt hinzustellen, von dem aus die divergierende Mannigfaltigkeit wissenschaftlicher Einzelergebnisse zusammenzufassen und zu ordnen sei, kann jedoch - so Bollnow - nicht ohne weiteres als Einheitsmotiv einer philosophischen Anthropologie unterstellt werden. Denn diese könne sich nicht anheischig machen, das Ganze des Menschlichen zu fassen; sie bleibe immer, zum mindesten in den bisher vorliegenden Formen, jeweils einem einzelnem Aspekt verhaftet bzw. bekomme nur einzelne Phänomene oder Wesenszüge oder Seiten am Menschen zu fassen (je nach dem von ihr propagierten Modell)[32].

Nur jene Betrachtungsweise, die auf der Einsicht in die Unergründlichkeit menschlichen Lebens beruhe, auf eine umfassende Wesensbestimmung des Menschen (die grundsätzlich unmöglich sei) verzichte und sich damit begnüge, einzelne Beiträge zu einer nie als ganze zu erreichenden pädagogischen Anthropologie zu leisten, die von beachtenswerten (d. h. ihre Aufmerksamkeit erregenden) Phänomenen ausgehe - ohne von bestimmten Begriffen und Vorstellungen geleitet zu sein - und von da aus einen eigenen Zugang zum Verständnis des Menschen (der von keinem andern zu gewinnen wäre) suche, sei akzeptabel[33]. Eine solche Betrachtungsweise, die übrigens auch um die Vorläufigkeit der unter ihr gewonnenen Einsichten weiß, erscheint laut Bollnow der Pädagogik - die darauf angewiesen sei, ihre Grundlage und ihre Zielsetzung aus sich selber zu gewinnen - allein angemessen. Aufgrund eines außerwissenschaftlichen Lebensverständnisses, d. h. auf dem Hintergrund einer von uns immer schon verstandenen Welt mit einem je vorhandenen Verständnis vom "richtigen" Leben und vom "richtigen" Erziehen, sucht anthropologische Betrachtungsweise das phänomenologisch erfaßbare erzieherische Geschehen auf: hier am realen, der Erfahrung zugänglichen Geschehen setzt die pädagogische Besinnung an; von hier geht sie aus, um dieses Geschehen reflektierend zur Klarheit zu bringen. Dabei geschieht sowohl eine Klärung und Korrekturmöglichkeit des mitgebrachten Vorverständnisses des untersuchten Sachverhalts (Phänomens) wie andererseits auch Veränderungs- resp. Verbesserungsmöglichkeiten des letzteren in Sicht kommen[34]. Dazu also verhilft die

---

31 Ebd., S. 49.
32 Vgl. ebd., S. 49 f., 53.
33 Siehe ebd., S. 50 ff.
34 Vgl. ebd., S. 53 f.

anthropologische Betrachtungsweise, die in der geforderten Weise phänomenologisch verfährt[35].

1.2.5 Die Konzeption Werner Lochs

Auch Werner Loch fordert die Anwendung der phänomenologischen Methode in der konkreten anthropologischen Forschung. Das Forschungsprogramm der Pädagogischen Anthropologie hat seiner Überzeugung nach zwei Seiten: einmal soll die gesamte Lebenswirklichkeit des Menschen auf ihren erzieherischen Gehalt untersucht und zum anderen sollen erzieherische Handlungen nach ihrer menschenformenden Kraft befragt werden. Die pädagogische Dimension menschlichen Lebens soll ebenso erhellt werden wie die anthropologischen Voraussetzungen der Erziehung[36]. Die Pädagogische Anthropologie, die als ein von Philosophie und Theologie unabhängiger Erkenntnis- und Forschungsbereich angesehen wird, ist nach Loch eine umfassende Wissenschaft vom Menschen unter dem Aspekt der Erziehung (der die davon zu unterscheidende Anthropologische Pädagogik als "Binnenanthropologie des institutionellen Erziehungsbereichs" integriert ist)[37]. Sie nimmt alle pädagogische Theoriebildung in sich auf. Ausgehend von der wesensgemäßen Erziehungsbedingtheit in der konkretzeitlichen Entfaltungsdimension obliegt ihr als "eigenständiger" Wissenschaft, den konkreten Sinn herauszustellen, der in der Erziehungsbedingtheit überhaupt wie auch in den typischen Situationen der Lebensgeschichte und den Lebensaltern zum Vorschein kommt.
Die Pädagogik, welche die Funktion der Erziehung offenzulegen hat[38] sieht sich genötigt, den Menschen im Modus seines "Könnens" zu begreifen und nach den Bedingungen sowie Grenzen seiner Lernfähigkeit zu fragen. Sie ist daher auf die anthropologische Betrachtungsweise angewiesen.

---

35 Auf das methodische Verfahren, das Bollnow zur Klärung pädagogischer Probleme als besonders fruchtbar ansieht, ist er mehrmals eingegangen. In seinem Buch "Die anthropologische Betrachtungsweise in der Pädagogik" (1965, S. 30 ff., 163) skizziert er vier methodische Ansatzpunkte beziehungsweise Prinzipien, an die sich konkrete anthropologische Forschung halten müsse: 1. Das Prinzip der anthropologischen Reduktion, 2. das Organon-Prinzip, 3. das Prinzip der anthropologischen Interpretation von Einzelphänomenen, 4. das Prinzip der offenen Frage.

36 Die für seinen Ansatz wichtigsten Publikationen betreffen: Die anthropologische Dimension der Pädagogik (1963); Der pädagogische Sinn der pädagogischen Betrachtungsweise (1968); Lebenslauf und Erziehung (1979); Der Mensch im Modus des Könnens (1980). Daneben sind noch einige Zeitschriftenbeiträge aus den Jahren 1965, 1966, 1968, 1979 thematisch bemerkenswert (s. Literaturverzeichnis).

37 W. Loch, 1963, S. 82 ff.

38 Diese Funktion besteht laut Loch darin, den zu erziehenden Menschen zu seinem eigenen "Können" zu befreien. Dazu: Ders. 1980, S. 214 f. - Zur Bedeutung des Begriffs "Können" und über den Zusammenhang von Können und Lernen vgl. man ebd., S. 211 f.

"Die wichtigsten Aufgaben, die sich ihr gegenwärtig im Blick auf die Zukunft stellen, liegen darin, nach den Grenzen des Lernens in der menschlichen Natur, ja in der Natur überhaupt zu fragen... Das ist die umgreifende anthropologische Perspektive, in der sich dann der Pädagogik die besondere anthropologische Aufgabe stellt, im Rahmen eines den prinzipiellen Möglichkeiten des Menschen angemessenen Konzepts des Lernenkönnens das System der Erziehung von den anderen Steuerungssystemen des menschlichen Lernens neu unterscheidbar und in seiner Wechselwirkung mit diesen begreiflich zu machen"[39].

Für eine Pädagogik, die den Menschen unter dem Aspekt seines Könnens begreift, tritt das Phänomen des "Lernenkönnens" in den Vordergrund (und damit auch die Widerstandserfahrungen, die im Gegensatz der Erscheinungsformen der Lernfähigkeit und Lernhemmung gemacht werden). Die Untersuchung dieser Erscheinungen - die sich in verschiedenen Lebensaltern und -situationen anders darstellen - sieht Loch als vordringliche Aufgaben einer Pädagogischen Anthropologie an[40]. Dieser Sichtweise entsprechend rückt der Zusammenhang von (gesamter) Lebenswirklichkeit des Menschen und erzieherischen Phänomenen ins Blickfeld. Er bildet sozusagen den wesentlichen (Forschungs-)Gegenstand der Pädagogischen Anthropologie[41]. Diese hat seinem zuletzt geäußerten Verständnis entsprechend das Verhältnis von "Lebenslauf und Erziehung" zu erhellen und sich solchermaßen zu einer umfassenden biographischen Erziehungstheorie zu entfalten[42].

Diese wird als "Theorie curricularer Kompetenzen" verstanden. Als solche wird ihr zur Aufgabe gemacht, das Curriculum von Entwicklungsstufen menschlichen Könnens, die zugleich Stufen des Lernens sind, sichtbar zu machen. Sie hat - anders gesagt - das Phänomen des menschlichen Lernenkönnens in seinen verschiedenen Erscheinungsformen im Lebenslauf und der Persönlichkeitsentwicklung zu kennzeichnen. Und sie muß klarlegen, daß jede Stufe des Lernenkönnens eine bestimmte Form des Lernens, diese wiederum bestimmte Formen der Lernhilfe (Erziehung) erforderlich machen[43]. Kurzum: Sie hat jene Stufenfolge (Sequenz) lebensnotwendiger Fähigkeiten ("curricularer Kompetenzen"), die sich im Lebenslauf aus den charakteristischen Merkmalen und Entwicklungsbedingungen der mensch-

---

39 Ebd., S. 193.

40 Ebd., S. 214 f.

41 Vgl. ebd., S. 215.

42 In seinem 1979 unter dem Titel "Lebenslauf und Erziehung" erschienenen Buch nimmt W. Loch die in seinen früheren Schriften herausgearbeitete Sichtweise der Pädagogischen Anthropologie (die er der Anthropologischen Pädagogik gegenüberstellte) wieder auf und führt sie weiter. Zur Verdeutlichung seiner heute vertretenen Konzeption vgl. man im besonderen: Ders., 1980, S. 191 ff.

43 Ebd., S. 215, 222.

lichen Lebensform ergibt, zu rekonstruieren bzw. aufzuzeigen und die darauf bezogenen Formen der Erziehung (die als Lernhilfen anzusehen sind) darzulegen[44].
Die Kompetenzen oder Fähigkeiten, von denen hier die Rede ist, stellen Möglichkeiten dar, mit der Welt in Interaktion zu treten, zu handeln, Leistungen zu vollbringen. (Dazu gehören: Beobachten, Greifen, Krabbeln, Gehen, Spielen, Sprechen, Denken, produktives Schaffen ...)[45]. Das Kind benötigt solche, damit es seine lebensgeschichtlichen Situationen bewältigen, seine individuellen Intentionen verwirklichen, Kultur aneignen, sein Selbstverständnis entwickeln kann. "Im Zusammenhang der Persönlichkeitsentwicklung bildet jene Kompetenz einen spezifischen Komplex von Antrieben und Verhaltensweisen, Gefühl und Intelligenz, Wollen und Können, sozialen und kulturellen Fertigkeiten. Die Reihe der curricularen Kompetenzen bezeichnet Stufen der Selbstverwirklichung und Ich-Entwicklung im Lebenslauf. Sie sind die Stufen der Enkulturation, Sozialisation, Personalisation und Organisation des Subjekts als Träger des Lebenslaufs"[46].

1.2.6 Die Konzeption Martinus Jan Langevelds

Auch Martinus Jan Langeveld vertritt einen phänomenologischen Ansatz; auch er pflegt - allerdings mit anderen Akzentuierungen als Bollnow und Loch - eine anthropologische Betrachtungsweise in der Pädagogik. Sein Bemühen geht dahin, das Ganze der Pädagogik unter dem anthropologischen Gesichtspunkt zu bearbeiten, d. h. eine Pädagogik zu konzipieren, die ihr Denken und Handeln am Menschen orientiert und sich auf ihn als ihren primären Bezugspunkt ausrichtet[47]. Konkrete, der Erfahrung zugängliche Einzelphänomene (erzieherische Phänomene) werden in der Wesens-

---

44 Unter "curricularen Kompetenzen" versteht Loch eine Stufenfolge von Fähigkeiten, die auf angeborenen allgemeinmenschlichen Anlagen beruhen, sich im Lebenslauf (dem "curriculumvitae") durch die Wechselwirkung von Wachsen und Lernen entwickeln und somit durch Enkulturation zu erwerben sind. Die Sequenz dieser Fähigkeiten ist für einen idealtypischen Lebenslauf anthropologisch notwendig. (Sie ergibt sich) unabhängig von der jeweilige nkulturellen Ausprägung, die sie nur modifiziert. Ebd., S. 218.

45 Zum Aufweis der Reihe der Könnensstufen bzw. curricularen Kompetenzen vgl. man ebd., S. 219ff.; ferner: Ders., 1979, S. 241 ff.

46 W. Loch, 1980, S. 219. - Zu den genannten vier Aspekten der Ich-Entwicklung im Lebenslauf: Ders., 1979, S. 14 ff.

47 Als für seine Konzeption wichtigste Veröffentlichungen können gelten: Studien zur Anthropologie des Kindes (1956), Kind und Jugendlicher in anthropologischer Sicht (1959), Einführung in die theoretische Pädagogik (1965). - Zum Werk Langevelds im ganzen vgl. man: M. Hohmann, 1971; R. Süssmuth, 1968, S. 31 ff.; E. Warsewa, 1971; B. Gerner, 1974, S. 84 ff.

schau ausgelegt auf ein Wesen des Menschen im ganzen. Auch die Stadien im menschlichen Werdensprozeß (der Personagenese) werden als Stadien des ganzen Menschen interpretiert, wie die Kindheit und Jugend[48]. Vorausgesetzt wird dabei, daß es eine in sich stimmige Ganzheit des Menschen (eine "Logik des Menschlichen") gebe sowie auch einen Sinnzusammenhang, der den Einzelerscheinungen zukommt und diese bedingt.
Langeveld ist von der Sinnhaftigkeit des menschlichen Lebens im ganzen ebenso überzeugt wie von der Möglichkeit des Menschen, sich in sein Wesen zu bringen, Menschsein zu aktualisieren, zu seiner Bestimmung zu gelangen. Freilich bedarf er dazu der Hilfe anderer (erzieherischer Hilfe). Das hier angesprochene Problem: Sinnverwirklichung menschlichen Daseins unter erzieherischem Beistand rückt für die Pädagogik das generell zu klärende Bezugsverhältnis von "Personagenese und Erziehung" in den Mittelpunkt.
Die Klärung dieses Verhältnisses verlangt die "anthropologische Betrachtungsweise", die sowohl den Grundgedankengang in der "Einführung in die theoretische Pädagogik" bildet (die als "anthropologische Pädagogik" gekennzeichnet werden kann), wie auch in verschiedenartigen Veröffentlichungen des Autors.
Wesentliche Einsichten, welche eine anthropologische Betrachtungsweise nahelegt - solche erweisen sich für die Erziehungstheorie besonders bedeutsam - sind diese: Es gibt den Menschen nur durch Erziehung, und nur der Mensch erzieht. Es ist ein vom konkreten Erziehungsgeschehen ablesbarer Tatbestand, daß der Mensch ein "animal educandum" ist, daß sich Personagenese nur vollzieht, wenn und insofern erzogen wird[49]. Ferner: Der Mensch sucht sich selbst zu erkennen; er ist zu begreifen als ein sich selbst deutendes und in dem Rahmen auch sich selbst bestimmendes Wesen in seiner aktuellen Beziehung zur Welt[50]. Der Mensch ist ein Wesen, das durch Situationen bedingt wird, Situationen schafft und Situationen selbst bedingt. Durch Sinngebung im situativen Handeln geschieht Selbstbestimmung in der Welt. Das Lebensganze wie auch die einzelnen Lebensabschnitte des Menschen stehen unter dem Ziel der Selbstfindung in immer neuen Situationen, offen auf einen jeweils zu bestimmenden Sinn, der prozessual und situationsspezifisch hervorgebracht wird[51]. Langeveld be-

---

48 Vgl. M.J. Langeveld, 1956 (1968), 1959.

49 "Daß der Mensch ein Wesen ist, das erzieht, erzogen wird und auf Erziehung ausgelegt ist, ist selbst eines der fundamentalsten Kennzeichen des Menschenbildes." M.J. Langeveld, 1965, S. 177.

50 M.J. Langeveld, 1959, S. 14 f.

51 H.-D. Feil, 1980, S. 133; B. Gerner, 1974, S. 88 f.

zeichnet die Lebensgeschichte des Menschenkindes sozusagen als "Geschichte der Sinngebung"[52].
Die Funktion der Anthropologie im Rahmen der Pädagogik besteht nach Langeveld darin, Genanntes ins Bewußtsein zu heben, dem Pädagogen "eine Theorie vom Wesen des Kindes" verfügbar zu machen, "Perspektiven auf das Sein des Menschen" zu eröffnen[53], die Erziehungsphänomene so aufzuschließen, daß in ihnen Sein und Sollen noch nicht auseinandertreten. Die für die pädagogische Theorie (Theorie der Erziehung) so wichtige Deutung des Lebenssinns und der Bestimmung des Erziehungsziels bedürfen anthropologischer Erkenntnisse. Das Erziehungsziel hängt laut Langeveld von der Bestimmung des Menschen ab. Diese läßt sich seiner Überzeugung nach nicht nur unter dem Aspekt immanenter Bezüglichkeiten des Menschen ermitteln, sondern erst unter Einschluß auch transzendenter[54].

1.2.7 Die Konzeption Eugen Finks

Auch in Eugen Finks erziehungswissenschaftlicher Konzeption ergibt sich eine - freilich andere Akzente setzende - direkte Überleitung von Anthropologie in pädagogische Theorie (und Praxis)[55]. Mit seinem Versuch, den Menschen von Grundphänomenen des Daseins her zu erfassen und die philosophisch (also nicht mythisch oder religiös!) zu leistende Selbstinterpretation menschlichen Lebens (d. h. eine an seiner "Endlichkeit" orientierten Interpretation)[56] als Basis für das pädagogische Denken und Handeln zu nehmen, glaubt er einen methodisch abgesicherten Weg für eine gültige Grundlegung der Erziehungswissenschaft gewiesen zu haben. Grundlegende Einsichten in Daseinsphänomene (Tod, Arbeit, Herrschaft, Eros, Spiel) lassen Finks Überzeugung nach erkennen, was das Leben aller und die Beziehungen der Menschen untereinander bestimmen, woher menschliches Dasein eine bestimmte sinnhafte Ausrichtung gewinnt, worin Lebenstendenzen wurzeln. Jene Grundphänomene - Fink analysiert sie - be-

---

52 M.J. Langeveld, 1959, S. 17; vgl. Ders., 1968, S. 143 ff.

53 M.J. Langeveld, 1965, S. 62.

54 Ebd., S. 60, 102.

55 Für seine anthropologische Fundierung der Pädagogik (Erziehungswissenschaft) sind seine bereits 1955 an der Universität Freiburg i. Br. gehaltenen Vorlesungen über menschliche Daseinsphänomene besonders relevant. Diese (1979 posthum erschienen) enthalten Grundzüge einer pädagogischen Anthropologie. Siehe: E. Fink, 1979. Für das Verständnis der pädagogischen Konzeption des Autors sind ferner wichtig: Ders., 1970, 1978.

56 Eine philosophische Interpretation beschränkt sich laut Fink auf das, was vom Menschen "aus der Zeugenschaft des eigenen Lebens heraus" über Phänomene der menschlichen Existenz gesagt werden kann. Es handelt sich dabei also um Selbstinterpretation statt Fremdinterpretation durch Mythos oder Religion.

zeichnen jene Dimensionen, in denen Erziehung und Bildung ihre Arbeit der Sinnvermittlung und Sinnvergegenwärtigung zu leisten haben. Sie vermögen Hinweise zu geben auf Problemstruktur und inhaltliche Ausgestaltung einzelner Erziehungsfelder und Bildungsbereiche, und eben dadurch können sie zur Identifizierung jener Lebensbezüge und Lebensprobleme beitragen, auf deren Bewältigung pädagogisches Bemühen gerichtet ist[57].

Erziehung versteht sich laut Fink nicht als angewandte Philosophie, Religion, Ethik, Kunst, Politik etc., sondern als "lebendiger Prozeß der Sinngewinnung"; sie ist konkret bestätigte Lebenslehre, die ihrerseits im Weltverhältnis des Menschen wurzelt[58].

Dieser Lebens- oder Daseinssinn, dessen Verständnis durch Erziehung vermittelt werden soll, ist nicht von "außen" (d. h. durch absolute Wahrheit, Mythos, irgendwelche kulturgeschichtlich bestimmten Ismen und dgl.) bestimmt, sondern wird gestiftet im verstehenden Bezug des Menschen zu sich selbst und zu seiner erfahrbaren Welt[59].

Als eine den Handlungssinn pädagogischen Tuns offenbarende und dadurch die pädagogische Theorie fundierende Anthropologie taugt laut Fink nur eine "existentielle Anthropologie": eine solche, die die Grundverfassung des Menschen in philosophischer Schau aufdeckt. Diese beschränkt sich auf das, was aus "der Zeugenschaft des eigenen Lebens heraus" über das menschliche Dasein ausgesagt werden kann. Sie ist also Selbstauslegung des um sich selbst wissenden, sein Weltverhältnis interpretierenden Menschen. Unter "Weltverhältnis" ist dabei zu verstehen "die fundamentale Seinsverfassung der menschlichen Existenz, in der Selbstsein, Mitsein und Sein-bei-Dingen insgesamt gründen"[60]. Solches Weltverhältnis durchdringt laut Fink alle Grundphänomene des menschlichen Daseins (d. h. die fünf existentialen Phänomene bzw. Lebensdimensionen: Tod, Arbeit, Herrschaft, Liebe, Spiel), die seinsmäßig ineinander verflochten und nur in ihrer Verklammerung (im Weltbezug des Da-seins als Ganzem) verstehbar sind.

Ist das Menschsein grundsätzlich nur aus den genannten Phänomenen des Daseins erkennbar, d. h. vom sterblichen, arbeitenden, kämpfenden, liebenden und spielenden Menschen her, so ergeben sich eben von daher - wie bereits angedeutet - Hinweise auf eine Sinngewinnung ermöglichende Erziehung. Einblicke in die Grundverfassung des Menschen erlauben dar-

---

57 Zur anthropologischen Fundierung der Erziehungstheorie bei E. Fink beachte man: H. Zdarzil, 1980, S. 493 ff.; vgl. auch: Th. Ballauff, 1979, S. 78 f.

58 Vgl. E. Fink, 1970, S. 62 ff.

59 Vgl. ebd., S. 66 ff.

60 E. Fink, 1979, S. 320.

über hinaus - auch das ist erzieherisch belangvoll - eine bessere Koexistenz der Menschen untereinander sowie eine Selbstbindung menschlicher Freiheiten[61]. Das liegt im Interesse des in seiner Existenz bedrohten Individuums ebenso wie im Interesse der Zukunft der Menschheit.

1.2.8 Die Konzeption Karl-Heinz Dickopps

Eine enge Verflechtung von Anthropologie und pädagogischer Theorie findet sich ferner im personal-transzendentalen Ansatz der Pädagogik bei Karl-Heinz Dickopp[62]. Der pädagogischen Theorie, die das "Zustandekommen des Menschlichen als Individuum in gesellschaftlichen Strukturen... d. h. die Konstitution des mündigen Menschen"[63] zu erhellen hat, vermag anthropologisches Fragen und Forschen, welches über bloße Verdeutlichung des menschlichen Selbstverständnisses, der Grundstruktur menschlicher Seinsweise hinausgeht und den Werdeprozeß (das Hervorkommen des Menschlichen) thematisiert, zur inhaltlichen Bestimmung erzieherischen Handelns wesentliche Hilfe zu bieten[64]. Pädagogische Anthropologie hat laut Dickopp ihre zentrale Aufgabe in der inhaltlichen Orientierung pädagogischen Handelns. Sie kann Erziehung und Bildung dadurch fundieren, daß sie die Notwendigkeit von Erziehung als Grund für das Zustandekommen des Menschlichen[65] (d. h. als Grund für das Mündigwerden des Menschen) sichtbar macht und daher zum Anspruch bzw. zum verbindlichen Prinzip (Maßgabe) pädagogischen Handelns erhebt[66]. Kurzum: die vordringliche Aufgabe der Pädagogischen Anthropologie besteht darin, "daß sie die Dimension von Zuständigsein für das Menschliche als Prinzip erzieherischen Handelns sichtbar macht"[67]. Sie hat "im erzieherischen Denken und Handeln die Konstitution des Menschlichen als zentrale Aufgabe aller Erziehungsprozesse immer wieder neu zu thematisieren und zur Geltung zu bringen"[68]; sie verfolgt "generell das Interesse, für die Zielsetzung bzw. Orientierung von erzieherischem Handeln zentrale Aussagen

---

61 Vgl. E. Fink, 1970, S. 147, 206 ff., 217.

62 Der Autor hat die Grundzüge seiner Konzeption in einem Sammelband über diverse Richtungen der Gegenwartspädagogik dargelegt. Siehe: K.-H. Dickopp, 1979, S. 70 ff.

63 Ebd., S. 70.

64 Nähere Ausführungen hierzu: K.-H. Dickopp, 1973, 1978, 1983, 1990.

65 Das "Menschliche" wird hier nicht verstanden im Sinne eines Gegebenen, sondern als das "Bestimmende-Unbestimmbare", als etwas, das im Vollzug von Erziehung in seinem Sein erst zustande kommt. Vgl. K.-H. Dickopp, 1976, S. 380.

66 Ebd., S. 383 ff.

67 Ebd., S. 384.

68 K.-H. Dickopp, 1977, S. 40.

bereitzustellen. Insofern ist Pädagogische Anthropologie innerhalb einer Pädagogik/Erziehungswissenschaft der Ort, an dem die Legitimation der Erziehungsziele erörtert wird. Sie ist entscheidender Bestandteil jeder Theorie und Praxis von Erziehung"[69].

Sofern die Pädagogische Anthropologie von der Voraussetzung ausgeht, daß erst durch Erziehung der Mensch als der, der er "ist", ontogenetisch hervorgebracht wird, und speziell die Grundlagen von Erziehungsnormen erörtert, ist sie immer an philosophische Grundauffassungen verwiesen. Solche glaubt Dickopp bei allen bislang vorliegenden Ansätzen innerhalb der anthropologischen Diskussion der Pädagogik erkennen zu können. Solche Grundauffassungen bilden sozusagen die "Vorentschiedenheit" (Vorentscheidungen), auf denen die jeweiligen Ansätze basieren[70].

Je nachdem, welcher Art solche Vorentschiedenheit ist, je danach, wie der Zusammenhang zwischen naturhaften und geschichtlichen Gegebenheiten und Erziehungszielen gesehen wird, je danach, ob dem Menschsein bestimmte Wertungen zuerkannt oder ob es "wertneutral" (ohne Sinnbestimmtheit) betrachtet wird, können laut Dickopp vier Richtungen oder anthropologische Ansätze unterschieden werden:

- personorientierte Ansätze
- phänomenologische Ansätze
- gesellschaftsbezogene Ansätze
- integrationswissenschaftliche Ansätze

Alle vier Ansätze verfolgen auf dem Hintergrund ihrer jeweiligen philosophischen Deutungen des Menschen die Klärung des Zentralproblems: die Legitimierung von erzieherischem Handeln. Sie befassen sich demnach in extenso mit Erziehungszielen. Dickopp selbst ist dabei der erstgenannten Position zuzurechnen. Diese geht von der wertmäßigen Erfassung des menschlichen Seins (im Sinne des "Person"-Seins) aus. Person-Sein (Personalität) gilt hier als orientierende Maßgabe für pädagogische Theorie und Praxis (und - so gesehen- also auch als Legitimationsgrund erzieherischen Handelns).

1.2.9 Die Konzeption Herbert Zdarzils

Die von einer Pädagogischen Anthropologie zu leistende Orientierung pädagogischer Praxis wird auch in Herbert Zdarzils Konzept der Pädagogi-

---

[69] Ebd., S. 38.

[70] Hierzu und zum Folgenden: ebd., S. 38 f.

schen Anthropologie hervorgehoben[71], Hier wird Pädagogische Anthropologie als eine Disziplin der wissenschaftlichen Pädagogik bzw. als ein Teilgebiet der Erziehungswissenschaft verstanden[72]. Als einer "Anthropologie in pädagogischer Absicht" obliegt ihr, die von den Humanwissenschaften (Philosophie wie Einzelwissenschaften) bereitgestellten Erkenntnisse über den Menschen für die Beantwortung erziehungswissenschaftlicher Probleme auszuwerten. Als "einheitlicher Bereich erziehungswissenschaftlicher Erkenntnis" umfaßt sie anthropologische und zugleich auf das Erziehungsgeschehen bezogene Prinzipienaussagen: sie begreift - mit anderen Worten - grundsätzlich Einsichten über den Menschen als Lernwesen und als Wesen der Erziehung (und zwar sowohl philosophisch wie empirisch gewonnene) in sich[73].
Thematisch(-inhaltlich) umschreibt Zdarzil die Pädagogische Anthropologie näherhin so[74]:

1. Sie entwickelt fachübergreifende Theorien, welche hinsichtlich pädagogisch relevanter Fragestellungen (z. B. Begabungs-, Sozialisationsproblem) die Problemaspekte und Forschungsresultate der betroffenen Wissenschaftsgebiete integriert. (Solche auf menschliches Verhalten bezogene fachübergreifende Theorien nennt Zdarzil "empirische Theorien zweiter Stufe").
2. Sie umfaßt die Kategorialanalyse empirisch-pädagogischer Aussagen, sofern diese menschliches Verhalten zum Gegenstand haben. Das soll besagen: sie deckt Aussageformen des Erfahrungswissens vom Menschen auf und weist - da Kategorien zugleich Auffassungsweisen der jeweiligen Gegenstände sind - auf Grundbestimmungen des Menschen hin[75]. Die Aussagen der kategorialen Analyse sind, wiewohl reflexiv aus der Erfahrung gewonnen, nicht aus ihr begründet; ihnen eignet daher philosophische Qualität. (Sie enthalten philosophische Wesenserkenntnis des Menschen.)
3. Die pädagogische Anthropologie entfaltet pädagogisch relevante Schlußfolgerungen aus der (philosophisch verfahrenden) anthropologischen Kategorialanalyse. Dabei handelt es sich "um Schlußfolgerungen, die selbst philosophische Reflexionen zu pädagogischen Fragen darstellen und sich in der Hauptsache auf die pädagogische Zielprob-

71 Die hierfür relevanten Publikationen des Autors sind vor allem seine themenbezogenen Veröffentlichungen aus den Jahren 1975, 1976, 1978, 1980, 1982, 1985 (s. Literaturverzeichnis!)
72 Siehe: H. Zdarzil, 1980, S. 267 f.
73 Ebd., S. 275 f.
74 Zum Folgenden vgl. man ebd., S. 269 ff.
75 Vgl. ebd., S. 272.

lematik beziehen"[76]. Zdarzil vertritt die These, systematisch entfaltete Aussagen zum Ziel der Erziehung[77] könnten nur aufgrund wertphilosophischer Fundamentalreflexion gewonnen werden[78].

Die philosophisch-anthropologische Position, die für Zdarzils pädagogisch-anthropologische Kategorialanalyse maßgebend ist sowie auch für die sich daran anschließenden philosophisch-pädagogischen Schlußfolgerungen, besitzt ihr Zentrum in der Entfaltung von folgenden vier "Wesensmerkmalen des Menschen": seiner Reflexivität (= gedanklich vermittelter Wirklichkeitsbezug), seiner Selbstbestimmung, seiner Selbstgestaltung und seiner (Selbst-)Darstellung. Zugleich basiert die Position des Autors auch auf der Überzeugung, daß Menschsein nicht nur auf jenen Strukturmerkmalen beruhe, sondern der Mensch ebenso Substrat naturhafter und zwischenmenschlich-sozialer Ereignisse und Einwirkungen sei. Und schließlich ist für Zdarzils Konzept noch der Aufweis der Notwendigkeit bezeichnend, "daß das Verständnis menschlicher Freiheit zur Selbstbestimmung über die den Menschen verpflichtenden Normen erweitert werden müsse", daß die Verbindlichkeit von Normen auf Akten der Selbstverpflichtung beruhe[79].

Was von der Pädagogischen Anthropologie laut Zdarzil nicht erwartet werden kann, ist der Aufweis eines neuen und verbindlichen Menschenbildes und damit eine gesicherte normative Grundlage pädagogischer Reflexion und pädagogischen Handelns[80]. Gleichwohl wird von ihr eine Handlungsorientierung (sowohl des institutionellen wie des individuellen Handelns) geleistet: sie vermittelt eine "Orientierung, die sich von der kategorialen Formung pädagogischer Erkenntnis und pädagogischen Bewußtseins, von allgemeinen Aussagen über den Menschen im Zusammenhang der Erziehung und über die Zielausrichtung der Erziehung herleitet"[81]. Über diese Handlungsorientierung (welche die Kritik an perspektivenverkürzender Interpretation menschlichen Werdens einschließt) hinaus macht die Pädagogische Anthropologie auch die Grenzen ihrer eigenen Erkenntnismöglichkeiten und auch Grenzen erziehungswissenschaftlicher Erkenntnis überhaupt sichtbar und markiert damit auch den Unterschied zwischen pädagogischer Erkenntnis und pädagogischer Entscheidung[82].

---

[76] Ebd., S. 274.
[77] Zu seinem Verständnis des obersten pädagogischen Ziels "Mündigkeit" vgl. man ebd.,S. 274 f., 285.
[78] Ebd., S. 275.
[79] Ebd., S. 281.
[80] Ebd., S. 283.
[81] Ebd., S. 286.
[82] Ebd.

1.2.10 Die Konzeption Max Liedtkes

Gegenüber den zuvor skizzierten Ansätzen hebt sich die Position von Max Liedtke in besonderer Weise dadurch ab, daß es sich hier um eine naturwissenschaftlich konzipierte Anthropologie handelt. Pädagogische Anthropologie als wissenschaftliche Theorie ist für ihn "anthropologische Fundierung der Erziehung" in dem Sinne, daß sie "Vorentwürfe" pädagogischen Handelns bietet und zur Lösung praktischer Fragen im Interesse der Verbesserung der Lebenssituation beiträgt. In dieser (generell formulierten) Funktion kann sie gewissermaßen verstanden werden "als Reaktion auf den erzieherischen Handlungsdruck"[83].

Um pädagogische Entscheidungen und erzieherisches Verhalten (individuellen und institutionellen Charakters) wissenschaftlich abzusichern und im Rahmen geschichtlicher Möglichkeiten zu leiten, hat die Pädagogische Anthropologie laut Liedtke forscherisch ermittelbare Daten über den Menschen, genauer: über die Entwicklung menschlicher Fähigkeiten und Verhaltensweisen (im Kontext genetischer Dispositionen und Umweltbedingungen) bereitzustellen. Was sie dabei im besonderen und notwendigerweise zu leisten hat, ist die "Integration biologischer Daten"[84]. D. h. in ihr theoretisches Aussagegefüge muß sie phylogenetische Daten aufnehmen, sie muß der zentralen ("biologischen") Einsicht Raum geben, "daß alle gegenwärtigen Zustandsformen organischer und kultureller Phänomene sich in langwierigen Prozessen aus andersartigen Vorstufen entwickelt haben"[85]. Im Hinblick auf den Menschen und seine Bezüglichkeiten stellt der Autor unmißverständlich fest: Sofern der Mensch und alle von ihm abhängigen Phänomene aus dieser Evolution hervorgegangen seien, könnten sie nur dann angemessen verstanden werden, wenn man sie unter dem spezifischen Aspekt ihrer Entwicklung (d. h. ihrer Geschichtlichkeit) interpretiert. In dieser geschichtlichen, näherhin stammesgeschichtlichen Betrachtungsweise würde somit ein zentraler Schlüssel zum Verständnis des Menschen, somit auch zum Verständnis der Erziehung liegen[86].

Kurzum: Pädagogische Anthropologie - im Sinne Liedtkes - kann nur dann als qualifiziert angesehen werden, wenn sie das Faktum der Evolution berücksichtigt, wenn sie als biologisch-stammesgeschichtlich orientierte Anthropologie betrieben wird[87].

---

[83] Vgl. M. Liedtke, 1980, S. 175 f.

[84] Ebd., S. 178.

[85] Ebd., S. 179.

[86] Ebd.

[87] Über sein Verständnis von Pädagogischer Anthropologie geben besonders folgende Veröffentlichungen Auskunft. Siehe: M. Liedtke, 1972, 1976, 1980, 1986 (s. Literaturverzeichnis!)

Eine so verstandene Pädagogische Anthropologie hat einen methodischen und einen inhaltlichen Aspekt: Der "methodische Aspekt" besteht darin, alle vom Menschen beobachtbaren Phänomene zu erfassen und sie unter Einbezug ihrer naturgeschichtlichen Dimension zu analysieren. Kausalanalytisches Denken ist dabei durch ein Denken in korrelativen Zusammenhängen zu ergänzen.

Der "inhaltliche Aspekt" ist auf verschiedene Sachverhalte bzw. Zusammenhänge bezogen, über die biologisch-stammesgeschichtliche Analysen Aufschlüsse bringen bzw. bestimmte Horizonte eröffnen. Was Pädagogische Anthropologie diesbezüglich leistet, macht nach Liedtke ihre "spezielle Bedeutung" für die Erziehungswissenschaft aus. Diese liegt vor allem darin[88], daß sie

- die menschliche Erziehungsbedürftigkeit und Erziehungsfähigkeit aufweist,
- Beiträge zu einem Ethogramm des Menschen liefert (d. h. das Repertoire der menschlichen Fähigkeiten umreißt oder gar einzelne Verhaltensabschnitte und deren Stellung im gesamten Verhaltensrepertoire dezidiert darstellt),
- ökologische Korrelate für die Entwicklung menschlicher Fähigkeiten aufweist bzw. benennt (d. h. Hinweise darauf gibt, in bezug auf welche Umweltbedingungen sich welche Verhaltensweisen oder Merkmale entwickelt haben und unter welchen Bedingungen sich demnach die genetischen Dispositionen voraussichtlich am günstigsten entfalten werden),
- einen Zugang zu normativen Fragestellungen eröffnet (d. h. Normen, Wertvorstellungen oder Verhaltensrichtlinien als das Bewußtwerden und die Formulierung genetisch angelegter Bedürfnisse, Antriebe und Wertungsmuster und deren lernabhängiger Ergänzungen darstellt),
- plausible Handlungsanweisungen für konkrete Situationen gewinnen hilft (d. h. wenn auch vorsichtig aufgrund vorliegender Daten Sollensforderungen erkennbar werden läßt und besonders beim Fehlen hinreichender Einzeluntersuchungen auf Fremderfahrungen und kumuliertes Wissen in ihrem Wert und in ihrer Befragbarkeit verweist).

---

[88] Zum Folgenden vergleiche man: M. Liedtke, 1980, S. 182 ff.; Ders., 1986, S. 7 ff.

1.2.11 Die Konzeption Hans Scheuerls

Ein besonders enges Verhältnis zwischen Anthropologie und Pädagogik konstatiert Hans Scheuerl. In seiner 1982 erschienenen "Pädagogischen Anthropologie" leistet er eine engagierte Einführung in das Spektrum menschlicher Selbstdeutung und ihrer jeweiligen pädagogischen Implikationen. In historischer Perspektive geht er der Entwicklung des anthropologischen Denkens nach und sucht die Frage zu beantworten, wie unser heutiger anthropologischer Verständnishorizont geworden ist. Er "will unterschiedliche und sich wandelnde Vorstellungen über den Menschen, wie sie in pädagogischen Zusammenhängen entwickelt worden sind, vergleichend vergegenwärtigen"[89] und so an den aktuellen pädagogisch-anthropologischen Diskussions- und Forschungsstand heranführen. Demgemäß charakterisiert er Perspektiven normativer und empirischer Anthropologie, wie sie exemplarisch ausgewählten pädagogischen Gedankengebäuden (Theorien und Zeitströmungen samt deren geistes- und sozialgeschichtlichen Hintergründen) innewohnen[90].

Anthropologie als Lehre vom Menschen ist laut Scheuerl gekennzeichnet durch eine "Vieldeutigkeit ihres Gegenstandes". Sowohl unter einzelwissenschaftlicher Fragestellung von seiten verschiedener Spezialdisziplinen, wie auch als fächerübergreifende prinzipielle Frage nach der "eigentlichen" Struktur des Menschseins sucht man diesen aufzuklären und spezifische Merkmale herauszufinden, durch die sich der Mensch von allen anderen Lebewesen unterscheidet. In diesem Bemühen ist die Anthropologie "von Anbeginn sowohl 'empirisch' beobachtende Einzelforschung als auch 'spekulative', philosophische Deutung ontologischer Grundannahmen und introspektiver Erfahrungen"[91].

Als Ergebnis entsprechender Forschungen und langer Anthropologie-Diskussionen kann heute - so der Autor - festgestellt werden: gegenüber allen generellen anthropologischen Deutungsmustern ist Skepsis angebracht. Man muß dem Menschen ein (gewisses) Maß an historischer und biographischer Variabilität zugestehen (was verallgemeinernde "Wesensaussagen" verbietet). Also: "substantielle Aussagen über das, was generell den Menschen und seine Menschlichkeit ausmacht", sind offen zu halten[92].

---

89 H. Scheuerl, 1982, S. 21.

90 Der Bogen der "befragten" Persönlichkeiten bzw. deren Erziehungsdenken, an denen der Wandel menschlicher Selbstdeutung bzw. Wandlungen des "Menschenbildes" besonders deutlich werden, reicht dabei von der Antike bis heran an die Gegenwart.

91 Ebd., S. 9.

92 Ebd., S. 11.

Pädagogische Anthropologie ist nach Scheuerl ein "spezieller Zweig pädagogischen Fragens". Sie interessiert sich für den besonderen humanen Lebensweg des zunächst hilflosen und zugleich lernbereiten Menschen, der von seiten seiner mitmenschlichen Umgebung und der Institutionen strukturierender und normierender Vorgaben bedarf, um zu einer reifen Form zu finden. Diese pädagogische Hilfe "bildet als Ganzes eine pädagogische Einflußsphäre, die den 'natürlichen' Menschen wie eine zweite Natur umgibt"[93]. Sie ist sozial und historisch geprägt. Wenngleich die Formen und Inhalte dieses sozialen und normativen Einflußfeldes variieren, sind sie doch als ein anthropologisches Faktum zu werten. "Und das Interesse pädagogischer Anthropologie richtet sich zugleich auf das Gemeinsame wie auf die charakteristischen Unterschiede der jeweiligen kulturellen und gesellschaftlichen Vorgaben und Erwartungen, die das Aufwachen und den Kultivierungsprozeß begleiten"[94].

Das Spektrum der Fragestellungen pädagogischer Anthropologie läßt sich entsprechend der Akzentuierung bestimmter Gesichtspunkte nach Scheuerl auf drei Typen fokussieren. Er unterscheidet daher drei Typen pädagogisch-anthropologischen Fragens[95]:

1. Ein "integrativer Typus" ist darauf ausgerichtet, Ergebnisse einzelwissenschaftlicher Forschungen zusammenzustellen und auf deren möglichen Beitrag zu pädagogischen Fragestellungen zu prüfen, differenzieren und eventuell einzugliedern.
2. Ein "daseinsanalytischer Typus" verzichtet auf systematische Wesensaussagen und sucht aufgrund phänomenologisch faßbarer Einzelphänomene des menschlichen Lebens, Grundsätzliches über den Menschen zu erfahren.
3. Ein auf die den jeweiligen Pädagogiken bzw. Zeitströmen innewohnende "Menschenbilder gerichteter Typus".

Scheuerl selbst profiliert sich als Vertreter letztgenannter Richtung. Hier wird pädagogische Anthropologie verstanden als Frage nach den leitenden Menschenbildern, die allem pädagogischen Sehen und Denken zugrundeliegen und für die jeweiligen Pädagogiken (und auch für den "Geist" von Zeitströmungen oder ganzer Epochen) konstitutiv sind[96].

Da unser Wissen von den expliziten oder impliziten Anthropologien in der Geschichte der pädagogischen Ideen noch fragmentarisch ist, noch zu we-

---

93 Ebd., S. 12.

94 Ebd.

95 Vgl. ebd., S. 13 ff.

96 Alle Pädagogiken bzw. pädagogischen Systeme und Systemansätze enthalten eine bestimmte Anthropologie, die ihnen zugrundeliegt bzw. auf der sie aufbauen. Das ihnen inhärente "Menschenbild" bildet sozusagen den Schlüssel zu ihrem Verständnis. Vgl. ebd., S. 16.

nig über die Eigenarten faßbarer Menschenbilder, ihre Übereinstimmungen oder Gegensätze, ihre historischen Bedingungen und Wandlungen sowie auch ihrem Anteil an dem sich wandelnden "Geist" der Epochen bekannt ist, sucht Scheuerl diesem Desiderat abzuhelfen[97]. Daher wendet er sich dem oben genannten dritten Fragetypus zu und grenzt ihn von den beiden anderen (auch möglichen) ab. In seiner historischen Einführung kommt es ihm in besonderer Weise auf die Verdeutlichung des dem Wandel unterworfenen anthropologischen Verständnishorizonts an. Er bekundet ein systematisches Interesse an Historischem: die von ihm ausgewählten Exempla (Deutungen des Menschen) sollen über die jeweilige Zeit hinausweisende Einsichten liefern, Grundsätzliches vom Menschen (den Menschen Charakterisierendes, Eigentümliches) erkennbar werden lassen und pädagogisches Sehen und Denken fundieren bzw. anleiten[98].

Den Interpretationsrahmen für die Erarbeitung der von ihm ausgewählten "Kryptoanthropologien" bildet für Scheuerl die in der geistig-körperlichen Doppelnatur des Menschen begründete Möglichkeit einer empirischen oder philosophischen Deutung des Menschseins sowie auch die durchgängige Unterscheidung zwischen anthropologischen Sinnaussagen (über Ziele, Bestimmungen, Ideale, Leitbilder) und erfahrungsmäßigen Einsichten in die Stärken und Schwächen der Menschennatur[99].

Als von der pädagogischen Anthropologie künftig noch zu leistende Aufgabenlösungen nennt Scheuerl zwei wichtige als "Hauptfragen" gekennzeichnete[100]: wie sich die vielen Perspektiven, unter denen der Mensch betrachtet werden kann und muß, 'systematisch' geordnet zusammendenken lassen; und wie darüber hinaus aus Lebenserfahrungen und Wissenschaften gewonnene Einsichten unter geschichtlich-biographischem Aspekt gesehen und "'zeitlich' als Beiträge zum Aufbau und zum Verständnis menschlicher Lebensläufe" pädagogisch genutzt werden können[101].

1.2.12 Die Konzeption Rudolf Lassahns

Funktion und Aufgabe der pädagogischen Anthropologie werden von Rudolf Lassahn in seiner historischen Einführung in deren Problemkreis (1983) aufgezeigt und durch einige zusätzliche Aspekte in einem Zeit-

---

97 Vgl. ebd., S. 17 f.

98 Von den leitenden Menschenbildern aus soll sich also auch ein Zugang zu pädagogischen Grundgedanken gewinnen lassen.

99 Vgl. ebd., S. 19 f.

100 Vgl. ebd., S. 161 f.

101 Ebd., S. 161.

schriftenaufsatz unter dem Titel "Konstruiertes Selbstverständnis. Implizite Menschenbilder in pädagogischer Theorie und Praxis" (1995) ergänzt.
In seiner Monographie "Pädagogische Anthropologie" (1983) unternimmt der Autor den Versuch, die Geschichte der pädagogischen Anthropologie zu rekonstruieren und diese zugleich als einen Aspekt der Wissenschaftstheorie der Pädagogik zu erweisen. Der von ihm dabei präferierten historischen Sicht schreibt er eine besondere Erkenntnisfunktion zu. Vor dem Hintergrund der Geschichte werden nämlich Veränderungen von Problemlagen, Entwicklungen, Fragestellungen und Lösungsvorschlägen sichtbar. Das gelte auch hinsichtlich der Entstehung und des Wandels anthropologischer Fragestellungen und Probleme. Aspektverschiebungen und Perspektivenwechsel werden so evident (wie etwa die Verschiebung des Aspektes in der Beschreibung des Menschen von einem vernunftbegabten Wesen zu einem triebbestimmten)[102].
In allen menschlichen Schöpfungen kommt Menschsein selbst zum Ausdruck. Ihnen allen liegt - wie übrigens auch allen sich wandelnden Kulturdomänen bzw. Institutionen - ein menschliches Selbstverständnis zugrunde. Dieser "impliziten Anthropologie" wurde laut Lassahn in der pädagogischen Anthropologie bisher zu wenig Beachtung geschenkt. Ihre Bedeutung will er in eigener Abhandlung herausstellen[103]. Und er sucht nachzuweisen, daß zwischen Welt- und Menschenbild und menschlichem Handeln ein enger Zusammenhang von hoher pädagogischer Relevanz besteht. Auch den hier bestehenden Bezüglichkeiten geht er in seiner historisch ausgerichteten Untersuchung nach. Er beschreibt eine Anthropologie, die sich nicht an der Bestimmung des Menschen orientiert, sondern an seinem Sein in der Welt bzw. am "wirklich handelnden Menschen". Demgemäß versteht er diese - unter Einbezug pädagogischer Aspekte - als "pädagogische Realanthropologie"[104].
Zu den im Rahmen einer pädagogischen Realanthropologie zu erörternden Fragestellungen bzw. zu den an sie gerichteten Erwartungen (Forderungen) rechnet er folgende[105]: Sie hat die der Anthropologie zugrundeliegenden Vorstellungen über menschliche Individualität, die "Menschenbilder" in ihrem historischen Wandel aufzuzeigen. Sie hat ferner die Herkunft von Bildern, Muster und Begriffen menschlicher Phänomene und Prozesse zu klären. Sie hat darüber hinaus auch die Veränderungen in den größeren Zusammenhängen, das heißt in den Korrelationen zwischen den Einzelein-

---

102 Vgl. R. Lassahn, 1983, S. 20.
103 Vgl. R. Lassahn, 1983, S. 8 f.; Ders., 1995, S. 286.
104 R. Lassahn, 1983, S. 19, 22.
105 Vgl. ebd., S. 19 ff.

schätzungen zu verdeutlichen und zwar nicht nur betreffs des Menschenbildes insgesamt, sondern auch einzelner Lebensphasen, wie Kindheit, Jugend, Alter[106]. Schließlich obliegt der pädagogischen Realanthropologie auch noch, die Diskrepanz sichtbar zu machen zwischen anvisierten Zielbestimmungen und der tatsächlichen Lebenswelt der Betroffenen (etwa Kinder). Auch das deutlich sichtbare Mißverhältnis vieler pädagogischer Autoren resp. Erziehungsprogramme betreffs erhobenen Ansprüchen und nicht damit zu vereinbarenden Praktiken gilt es aufzudecken. In besonderer Weise wird die der pädagogischen Anthropologie zuzuschreibende Funktion hervorgehoben, Zeit- und Kulturkritik im Rahmen ihrer Wissenschaft, gerade auch Kritik an den immanenten Menschenbildern einzelner Ansätze zu üben und eine Überprüfung pädagogischer Praxis in all ihren Ausprägungen zu leisten[107].
Die Tatsache, daß den Entwürfen von Menschenbildern so große Beachtung geschenkt wird, läßt sich laut Lassahn damit begründen, daß sie alle nicht nur unmittelbare Beziehungen zum Menschen in sich tragen, sondern auch sein Selbstbewußtsein und seine Selbsteinschätzung bestimmen und sein Handeln bzw. seine Lebensgestaltung in der Welt lenken[108]. Die Frage ist nur, in wieweit in ihnen Gültiges bzw. Verbindliches zum Vorschein kommt, zeigt doch die Geschichte, daß alle diese Entwürfe weder naturgegeben noch notwendig sind, daß es sich bei ihnen allemal um "Konstruktionen" handelt[109], deren Quellen bzw. Basis - so Lassahns Sicht - wissenschaftstheoretisch gesehen als zu einseitig und eng bemessen anzusehen sind.
Lassahn vertritt die These, "daß reale pädagogische Anthropologie in der Neuzeit ... den größten Teil ihrer Muster (für Menschenbilder -Ha) aus dem Weltbild der Naturwissenschaft übernahm", daß Begriffe wie auch Leitvorstellungen über menschliche Phänomene und Prozesse stärker vom naturwissenschaftlichen Weltbild geprägt wurden als vom philosophischen. Das habe nicht nur zu einer einseitigen Interpretation des Menschen und der Erziehungwirklichkeit geführt - wie der "Wahn des Konstruierens" aufgrund positivistischer Forschungsergebnisse zeige -, sondern das habe auch die Bildung "einheimischer Begriffe" und die Entstehung einer autonomen Pädagogik behindert[110].

---

106 Neben dem Wandel darauf bezogener Einschätzungen wird auch auf die unterschiedlichen Bewertungen von Ehe und das gewandelte Frauen-Bild hingewiesen. Vgl. ebd., S. 25.
107 R. Lassahn, 1995, S. 291.
108 Vgl. R. Lassahn, 1983, S. 20 f.
109 Ebd., S. 21; Ders., 1995, S. 289.
110 R. Lassahn, 1983, S. 23 f.; s.a. Ders., 1995, S. 289.

Die genannte These sucht Lassahn anhand dreier Paradigmen zu begründen: dem Mythos der "glücklichen Kindheit", dem Menschenbild der Dynamik, dem Bild der Energie. In seinen abschließenden Ausführungen zum "Paradigma der Selbstorganisation" weist er auf eine Alternative hin zu jenen historischen Bildentwürfen: auf anthropologische Aussagen, bei deren Gewinnung weder inhaltliche Fragestellungen noch methodische Erörterungen ausgeblendet sind, Aussagen die sowohl geisteswissenschaftliche Einblicke als auch naturwissenschaftliche Innovationen positiv als Erkenntnisse involvieren.

Unter fünf Aspekten entwickelt Lassahn sozusagen ein Modell pädagogischer Anthropologie (im Sinne genannter Alternative), bei dem er Ergebnisse relevanter Nachbarwissenschaften unter Kategorien der Pädagogik zu binden sucht. Er will darin der Gefahr gegensteuern, daß der Formalismus der aus dem naturwissenschaftlichen Welt- und Menschenbild entlehnten Begrifflichkeit - welcher lange die Prägung "einheimischer Begriffe" (in der pädagogischen Anthropologie) verhindert habe - auch künftig wirksam sein könnte. Liegt doch gerade hier - in der Entwicklung einheimischer Begriffe - für die pädagogische Anthropologie "ihr weites Feld, ihre Chance und Möglichkeit"[111], sozusagen eine Bedingung dafür, als Wissenschaftszweig gelten zu können.

Im Zusammenhang der Thematisierung von "Selbstorganisation" stellt Lassahn pädagogisch besonders relevante Sachverhalte heraus, die er in folgende Begriffe faßt[112]: Privatheit, Aktivität und Spontaneität, Zeitlichkeit des Menschen, Sprachfähigkeit. Mit diesen Begriffen bzw. den damit bezeichneten Realitäten läßt sich seiner Auffassung nach die Möglichkeit der "Selbstreproduktion" bewerkstelligen; im Sinne der Fähigkeit des Menschen, sich in organischer wie geistiger Hinsicht selbst zu erhalten bzw. im Austausch mit seiner Welt neu zu entwerfen. Das erfordert ein anderes Verständnis vom Menschen als es mit naturwissenschaftlichen Begriffen beschrieben werden kann: ein solches, das einer ganzheitlichen Sicht entspricht, die verschiedenen Dimensionen des Menschseins beachtet, neben Rationalität auch Emotionalität und Sozialität mitberücksichtigt, der Selbstinterpretation der Betroffenen (der in der Welt Handelnden), auch der zu Erziehenden besser entspricht[113]. Der pädagogischen Anthropologie ist damit - ohne ein verbindliches Menschenbild liefern zu wollen oder gar zu können - sachliche wie methodische Offenheit aberverlangt. Dazu gehört eine "einwärtsgekehrte Reflexion auf (ihre) eigenen Arbeitsweisen"

---

111 R. Lassahn, 1983, S. 161.

112 Vgl. dazu ebd., S. 164 ff.

113 Vgl. etwa R. Lassahn, 1983, S. 162, 172; Ders., 1995, S. 293 f.

sowie die Wahrnehmung einer zeit- und kulturkritischen Funktion in der Pädagogik (insonderheit angesichts der Inflation unsachgemäßer Menschenbild-Konstruktionen)[114].

1.2.13 Die Konzeption Erich Webers

Zu jenen Autoren, die sowohl eine Verbindung von naturwissenschaftlichen und geisteswissenschaftlichen Aspekten in der Pädagogik (als Lehre bzw. Wissenschaft "von" der und "für" die Erziehung und Bildung) als auch in der Anthropologie (als Lehre bzw. Wissenschaft vom Menschen) anstreben, gehört auch Erich Weber.

Die Pädagogik ist nach Auffassung des Autors in mehrfacher Hinsicht auf Erkenntnisse der Anthropologie bzw. der Regionalanthropologien angewiesen, denn die Pädagogik hat es allemal mit "menschlichem Handeln" zu tun und ist somit in ihrer Theorie und Praxis auf fundierendes Wissen über den Menschen (was er ist und vermag) angewiesen. Insbesondere die Pädagogische Anthropologie kann und sollte solches Wissen bereitstellen resp. vermitteln[115].

Weber vertritt eine integrativ konzipierte Pädagogische Anthropologie, d. h. eine solche, die pädagogisch relevante Befunde der anthropologischen Forschung verarbeitet und multiperspektivisch ausgerichtet ist[116]. Er fordert nachdrücklich, den Menschen in seiner Ganzheit zu erfassen und ihm in seinem mehrdimensionalen Sein (als Natur-, Geist-, Sozial- und Kulturwesen) gerecht zu werden. Er sieht den Menschen biologisch-stammesgeschichtlich, sozio-kulturell und reflexiv-rational geprägt bzw. in seinem Verhalten beeinflußt[117].

Von einer den Menschen als Ganzheit umspannenden Sicht aus können laut Weber der Erziehung Orientierungs- und Motivationshilfen geboten werden. Anthropologische Befunde erlauben in gewissem Sinne eine Umsetzung in pädagogische Handlungs- und Deutungszusammenhänge. Allerdings ist zu bedenken: Der Mensch und seine Erziehung lassen sich aus nur anthropologischer Sicht zwar weitgehend, aber nicht ausreichend er-

---

114 Vgl. R. Lassahn, 1995, S. 291, 294.

115 Zur Konzeption seiner Pädagogischen Anthropologie vgl. man bes. E. Weber, 1995, Ders., 1996.

116 Das entspricht auch seinem multiperspektivisch-dialogischen Konzept der wissenschaftlichen Pädagogik, das geisteswissenschaftliche mit erfahrungswissenschaftlichen und philosophisch-normativen Ansätzen zu verbinden sucht. Vgl. E. Weber, 1995, S. 12.

117 Als zur Ganzheit des Menschen gehörig und in seinem Verhalten zum Ausdruck kommend werden noch als wichtige Komponenten die Emotionalität, Aktionalität und Volitionalität herausgestellt. Vgl. dazu ebd., S. 234 ff.

fassen[118]. Deshalb sind auch historisch-gesellschaftliche und -kritische Sichtweisen und Befunde zu berücksichtigen[119]. Keinesfalls kann von den Humanwissenschaften - und also auch nicht von der Pädagogischen Anthropologie - Aufschluß über ein richtiges und geschlossenes Menschenbild, das für die Erziehung und ihre Zielstellungen verbindlich wäre, erwartet werden. Ein solches gibt es nicht[120].
Zur Funktion der Pädagogischen Anthropologie gehört nach dem Aufgabenverständnis von Weber vielmehr, über die menschlichen Voraussetzungen der Erziehung in breitem Umfang (unter Einschluß auch von Möglichkeiten und Grenzen) aufzuklären. "Dabei gilt es sowohl real- als auch sinnanthropologische Fragen zu stellen und 'offen' zu halten" sowie gegenüber der weltanschaulich normativen "Menschenbildpädagogik" (sozusagen in Wächterfunktion) zu wehren. Als Sinn-Anthropologie obliegt ihr, Ziele und Zwecke pädagogischen Handelns - die solchem Handeln Sinn verleihen - zu reflektieren. Als Real-Anthropologie hat sie möglichst gut fundierte und gesicherte Kenntnisse über den wirklichen Menschen in seiner realen Situation (und deren Veränderungsmöglichkeiten) zu er- und vermitteln[121].
Was die Pädagogische Anthropologie in Anbetracht der genannten Aufgabenstellung leisten kann und soll - und worin auch ihre besondere Bedeutung für die Pädagogik liegt - ist laut Weber in Folgendem zu sehen: Entsprechend der Komplexität des Menschen und seiner Erziehung/Bildung muß sie eine mehrdimensionale Betrachtung pflegen. Auch bisher weniger berücksichtigte Forschungsdaten relevanter Disziplinen müßten ihr integriert und für die Pädagogik fundierend einbezogen werden. Der Autor plädiert nachdrücklich dafür, vermehrt Erkenntnisse der Bioanthropologie, vor allem der Evolutions- und Verhaltensforschung, als Orientierungshilfen für die Theorie und Praxis der Erziehung nutzbar zu machen[122]. Die Grundlagen pädagogischen Denkens und Handelns werden ohne Beachtung auch physiologischer resp. humanbiologischer Lebensvorgänge, speziell phylogenetischer (die menschliche Stammesentwicklung betreffende) und ontogenetischer (die menschliche Individualität betreffende) Gegebenheiten nicht hinreichend - weil dimensional verkürzt - zu erhellen sein. Daher gehören - so Weber - phylogenetische (bio- und kulturrevolutionäre)

118 Das gilt insbesondere auch für erzieherische Zwecke und Ziele.
119 Vgl. ebd., S. 38.
120 Vgl. ebd., S. 28.
121 Vgl. ebd., S. 23 f.
122 Vgl. ebd., S. 40 ff. Daß zur Beantwortung der Frage, was der Mensch sei und soll auch philosophische Daseinsanalysen nötig seien - weshalb in der Pädagogischen Anthropologie auch deren Erträge Berücksichtigung finden müssen - ist für Weber klar und entspricht seiner multiperspektivischen Denkweise.

und ontogenetische (entwicklungspsychologische und lebensgeschichtliche) Faktizitäten als Voraussetzungen der Erziehung zu den unabdingbar zu klärenden Themen- und Problemkomplexen der Pädagogischen Anthropologie[123]. Den Zusammenhang von Phylogenese und Ontogenese kennzeichnet er als "ein sich wechselseitig implizierendes Verhältnis": Ontogenese ist Teil der Phylogenese, phylogenetische Änderungen entstehen ausschließlich ontogenetisch. "Phylogenese und Ontogenese sind nur zwei Aspekte der einen Hologenese"[124].
Erwähnenswert erscheint noch, daß Weber zwar nachdrücklich die Einbeziehung naturwissenschaftlicher (bio-anthropologischer Sachverhalte in Pädagogische Anthropologie und ihre Berücksichtigung in der Pädagogik fordert, aber auch vor überzogenem, unangemessenem Umgang warnt. Deutlich verweist er auf die Gefahr der reduktionistischen, generalisierenden und ideologischen Mißdeutungen[125].

1.3 Abschließende Bemerkung

Wie wir gezeigt haben, gibt es unterschiedliche Ansätze und Entwürfe einer Pädagogischen Anthropologie. Wie immer auch die Schwerpunktsetzungen sein mögen, Konsensus dürfte hinsichtlich Folgendem bestehen:
Eine umfassende Theorie des Menschseins muß in dessen ureigenstem Interesse angestrebt werden. Je besser man um Struktur, Werden und Bedürfnisse des Menschen Bescheid weiß, desto besser kann man ihm Lebenshilfe bieten. Was speziell den Zusammenhang von Menschsein bzw. Menschwerdung und Erziehung angeht, betrifft den Problem- und Forschungsbereich der Pädagogischen Anthropologie. Sie hat unter Sichtung und Einbeziehung der für ihre Fragestellung wichtigen Ergebnisse der verschiedenen Humanwissenschaften den Wechselbezug zwischen Menschsein und Erziehung aufzuklären.
Zu ihren Grundfragen gehören vornehmlich diese:

1. Was lehren die Handlungen und Situationen der Erziehung über das Wesen des Menschen? und
2. Was ergibt sich von der menschlichen Seins- und Lebensweise her für das Verständnis der Erziehung?

---

[123] Mit diesen befaßt sich Weber ausführlich im Rahmen der Neuausgabe seiner Pädagogik, Bd. I, Teil 1, 1995 und Teil 2, 1996.
[124] E. Weber, 1995, S. 249.
[125] Siehe ebd., S. 42 ff.

Während die erste Frage darauf abhebt, den Menschen aus der Erziehung zu verstehen, zielt die zweite dahin, die Erziehung und ihre Durchführung aus der Wirklichkeit des Menschen verständlich zu machen.
Wenn die Pädagogische Anthropologie ihrem Auftrag entsprechend aufzeigen will, wie einerseits der Mensch durch Erziehung zur Verwirklichung seiner selbst kommt, und wie andrerseits erzieherische Hilfen durch Bedingungen, welche im Menschsein liegen, bestimmt werden, dann muß sie sich auf die Struktur wie die Genese des Menschen richten und hier bestehende Relationen aufdecken. Hieraus resultiert die Gesamtaufgabe, die wirklichen Motive des Menschen, das heißt das, was in ihm nach Gestaltung drängt, wie überhaupt seine Wirklichkeit zu erforschen, einschließlich der Bedingungen, wie man sein Werden durch Erziehung auf sein inneres Telos (Bestimmung) befördern kann.
Dabei sind verschiedene Einzelprobleme zu klären, besonders diese[126]: Ausgangspunkt und erstes Problem ist die Einsicht darin, daß der Mensch auf Erziehung angelegt ist. Grundproblem ist daher die Erziehungsbedürftigkeit und Erziehungsfähigkeit samt der sich im Lernen bekundenden Selbsttätigkeit. Ein zweites Problem ist der Charakter der Geschichtlichkeit der Anthropogenese, das heißt die näher zu klärende Tatsache, daß sich das Aufwachsen in einem Prozeß vollzieht, in dem sich auf Grund bestimmter Erfahrungen das Selbstverständnis wie das Weltverhältnis des heranwachsenden Menschen verändern. Ein drittes Problem stellt sich, wenn man fragt: Wie verhalten sich die "Weltoffenheit" des zu erziehenden Menschen und der Verweisungscharakter der in seinen historischen Fakten "festgelegten" Um- und Mitwelt, und wie wird sein Verhalten dadurch bestimmt? Das vierte Problem schließlich läßt sich in die Frage kleiden: Welcher Art muß das die Mündigkeit des Menschen mitbedingende Verhältnis von Sozialität und Personalität sein?
Die Lösung dieser aufgezeigten Probleme kann nur unter folgenden Voraussetzungen gelingen: Die Erscheinungsweisen des Menschlichen müssen organisch-strukturell, d. h. im Hinblick auf einen ihnen zugrundeliegenden Sinn- und Ganzheitsbezug gesehen und gewertet werden. Für ihre Deutung sind die Ergebnisse der Humanwissenschaften zu sichten, in Austausch zu bringen und in ein Ganzes zu fügen. Einer Vielfalt von Ansätzen und Methoden ist Raum zu geben.

[126] Vgl. dazu: H.H. Groothoff, 1964, S. 228 ff.

2. Menschenbilder im Wandel der Zeit

Wiewohl das Wort "Anthropologie" erst im 16. Jahrhundert auftaucht, gibt es in allen Zeiten und Kulturen bestimmte Anschauungen über den Menschen, über seine Herkunft, seine Beschaffenheit, sein Werden (Genese), seine sozialen Beziehungen, seine Lebensformen und die Art seines Handelns wie auch über die Sinnhaftigkeit seines Daseins. Sowohl die Naturwie die Geisteswissenschaften suchen exakte Aussagen darüber zu machen. Und sie haben auch im interdisziplinären Gespräch bei allen noch bestehenden Unklarheiten und gewissen Differenzen - doch weitgehend darüber Übereinstimmung erzielt, daß der Mensch im Reiche des Lebendigen eine Sonderstellung einnimmt[127], und daß diese als Ergebnis eines langen Evolutionsprozesses zu begreifen sei.

2.1 Das abendländisch-antik-christliche Menschenbild des homo sapiens

Bei der Vielfalt der in der Kultur- und Geistesgeschichte vorfindbaren Anschauungen über den Menschen gibt es doch einige Grundauffassungen, die sozusagen über Zeiten und Räume hinweg sich erhalten haben. Dazu gehören in unserem Kulturkreis einmal das antik-christliche Menschenbild des homosapiens und zum andern das naturalistische Menschenbild des homo faber. Jedes der beiden trägt relativ einheitliche Züge, die bei allen Wandlungen und da und dort feststellbaren Nuancierungen erhalten bleiben.

Das Hauptcharakteristikum des antik-christlichen Menschenbildes des homosapiens[128], an dessen Ausgestaltung Griechentum, christliches Altertum, Mittelalter, Renaissance und die Klassik in besonderer Weise beteiligt sind, ist dieses: Bei diesem Menschenbild wird der Mensch von oben, vom Geist her, von Gott her gesehen; er gilt als die Krone der sichtbaren Schöpfung.

Die Theorie vom homo sapiens ist griechischen Ursprungs. Schon bei den Dichtern Homer (um 800 v. Chr.), Hesiod (um 700 v. Chr.), auch in der orphischen Religion und dann in der Folgezeit in der griechischen Philosophie wird die Welt als ein sinnvoll gegliedertes Ordnungsgefüge dargestellt, dessen Entstehung, Bestand und Entwicklung mit einem obersten Prinzip in Zusammenhang steht. In diesen Kosmos mit seinem naturhaften

[127] Vgl. H. Hofer & G. Altner, 1972.
[128] Vgl. H. Meyer, 1949, Bd. V, S. 478 ff.

Geschehen wird der Mensch eingespannt gedacht, aber er ist nicht nur ein Teil der Natur, er hat Anteil am Logos, am Nus (nous), an der Göttlichkeit. Diese Teilhabe an einem außerweltlichen Prinzip, die besonders in der Logoslehre des Heraklit (um 500 v. Chr.), in der Nus- oder Geistlehre des Anaxagoras (5. Jh. v. Chr.), in der pythagoreischen Gotteslehre (5. Jh. v. Chr.) betont wird, spielt auch in den Gedankengebäuden Platons, des Aristoteles und der nacharistotelischen Philosophie eine Rolle. Platon (+ 437 v. Chr.) sieht diese Teilhabe des Menschen an einem außerweltlichen Prinzip als für menschliches Sein, Erkennen und Handeln charakteristisch an. Eben dadurch wie auch durch die damit zusammenhängende Unsterblichkeit der Seele hebt sich der Mensch seiner Auffassung nach aus der übrigen Natur heraus.

Auch bei Aristoteles (+ 322 v. Chr.), der den Menschen stärker als Platon in das Naturganze eingebettet sieht, entsprechen sich Gottes- und Menschenbild. Das Universum oder Weltganze stellt seiner Lehre nach ein Stufenreich von Formen dar. Jede Form ist nur in Verbindung mit Materie etwas Wirkliches. Diese Verbindung geschieht nicht aus sich selbst: sie hat eine bewegende Ursache. Diese bewegende Ursache ist für Aristoteles oberstes Sein, höchster Wert, reine Aktualität, reine Entelechie (Zielstrebigkeit); sie ist absolutes Leben: ihre Tätigkeit geht auf in der sich selbst beschauenden Vernunft; sie ist also reine Denktätigkeit, reiner Geist. Ein anderer Name dafür ist Gott.

Dem göttlichen Geist an der Spitze der Welt entspricht nach Aristoteles die GeistAusstattung des Menschen. Die höchste Vollkommenheit des Menschen ist - so sagt er - in der betrachtenden, erkennenden Tätigkeit, im Leben des Geistes oder der Vernunft zu sehen. In seiner Betätigung bekundet sich menschliches Leben. Wenn auch das aufgezeigte Welt- und Menschenbild, wonach die Welt als Auswirkung des göttlichen Urpneumas und die menschliche Seele als ein Absenker aus dem göttlichen Logos verstanden werden, nicht überall durchgehalten wird (die Stoa und der Epikureismus wichen etwa davon ab), so bleibt die gekennzeichnete Grundauffassung doch weithin sichtbar: der Geistes- bzw. Bewußtseinssphäre des Menschen wird gegenüber dem körperlichen Bereich eine Vorrangstellung eingeräumt.

Das Christentum setzt mit seiner Lehre von der Schöpfung, dem Sündenfall, der Gotteskindschaft und den letzten Dingen wieder andere Schwerpunkte als die griechische homo-sapiens-Lehre. So wird vor allem der Mensch hier nicht so sehr in seiner kosmischen Verflechtung gesehen; dafür werden die menschliche Person, die Einzelseele und ihr Heilsprozeß und die Ebenbildlichkeit zu Gott stärker betont. Von der Patristik (christli-

chem Altertum) an über das Mittelalter bis hinein in die Neuzeit wird der Mensch aus christlicher Sicht als Mikrokosmos, d. h. als ein verkleinertes Abbild der großen Welt, in dem sozusagen alle Seinsformen des Universums zusammenlaufen, angesehen. Der Mensch ist sozusagen das Wesen der Mitte. Wiewohl er an der körperlich-materiellen wie auch an der geistigen Welt teilhat bzw. verschiedene Elemente in sich vereinigt, wird der Geistseele bzw. dem geistigen Leben doch Vorrang zugesprochen. Leib und Geistseele werden zwar in wesensnotwendiger Verbindung gesehen: der Mensch existiert als solcher nur in der Verbindung beider. Jedoch wird die Geistseele auch als etwas erkannt, dem stoffunabhängige Seinsweise zuerkannt wird. Deshalb kommt ihr auch Unsterblichkeit zu. Ihre Trennung vom Leib ist ihr gleichwohl wesenswidrig, woraus die Auferstehung des Fleisches als Postulat sich ergibt.
Die hohe Rangstellung, die man im Altertum und im christlich geprägten Mittelalter dem Menschen zusprach, erleidet auch in der Neuzeit keine Einbuße. Sicherlich hat im Verlaufe der Entwicklung der neuzeitlichen Philosophie der menschliche Seelen-, Geist- und Personbegriff je nach Grundlage der einzelnen Systeme und nach dem Wechsel der Denkmotive grundlegende Wandlungen erfahren, geblieben ist jedoch - wie z. B. der Humanitätsgedanke zeigt - die Überzeugung, daß dem Menschen in der Gesamtwirklichkeit eine hervorragende Stellung gebühre. Würde und Wert der menschlichen Persönlichkeit wird eigentlich nur dort beschnitten, wo materialistisches Denken einbricht. Selbst die Ausgestalter des heliozentrischen Weltbildes sind von der Größe des Menschen aufgrund seiner Vernunftausstattung und seines Hineinragens in eine höhere geistige Welt überzeugt.
Für das Menschenbild der Neuzeit sind einige Lehren besonders belangvoll. Dazu gehört die dualistische Naturphilosophie und Anthropologie René Descartes (+ 1650). Descartes Trennung von Körper und Geist, von Ausdehnungswelt und Bewußtsein und seine Überbetonung des Geistigen, des Bewußtseins, des Denkens, hat sowohl auf den Rationalismus des 18. Jahrhunderts wie auch auf den Idealismus des ausgehenden 18. Jahrhunderts und des 19. Jahrhunderts begünstigend gewirkt. In der Aufklärung des 18. Jahrhunderts gilt der Mensch bekanntlich weithin als Geist- und Vernunftwesen, wobei allerdings zu bedenken ist, daß menschliche Geistigkeit und Vernünftigkeit nicht mehr wie in früheren Zeiten unangefochten in Abhängigkeit zu einem allgemeinen Weltprinzip oder persönlich gedachten Gott begriffen werden. Sie wird im Menschen als einem sich autonom verstehenden Wesen selbst begründet angesehen.

Diese Autonomie wird neben der schöpferischen Tätigkeit und dem freien Willen besonders auch von Immanuel Kant (+ 1804) hervorgehoben. Johann Gottlieb Fichte (+ 1814) sieht die Größe des Menschen - ähnlich wie Kant - in der Freiheit des Willens, der Selbsttätigkeit und sittlichen Tat.
Geistigkeit und Geistsein des Menschen werden im deutschen Idealismus in besonderer Weise auch von Friedrich Schelling (+ 1854) betont. Und Georg Wilhelm Friedrich Hegel (+ 1831) sieht den Geist als Prinzip alles Seins an; im einzelnen Menschen verwirklicht er sich als "subjektiver Geist". Eben dadurch ist der Mensch ausgezeichnet.
Andere Denker der klassisch-idealistischen Epoche identifizieren den Menschen nicht so sehr mit der (bzw. seiner) Vernunft. Sie sehen im Menschen auch irrationale Kräfte (Gefühle, Sehnsüchte, Stimmungen) wirksam. Ihrer Auffassung nach geben rational-geistige und irrationale Elemente in ihrem Zusammenspiel dem Menschen sein Gepräge. Sie fordern daher den harmonischen Ausgleich von Gemüts- und Geisteskräften. Namen wie Johann Gottfried von Herder, Wilhelm von Humboldt, Friedrich von Schiller, Johann Wolfgang von Goethe wären hier zu nennen. Auch für deren Menschenbild ist kennzeichnend, daß der Mensch als Mikrokosmos gesehen und sowohl seiner naturhaften wie geistigen Ausstattung nach über die Erdgebundenheit hinausweist. Insofern zeigt es das hervorstechendste Charakteristikum der homo-sapiens-Lehre: der Mensch wird hier begriffen als die Spitze der sichtbaren Schöpfung; er wird von der Vernunft, vom Geiste, vom Absoluten (Gott) her gedeutet.
Die Konsequenzen eines solchen Menschenverständnisses für alle Kulturgebiete und Lebensbereiche (Erkenntnis, Sittlichkeit, Recht, Religion, Geschichtsauffassung etc.) sind unverkennbar.

2.2 Das naturalistische (biologistische) Menschenbild - die homo faber - Theorie

Dem zuvor aufgezeigten spiritualistischen Menschenbild steht ein anderes gegenüber[129]: das naturalistische bzw. biologistische. Hier wird der Mensch unter Ausschaltung des Göttlichen und Geistigen von unten, von

---

[129] Zum Verständnis des Menschen in Vergangenheit und Gegenwart vgl. man z. B.: G. Ammon, 1986; H. Beck & J. Quiles, 1988; W. Böhm u.a. 1982; G. Heberer u.a. 1970; O. Marquard, 1965; R. Marten, 1988; W.E. Mühlmann, 1968; H. Rombach, 1987; L. Scheffczyk, 1987; A. Stöckl, 1958/59; H. Wendt & N. Loacker, 1982/85; E. Winkler, & J. Schweikhardt, 1982. - Siehe auch die Literaturangaben unter Anmerkung 1 und 2!

der Materie, vom Kosmos, vom Tier her gedeutet. Seine Verfechter sind materialistischem Denken verhaftet[130].
Über die Geschichte dieses Menschenbildes[131] ist folgendes zu sagen: Der Vorsokratiker Demokrit (+ 370 v. Chr.) hat den Atomismus und auf seiner Grundlage eine geschlossene materialistische Weltansicht begründet. Er führt alles Sein und Geschehen auf eine unendliche Anzahl kleinster Teile (Atome) zurück, die durch immer neue Formierung die Wirklichkeit bestimmen.
Im Altertum hat Epikur (+ 270 v. Chr.) diesen Atomismus weitergeführt und der römische Dichter Lukrez (+ 55 v. Chr.) hat ihn im römischen Kulturkreis in epikureischem Gewande verbreitet. Auch im Mittelalter hat sich da und dort der Gedanke erhalten, die Materie sei Weltprinzip. In der Neuzeit gewinnt dieser Gedanke und die damit zusammenhängende Vorstellung, daß das Naturgeschehen (allgemein oder zum Teil) rein mechanisch ablaufe, d. h. nach dem Verhältnis Ursache - Wirkung durch bloße Ortsbewegung von in sich unveränderlichen Teilen erfolge, immer mehr Raum. Materialistisches Denken begegnet im 17. Jahrhundert besonders bei dem Engländer Thomas Hobbes (+ 1679)[132], im 18. Jahrhundert bei den Franzosen Julien Offray de Lamettrie (+ 1751)[133] und Dietrich von Holbach (+ 1789)[134], im 19. Jahrhundert bei den Deutschen Karl Vogt (+ 1895)[135], Jakob Moleschott (+ 1893)[136], Ludwig Büchner (+ 1899)[137]. Das Ungenügen am deutschen Idealismus, besonders an Hegel, dann die Erfolge der Naturwissenschaften und das Vordringen des Positivismus haben die materialistische Bewegung in Deutschland gefördert. Deren Wortführer lehnen Gott als Schöpfer ab, sie führen geistige Akte auf die Materie zurück und bezeichnen sie als mechanische Tätigkeit des Leibes.
Im 20. Jahrhundert suchte der Materialismus eine Stütze im Darwinismus. Charles Robert Darwins (+ 1882) Lehre von der Entstehung und Umbildung der Arten in der Organismenwelt durch Auswahl (Selektion)[138], wo-

---

130 Die Kennzeichnung des Menschen als "homo faber" im Rahmen des hier zu erörternden Menschenbildes besagt: der Mensch ist ein "Werkzeugtier", d. h. er hat (als Angehöriger des Naturreichs) jene Intelligenzstufe erreicht, die es ihm ermöglicht, Werkzeuge herzustellen, solche zu gebrauchen, sich der Naturdinge zu bedienen, sich zum Beherrscher der Natur aufzuwerfen.

131 Zum Folgenden vgl. man: H. Meyer, 1949, Bd. V, S. 483 ff., 20 ff.

132 Hauptwerke sind: Elementa philosophica de cive, (1647). Dt. Grundzüge der Philosophie, 2. u. 3. Teil: Lehre vom Menschen und vom Bürger, (1918); Leviathan (1651, dt. 1936).

133 Hauptwerk: L'homme machine (1740). Dt. Der Mensch eine Maschine (1975).

134 Hauptwerk: Système de la nature(1770).

135 Hauptwerk: Köhlerglaube und Wissenschaft (1875).

136 Hauptwerk: Der Kreislauf des Lebens. 2 Bde. (1852).

137 Hauptwerk: Kraft und Stoff, Frankfurt (1855). (Bibel des deutschen Materialismus).

138 Seine Grundgedanken sind dargestellt in seinem Hauptwerk: Über die Entstehung der Arten durch natürliche Zuchtwahl oder die Erhaltung begünstigter Rassen im Kampf ums Dasein (1859, dt. 1963).

bei im "Kampf ums Dasein" schlecht angepaßte Individuen ausgemerzt werden, gut angepaßte hingegen überleben und zu vollkommeneren Formen sich entwickeln, schien das naturalistisch-mechanistische Weltbild zu bestätigen. Der Entwicklungsgedanke Darwins, d. h. die von ihm aufgrund zahlreicher Beobachtungen und Untersuchungen erhärtete Theorie, daß sich heute vorgefundene Organismen im Laufe eines sehr langen Zeitraumes erst entwickelt haben und zu dem geworden sind, was sie jetzt sind, wurde von Naturalisten bzw. von Materialisten aufgegriffen, um das Leben seiner Entstehung und seinem Werden nach zu erklären. Darwins Darlegungen, daß der Formenreichtum und die Entstehung zweckmäßiger Formen dem Zufall unterliegen, rein mechanischen Vorgängen zu danken seien, ohne daß eine zweckmäßige Ursache im Spiele sei (die das Gewordene bzw. Werdende von vornherein in seiner Zielrichtung bestimme), kamen den Materialisten besonders gelegen, wie auch die Tatsache, daß Darwin den Menschen - und zwar seiner körperlichen wie geistigen Seite nach - in den Entwicklungsprozeß einbezog (Deszendenztheorie)[139].
Sofern mit Hilfe darwinistischer Prinzipien die Lösung theoretischer wie praktischer Weltanschauungsprobleme versucht wurde, wurde der Darwinismus zu einer Weltanschauung.
Eine solche Lösung von Weltanschauungsproblemen versuchten David Friedrich Strauß und Ernst Haeckel. Der ehemalige Theologe und Linkshegelianer David Friedrich Strauß (+ 1874) überträgt den Darwinschen Entwicklungsgedanken auf das Weltganze. Er deutet das Leben auf der Erde als aus einer eigenartigen chemischen Verbindung entstanden; es stellt seiner Meinung nach nur eine komplizierte Art der Mechanik dar. In diesem physikalischen Prozeß, der sich durch Scheidung und Mischung zu immer höheren Formen und Funktionen gesteigert habe, denkt er sich als Höhepunkt den Menschen. Alles seelisch-geistige Leben führt er auf Atombewegungen zurück. Er erkennt weder eine Verschiedenheit des Geistes vom Körper, noch einen supranaturalen Gott an[140].
In ähnlicher Weise wie Strauß bemüht sich auch Ernst Haeckel (+ 1919) um den Ausbau eines evolutionistischen Materialismus mit Hilfe darwinistischer Prinzipien. In seinem Buch "Natürliche Schöpfungsgeschichte" (1868) gibt er eine Darstellung der Weltgeschichte, der er 1899 eine popu-

---

139 Aufgrund dieser Einbeziehung des Menschen in das naturhafte Entwicklungsgeschehen wird der Darwinismus (entsprechend der von Darwin entwickelten Theorie) im weiteren Sinne auch als Abstammungslehre verstanden. Hier muß auf ein weiteres Werk Darwins hingewiesen werden: Die Abstammung des Menschen und die geschlechtliche Zuchtwahl (1871, dt. 1875 u.ö.).

140 Diese Auffassung vertritt er in seinem materialistisch geprägten Alterswerk: Der alte und der neue Glaube (1872).

larwissenschaftliche Darstellung darüber unter dem Titel "Welträtsel" folgen läßt[141].
Die Grundgedanken von Haeckels monistischer Weltanschauung sind folgende: Aus einem der Summe nach gleichbleibenden, unendlichen, kraftbegabten Stoff im unendlichen und unbegrenzten Raum denkt er sich das Universum hervorgegangen und auch die Erde. Durch Urzeugung, d. h. mit Entstehung des Kohlenstoffes, begann das organische Leben auf der Erde: ohne Ziel- und Zweckursache. Der Mensch ist seiner Meinung nach tierischen Ursprungs; auch den Geist hält er für eine Naturerscheinung, durch Stoffwechsel chemisch bedingt. Die materielle Basis aller seelischer Tätigkeit sieht er im Psychoplasma, einem Körper, dem als Lebenssubstanz in jeder Zelle Spannkräfte innewohnen. Aus dieser Zellseele, wie er dafür noch sagt, denkt er sich das Seelenleben entwickelt. Auch Haeckel bestreitet den Wesensunterschied zwischen Tier und Mensch. Auch für ihn ist der Mensch nicht Geschöpf, sondern ein Glied in der Reihe der Organismen, welches biologischen Gesetzen unterworfen ist. Zwar ist der Mensch hoch entwickelt, aber er bleibt nach Haeckel Tier: ein Werkzeugtier, das den Stand der technischen Intelligenz erreicht hat und sich durch die Sprache zum Zeichentier entwickelt hat.
Naturalistisch ist auch das Menschenbild Friedrich Nietzsches (+ 1900)[142]. Nietzsche fragt nach dem Dasein, dem Standort und den Entfaltungsmöglichkeiten des Menschen. In scharfer Frontstellung insbesondere gegen das Menschenbild des Christentums betont er das Naturhafte menschlichen Seins. Er sieht den Menschen auf dem Hintergrund des astronomischen Weltbildes[143]. In astronomischen Dimensionen gesehen ist schon die Erde bedeutungslos. Das Leben auf ihr ist nur ein Augenblick, ein Zwischenfall, eine Ausnahmeerscheinung, ein Ereignis ohne Plan und Vernunft. So steht seiner Überzeugung nach auch der Mensch da. Auch er ist wie jedes andere Lebewesen nur Zufall, nur eine Augenblickserscheinung. Von Krone der Schöpfung, von Mitte der Welt kann bei ihm keine Rede sein. Wenn der Mensch - wie es das Schicksal vieler Tierarten ist - aus der Welt verschwände, würde nichts in ihr fehlen. Zu den astronomischen Gründen seiner Menschendeutung - die übrigens bei den eigentlichen Astronomen ganz anders aussieht (vgl. Giordano Bruno!) - gesellen sich biologische Gründe, die er zur Verdeutlichung seines Menschenbildes heranzieht. War

---

141 Dieses Buch war bei seiner Volksausgabe 1926 bereits in 400.000 Exemplaren verbreitet und wurde in 25 Sprachen übersetzt.

142 Zu Nietzsches Weltanschauung und Menschenbild: F. Nietzsche, Werke. Gesamtausgabe, (1965 ff.); Ders.; Werke in 3 Bänden und Indexband (1954-56 und 1961). - aus der Sekundärliteratur beachte man z. B.: E. Fink, 1960; H. Heimsoeth, 1943, S. 205 ff.; Nietzsche-Studium, 1972 ff.; P. Pütz, 1975.

143 Zum Folgenden vgl. man H. Meyer, 1949, Bd. V, S. 484 ff.

der Mensch im deutschen Idealismus und auch noch danach in seiner Größe besonders wegen seiner Vernunft und Geistigkeit herausgestellt worden, so versucht Nietzsche den Menschen durch Eingliederung in das organische Gesamtwerden vollkommen zu vernatürlichen. Er rückt die Leiblichkeit (im Sinne von Körperlichkeit) des Menschen in den Vordergrund. Die biologisch-vitalen Grundlagen der menschlichen Gesamtpersönlichkeit werden herausgestellt. Nietzsche spricht der körperlichen bzw. leiblichen Lebenskraft, dem Bios also, den Vorrang zu. Der Mensch ist, was er ist, wesentlich durch sein vitales Sein. Genau das meint Nietzsche, wenn er sagt: "Unser Leib ist weiser als der Geist". Für Nietzsche gibt es nur leibliche Zustände; die geistigen Zustände deutet er nur als Folge und Symbolik. Was als Folge leiblicher Zustände z. B. am Menschen deutlich hervortritt, ist der Wille. In ihm vereinigen sich alle unsere Leidenschaften. Und doch, wenn auch die leiblichen Zustände im Menschen eine besondere Aufgipfelung erfahren, ändert das an der Wesensnatur nichts. Für Nietzsche ist und bleibt der Mensch Tier: "Wir haben umgelernt. Wir sind in allen Stücken bescheidener geworden. Wir leiten den Menschen nicht mehr vom 'Geist', von der 'Gottheit' ab. Wir haben ihn unter die Tiere gestellt... Er ist durchaus keine Krone der Schöpfung, jedes Wesen ist neben ihm auf gleicher Stufe der Vollkommenheit" (Antichrist 14).

Weil der Mensch nach Nietzsche eine Tierart ist, stehen seine Organe und charakteristischen Ausstattungen und seine Verhaltensweisen im Dienste der Arterhaltung, im Dienste des Durchsetzens im Daseinskampf. Der Instinktgesichertheit des Tieres gegenüber ist der Mensch das "nichtfestgelegte" Tier. Der Mensch ist zugleich das mutigste Tier, das alle anderen Tiere weniger durch Kraft, als durch List und Klugheit überwand. Freilich, setzt Nietzsche zugleich hinzu, ist der Mensch auch das labilste und bedrohteste Tier. Als solches braucht er zum Durchhalten des Lebens Hilfe und Schutz, er braucht seinesgleichen und wird deshalb gesellschaftsbildend. Innerhalb der Gesellschaft entstehen dann Bewußtsein und Sprache. Der zu sich selbst kommende und Zeichen erfindende Mensch wird immer selbstbewußter. Er drängt über sich selbst hinaus: er will mehr sein, als er ist, und er will über andere und anderes herrschen. So fühlt Nietzsche in sich, so deutet er Menschsein. Dieser neue Mensch - wie er ihn sieht und haben will - bäumt sich auf gegen alles, was seinem Machtwillen und Lebensdrang im Wege steht.

Was Nietzsche selbst und seinem neuen Menschen entgegensteht, ist vor allem - so sieht er es - der Gottesglaube. Wenn dieser Gott und die von seinem Willen abgeleiteten Normen - wie sie das Christentum dem Menschen zur Regulierung seiner Lebensform vorgibt - außer Kurs gesetzt

sind, dann beginnt die große Stunde des Menschen. Daher führt Nietzsche einen erbitterten Kampf gegen das Christentum und erklärt Gott für nichtexistent. Er propagiert den Atheismus und stellt den Menschen vor das Nichts. Vor den Folgen dieses Nihilismus erschrickt er schließlich selbst und landet in der Verzweiflung.
Das aufgezeigte Menschenbild Nietzsches ist biologistisch, weil der Mensch ganz und gar aus seinem biologisch-vitalen Sein gedeutet wird. Bildungsziel ist der "Übermensch"; ein solcher, der sich selbst Gesetz ist; ein heiterer, harter Mensch voll Lebenskraft und Kampfesmut, selbstherrlich, ja rücksichtslos, wenn es sein muß. Diesem Menschen ist der "Wille zur Macht" eigen. Seine Moral ist eine "Herrenmoral", deren höchstes Prinzip lautet: Gut ist, was den Willen zur Macht und die Macht selbst im Menschen erhöht. Schlecht ist alles, was aus der Schwäche stammt - vor allem das Christentum.
Indem Nietzsche die Normkraft des Geistes über das Leben leugnete, den "Tod" Gottes verkündete, die Umwertung aller Werte predigte, den christlichen Unsterblichkeitsglauben durch eine Lehre von der ewigen Wiederkehr des "Gleichen" ersetzte, den "Willen zur Macht" als Signum gesteigerten Daseins und Lebenswillens herausstellte, hat er Anschauungen die Wege geebnet, welche das Sein selbst als blinden Drang begreifen und den Wert des Menschen nicht nach seinen geistigen Bezüglichkeiten bemessen, sondern nach pragmatischen und biologischen Gesichtspunkten.

2.3 Das Menschenbild des materialistischen Marxismus

Die im Marxismus erfolgende Deutung des Menschen muß im Zusammenhang mit einer Sozialtheorie gesehen werden, welche das Wesen der Geschichte überhaupt zu bestimmen sucht und den Menschen aufs innigste mit dem Gang der Geschichte verflicht. So jedenfalls ist es bei den Begründern des sog. "wissenschaftlichen Sozialismus" der Fall (Karl Marx, Friedrich Engels)[144].
Karl Marx (+ 1883) kommt von Hegel her, insofern er von diesem - wenn auch unter anderer Blickrichtung - den Hegelschen Entwicklungsgedanken und die Hegelsche Dialektik mitbringt. Nach Hegel gleicht die Mensch-

---

144 Zum Welt- und Menschenbild des Marxismus: Karl Marx & Friedrich Engels, Historisch-kritische Gesamtausgabe, (1927 ff.); Dies., Werke, 42 Bde., (1957 ff.); Karl-Marx-Studienausgabe, 6 Bde., (1962 ff.). - Aus der Sekundärliteratur beachte man z. B.: J.M. Bochenski, 1973; W. Euchner, 1983; H. Emden, 1983; J. Fetscher, 1976 f.; A. Fürle, 1980; H. Lefèbvre, 1975; W. Oelmüller, 1977; E. Fromm, 1963; C. Gulian, 1974; U. Müller-Herlitz, 1972; L. Sève, 1973; B. Suchodolski, 1961; A. Zimmermann, 1975; S. 83 ff.

heitsgeschichte bzw. die geschichtliche Welt einem Dreischritt: jede Setzung (Thesis) treibt mit innerer Notwendigkeit ihr Gegenteil (Antithesis) aus sich hervor, wobei beide sich in einer höheren Einheit (Synthesis) - welche ihrerseits die Triebkraft zu weiterer Entwicklung in sich schließt - aufheben. Während nach Hegel die Weltgeschichte eine in jenem Dreischritt erfolgende Entfaltung der Idee bzw. des objektiven Geistes darstellt, bestimmt Marx die Geschichte nicht von oben, vom Ideellen, sondern von den unteren Naturschichten des Menschen her. Er faßt Dialektik als das Bewegungsgesetz der wirtschaftlich-gesellschaftlichen Wirklichkeit auf. Für Marx ist nicht ein Bewußtsein das Primäre, welches sich dann bis ins einzelne hinein entfaltet, sozusagen das konkrete Sein bestimmt, sondern er sieht es umgekehrt: Gesellschaftliche Gegebenheiten sind primär; sie bestimmen das menschliche Bewußtsein und damit den Gang der Geschichte. Die letzten Ursachen geschichtlichen Lebens bilden die Produktionsverhältnisse, die Änderung dieser Verhältnisse und der Austausch der Produkte. Die ökonomischen Verhältnisse, welche also letztlich - neben geistigen Faktoren wie Naturwissenschaft und Technik u.a. Produktivkräfte - für den Geschichtsablauf bestimmend sind, formen nicht bloß die äußere Lebenslage des Menschen, sondern sind auch für dessen geistige Ausdrucksformen und ihre Veränderung entscheidend. Wie nun dieser Vorgang möglich ist, das erklärt Marx folgendermaßen: Da der einzelne Mensch nicht die Mittel bzw. Werkzeuge: die Produktionsmittel zur Befriedigung seiner Bedürfnisse - das ist seine wirtschaftliche Situation - hat, veräußert er seine Arbeitskraft, begibt er sich in ein Dienst- bzw. Abhängigkeitsverhältnis. Darin besteht seine Selbstentfremdung. Dieser aufgezeigte Vorgang führt zur Klassenbildung: die Inhaber der Produktionsmittel bilden die Klasse der Besitzenden (Bourgeoisie); ihnen steht die Klasse der Arbeitenden oder Besitzlosen (Proletarier) gegenüber. Jede dieser beiden Klassen hat ihre bestimmten Interessen, die zu denen der anderen Klasse in Gegensatz stehen. In Verfolgung solcher Interessen hier und dort kommt es zum Klassenkampf. Bewirkt wird dieser insbesondere dadurch, daß der arbeitende Mensch (der Proletarier) seiner Selbstentfremdung bewußt wird und diese aufheben bzw. überwinden möchte und zwar nicht nur im Denken (wie etwa in Religion oder Theologie), sondern wirklich. Diese Beseitigung der Selbstentfremdung und der mit ihr gegebenen Ausbeutung des arbeitenden Menschen kann nach Marx nicht geschehen durch bloße Reform der bestehenden Klassenordnung, sondern einzig und allein durch ihre Vernichtung in der Revolution.

In diesen revolutionären Kampf ist nach Marx auch der Kampf gegen die bestehende Kultur einzubeziehen, weil diese seiner Meinung nach eine

Folgeerscheinung und demnach kausal abhängig ist von der gesellschaftlichen Grundstruktur. Jeder Gesellschaftsform (= Basis) entspricht seiner Meinung nach ein Überbau. Dazu gehören: Ideen, Religionen, Weltanschauungen, Rechtsbegriffe und -ordnungen, Staatsformen, Verfassungen, Sitten und Traditionen. Mit anderen Worten: Welche staatlichen, rechtlichen, sittlichen, künstlerischen, weltanschaulichen, religiösen Auffassungen usw. herrschen, hängt von den Klassenverhältnissen und der diesen zugrundeliegenden ökonomischen Situation ab. Wenn dem aber so ist, dann bedeutet das zugleich: Soll eine neue Gesellschaft mit neuen Verhältnissen und neuen Wertvorstellungen entstehen, dann muß der Kampf an der Basis und am Überbau gleichzeitig geführt werden.

Was nun diesen Kampf selbst angeht, wäre zu sagen: Marx sieht die ganze Geschichte der menschlichen Gesellschaft als Geschichte von Klassenkämpfen an. Für die Idee vom Klassenkampf glaubt er in der darwinistischen Entwicklungslehre eine Stütze zu finden. Im Darwinismus sieht er die naturalistische Geschichtsauffassung unterbaut. Die natürlich-gesetzmäßige Entwicklung wird ja dort bekanntlich als ein Kampf der Individuen ums Dasein gedeutet. So imponierend dieser Gedanke aufs erste erscheinen mag und Marx auch zur Fundamentierung seiner Idee von der geschichtlichen Entwicklung sein mochte; es konnte ihm wie auch Engels auf die Dauer nicht entgehen, daß zwischen dem Kampf in der Pflanzen- und Tierwelt und dem Kampf innerhalb der menschlichen Gesellschaft tiefgreifende Verschiedenheit herrscht.

Was bedeutet das, was bei Marx über den Gang der Geschichte gesagt wird, für ein Bild vom Menschen?

Die Produktionsverhältnisse, die Verteilung der Kapitalien und die gesellschaftlichen Umstände sind für Marx die entscheidenden Bezugspunkte des menschlichen Wesens und Verhaltens. Sie bestimmen die Einstellung zur Umwelt i. w. S. und zu sich selbst (d. h. zu Welt und Selbst). Was der Mensch ist und wie er in humaner Weise leben kann, hängt nicht von Geistigkeit oder Vernunft des Menschen ab, sondern von seiner Stellung in der Gesellschaft (Klassenzugehörigkeit) und den dort herrschenden Verhältnissen.

Das Entscheidende gegenüber dem Tier ist für den Menschen eben, daß er sich "verhält", d. h. Stellung nimmt in Aktion und Reaktion. Dieses Sich-Verhalten geschieht gegenüber der Natur und der Gesellschaft. Ersteres ist dadurch bedingt, daß der Mensch als Naturwesen ein Gattungswesen des Naturreichs ist. Dieser Tatbestand und das daran geknüpfte Verhalten kann nicht aufgehoben werden. Anders ist das hinsichtlich der Tatsache, daß der Mensch auch ein "menschliches Naturwesen" ist, d. h. neben seiner natur-

haften Bedingtheit auch geschichtlichen Bedingungen unterliegt. So gesehen ist er ein geschichtlich-gesellschaftliches Wesen oder kurz gesagt: ein Geschichtswesen. Als solches untersteht er technisch-ökonomischen Gesetzen und Zwängen. Diesen Zustand nun kann der Mensch verändern. Sofern er sich an der Befriedigung seiner Bedürfnisse gehindert sieht, geht er gegen seine als verzweifelt empfundene Lage an, setzt er Energien ein, um sich seines Zustands zu entledigen. Er wird zum revolutionären Klassenkämpfer. Als Proletarier kämpft er gegen die Bourgeoisie.
Außer diesem Kampf hat der Mensch auch noch einen zweiten zu führen: gegen die Natur. Diesen Kampf nennt Marx Arbeit. Arbeit ist seiner Meinung nach Grundlage des Lebens. Durch sie erfüllt der Mensch seine Berufung, indem er die Natur mit sich versöhnt. Allmählich gewinnt der Mensch die Herrschaft über die Natur und macht sie zu einem gefügigen Werkzeug im Dienst des Lebenszieles: eines befriedeten Lebens in klassenloser Gesellschaft.
Für ein Menschenbild ist immer auch bestimmend, welche Werte für den Menschen als erstrebenswert angesehen werden. Auch der Marxismus kennt Werte: solche betreffen allerdings nur Weltimmanentes. Da der Mensch nur als Bürger dieser Welt angesehen wird, als einer der den Stempel des Naturhaften trägt und in das geschichtliche Werden eingespannt ist, transzendentes Sein geleugnet wird, folgt daraus: Werte beschränken sich auf irdische Güter, bleiben der Geschichte inbegriffen, jenseits menschlicher Grenzen hat nichts Wert.
Träger der höchsten Werte ist die aufsteigende Klasse. Werthaft ist, wessen sie sich bedient (Wissenschaft und Technik), und was sie tut (revolutionärer Kampf); und zwar deshalb ist solches werthaft, weil es dem Fortschritt und dem Menschen - einschließlich seiner materiellen Ausstattung - nützt.
Klassenkampf, Arbeit und Wertstreben (i.S. des Ausgreifens nach materiellen Gütern) dienen nach Marx dem Ziel der humanen Gestaltung des Lebens in einer klassenlosen Gesellschaft mit den gleichen Chancen für alle. Wenn dieses Ziel erreicht ist, hat der Mensch aus seiner Entfremdung heimgefunden zu sich selbst und besitzt die Möglichkeit, sein an sich heiles Wesen auch heil zu leben.
Marx stellt ein relativ geschlossenes Menschenbild vor, indem er den Menschen sowohl unter der Voraussetzung von Natur wie von Geschichte begreift. Ihn interessiert nicht primär die Entwicklung des Gattungswesens Mensch von den Urformen her bis zur heutigen Gestalt, sondern wie die Menschwerdung mit der Entwicklung der Produktionskräfte im Laufe der Geschichte vonstatten geht.

Der zu seinem heilen Wesen und Dasein gelangende Mensch ist nicht einer mit Jenseitshoffnungen, sondern einer, der - indem er die Natur sich dienstbar macht und den Geschichtsverlauf tätig-bewußt mitbestimmt - sich selbst zum unbeschränkten Genuß der irdischen Güter erlöst. Seine integrale Welt ist nicht eine von einem übergeschichtlichen Wesen gestaltete, sondern die vom Menschen produzierte Welt des Überflusses: eben jenes "Paradieses auf Erden" wie es Marx nach Aufhebung der Klassengegensätze in Aussicht stellt.
Der Wert des einzelnen Menschen - und auch das ist für das marxistische Menschenbild charakteristisch - wird nach seiner Bedeutung als Produktionsfaktor bzw. entsprechend seinem Einsatz für die Verwirklichung des eben genannten geschichtsimmanenten Zieles (klassenlose Gesellschaft) bemessen.
Fragen wir abschließend: Wie steht es mit der Verwirklichung jenes Zieles und der damit verbundenen Aufhebung der Entfremdung des Menschen dort, wo der Marxismus weiterentwickelt, seiner Konkretisierung zugeführt wurde und also in ein entscheidendes Stadium eintrat?
Unsere Antwort lautet: Wo der Marxismus und seine Ideologie in die Praxis umgesetzt wurde, zeigt sich keineswegs eine Befreiung des Menschen aus seiner Entfremdung, sondern der Mensch erscheint dort besonders stark in die Maschinerie technisch-ökonomischer Zusammenhänge verstrickt. Das befriedete, glückliche Leben paradiesischer Art in klassenloser Gesellschaft ist nirgends in Sicht. Solches ist und bleibt eben eine Utopie[145].

3. Neuere anthropologische Ansätze - ein Überblick

Noch im 19. Jahrhundert waren extreme Auffassungen über den Menschen im Umlauf: der idealistischen Grundthese, wonach menschliches Sein im letzten und tiefsten "geistiger" Art sei (Hegelianismus u.a.), steht die naturalistische These gegenüber, nach welcher der Mensch entweder in allen Bereichen als Materie angesehen (positivistischer Naturalismus, Marxismus) oder zum Tier erklärt wird (Darwinismus, Nietzsche).

---

[145] Zur Kritik des Marxschen Menschenbildes siehe: A. Fürle, 1980.

3.1 Die Stufenlehre Max Schelers

Gegen beide extreme Deutungen, die bis ins 20. Jahrhundert hinein Anhänger fanden und finden, wendet sich der Philosoph und Soziologe Max Scheler (1874-1928)[146]. Scheler, der als Begründer der modernen philosophischen Anthropologie gilt, versucht unter Einbeziehung der Befunde naturwissenschaftlicher und geisteswissenschaftlicher Forschung eine einheitliche Zusammenschau der das Menschsein konstituierenden Elemente. Diese Zusammenführung verschiedenster Forschungsergebnisse unter einem einheitlichen Gesichtspunkt spricht er der philosophischen Anthropologie als deren besondere Funktion zu (= integrative Funktion).
In seiner anthropologischen Fragestellung orientiert sich Scheler in besonderer Weise an der Lebensphilosophie Wilhelm Diltheys und an naturwissenschaftlichen Forschungsergebnissen des Zoologen Jakob Johann von Uexküll.
Für sein anthropologisches Konzept ist die Frage nach dem Verhältnis von Vital-Lebendigem (= Drang) und Geistigem im Menschen von zentraler Art. Ihn interessiert das immer wieder erörterte Problem, ob zwischen Mensch und Tier nur ein "gradueller" Unterschied bestehe oder ein "Wesensunterschied".
Die Beantwortung dieser Frage macht es seiner Auffassung nach nötig, den Menschen auf der Stufenleiter der Lebewesen zu sehen und zu analysieren. Dabei, d. h. beim Vergleich von pflanzlichem, tierischem und menschlichem Sein, wird sich zeigen lassen, ob und welche Merkmale den lebenden Individuen gemeinsam sind bzw. nur dem einen oder anderen zukommen, ob es etwas beim Menschen gibt, das ihm allein eignet und somit seine Sonderstellung im Kosmos begründet, oder nicht.
Die Grundlinien seiner Anthropologie hat Scheler in einer 1928 kurz vor seinem Tode erschienenen Schrift mit dem Titel "Die Stellung des Menschen im Kosmos" (Bern und München 1928, 1975^5) aufgewiesen[147].
Scheler sieht den Menschen sozusagen auf der Stufenleiter des Lebendigen. Auf der untersten Stufe dieser Leiter steht der Gefühlsdrang, der alles Lebendige durchpulst: Pflanze, Tier und Mensch. Aber in jedem dieser drei Individuen nimmt er verschiedene Grade der Innerlichkeit an: in der

---

146 Seine anthropologische Postition sowie seine - eng damit verbundenen - wertphilosophischen und bildungstheoretischen Aspekte interessieren im Rahmen unserer Untersuchung besonders. Dementsprechend sind vor allem zu beachten: M. Scheler, Gesammelte Werke, 13 Bde. (1954 ff.). Speziell beachte man: Ders., 1913 (1966), 1921 (1968), 1925, 1928 (1949). - Aus der Sekundärliteratur beachte man z. B.: J.R. Staude, 1967; Th. Rutt, 1978, S. 589 ff.

147 Zur Kennzeichnung seines anthropologischen Konzepts beachte man neben diesem Werk im besonderen die Interpretation bei: G. Altner, 1972, S. 196 ff.; J. Nosbüsch, 1977, S. 30 ff.; H. Meyer, 1949, Bd. V, S. 507 ff.; A. Zimmer, 1975, S. 11 ff.

Pflanze ist er noch ganz bewußtlos, empfindungslos und vorstellungslos. Einen höheren Grad von Innerlichkeit und Ausdrucksfähigkeit erreicht er auf der zweiten Lebensstufe: beim Tier. Hier zeigt er sich in einem Verhaltensvermögen, das sich mit den Begriffen Instinkt, assoziatives Gedächtnis und praktische Intelligenz umschreiben läßt. Die darin sich kundtuenden Leistungen sind nicht mehr nur aufgrund organischen Seins möglich - wie beim pflanzlichen Sein - sondern Psychisches eignet ihnen. Wiewohl die mit psychischem Sein vorhandenen Leistungen beim Menschen höher und spezifizierter sind, sind sie nach Scheler bei Tier und Mensch jedoch nicht grundsätzlich verschieden. D. h. Mensch und Tier sind auf der zweiten Stufe des Lebens nur graduell unterschieden. Oder anders ausgedrückt: aufgrund seines Organismus und psychischen Vermögens erscheint der Mensch dem Tier wesensmäßig nicht überlegen.
Wenn der Mensch das Tier nun trotzdem gewaltig überragt, so deswegen, weil er Geist hat. Durch seinen Geist erreicht der Mensch diese dritte Stufe des Lebens und nur er allein. Darin beruht nach Scheler seine Sonderstellung in der Welt. Dieser Geist wird von Scheler als das Prinzip bestimmt, das dem Gefühlsdrang, dem Triebhaften, als ein anderes Lebenselement entgegensteht. Dieser Geist ermöglicht es dem Menschen, von sich und von seiner Welt Abstand zu nehmen. Der Mensch ist daher vom Organisch-Triebhaften her nicht in seinem Verhalten festgelegt: er ist umweltfrei und weltoffen. Eben in dieser Wirkung dokumentiert sich der Geist. Der Mensch ist kraft des Geistes zum Welt- und Selbstverständnis fähig, und er vermag kraft des Geistes ein Reich unvergänglicher Wesenheiten und Werte zu erkennen und zu erstreben. Er ist als Geist-Wesen in der Lage, rückwärts- und vorauszuschauen, Geschichte zu machen und kulturschöpferisch tätig zu sein, sein Handeln an Normen und Werten mit Bewußtsein zu orientieren, sein tätiges Leben in Freiheit und Selbstbestimmung zu gestalten; er kann dem Dranghaften in ihm seinen Willen entgegensetzen, und er kann seine Triebenergie zu geistiger Tätigkeit sublimieren[148]. Er kann auch abstrahierend das für eine Sache Wesenhafte bestimmen, ohne an ihre äußere Erscheinungsform, d. h. ohne an ihre konkrete Hier- und Jetztwirklichkeit gebunden zu sein. Scheler nennt das den Akt der Ideierung. Dieser spezifisch geistige Akt ist dem Menschen nur möglich als Person. Person ist das Aktzentrum; alle geistigen Akte werden vom Person-Sein her fundiert.
Über die Beschaffenheit und den Ursprung dieses Aktzentrums - Person genannt - finden sich bei Scheler folgende Hinweise: Hatte Scheler in sei-

---

[148] Was "Geist" ist und vermag, wird solchermaßen mit verschiedenen Andeutungen und Wendungen umschrieben. Vgl. M. Scheler, 1949, S. 33, 39 f.

ner theistischen Periode (Frühperiode) die geistige Akte setzende Person als etwas Geschaffenes (Geschöpf des Weltgrundes) bezeichnet, so sieht er sie in seiner Spätperiode in das Werden der Gottheit selbst hineinverflochten. Das Urseiende zeugt sich in der Person aus, wird sich im Menschen seiner selbst inne, im selben Akte, in dem der Mensch sich in ihm gegründet schaut. Die Wirklichkeit personalen Lebens ist allerdings dadurch noch nicht hinreichend bestimmt. Das Geistsein der Person ist nicht allein dadurch gekennzeichnet, daß sich hierin eine "Selbstkonzentration des göttlichen Geistes" vollzieht, sondern auch durch die Art und Bedingtheit des Wirksamwerdens des Geistes im Menschen.

Auch diesbezüglich äußert Scheler wieder eigenwillige Gedanken: Der Geist bedarf des Dranges; er ist nichts Absolutes; er besitzt keine Eigenenergie; von sich aus ist er ohne Macht und Kraft ("ohnmächtig")[149]. Daß er überhaupt in Tätigkeit und zur Verwirklichung kommt, ist in gewisser Weise dem Organisch-Triebhaften zu verdanken. Von daher erhält er seine Antriebskraft. Zwar ist der Geist andersartig als das vitale Leben bzw. das Organisch-Triebhafte; er hat durchaus seine Eigengesetzlichkeit, aber er ist doch vom Drang, vom organisch-seelischen Sein abhängig. Umgekehrt besteht ein solches Abhängigkeitsverhältnis nicht. Wenn allerdings das Organisch-Triebhafte nicht seinerseits vom Geist abhängig ist, so besagt das keineswegs, daß es nicht doch von "oben her", vom Geist beeinflußt werden könnte. Zwar vermag der Geist nicht, organische Mängel zu kompensieren und Triebenergien hervorzurufen, aber er ist doch sehr wohl imstande, Triebregulationen zu bewirken, d. h. vorhandene Triebenergien in eine gewünschte Richtung zu lenken, die von der naturhaften Triebrichtung abweicht, und solchermaßen verschiedene Triebgestalten hervorzurufen. In diesem Vorgang - Scheler nennt ihn Sublimierung - kann der Geist durchaus seinen Willen durchsetzen.

Dieser Prozeß der Sublimierung hat nach Scheler im Weltgeschehen allenthalben statt. Jede dort vorfindbare Stufe des Seins hat ihren besonderen Charakter bzw. ihre Gestalt dadurch, daß die Kräfte der je niederen Sphäre in ihren Dienst, also in den Dienst der jeweils höheren Daseinsstufe, gestellt sind. Die Menschwerdung als Geistwerdung wäre dann als der bislang letzte und höchste Sublimierungsvorgang der Natur anzusehen[150]. Der Mensch bleibt als Geistwesen zwar an die organischen und anorganischen Grundbedingungen seines körperlichen Seins gebunden, er ist aber in der Bewußtwerdung hier vorhandener Zusammenhänge und aufgrund eines jenem Bewußtsein - das auch Wertbewußtsein einschließt - entsprechenden

[149] Vgl. ebd. S. 57 f.
[150] Vgl. G. Altner, 1973, S. 198.

Handlungsvermögens über die niederen Stufen hinausgehoben. Im Aufbau der Welt, der vom anorganischen Sein über das organische Sein nach Art einer Stufung sich darstellt, wobei ein "urseiendes Sein" sich entfaltet und seiner auf immer höheren Stufen und in immer neuen Dimensionen inne wird - um sich schließlich im Menschen ganz zu haben und zu erfassen[151], steht der Mensch ganz oben.
In kritischer Würdigung des Schelerschen Ansatzes wird man positiv vermerken, daß er charakteristische Merkmale menschlichen Seins (die dem Tier abgehen) hervorhebt, die Bedeutung der unbewußten Triebwelt für das menschliche Leben insgesamt sichtbar werden läßt, naturalistischen oder positivistischen Wertrelativismus zu überwinden sucht sowie einen sachleeren ethischen Formalismus ablehnt. Einwände sind hingegen zu erheben, wenn er Drang und Geist als Attribute des Göttlichen faßt, letzteres einerseits als "urseiendes Sein" bestimmt und zugleich als "in sich machtlos" zur eigenen Verwirklichung auf anderes angewiesen sein läßt. Ungerechtfertigt erscheint auch, den menschlichen Geist als Gegenprinzip zum vital-naturhaften Leben zu erklären, ihn einseitig an das Personscin zu binden und so in gewisser Weise seiner physisch-psychischen Komponente zu entkleiden[152].

3.2 Die Schichtenontologie Nicolai Hartmanns

Der Schelersche Stufengedanke findet in der Schichten-Ontologie Nicolai Hartmanns (1882-1950) eine systematische Fort- und Umbildung. Der Autor versteht diese Ontologie als Ergebnis einer Kategorialanalyse, die die ganze Breite der Welterfahrung (Alltags- und Wissenschaftserfahrung) voraussetzt. Auf dieser Erfahrungsgrundlage sucht er die einzelnen Seinsformen und Grundbestimmungen des Seins aufzudecken. Auch das menschliche Sein sieht er unter dem Aspekt des großen Gesamtzusammenhangs des von ihm geschichtet gedachten Weltenbaus (= der "realen Welt")[153].
Im Anschluß an Descartes eine räumliche (Außen-)Welt und unräumliche (Innen-)Welt unterscheidend, ergeben sich für Hartmann vier Hauptschich-

---

[151] Zu Schelers Gedanken der "werdenden Gottheit" vgl. man: Ders., 1949, S. 89 ff.
[152] Zur Kritik an Scheler vgl. man auch die Stellungnahmen von A. Gehlen, 1950, S. 21 ff., von A. Portmann, 1956, S. 36 ff.; von H. Meyer, 1949, Bd. V, S. 515; Ders. 1958, Bd. II, S. 347 f.
[153] Im Rahmen seiner großangelegten Ontologie rollt er grundlegende anthropologische Probleme auf. Für seine anthropologische Position sind von seinen Schriften von besonderem Belang: Das Problem des geistigen Seins (1933), Neue Wege der Ontologie (1935), Der Aufbau der realen Welt (1940), Naturphilosophie und Anthropologie (1955). - Sekundärliteratur: H. Heimsoeth & R. Heiß, 1952.

ten oder Seinsstufen der realen Welt als eines Ganzen: das Anorganische, Organische, Seelische und Geistige[154]. Jedoch sind diese nicht einfach gleichzusetzen mit der traditionellen Stufenordnung von Ding, Pflanze, Tier und Mensch, sondern sie sind auch Schichten der Gebilde selbst, welche in sich eine ganze Stufenleiter einschließen[155]. (So eignet dem Menschen geistiges, physisches, organismisches, dinglich-materielles Sein.) Angesichts solcher in zweifacher Weise vorgestellter Schichtung (des Weltenbaus und der Gebilde) stellt sich die Frage nach der Grundbestimmung der einzelnen Schichten (d. h. nach durchgängigen Merkmalen bzw. Kategorien), nach dem Verhältnis der Schichten zueinander und nach der Einheit der Seinsschichten im ganzen und im einzelnen Sein.
Hartmann spricht diesbezüglich von Gesetzen der Seinsschichten (wie z. B. Zeit, Prozeß, Kausalität), von höheren und niederen Schichten, von stärkeren und schwächeren Kategorien oder Seinsformen. Er sieht eine gewisse Verbindung der einzelnen Schichten dadurch gewährleistet, daß bestimmte Grundkategorien bzw. Merkmale der niederen Schichten in die höheren hinein - wenn auch in abgewandelter Form - sich durchhalten (z. B. Zeit und Kausalität) und diese mittragen. Daraus ergeben sich jene Dependenzgesetze, die erkennen lassen, daß im Verhältnis der Schichten und der sie bestimmenden Kategorien oder Merkmale die Abhängigkeit von "unten nach oben" geht (nicht umgekehrt!). Die Kategorien einer niederen Schicht fundieren die höhere, sind die determinativ "stärkeren", können aber durchaus allein bestehen. Diese Verhältnisse - die Bedingtheit der höheren Schichten von unten her[156] - sind für das Verständnis des Menschen wichtig; denn es gibt laut Hartmann den Geist nicht ohne tragendes Bewußtsein, das Seelenleben nicht ohne organisches Leben, das organische Leben nicht ohne die physisch-kosmische Natur.
Nicht nur die Tatsache, daß der Geist (bzw. geistiges Leben) durch leibliche Prozesse bedingt ist, sozusagen aus organischen Kräften gespeist wird, ist - so Hartmann - für menschliches Sein belangvoll, sondern auch das sich daraus ergebende Faktum: nicht die Welt ist auf den Menschen hin angelegt, sondern umgekehrt. Menschliches Sein setzt anderes Dasein voraus. Die ganze Natur von unten her bis zum Menschen ist Bedingung seiner Existenz. Die niederen Seinsstufen sind den höheren gegenüber selbständig und bedürfen ihrer nicht; dagegen sind die höheren die abhängi-

[154] Vgl. N. Hartmann, 1949^2, S. 188 ff.; Ders., 1949^3, S. 35 ff.
[155] N. Hartmann, 1949^3, S. 36.
[156] Die genannte kategoriale Abhängigkeit bzw. die Bestimmtheit der höheren Seinsschichten betrifft freilich nur die materielle Basis bzw. das Seinsfundament. Bezüglich ihrer höheren Form und Eigenart sind sie "frei" bzw. unabhängig. - Zu diesem ganzen Problem des Verhältnisses höherer und niederer Kategorien vgl. N. Hartmann, 1949^3, S. 69 f., 76; Ders. 1949^2, S. 480, 485 ff., 512 ff.

gen, ohne daß solche Bedingtheit ihre Eigenständigkeit ausschließt. Die hier angezeigte Eigenständigkeit der höheren Seinsstufen betrifft die besondere Form und Eigenart des Seins. Das geistige Sein (bzw. die Geistigkeit) des Menschen ist solcher Art: dem materiellen Fundament gegenüber ist es abhängig, in der Art seiner Äußerung hingegen unabhängig und autonom[157].

Hartmann kennt drei Grundformen geistigen Seins: den personalen, objektiven und objektivierten Geist[158].

Als "personalen Geist" bestimmt er die Seinsweise des Menschen als eines Wesens, das - im Unterschied zum Tier - der eigenen Triebgebundenheit enthoben mit Distanz und Objektivität die ganze Fülle der Lebensbeziehungen aufzunehmen und in seiner Weise zu meistern vermag. In besonderer Weise werden seine Merkmale Selbstbewußtsein, Gegenstandsbewußtsein, Du-Bezug und Ganzheit evident. Aber auch noch anderes tritt im Gefüge menschlicher Akte hervor: Vorhersehung (= Voraussicht), Vorbestimmung, Wertbewußtsein und Freiheit. Durch nichts sieht Hartmann das Wesen der menschlichen Person und ihre Stellung in der Welt besser charakterisiert als durch diese vier letztgenannten Grundbestimmungen. Die Problematik der Wertwelt, das Ausgerichtetsein des Menschen auf Werte sowie die Freiheit als Voraussetzung für Verantwortung und Sittlichkeit beschäftigt ihn in spezieller Weise[159]. Personales Sein, sittliches Sein und geistiges Sein gehören für ihn zusammen.

Unter "objektivem Geist" versteht Hartmann all das, was dem subjektiven (d. h. dem personalen) Geist in Sprache, Sitte, Sittlichkeit, Recht, Kunst, Wissen und Religion - also in seiner Kultur - entgegentritt. Dieser Geist ist eine Realität für sich; die Einzelindividuen bringen ihn hervor, tragen ihn und sind auch durch ihn geformt und geprägt. Das geistige Sein der Einzelperson ist davon mitbestimmt, wieviel diese von ihm in sich (d. h. in ihr Tätigsein) aufnimmt und wieviel sie zu seiner Förderung beiträgt.

Mit "objektiviertem Geist" schließlich meint der Autor jene Gebilde, die der lebendige geschichtliche Geist gleichsam aus sich entlassen hat: Resultate geschichtlicher Entscheidungen und Prozesse, die sich in Kultur- und Lebensformen niedergeschlagen haben.

Der Hartmannsche Ansatz hat in mehrfacher Hinsicht Kritik hervorgerufen: besonders sein Schichtenmodell. Man fragt, ob die von ihm als

---

[157] Die Eigenständigkeit geistigen Seins und die Eigenart der Geistigkeit sind aufgewiesen in: N. Hartmann, 1949.

[158] Diese Grundformen des geistigen Seins werden von Hartmann in "Das Problem desgeistigen Seins" analysiert, in ihrer Verschiedenheit und Zusammengehörigkeit verdeutlicht. Vgl. dazu auch die Interpretation bei H. Meyer, 1949, Bd. V, S. 523 ff.

[159] Näheres dazu in seiner 1926 erstmals erschienen "Ethik".

Schichten bezeichneten Seinsformen nicht doch tiefer ineinandergreifen, sich nicht nur von unten her bedingen, sondern auch von oben her durchdringen. Da Hartmann dem Geist eine bestimmende Beeinflussung anderer menschlicher Seinsbereiche abspricht, fehlt menschlichem Sein eine zentrierende Mitte und folglich ein einheitsstiftendes Moment. Die Zerreißung des Menschen in mehrere Seinsbereiche ist - wie bei Scheler auch - ein beachtliches Manko. Seine hervorragenden Ausführungen über das Ichbewußtsein, die Entfaltung und das Fürsichsein des Geistes, seine Wertanalysen und Erörterungen zur Willensfreiheit vermögen jenen Mangel nicht auszugleichen.

3.3 Das kompensationstheoretische Modell Arnold Gehlens

Alle monistischen Modelle oder Lösungen, d. h. solche, die den Menschen einseitig als Naturwesen, als Triebwesen, als psychischen Mechanismus, als Geistwesen oder geschichtliches Wesen ansehen ohne die verschiedenen Seinssphären in eine der Wirklichkeit entsprechende Beziehung zu setzen, sind für die Deutung menschlicher Existenz ungenügend. Zur Erhellung und zum Verständnis menschlicher Seins- und Lebensweise erscheint es dringend erforderlich, die Teilaspekte des Menschseins bzw. die verschiedenen Seinsbereiche des Menschen einer umspannenden Gesamtschau zu unterstellen.

Um den Nachweis, daß es sich beim Menschen um einen Gesamtentwurf handelt, bemühen sich bei verschiedenem Ansatz und verschiedener methodischer Ausrichtung Arnold Gehlen, Adolf Portmann, Viktor E. Frankl u.a. Der empirisch orientierte Philosoph und Soziologe Gehlen fragt nach den Existenzbedingungen des Menschen. Er untersucht die Beziehung zwischen dem organischen Gefüge und den kulturell-geistigen Fähigkeiten und Tätigkeiten des Menschen und bemüht sich um Klärung der Frage, ob Mensch und Tier dem gleichen Strukturgesetz unterliegen oder nicht[160].

Aus dem Vergleich zwischen Tier und Mensch lassen sich nach Gehlen folgende Erkenntnisse gewinnen: Der Mensch ist in biologischer Hinsicht ein Mängelwesen und daher in gewisser Hinsicht hilflos (Hilflosigkeit!). Diese Mängelhaftigkeit bzw. Hilflosigkeit wird besonders durch drei Merkmalskomplexe dokumentiert:

---

[160] Für A. Gehlens anthropologische Aussagen ist insbesondere wichtig sein 1940 erstmals erschienenes Werk "Der Mensch, seine Natur und seine Stellung in der Welt" (4. Aufl. 1950), danach zitiert). Ferner sind von ihm bezüglich anthropologischer Fragestellungen zu beachten: Urmensch und Spätkultur (1956), Die Seele im technischen Zeitalter (1956), Anthropologische Forschung (1961), Moral und Hypermoral (1969).

1. Die Organe des Menschen sind primitiv, der Umwelt nicht angepaßt, nicht auf bestimmte Handlungen hin spezialisiert; es fehlen Angriffs-, Schutz- und Fluchtorgane (also: fehlende organische Anpassungen).
2. Der Mensch ist gegenüber dem Tier arm an Instinkten. Während das Verhalten der Tiere durch Instinkte weitgehend situationsgemäß festgelegt und dadurch - was seine Selbst- und Arterhaltung angeht - gesichert ist, bleibt das Verhalten des Menschen infolge seiner Instinktarmut oder Instinktreduktion störbar und gefährdet (also: Instinktreduktion).
3. Der embryonische Habitus, also die Beschaffenheit des sich im mütterlichen Körper entwickelnden Keimlings wie auch die ganze Säuglings- und Kinderzeit zeigen eine unvergleichliche langfristige Schutzbedürftigkeit[161].

Infolge seiner Mangelstruktur ist der Mensch den Umwelteinflüssen stärker ausgesetzt und durch sie "belastet" als das Tier. Um dieser Belastung, die durch seine unfixierten Triebe und Strebungen noch verstärkt wird, zu entgehen und seine Mängelhaftigkeit in gewissem Sinne zu kompensieren oder auszugleichen, ist er gezwungen, auf die Welt hin zu handeln[162]. Als "handelndes Wesen"[163] schafft er sich sozusagen eine "zweite Natur", nämlich Kultur[164]. Der Mensch ist folglich ein Kulturwesen. Und er ist ein solches von Anfang an. Weil er aufgrund seiner biologischen Konstitution zu kulturell-geistigem Handeln sich gedrängt sieht, weil solches Handeln-Müssen in seinem biologischen Aufbau schon mitangelegt (also dort vorberücksichtigt) ist, ist die menschliche Existenz wesentlich dadurch bestimmt. Die Tatsache, daß die höheren Leistungen des Menschen im vitalen Bereich bereits vorberücksichtigt sind - was im Bereich des Lebendigen einmalig ist -, kennzeichnet nach Gehlen die Sonderstellung des Menschen gegenüber dem Tier. Der Mensch ist seiner Überzeugung nach ein "Sonderentwurf der Natur"[165]: ein Wesen, bei dem alle Merkmale, von seinem aufrechten Gang bis zu seiner Moral ein System bilden, in dem sie sich gegenseitig voraussetzen. Geistiges und Naturhaftes bilden hier eine Einheit von ursprünglicher Art[166]. Seelisch-geistiges Leben ist nur möglich

---

161 A. Gehlen, 1950, S. 34 ff.

162 Phänomene geistiger Tätigkeit, in welchen solche Kompensation, Umarbeitung, Entlastung geschehen, sind laut Gehlen: Handlung, Sprache, ja der gesamte Bereich der Kultur. Vgl. ebd., S. 40, 49 ff.

163 Zur Auffassung des Menschen als eines primär handelnden Wesens vgl. man: A. Gehlen, 1961, S. 16 ff., 48 ff.

164 Kultur ist die "vom Menschen handelnd veränderte Natur", "die er sich so umgestaltet, daß sie ihm lebensdienlich wird". Ebd., S. 21, 18.

165 A. Gehlen, 1950, S. 16 f.; Ders., 1961, S. 17 f.

166 Vgl. A. Gehlen, 1950, S. 18, 24. Die von Gehlen betonte Sonderstellung des Menschen erweist sich in besonderer Weise auch durch die "Weltoffenheit" des Menschen (gegenüber der "Umweltgebun-

auf der Grundlage des stofflich-leiblichen; umgekehrt kann der Mensch als Vitalwesen nur existieren aufgrund des Geistes.
Geistgeleitetes Handeln (bzw. kulturelles Schaffen) äußert sich nach Gehlen besonders im Sprachhandeln sowie im Handeln in und durch die Institutionen der Kulturgesellschaft. Die Institutionen selbst, denen Gehlen im Rahmen der menschlichen Existenzbedingungen eine erhebliche Rolle zuweist, haben für den menschlichen Werdeprozeß eine doppelte Funktion: sie ermöglichen einerseits als Mittel des In-ihnen- und Durch-sie-Handelns eine Verwirklichung humanen Lebens; andererseits erfahren die entsicherten Instinktkomplexe des menschlichen Verhaltens durch die Normen der Institutionen Stabilisierung und Neuorientierung. Unter letztgenanntem Aspekt sind die Institutionen - als stereotype Modelle von kulturspezifisch geregelten Verhaltensmustern - auch die Garanten bzw. Stützen der menschlichen Gesellschaft und Geschichte[167].
Kritische Stellungnahmen zum Ansatz[168] Gehlens heben zustimmend seinen richtigen Leitgedanken hervor, den Menschen aus einem einheitlichen Strukturprinzip zu verstehen und aus diesem die Gesamtheit der menschlichen Funktionen und Akte herzuleiten. Bemängelt wird jedoch sein Versuch, das Struktur- bzw. Aufbaugesetz des Menschen mit biologischen Kategorien aufzuweisen. Auch an seiner Kompensationstheorie wird Kritik geübt und zwar mit dem Hinweis, Geist bzw. geistige Funktionen hätten nicht nur biologische Mängel auszugleichen und so das Leben zu "entlasten". Geistige Tätigkeiten seien nicht auf eine solche Dienstfunktion zu reduzieren; Geist sei durchaus fähig, im Rahmen der Gesamtheit menschlicher Betätigung eine eigenständige bzw. führende Stellung einzunehmen. Ferner wird dem Autor vorgeworfen, die beim Menschen vorliegende und nicht zum Ausgleich zu bringende spezifische Verschränkung umweltgebundener und weltoffener Lebensformen übersehen zu haben. Auch daß Gehlen den Menschen in so starkem Maße dem Einfluß der Institutionen unterstellt, stößt da und dort auf Kritik.

---

denheit" des Tieres). Die in der These von der Sonderstellung des Menschen implizierte Auffassung von der Sondergesetzlichkeit menschlicher Entwicklung läßt sich mit der Darwinschen Selektionstheorie nicht in Einklang bringen. Vgl. hierzu G. Altner, 1972, S. 200.

167 Vgl. A. Gehlen, 1961, S. 23 f., 69 ff.

168 Vgl. etwa G. Altner, 1972, S. 201 f.; K. Dienelt, 1970, S. 62 f., 65 ff.; H. Meyer, 1958, S. 341 f.; H. Plessner, 1964, S. 42 f.; H. Zdarzil, 1978, S. 54 ff.

3.4 Adolf Portmanns Theorie von der "physiologischen Frühgeburt"

Der Portmannsche anthropologische Ansatz und sein Menschenbild[169] sind dadurch gekennzeichnet, daß dem Geist hier ein anderer Stellenwert zugemessen wird als bei Scheler, Hartmann und Gehlen. Hatte Scheler den Geist als ein dem Vital-Lebendigen entgegengesetztes Prinzip bezeichnet und hatte ihm Gehlen die Funktion zugesprochen, biologische Mängel zu kompensieren, so versteht ihn Portmann als die zentrierende Seinsmitte des Menschen. Um die Eigenart menschlicher Seinsart und Lebensäußerungen ergründen zu können, untersucht Portmann die Situation des Menschen im embryonalen Zustand, bei der Geburt und im frühkindlichen Lebensstadium und vergleicht diese mit derjenigen des Tieres (höherer Säuger) und des erwachsenen, mündigen Menschen. Dabei ist der Ansatz Portmanns von der Überzeugung getragen, daß alle Seiten des Menschen, auch das biologisch Faßbare, als Ausprägungsweisen eines umfassenden Gesamtsystems gesehen und gedeutet werden müßten[170].
Der Portmannsche Mensch-Tier-Vergleich führt zu folgenden Ergebnissen: Der Mensch nimmt in biologischer Hinsicht eine Zwischenstellung ein zwischen Nesthockern und Nestflüchtern. Im embryonalen Zustand bildet sich der Mensch aus in Richtung Nestflüchter, aber diese Entwicklung wird im Mutterleib nicht so weit fortgeführt wie bei höheren nestflüchtenden Säugern, sondern es erfolgt im Vergleich zu diesen eine verfrühte Geburt. Portmann nennt das neugeborene Kind daher eine "physiologische Frühgeburt"[171]. Im Hinblick auf die menschlichen Merkmale im Geburtszustand spricht er auch vom Menschen als einem "sekundären Nesthocker" und einem "hilflosen Nestflüchter", um die "einzigartige Entwicklungsweise" des Menschen zu kennzeichnen[172].
Die Zeit, welche das Menschenkind zum Erreichen des Entwicklungs- und Reifegrads höherer Säuger im Geburtszustand noch gebraucht hätte (12 Monate zusätzlich zur 9-monatigen Schwangerschaftsdauer), muß es nun außerhalb des Uterus verbringen. Diese Zeit nennt Portmann "extrauterines Frühjahr"[173]: es ist eine Zeit, in der das junge Menschenkind sozu-

[169] Der Zoologe und Anthropologe A. Portmann legt die Ergebnisse seiner Untersuchungen über den Menschen und deren Deutung besonders in folgenden Veröffentlichungen vor: Zoologie und das neue Bild des Menschen, (1956; 2. Aufl. 1958, danach zitiert), Biologie und Geist (1956, danach zitiert). Die Menschengeburt im System der Biologie (1958a), Entläßt die Natur den Menschen? (1970), Vom Lebendigen (1979), Der Weltbezug des Menschen und seine Stellung im Evolutionsgeschehen 1980).
[170] A. Portmann,1958a, S. 27.
[171] Ebd., S. 51.
[172] A. Portmann, 1958b, S. 14.
[173] A. Portmann, 1958a, S. 68.

sagen gegenüber der in vielfältiger Weise einströmenden Wirklichkeit offen ist und vieles lernen muß. Ein solches Offensein für Einflüsse von der Welt her ("Weltoffenheit") und ein solches Lernen ist wegen der biologischen Daseinsfristung und wegen des Bestehenkönnens im Kulturleben nötig. Eine Analyse der Daseinsform erwachsener Menschen läßt das klar erkennen. Eine solche Analyse zeigt die Verflechtung zwischen biologischem und geistig-kulturellem Sein beim Menschen. Humane Lebensweise ist nur möglich, insofern beide Seinsweisen sich durchdringen. Die Befähigung zum kulturellen Leben ist demnach ein unsere Existenzweise mitbegründendes Moment.
Von diesem Faktum her ergibt sich nach Portmanns Auffassung eine Antwort auf die Frage, ob hinter der "physiologischen Frühgeburt" ein Sinn stehe. Dieser Sinn beruht - so lautet seine Aussage - darin, daß die Tatsache der verfrühten Geburt und die dadurch bedingte Hilflosigkeit das Lernen und den lebendigen geistigen Austausch in echtem Sozialkontakt zu anderen Menschen geradezu unabdingbar erscheinen lassen. Seine spezifische, d. h. geistige Daseinsform erreicht der Mensch nur, sofern er so sehr auf Lernen angewiesen ist und in der sozialen Gruppe durch Unterstützung und entwicklungsfördernde Beziehungen sich entfaltet. Würde der Mensch aber im gleichen Entwicklungsgrad wie die höheren Säuger, d. h. ein Jahr später geboren, dann wäre der Mensch zu Lernen und Sozialkontakt solcher Art und Intensität gar nicht mehr fähig, weil er dann in seiner Konstitution und in seinem Verhalten schon zu sehr festgelegt wäre. Ein hoher Entwicklungs- und Reifegrad zur Zeit der Geburt und ein damit gegebenes weitgehendes Festgelegtsein ließe für eine Daseinsform mit höheren und freien Verhaltens- und Tätigkeitsweisen kaum oder gar keinen Raum mehr. Zu einem Kulturleben wäre der Mensch dann nicht mehr fähig[174]. Also: die physiologische Frühgeburt schafft die Voraussetzung für kulturelles und damit geistiges Leben (kulturell-geistiges Leben).
Die im Bereich des Biologischen sichtbare Sonderstellung des Menschen zeigt sich nach Portmann nicht nur in der Tatsache der "physiologischen Frühgeburt" ("normalisierten Frühgeburt"). Auch noch andere auffallende Merkmale deuten auf die Sonderart des Menschen hin: so der enge Zusammenhang zwischen gestaltlichen Merkmalen und Verhaltensmerkmalen, die als größtes Sinnesorgan fungierende fast haarlos-nackte Haut, die lange Lern- und Reifezeit, der Pubertätswachstumsschub, die späte Geschlechtsreife und Daueraktualität der Sexualität, Gewicht und Größe des Menschenhirns, die Eigenart menschlichen Alterns.

---

[174] Vgl. A. Portmann, 1958a, S. 25, 109; Ders., 1958b, S. 14 ff.; Ders. 1956, S. 28 ff.

Auch dort, wo im biologischen Bereich gewisse Ähnlichkeiten zwischen Tier und Mensch vorhanden sind, weisen die jeweiligen Merkmale beim Menschen besondere humane Varianten auf. Das hat seinen Grund darin, daß die Lebensform des Menschen eine einheitliche ist. Alle Merkmale, Akte und Verhaltensweisen sind Ausprägungen eines ganzheitlichen Systems[175]. Von geschichtetem personalem Aufbau kann keine Rede sein.
Der Mensch ist nach Portmann ein einheitlicher Seinsentwurf, bei dem alle lebensbestimmenden Faktoren in einer gründenden Beziehung zueinander stehen. Alles, was an ihm beobachtbar ist, von der Embryoanalentwicklung bis zu seinem aufrechten Gang, von der Sprache, dem Selbst- und Werterleben bis zu seinen kulturellen Leistungen, trägt das Signum humaner bzw. geistiger Existenzweise[176]. Von dieser her erhält der menschliche Werdegang - gleichsam wie von einem ihm innewohnenden Zweck - seine Eigenart. Die Entwicklung in ihrem ganzen Verlauf, auch in den Frühphasen, ist auf die Sonderart der Lebensform ausgerichtet, die einerseits aus ihr hervorgeht, ihr andrerseits aber auch das Gepräge gibt, d. h. ihren Prozeßcharakter bestimmt.
Der Tatbestand, daß die Daseinsentfaltung durchgehend bestimmt wird von einer auf kulturelle Betätigung hin angelegten Lebensführung, daß körperliches und geistiges Sein aufeinander hingeordnet sind und sich gegenseitig bedingen, ist in der Tierwelt nirgends zu finden. Portmann zieht daraus den Schluß: der Mensch muß als Sonderentwurf unter den Lebewesen angesehen werden; er ist in keiner Phase seiner Entwicklung (auch nicht im embryonalen Zustand) ein Tier. Die ihm als Menschen eignende Daseinsform, die geistige Daseinsform, tritt nicht irgendwo und irgendwann zu der biologischen bzw. körperlichen hinzu, sondern sie ist von Anfang an da[177].
Dieses Faktum und die damit gegebene gegenseitige Bedingtheit von körperlichem und geistigem Sein wirft laut Portmann auch Licht auf das Problem der Hominisation, d. h. auf die Entfaltung des Menschen als Gattung. Dieses erdgeschichtliche Werden des Menschen, das in Evolutionsschritten von einer vormenschlichen (= einer prähominiden bzw. anthropoiden) zur menschlichen Lebensform vor sich ging, umfaßt nach heutiger Kennt-

---

175 Alle Phasen der menschlichen Entwicklung und alle Elemente der Daseinsentfaltung und Existenzweise sind laut Portmann auf die Eigenart eben der Lebensform ausgerichtet, die ihnen zweckhaft innewohnt und die sie auch hervorbringen. Vgl. Ders., 1956, S. 28.

176 Die beim Menschen zu konstatierende vollständige Zuordnung von Daseinsform und Existenzweise hebt Portmann mit großem Nachdruck hervor. Siehe ebd., S. 26 ff.

177 Wenn J. Nosbüsch im Hinblick auf das Untersuchungsergebnis Portmanns schreibt: "Wir haben es hier also mit einem Menschenbild zu tun, das weder an einheitlicher Geschlossenheit, noch hinsichtlich des Selbstzweckcharakters des Geistes etwas zu wünschen "übrig läßt", so kann dem zugestimmt werden. Siehe: J. Nosbüsch, 1977, S. 40.

nis 25-30 Millionen oder vielleicht noch mehr Jahre. Irgendwo in diesem langen Hominisationsfeld als dem Zeitraum der eigentlichen Menschwerdung erfolgte die Herausbildung des Menschentyps bis hin zum Gegenwartsmenschen, wobei laut Portmann eine Sonderung des Menschentums vom Typ der eigentlichen Menschenaffen stattfand. Beide haben zwar gemeinsame Vorfahren, stammen aber nicht voneinander ab[178]. Die lange Eigenentwicklung des Menschen ist ihm Beweis dafür, daß der Menschenaffe, wie wir ihn heute beobachten, nicht das Modell der menschlichen Vorstufe gewesen sein kann. Das Welterleben des Menschen ist von der Erlebensweise des Menschenaffen grundverschieden. Soviel läßt sich heute schon mit Sicherheit sagen, selbst wenn wir über tierisches Innenleben noch relativ wenig wissen und wenn der Mensch - wie wir ihn kennen -, der Jetztmensch also, noch nicht der fertige Mensch ist[179]. "Der Mensch ist im Werden. Wir haben keinen Grund, etwa den jetzigen Zustand als Ende einer Evolution aufzufassen"[180]. Mit Herder räumt Portmann dem Menschen eine unfertige Zwischenstufe ein zwischen einer harmonischen Tierheit und einer gottähnlichen höheren Lebensform[181].

Portmann kann für sich das Verdienst in Anspruch nehmen, die besondere Daseinsführung des Menschen und damit dessen Sonderstellung unter den Lebewesen - die sich schon im Bereich des Biologischen (exzeptionelle Entwicklung während des ersten Lebensjahres) zeigt - nachgewiesen zu haben. Diese Daseinsführung ist die Existenzform eines geistigen Wesens; sie eignet nur dem Menschen. Bei diesem verweisen laut Portmann alle Merkmale, Akte und Verhaltenseigenheiten auf ein ganzheitliches System, von dem her sie bedingt und auf das sie ausgerichtet sind. Wiewohl Portmann entscheidende Mängel anderer Konzeptionen aufdeckt und sich bescheidet, lediglich "Fragmente zu einer Lehre vom Menschen" zu liefern, sieht er sich Vorwürfen ausgesetzt: So stößt etwa sein Mensch-Tier-Vergleich auf fachwissenschaftliche Vorbehalte. Säuglingsmedizin und Vergleichende Verhaltensforschung kritisieren seine Begriffe "sekundärer Nesthocker", "extra-uterines Frühjahr", "normalisierte Frühgeburt" mit dem Hinweis, es handele sich dabei um naturwissenschaftliche Begriffe, die nicht auf den Menschen anwendbar seien, schon gar nicht, um seine Sonderstellung zu charakterisieren. Ferner hält man dem Autor vor, die so nachdrücklich betonte Hilflosigkeit des Menschen sei nicht auf diesen beschränkt.

178 Vgl. A. Portmann, 1972, S. 122 ff.
179 Vgl. ebd., S. 126 ff.
180 Ebd., S.128.
181 Ebd., S. 129.

3.5 Der Mensch im Blickfeld behavioristischer Theorien

Ganz andere Vorstellungen über den Menschen sind jenen Programmen, Hypothesen und Theorien inhärent, die man mit der Bezeichnung "Behaviorismus" zusammenfaßt[182]. Die Grundkonzeption dieser in Nordamerika entstandenen naturwissenschaftlich orientierten psychologischen Strömung mit recht verschiedenen Schattierungen (von J. B. Watson bis zu den Neo-Behavioristen C. L. Hull und Anhänger, E. R. Guthrie, E. C. Tolman, B. F. Skinner und Schüler) findet sich bereits bei John B. Watson: Gegenstand der Forschung ist das beobachtbare Verhalten sowie die Bedingungen, unter denen es erfolgt (äußere Umgebung, innere biologische Prozesse). Ziel der Forschung ist es, Gesetze zu erarbeiten, die bei gegebenem Reiz die Reaktion vorhersagen lassen oder bei bekannter Reaktion eine Spezifikation ermöglichen, also Handlungen steuerbar machen[183]. Untersuchungsmethode ist die Anwendung objektiver Techniken der Datengewinnung; die Introspektion (Selbstbeobachtung bzw. innere Erfahrung des Forschers) wird als unwissenschaftlich abgelehnt. Geist und Bewußtsein gelten als mentalistische Konzepte, denen nichts real Existierendes entspricht, sie bleiben ausgeklammert, denn nur beobachtbare Sachverhalte sind als psychologisch relevant anzusehen. Das Verhalten setzt sich aus einfachen Reiz-Reaktionseinheiten zusammen, die man für sich oder als Teile eines Reaktionsmusters untersuchen kann. Eigenschaften, Fähigkeiten, Begabungen, Fertigkeiten usw. sind erlernt und nicht angeboren. Sie kommen durch Konditionierung zustande. Die Persönlichkeit kann bestimmt werden als die Gesamtheit der Reaktionsgewohnheiten, die ein Organismus (der ganz und gar durch seine Umgebung bzw. Umwelteinflüsse determiniert ist) ausgebildet hat[184].

Für die Lerntheorie und generell für die Erziehungstheorie sind die neobehavioristischen Theorien, die zwischen 1930 und 1950 an die Stelle des von J.B. Watson begründeten "klassischen" Behaviorismus treten, wichtiger[185]. Sie stellen in mehrfacher Hinsicht eine Erweiterung dar: man müht sich um ihre wissenschaftliche Grundlegung, entwickelt detailliertere theoretische Analysen durch einen engeren Zusammenschluß von Hypothese

---

182 Zur Geschichte des Behaviorismus vgl. man z. B. A.F. Neel, 1974, S. 141 ff.; J. Pongratz, 1967, S. 328 ff.

183 Reize und Reaktionen sind demnach die wesentlichen Kategorien für beobachtbares Verhalten, deren Zusammenspiel zunächst an einfachen Tätigkeiten von Muskeln und Drüsen beobachtet wird.

184 Vgl. A.F. Neel, 1974, S. 141 ff.

185 Wichtigste Vertreter des Neobehaviorismus sind: E.C. Tolman. C. L. Hull (und Hullianer), B.F. Skinner. Zur Darstellung ihrer verhaltenstheoretischen Positionen siehe etwa: A.F. Neel, 1974, S. 158 ff.; 205 ff., 223 ff. (mit Lit.); zur Kennzeichnung der Hauptzüge des Neobehaviorismus vgl. man auch: G.A. Miller, 1969, S. 228 ff.; A. Nymann, 1966, S. 17 ff.

und experimenteller Nachprüfung. Alles Verhalten, zu dem ein Organismus fähig ist (nicht nur das beobachtbare), gilt jetzt als legitimer Untersuchungsgegenstand. Methoden und Ergebnisse der Tierverhaltensforschung werden auf den Menschen ausgedehnt. Es kommt zu einer Spezifizierung des einfachen S-R-Modells (Reiz-Reaktionsschemas) durch Einbeziehung interner Verhaltensdeterminanten (Motive, Antriebe, Bedürfnisse). Bei Edward C. Tolman finden molare (komplexere, größere Einheiten darstellende) Verhaltensweisen Beachtung; er erörtert Phänomene wie Zielorientierung und Erwartung als Grundlage des Verhaltens. Seiner Überzeugung nach spielen also motivationale und kognitive Faktoren im Verhalten eine wichtige Rolle. Er erklärt Verhalten als einen zielorientierten Prozeß, der durch Belohnungserwartung ausgelöst wird[186].
Burrhus Frederic Skinner, der Begründer und bedeutendste Vertreter der verhaltenspsychologischen Lerntheorie, ist Anhänger der extrem-objektiven Schule und überzeugter Empiriker. Er definiert Untersuchungsgegenstand und -weise im Sinne der klassischen Behaviorismustheorie. Ihm geht es primär um die Entdeckung deskriptiver Verhaltensgesetze. Seiner Überzeugung nach ist Verhalten auf Reflexe zurückführbar. Er unterscheidet zwei Verhaltensformen mit unterschiedlichen Lerngesetzen: das reaktive Verhalten (respondent behavior - von Reizen ausglöst) und das operative Verhalten (operant behavior - vom Organismus gleichsam "ausgesendet" und nur nachträglich unter Reizkontrolle gebracht)[187]. Mit letzterem beschäftigt er sich in besonderer Weise, denn er geht von der grundlegenden Annahme aus, menschliches Verhalten werde im wesentlichen nach dem Prinzip des operanten Konditionierens gelernt. Das will besagen: Der Mensch richtet sein (künftiges) Verhalten danach ein, welche Konsequenzen sein vorausgegangenes Verhalten in seiner Umgebung auslöst[188]. Je nachdem, ob das gezeigte Verhalten positiv verstärkt wird (durch Darbietung eines angenehm empfundenen Stimulus, wie Nahrung, Lob, Anerkennung, sozialer Kontakt, materielle Zuwendung etc.) oder negativ verstärkt wird (durch Beseitigung eines als unangenehm empfundenen

186 Es gilt hier darauf hinzuweisen, daß, abgesehen von den genannten gemeinsamen Bemühungen bzw. Ansätzen, die einzelnen Systeme des Neobehaviorismus hinsichtlich wissenschaftstheoretischer Grundlegung und inhaltlicher Ausgestaltung sich erheblich voneinander unterscheiden.

187 Vgl. E. Scheerer, 1971, S. 205. Zur Skinnerschen Verhaltenspsychologie und Lerntheorie: B.F. Skinner, 1938, 1953, 1971, 1973; B.F. Skinner & W. Correll, 1971; J.G. Holland & B.F. Skinner, 1971.

188 Während bei der klassischen oder reaktiven (responsen) Konditionierung ein bedingter bzw. gelernter Umweltreiz genügt, ein bestimmtes Verhalten auszulösen, wird bei der operanten Konditionierung das Verhalten durch die erlebten Folgen auf vorausgegangene Handlungen bestimmt. Umweltbedingungen fungieren dabei lediglich als Stimuli und Quellen der Verstärkung. Operante (operative) Konditionierung liegt dann vor, wenn ein gezeigtes Verhalten solche Konsequenzen zeitigt, daß diese dazu anreizen bzw. antreiben, jenes Verhalten zu wiederholen.

Stimulus, z. B. Wegnahme von Einengung, von elektrischem Schlag, von furchterregendem Reiz), oder ob die Verstärkung ausbleibt oder gar Strafe eintritt, richtet das Individuum sein künftiges Verhalten ein. Da nur bessere Verhaltensweisen verstärkt werden, andere aber nicht, führt die operante Konditionierung zu einer Verhaltensselektion. Die Auftretenswahrscheinlichkeit einer Reaktion oder Verhaltensweise kann folglich erhöht, vermindert oder gelöscht werden: Wenn einem gezeigten Verhalten ein verstärkender Reiz folgt, wird jenes Verhalten künftig häufiger, schneller und mit größerer Wahrscheinlichkeit ausgeführt, so daß eine Verhaltensdisposition entsteht (Gesetz des Effekts). Werden einem einmal verstärkten operanten Verhalten weitere verstärkende Stimuli vorenthalten oder erfolgt darauf ein kontrollierter Einsatz aversiver, d. h. unangenehm empfundener Stimuli, so läßt sich jenes Verhalten vermindern oder auch auslöschen (Gesetz der Extinktion)[189].

Die Theorie des operanten Konditionierens ist für die Lerntheorie sehr bedeutsam; sie ist auf Erziehungsprozesse und im Bereich der Verhaltenstherapie anwendbar. Für Behavioristen der Skinnerschen Richtung ist das insofern klar, als sämtliche Verhaltensäußerungen von ihren Folgen her kontrollierbar und prinzipiell "erlernbar" angenommen werden. Der Vorgang der Konditionierung erscheint den Verhaltenstheoretikern eben dadurch als ein "überaus wirksames Instrument" menschlicher Beeinflussung und Führung[190].

Die Analyse von Lernprozessen, wie sie von Lerntheoretikern - besonders von Skinner - durchgeführt werden, dienen letztlich dem Zweck, solche zu planen, zu organisieren, kontrollierbar zu machen, sie in Richtung eines erwünschten Verhaltens durchzuführen. Eine wesentliche Voraussetzung dafür, das Verhalten des Organismus durch gezielt eingesetzte Kontrollverfahren zu einem gewünschten Endverhalten auszuformen, ist laut Skinner der gezielte Einsatz eines exakt aufgebauten Verstärkerprogramms[191]. Aufgrund zahlreicher Experimente (Tierversuche, deren Ergebnisse auf den Menschen übertragen werden) glaubt er, die Regeln zu kennen, "wie man durch solche genau kontrollierte Verstärkung mit verschiedenen Formen von Verstärkern nahezu jedes organisch mögliche Verhalten ausbauen oder wieder auslöschen kann"[192].

---

189 Zur Formulierung beider Gesetze vgl. man: B.F. Skinner, 1938, S. 21.

190 W. Correll, 1970, S. 21.

191 Um bei der Anwendung von Verstärkungen den pädagogisch größtmöglichen Effekt zu erzielen, schlägt er das Verfahren der "variierenden Reaktionsquoten- Zeitintervallverstärkung" vor. Näheres zum lerntheoretischen Ansatz der behavioristischen Lernpsychologie siehe: B. Hamann, 1981, S. 61 ff.; speziell zu dem genannten Verstärkerprogramm: B.F. Skinner, 1971, S. 58 ff.; G. Marschallek-Pauquet, 1974, S. 75 ff.

192 W. Correll, in B.F. Skinner, 1971, S. 8.

Einen konkreten Anwendungsbereich für seine in experimenteller Analyse aufgedeckten Möglichkeiten der Steuerung und Kontrolle jeglicher Verhaltensprozesse sieht Skinner in der sogenannten Lehrmaschine bzw. im programmierten Unterricht[193]. Mit dieser Konzeption wird der Anspruch verbunden, Lehr- und Lernprozesse zu optimieren, eine Rationalisierung und Effektivierung von Unterrichtsprozessen zu ermöglichen[194].
Die Anwendung der Gesetze des operativen Verhaltens in der programmierten Unterweisung hat dem Ansatz Skinners einen nicht zu unterschätzenden Einfluß auf die Pädagogik verschafft. Hier muß besonders auch auf die Nahtstelle verwiesen werden, die sich zur Kybernetik bzw. zu gewissen Ansätzen und Bestrebungen der kybernetischen Pädagogik ergibt[195].
Auch im therapeutischen Bereich soll nach behavioristischer Auffassung das Modell des operanten Konditionierens konkrete Anwendung finden: zur Verhinderung psychischer Störungen, zur Beseitigung abweichenden Verhaltens, zur Veränderung des Verhaltens einer ganzen Gesellschaft. Spezielle Techniken des Lernens, Umlernens und Rekonditionierens sollen den gewünschten Erfolg bringen. Skinner hält in seinem Buch "Jenseits von Freiheit und Würde" die Technologie der operanten Verhaltensänderung für so weit fortgeschritten, daß solches erreichbar sei[196].
Nach neobehavioristischer Auffassung im Sinne Skinners ist es also möglich, das Verhalten eines Menschen so zu formen, daß es unter Einsatz entsprechender Verstärker fortschreitend zu einem definierten (erwünschten) Endverhalten entwickelt wird. Kennt man die Gesetzmäßigkeiten, nach denen Verhalten gelernt bzw. verlernt wird, und hat man die Möglichkeit, die Umweltbedingungen entsprechend einzurichten, dann wird kontrollierte Verhaltensmodifikation möglich. Je perfekter verstärkt, je besser die Techniken des Behaviorismus angewendet werden - unter Hinblick auf ein erstrebtes Endziel (Endverhalten) -, desto größer wird der Erfolg sein.
Hinter dieser verhaltenstheoretischen Auffassung steht ein Menschenbild, dessen Konturen durch unsere Ausführungen bereits sichtbar geworden sein dürften: der Mensch wird als "machbar" und außengesteuert gedacht. Watson glaubt, man könne aus jedem Kind ein Genie oder einen Verbrecher machen. Und für Skinner ist der Mensch ein Wesen "jenseits von Freiheit und Würde", uneingeschränkt formbar. Er gilt als abhängig von der quantitativen und qualitativen Ausprägung der Reize resp. von bekräf-

[193] Er gilt als Initiator der programmierten Unterweisung.
[194] Näheres zu dieser Konzeption und den damit verbundenen Methoden: B.F. Skinner, 1971; W. Correll, 1970, 1975; M.Th. Sünger, 1976; W.S. Nicklis, 1969; H. Frank, 1963; H. Schiefele, 1964; H. Freibichler, 1974.
[195] Diese werden unten noch behandelt.
[196] Vgl. T. Kiernan, 1978, S. 279 ff.

tigenden Ereignissen (positiven und negativen Verstärkern). Individuelle Entwicklung wird als Sequenz von Verhaltensänderungen hingestellt: als Ergebnis von erfolgsgesteuertem Lernen. Daß dabei innere Zustände wie Ziele, Zwecke, Absichten oder freie Willensentscheidungen mitbestimmend sein könnten, wird in Abrede gestellt.

Der Mensch erscheint hier folglich als ein grenzenloser Manipulation unterworfenes Wesen. Verhaltenstechnologen können ihn u. U. fremden Zwecken dienstbar machen.

Fragt man nach pädagogischen Konsequenzen die aus dem genannten Menschenbild erwachsen, so kann man mit Kurt Guss auf folgendes aufmerksam machen:

"1. Die formenden, gestaltenden, ordnenden, - kurz gesagt - erziehenden Kräfte liegen nicht im zu erziehenden Individuum, sondern ausschließlich im Erzieher. Das Verhalten des Zöglings ist um so geordneter, je mehr und je besser er konditioniert wird.
2. Die Erziehung ist daher dynamisch eingleisig; was aus dem Zögling wird, hängt ausschließlich vom Programm des 'Erziehungsingenieurs' ab.
3. Eine solchermaßen hergestellte Ordnung des seelischen Geschehens ist ständig in der Gefahr des Zerfalls, sie muß ständig überwacht werden; es müssen ständig weitere Verstärkungen erfolgen, damit die konditionierten Verhaltensweisen nicht ausgelöscht, 'extinguiert' werden.
4. Die Umstellung und Änderung einer so hergestellten Ordnung erfolgt, falls sie nötig wird, nicht spontan, sie muß herbeigeführt werden. Sollte sich an den erzieherischen Zielvorstellungen einmal etwas ändern, was allerdings um so unwahrscheinlicher ist, je perfekter die Manipulation durchgeführt wird, dann müssen die unerwünschten Gewohnheiten 'ausgelöscht' und andere Gewohnheiten aufgebaut werden.
5. Freiheit und Ordnung schließen einander aus, wie Ordnung und Zwang sich gegenseitig fordern.
6. Eine sachliche Unterscheidung zwischen Erziehung und Manipulation ist nicht möglich. Mit welchem dieser Begriffe man die Arbeit am jungen Menschen bezeichnet, ist Geschmackssache"[197].

Die behavioristische Psychologie sieht sich heftiger Kritik ausgesetzt. Diese bezieht sich auf folgende Punkte: Beanstandet wird die schwerpunktmäßig einseitige Beschäftigung mit den externen Bedingungen der Lernsituation bzw. des Verhaltens. Solches entspricht ja ganz dem Grundkonzept des Behaviorismus, der sich eigens beobachtbaren und objektiv überprüf-

[197] K. Guss, 1975, S. 78.

baren Phänomenen als Gegenstand wissenschaftlicher Erkenntnis zuwenden will und sich für subjektiv-innere Vorgänge weniger interessiert (mit Ausnahme einiger Neobehavioristen). Komplexe Phänomene und kompliziertere soziale Phänomene finden in den behavioristischen Theorien keine hinreichende Berücksichtigung. So liefern sie etwa für den Einfluß emotionaler Beziehungen, Entstehung von Schuldgefühlen, kognitives Erfassen von Geboten und Verboten, Symbolbildung, Sprachhandeln etc. keine plausible Erklärung. Komplexeres Lernen, das in Erziehung und Sozialisation gefordert wird, kann eben nicht unter Eliminierung des Bewußtseins lediglich oder weitestgehend als Folge von Verstärkungen begriffen bzw. auf steuerbare und kontrollierte Verhaltensänderungen des Organismus reduziert werden. Lernvorgänge solcher Art werden nicht durch äußere Stimuli mechanisch ausgelöst; daran sind vielmehr auch kognitive Mechanismen beteiligt (symbolische Deutung, Reflexion); ferner unterliegen sie Bedingungen wie der Netzwerkbildung des Gehirns[198], dem Erfahrungshorizont und der affektiven Struktur des Lernenden sowie der je gegebenen Situation. Darüber geben die Konditionstheorien kaum Auskunft[199]. Mit Hilfe behavioristischer Theorien kann auch nicht ausreichend geklärt werden[200], warum diese ohne jene Verhaltensweise erstrebt wird, nach welchen Kriterien oder Leitvorstellungen der Lernende zu formen sei (Vernachlässigung der Zielfrage!). Heftig kritisiert wird ferner die Übertragung von Ergebnissen der experimentellen Tierforschung auf den Menschen.
Trotz der angedeuteten Schwachstellen und Grenzen behavioristischer (Lern-)Theorien muß anerkannt werden, daß sie "über Teilbereiche des Sozialisationsprozesses, nämlich die Rolle symbolischer Anregung (Belohnung) und Kontrolle (Tadel) empirisch belegte Angaben machen" können[201].

3.6 Das kybernetische Modell

Behavioristische Gedankengänge haben - wie oben bereits erwähnt - gewisse Berührungspunkte mit kybernetischen Vorstellungen. Gleichwohl weist kybernetisches Denken auch Aspekte auf, die dem Behaviorismus fremd sind.

---

198 Hierzu vgl. man besonders: F. Vester, 1975.

199 Konditionstheorien verdeutlichen eigentlich nur, daß und wie ein Verhalten, welches schon im Repertoire des Organismus vorhanden ist, in neuen Situationen und gegenüber neuen Objekten ausgeführt bzw. "ausgesendet" wird. Vgl. H. Fend, 1969, S. 196.

200 Ebd.

201 W.R. Heinz, 1976, S. 414.

Gelegentlich ist die Frage aufgeworfen worden, ob die neue Wissenschaft der Kybernetik auch einen Beitrag zum Verständnis des Menschen leisten könne. In ihrem Bemühen um eine einheitliche Theorie, welche alle Steuerungs- und Kontrollvorgänge in belebten und unbelebten Systemen zu erklären versucht, d. h. um eine Theorie, die darüber informiert, was bei der Aufnahme, Verarbeitung und Speicherung von Informationen vor sich geht, erstreckt sich ihr Gegenstandsbereich nicht nur auf Technik und Tierwelt, sondern auch auf den Menschen[202]. Kybernetiker sehen menschliche Handlungsabläufe in Analogie zu Regulierungsprozessen in technischen Systemen (wie z. B. dem sich selbst steuernden Kühlschrank). Auch beim Menschen nimmt man an, daß er sich sozusagen einem bestimmten Programm gemäß verhält und Störeinflüsse innerhalb einer bestimmten Größenordnung selbst auszugleichen vermag. Man nennt solches Verhalten: regeltechnisches Verhalten. Beim menschlichen Lernen soll solches sich ereignen. Die Kybernetiker beschreiben das Lernen als gesetzmäßig ablaufende Form der Aufnahme, Verarbeitung und Speicherung von Informationen, d. h. von Reizen, Wahrnehmungen, Signalen und dgl. Durch das Lehren sind solche Prozesse nach kybernetischer Auffassung steuerbar bzw. regulierbar, d. h. das Lehren erscheint hier als Steuerungs- bzw. Regelungstechnik, durch die man das Lernen lenken kann[203]. Im programmierten Unterricht, insbesondere beim Einsatz von Lehrgeräten, die als Informationsspender fungieren und dem Schüler selbst die Steuerung des Unterrichtsablaufs und die Selbstkontrolle (d. h. den Vergleich seines Resultats oder Kenntniserwerbs mit dem Lern-Soll) ermöglicht, wird davon Gebrauch gemacht: das Lernen wird hier also von einem festgelegten "Plan" aus reguliert[204].

Auch andere menschliche Handelns- und Verhaltensweisen unterliegen nach kybernetischer Sicht dem Prinzip des Regelkreises oder - wie wir dafür noch sagen können - dem Prinzip der Selbststeuerung. Diese Auffassung geht von der Voraussetzung aus, daß der Mensch - ähnlich der Maschine - die Fähigkeit besitzt, in Verfolgung einer Absicht infolge irgendwelcher Störfaktoren in der Weise zu reagieren, daß Korrekturen im Sinne und zur Verwirklichung der ursprünglichen Intention vorgenommen werden. Weiterhin wird seitens der Kybernetiker angenommen, daß der

---

202 Siehe: F. von Cube, 1967; H. Glaser, 1972; J.A. Poletajew, 1963; H. Schmidt, 1965; N. Wiener, 1968. - Zu Begriff und Gegenstand der Kybernetik: H. Stachowiak, 1989, S. 182 ff.

203 Es wundert daher nicht, daß kybernetisches Denken auch in die Psychologie und Pädagogik eingedrungen ist. Vgl. W. Correll, 1974; H. Frank, 1969; W.S. Nicklis, 1967. - In kritischer Sicht aus pädagogischer Perspektive: K. Dienelt, 1970, S. 288 ff.

204 Man beachte diesbezüglich die Ansätze der Theorie und Praxis des Lehrens und Lernens auf kybernetischer Basis (Kybernetische Didaktik). Vgl. u.a. W. Correll, 1969; F. von Cube, 1971, 1976; H. Frank, 1975; W.S. Nicklis, 1969; J. Zielinski, 1971.

Mensch im Sinne eines "offenen Systems" sein Verhältnis zur Welt und zu sich selbst immer wieder neu zu ordnen habe und daß ihm die Grundtendenz innewohne, in seinem Organismus bzw. seelischen Haushalt Gleichgewicht zu halten und, falls es verlorengegangen ist, solches wiederherzustellen. Ja man proklamiert die Erhaltung bzw. Wiederherstellung des psychischen Gleichgewichts als das Ziel aller menschlichen Aktivität. Diesem Bestreben entsprechen nach kybernetischer Sicht seelische Mechanismen oder "Regulierungskräfte im Seelenleben"; diese stellen sozusagen eine besondere Art der seelischen Energetik im Dienst des Selbsterhaltungstriebes dar[205].

Die genannte Grundtendenz nach Erhaltung des seelischen Gleichgewichts und die Art dieser Gleichgewichtserhaltung wird unter der Bezeichnung "Homöostase" behandelt.

Nicht nur in der Kybernetik spielt dieser Begriff und das damit Bezeichnete eine Rolle, sondern auch sonst: besonders in der Psychologie und hier besonders in Tiefenpsychologie und Psychotherapie[206]. Das Homöostaseverständnis der psychoanalytischen Schule hat besondere Aufmerksamkeit erregt und zugleich auch ernstzunehmende Kritik herausgefordert und zwar deshalb, weil diese in der Homöostase einen Spannungsausgleich sieht sowie menschliches Streben und Handeln lediglich einer innerseelischen Kraft zuschreibt. Das Ziel des Lebens im binnenseelischen Bereich anzusiedeln und - wie es hier geschieht - menschliche Akte lediglich als Energieumwandlung im psychischen Bereich und im Sinne der Selbstregulierung des Seelenhaushalts zu deuten, entspricht eben einer einseitigen und verkürzten Sichtweise menschlichen Seins und Verhaltens.

Die kybernetisch interpretierte Homöostase kommt dem gekennzeichneten psychoanalytischen Verständnis sehr nahe. Kybernetiker stellen die Homöostase als den "Urgrund" aller sich selbst organisierenden Systeme hin. Solche Systeme, seien sie technischer oder organischer Art, haben das Funktionsziel, den sie kennzeichnenden Ordnungszustand zu erhalten oder zu stabilisieren bzw. Zustände des Systems gegen äußere Störungen durch aktive Gegenwirkung konstant zu halten. Dieser Ordnungszustand, wie er einem System eignet, ist als Information aufzufassen, die die Funktionen des betreffenden Systems bestimmt bzw. steuert. Beim Menschen kann die funktionale Zielerreichung als Erhaltung des Selbstgefühls bezeichnet werden.

---

205 Hierzu und zum Folgenden vgl. man: K. Dienelt, 1970, S. 73 ff.

206 Auch in der Medizin ist der Begriff gebräuchlich. Dort bezeichnet er das Gleichgewicht aller Organfunktionen, welches durch körpereigene Mechanismen erhalten bzw. bei Abweichungen wiederhergestellt wird (z. B. Körpertemperatur, Blutdruck, Pulsschlag).

Was in sich selbstorganisierenden Systemen - seien sie Maschinen oder Tiere oder Menschen - vor sich geht, ist nach kybernetischer Auffassung im Prinzip gleich. Für die verschiedensten Systeme, gleichgültig ob sie unbelebt oder belebt sind, nehmen die Kybernetiker übereinstimmende Strukturen und gleiche Steuerungsvorgänge an. Sie sehen den Menschen als eine "anpassungsfähige Maschine" an[207]. Das beim Mensch-Maschine-Vergleich auftauchende Problem des Geistes bringt natürlich schwer lösbare Probleme mit sich und macht es schwierig, die Grenze zwischen Mensch und Maschine zu bestimmen. Die sich hier stellenden Fragen finden denn auch unterschiedliche Beantwortung.

Manche Autoren[208] schaffen dieses Problem schlichtweg dadurch aus dem Wege, daß sie die Welt des Geistes leugnen und geistige Vorgänge auf physikalische und mathematische Prinzipien zurückführen. Menschliches Verhalten wird dabei lediglich als auf naturhaftem Angelegtsein beruhend gedacht. Andere Autoren[209] sehen im menschlichen Tätigsein bzw. Verhalten nicht bloß ein auf naturhaftem Angelegtsein basierendes Agieren, sondern erkennen menschliches Handeln durchaus als unter Zielstellungen und reflexivem Bewußtsein erfolgend an. Es wird folglich nicht auf die Tendenz zurückgeführt, eine vorprogrammierte Ordnung zu erhalten und dementsprechend von außen her kommende Störfaktoren im Sinne jener Ordnungserhaltung abzuwehren oder zu kompensieren. Laut Karl Dienelt vermag schon eine entwicklungsgeschichtliche Betrachtung des Gewissens zu zeigen, daß es im Menschen ein "höheres Steuerungssystem" gibt[210]. Das Prinzip der Selbstregulierung im Verhaltensbereich ist - so räumen heute viele Autoren ein - nicht überall gleich: beim Tier ist die regulative Kraft die Natur, bei der Maschine ist es ein vom Menschen hineingelegtes Faktum bzw. ein bestimmter konstruierter Mechanismus. Beim Menschen hingegen ist das Ich jene regulative Kraft. Dieses Ich ist "geistbesetzt"; es ist eine Instanz, welcher Freiheit, Wahlmöglichkeit und Verantwortung (Kennzeichen der Geistigkeit) eignen. Menschliches Handeln kann folglich nicht eindimensional, nicht auf naturhaftes Sein allein bezogen, und es kann nicht bloß als Reaktion auf Außenreize interpretiert werden. Darauf verweisen etwa Georgi Schischkoff[211] und Werner S. Nicklis[212], wenn sie auf die ganzheitliche Struktur menschlichen Handelns (Schischkoff) sowie

---

207 Beachte die Übertragung der ursprünglich naturwissenschaftlichen Lehre von der Homöostase auf den Menschen durch J. Reitinger: Ders., 1964.

208 So B.K. Steinbuch, 1971.

209 J. Reitinger, 1964; N. Wiener, 1968.

210 K. Dienelt, 1970, S. 80.

211 G. Schischkoff, 1966, S. 96.

212 W.S. Nicklis, 1967, S. 53.

auf die der menschlichen Natur innewohnende Wertungsfunktion (Nicklis) aufmerksam machen.
In kybernetischer Sicht wird der Mensch als "zielansteuernder" Homöostat dargestellt, d. h. als ein sich selbststeuerndes System, dessen Funktionsziel das seelische Gleichgewicht ist. Solches soll um der "Selbstverwirklichung" willen angestrebt werden. Menschliches Handeln hat eben diesem Zwecke zu dienen.
An diesem Punkte setzt die Kritik im besonderen an. Laut Viktor E. Frankl kann Selbstverwirklichung höchstens Wirkung, nicht aber Ziel sein. Überhaupt gelte: wer solche anstrebt, hat sie schon verfehlt, denn sie läßt sich nicht in ständigem Um-sich-selbst-Zentriertsein (was in der auf Spannungsausgleich tendierenden Homöostase geschieht) erreichen. Nicht, wenn der Mensch ständig auf sich selbst zurückfällt, wird die Erfüllung seines Daseins (Selbsterfüllung) gesichert[213]. Dazu ist vielmehr auch die Art des Agierens und Reagierens in bezug auf sachliche und personale Umwelt erforderlich, also ein Sich-selbst-Transzendieren und ein Handeln, welches anderem Seiendem gerecht wird. Die Wirklichkeit des Menschen erschöpft sich nicht im Binnenseelischen; Aktualisierung des eigenen Seins fordert ein Handeln auf die Wirklichkeit der Welt hin[214].
Aus dem Gesagten ergibt sich: Die dem kybernetischen Menschenbild entsprechende Auffassung, daß das Streben nach innerem Gleichgewicht ein charakteristisches menschliches Merkmal sei, daß bezüglich des menschlichen Handelns die Homöostase die motivbildende Kraft sei, daß der Grundsatz gelten solle: je mehr Homöostase, desto mehr und desto bessere Ordnung - läßt sich so nicht aufrecht erhalten. Man kann menschliche Daseins- und Verhaltensformen nicht hinreichend mit der Homöostase erklären[215]. Es gibt im Menschen ein höheres Steuerungssystem als dasjenige der Homöostase. Auch nicht meß- und objektivierbare Faktoren sind daran beteiligt. Unter Berücksichtigung solcher, insbesondere geistiger Faktoren, erscheint es ungerechtfertigt, den Menschen zu einem sich selbst balancierenden System (Homöostaten) zu machen und ihn solcherart von manchen Wirklichkeitsbereichen auszuklammern bzw. menschliche Daseinshorizonte außer acht zu lassen, wie das beim kybernetischen Menschenbild der Fall ist.

---

213 Vgl. V.E. Frankl, 1961, S. 219; Ders., 1959, S. 58.
214 Dieser Sachverhalt wird mit besonderer Akzentuierung auch von K. Dienelt im Zusammenhang seiner Kritik an der Homöostaselehre - sofern sie auf den Menschen übertragen wird - hervorgehoben. Siehe: Ders.:, 1970, S. 290 ff.
215 Vgl. ebd., S. 81, 292.

3.7 Das psychodynamische Menschenbild

3.7.1 Das psychoanalytische Modell

Die Psychoanalyse als Teilströmung in der Tiefenpsychologie propagiert auch ein bestimmtes Menschenbild. Wenngleich die psychoanalytische Schule sich in z.T. erheblich voneinander abweichende Richtungen[216] entfaltet, gibt es doch weitgehende Übereinstimmungen[217]. Das gilt insbesondere für die Sicht des binnenseelischen Lebens, welches als dynamisch bezeichnet wird. Nicht nur in der Psychoanalyse Freudscher Prägung, die sich primär für die psychischen Mechanismen interessiert, sondern auch in Strömungen, die sich von mancherlei Aussagen Freuds distanzieren, werden menschliche Aktionen und Reaktionen auf individuelle Bedürfnisse bezogen und nach ihrem subjektiven Bedeutungsgehalt, d. h. nach ihrer jeweiligen Bedeutung für das Individuum, interpretiert. Menschliche Denkweisen, Einstellungen, Haltungen und Tätigkeiten jedweder Art (sozialer, kultureller, geistiger Art etc.) werden psychoanalytischer Sicht entsprechend als von inneren Antrieben oder Kräften herrührend bestimmt. Sie haben die Tendenz zur Triebbefriedigung. Triebbefriedigung spielt eine die Lebensvollzüge beherrschende Rolle. Der Mensch ist demnach - das ist die Konsequenz dieser Auffassung - ein Triebwesen.

Die psychischen Prozesse werden nach Annahme der Psychoanalyse Freudscher Provenienz letztlich von zwei Grundtrieben bestimmt: durch den kraftvoll wirkenden Lebenstrieb, dessen Ziel es ist, Lust zu erfahren, und den Aggressionstrieb oder Zerstörungstrieb[218], der destruktiv gerichtet ist. Nach der psychoanalytischen Theorie erscheinen also alle psychischen Vorgänge im Menschen und ihre Ausdrucksformen als Auswirkungen und Modifikationen jener Grundtriebe. Zu diesen Auswirkungen gehören auch alle unbewußten Formen, diese Antriebe zu verdrängen.

Diese Deutung seelischer Vorgänge als Auswirkung der genannten Grundtriebe gilt nun nicht bloß für das Individuum, sondern auch für Gruppen von Menschen und für Menschenmassen (vgl. Kriege als extremen Aus-

---

[216] Vgl. E. Wiesenhütter, 1979; D. Wyss, 1974.

[217] Zu den psychoanalytischen Grundannahmen bzw. Theorien vgl. man aus der umfangreichen Literatur z. B. die Publikationen folgender Autoren: S. Freud, Gesammelte Werke, 19 Bde. (1952/68); Ders., Studienausgabe in 10 Bänden (1969/72). Zur Einführung: G. Bally, 1969; C. Brenner, 1970; S. Goepfert, 1976; H. Junker, 1977; R. Waelder, 1969. - Zur Weiterentwicklung psychoanalytischer Ideen etwa: A. Grünbaum, 1987; J. Rattner, 1974; D. Wyss, 1974. - Zur Kritik der Psychoanalyse vgl. man besonders: A. Grünbaum, 1988.

[218] Diesen zweiten Grundtrieb nimmt Freud erst etwa seit 1920 als selbständigen Trieb an.

druck des Aggressionstriebes). Auch die produktiven gesellschaftlichen und kulturellen Tätigkeiten bis hin zu den höchsten geistigen Manifestationen werden von der Psychoanalyse als besonders verfeinerte und von geschichtlichen Verhältnissen mitgeprägte Ausdrucksformen der Grundtriebe des Menschen gedeutet. Sofern eine Umsetzung eines ursprünglich auf Triebbefriedigung gerichteten Verlangens auf Leistungen sozialer, kultureller oder geistiger Art erfolgt, spricht die Psychoanalyse von Sublimierung.

Sigmund Freud (1856-1939), der Begründer der Psychoanalyse, mißt beim menschlichen Antriebsgeschehen der Libido, d. h. der sexuellen Antriebsenergie, besondere Bedeutung bei. Unter dem Prozeß der Sublimierung versteht er einmal die Umwandlung libidinös besetzter Strebungen in sexuell nicht tangierte psychische Ersatzhandlungen.

In einem anderen Sinne, der besonders in seinen Arbeiten über Kulturphilosophie hervortritt, versteht Freud unter Sublimierung nicht jene genannte Umwandlung, sondern das Verursachtwerden der höheren geistigen Tätigkeiten durch die Aktivität des Sexus. Wurde im erstgenannten Sinne die kulturell-geistige Tätigkeit als Ergebnis einer Umpolung von sexueller Energie auf solche mit anderem Zweck gedeutet, so versteht Freud im zuletzt genannten Sinne die kulturell-geistige Tätigkeit als das direkte Resultat elementarer animalischer Triebregungen. Sublimierung wird hier verstanden als das ursächliche, ohne Umwege erfolgende Hervorgehen höherer geistiger Leistungen aus der sexuellen Libido. Geistige Akte werden hier also gedeutet als verkleidete Äußerungen des Sexualtriebs[219].

Dieses Verständnis von Sublimierung hängt eng mit Freuds Auffassung von der Seele als einem "geschlossenen System" bzw. einem "seelischen Apparat" zusammen, dem die Tendenz innewohne, die von außen und von innen an ihn herantretenden Reizmengen und Erregungsgrößen zu bewältigen und zu erledigen sowie die Spannungen auszugleichen, die zwischen dem unbewußten "Es" und dem Bewußtseins-"Ich" auftreten. Freuds Bemühen, das Funktionieren der komplizierten Libidodynamik verständlich zu machen bzw. zu erklären, ist schon bei ihm selbst nicht überzeugend ausgefallen, und anderen Psychoanalytikern geht es dabei nicht viel anders - wie z. B. Günther Bittner, der sich unter dem Stichwort "Transfiguration" um eine Erklärung des Mechanismus der Sublimierung müht[220].

---

[219] Zum Thema "Sublimierung" im psychoanalytischen Sinne vgl. man: F.W. Doucet, 1974, S. 152 ff.; R. Waelder, 1969, S. 101 ff., 142 f., 175 f. Zu dieser Thematik beachte man ferner die kritische Darstellung bei K. Dienelt, 1970, S. 53 ff.

[220] G. Bittner, 1964/65, S. 292 ff.

Die Annahme, Kulturschaffen entstamme triebhaften Quellen, läßt sich in der Tat nicht aufrecht erhalten. Das wurde auch im Kreise der Psychoanalytiker selbst erkannt. Deshalb tritt Carl Gustav Jung der Sublimierung als Erklärung für das Kulturschaffen entschieden entgegen[221], und noch schärfer wendet sich Viktor E. Frankl dagegen, das Geistige im Menschen auf bloße Sublimierung zurückführen zu wollen[222].
Ein Menschenbild, das - wie es bei einer Reihe von Psychoanalytikern der Fall ist - den Menschen in seiner Seinsart und Verhaltensweise nur von seiner Triebdynamik her glaubt aufzeigen zu können, ist einseitig. Zwar ist die Triebstruktur für das Menschsein höchst bedeutsam. Aber diese ist nicht die entscheidendste und schon gar nicht die alleinige Quelle menschlichen Denkens, Entscheidens und Handelns. Geistige Akte gehen weder direkt, noch indirekt auf "bloß-Triebhaftes" zurück. Geistiges ist nicht von Triebhaftem im Sinne kausaler Ursächlichkeit ableitbar. Alle Seinssphären des Menschen, auch die Körperlichkeit, sind eh und je geistdurchwaltet.
Am psychoanalytischen Menschenbild wird aus mehreren Gründen Kritik geübt. Man würdigt zwar Impulse in Richtung Erforschung der Bedeutung früher Kindheitserlebnisse, des un- und unterbewußten Seelenlebens sowie psychogener Krankheiten, weist aber Übertreibungen und Verabsolutierungen - wie sie besonders bei Freudianern vorzufinden sind - zurück. Einwände richten sich speziell auf gewisse Unklarheiten in der dualistischen Trieb- und Motivationstheorie (Lebens-, Todes- bzw. Zerstörungstrieb) und auf die Determiniertheit des psychischen Geschehens (namentlich durch biologische Faktoren). Besonders die komplizierte Libidodynamik und die Erklärung des Mechanismus der Sublimierung finden Widerspruch. Das Geistige im Menschen ist nicht bloßer Sublimierung zu verdanken, es entspringt nicht bloßer Triebhaftigkeit. Sofern Psychoanalytiker wie Freud das geistige Sein von somatisch verankerten Antriebspotentialen abhängig erklären, räumen sie der Freiheit der Person und der sittlichen Entscheidung keinen Platz ein.

---

221 Vgl. C.G. Jung, 1963, S. 85.
222 Siehe: V.E. Frankl, 1959, S. 692.

3.7.2 Grundgedanken und Modellvorstellungen der Humanistischen Psychologie

3.7.2.1 Allgemeine Charakteristik

Die Humanistische Psychologie, eine seit den 60er Jahren zunächst in Amerika und dann auch in anderen Ländern sich ausbreitende psychologische Richtung, artikuliert eine Unzufriedenheit sowohl mit dem behavioristischen wie auch mit dem psychoanalytischen Menschenmodell[223]. Sie erstrebt eine Erneuerung der Psychologie im Geiste des Humanismus und des Existentialismus. Ihr ist die Überzeugung eigen, die soziale und kulturelle Krise der Gegenwart beheben und eine menschenwürdigere Welt schaffen zu können, indem sie den einzelnen Menschen "humanisiert". Das erfordert, in wissenschaftlichem Bemühen die Grundlagen für ein neues Verständnis vom Menschen zu schaffen. Die Entwicklung neuer Ansätze zur Erforschung des Menschen und neuer psychotherapeutischer Methoden gehören zum Programm dieser "neuen Schule" der Psychologie[224]. Ihr wichtigstes Ziel ist "die charakteristischen Verhaltensmerkmale und die emotionale Dynamik eines erfüllten und gesunden menschlichen Lebens zu erforschen"[225]. Wesentliches Anliegen bleibt dabei die Überwindung sowohl eines biologistischen als auch eines maschinenähnlichen Menschenbildes. Mit diesem Konzept ist nicht etwa eine Neuauflage klassischer Bildungsideale intendiert, sondern eine neue Hinwendung auf den Menschen in seiner alltäglichen Existenz. Dieser soll im Kontext seiner Lebenszusammenhänge, Bezüglichkeiten und Erlebnisweisen erfaßt, und es sollen die Voraussetzungen für seelische Gesundheit und Selbstverwirklichung möglichst vieler Menschen ermittelt sowie Bedingungen ihrer Realisierung aufgezeigt werden (wodurch wichtige pädagogische Aufgabenstellungen hinsichtlich der Herstellung eines erfüllten menschlichen Lebens in Sicht kommen).

---

223 Ihre Vertreter (A.H. Maslow, C.R. Rogers, Ch. Bühler u.a.) werfen dem Behaviorismus u.a. vor, an den Kernfragen des menschlichen Lebens vorbeizugehen und Probleme der sozialen Wirklichkeit zu ignonrieren; der Psychoanalyse gegenüber wird betont, daß das Wertstreben des Menschen nicht aus einem Bedürfnis nach "seelischem Gleichgewicht" (Homöostase) erfolge, sondern aus einer Selbstverwirklichungstendenz heraus.

224 Ch. Bühler/M. Allen, 1974, S. 8. Die beiden Autorinnen des genannten Buches versuchen hier eine systematische Darstellung der Ziele, Methodologie und theoretischen Grundlagen der neuen psychologischen Richtung mit deren Menschenverständnis.

225 Ebd., S. 7.

Neben Ideen aus der Tradition des Humanismus und des Existentialismus kommen in dieser geistigen Bewegung Prinzipien der Gestaltpsychologie zum Tragen[226], so daß sich ein Verständnis menschlichen Verhaltens und Erlebens ergibt, das auf drei Grundannahmen beruht: der Ganzheitlichkeit, der Wert- und Sinnorientierung und der schöpferischen Kräfte des Menschen (Kreativität)[227].
Eine Deutung des menschlichen Lebens ist aus humanistischer Sicht nur dann möglich, wenn der "ganze Mensch" als handelndes Subjekt betrachtet wird[228]. Das bedeutet, die wechselseitige Bezogenheit aller psychischen Prozesse aufeinander und die Einheit des Menschen mit seiner für ihn bedeutungsvollen Umgebung müssen zum Ausgangspunkt der Forschung gemacht werden. Sodann gilt es zu bedenken und wissenschaftlich zu belegen, daß der einzelne sein Leben bewußt oder unbewußt auf bestimmte - der kulturellen Umwelt entstammende - Werte ausrichtet und es auf Ziele hin orientiert, deren Verwirklichung seiner Tendenz nach Selbstverwirklichung (Sinnerfüllung) entspricht[229]. Es gehört zur gemeinsamen Überzeugung humanistischer Psychologien, daß der menschliche Lebenslauf durch Wert- und Sinnbezogenheit seine tiefere Bedeutung gewinnt und nur von hier her expliziert werden kann[230].
Auf ein weiteres fundamentales Merkmal der menschlichen Natur verweist die humanistische Position, sofern sie die schöpferischen Kräfte des Menschen hervorhebt, d. h. seine Fähigkeit, sich selbst zu entfalten, das Leben eigenverantwortlich zu gestalten, in seine Lebensbedingungen einzugreifen, kreativ zu sein. Ja, "die Idee vom Menschen als einem aktiven Gestalter seiner eigenen Existenz" kann geradezu als das zentrale Theorem der humanistischen Psychologie angesehen werden[231]; Kreativität kann als ihr Schlüsselbegriff gelten[232].
Wenn dem Individuum solchermaßen die größte Verantwortung für sein eigenes Leben zugesprochen wird, ist damit kein Rückzug auf das eigene (isolierte) Subjekt gemeint. Zwischenmenschliche Beziehungen und soziale Verantwortlichkeit werden als für seelische Gesundheit und Selbstver-

---

226 Die hier gepflegte Betrachtungsweise ist eine "ganzheitliche", die im Ganzen (der Gestalt) etwas anderes erkennt als in der Summe ihrer Teile. - Zur Gestalt- bzw. Ganzheitspsychologie vgl. man: F. Sander/H. Volkelt, 1962; W. Metzger, 1971, Sp. 675 ff.; K. Guß, 1975, S. 22 ff., 87 ff.

227 Zur Denkweise der Humanistischen Psychologie beachte man besonders: Ch. Bühler & M. Allen, 1974, S. 29 ff.; U. Völker, 1977, S. 34 ff.; A.H. Maslow, 1973.

228 Ein Lehrsatz der Humanistischen Psychologie, über den allgemein Übereinstimmung herrscht, lautet daher: Es gilt, "die Person als Ganzes zu erforschen und zu verstehen". Ch. Bühler/M. Allen, 1974, S. 29.

229 U. Völker, 1977, S. 34 f.

230 Vgl. Ch. Bühler & M. Allen, 1974, S. 50 f.

231 Ebd., S. 57.

232 Ebd., S. 55.

wirklichung unverzichtbar gekennzeichnet[233]. Eben darauf machen auch humanistisch orientierte Verhaltenstherapeuten aufmerksam.
Die Einstellung der humanistischen Psychologen zur Wissenschaftspraxis im Dienste der Erhellung der menschlichen Existenz im Kontext der für die Person bedeutsamen Umgebung läßt sich so ausdrücken: die Erforschung des Menschen samt konkreter (gegebener und zu bewältigender) Lebensprobleme läßt eine Beschränkung auf experimentelle und statistische Verfahren nicht zu. Viele Alltagsprobleme bringen den Forscher in die Situation eines handelnden Subjekts, das mit anderen (einzelnen oder Gruppen) in Kommunikation treten und wertend Stellung beziehen muß, wenn es gilt, konkrete Fragen zu lösen. Diesbezüglich ist die "teilnehmende Beobachtung" (Erfahrung) angezeigt. Und da es bei der Erforschung des Menschen und seiner Bezüglichkeiten nicht nur auf die Analyse der Fakten, sondern auch und vor allem auf die Erfassung von Sinn- und Bedeutungszusammenhängen ankommt, ist auch die Methode des Verstehens (hermeneutisches Verfahren) nötig. "Die verstehende, humanistisch orientierte Psychologie bemüht sich zur Zeit besonders, die in Mißkredit geratenen und abgewerteten Methoden wie Introspektion, Lebenslaufanalyse, Selbstdarstellung, Produktanalyse und Einzelfallstudie nicht nur zu rehabilitieren, sondern ihre Möglichkeiten weiter zu entwickeln. Denn von überzeugenden Alternativen auf methodischem Gebiet hängt es ab, ob es gelingt, den vielen artifiziellen Analysen der herkömmlichen Psychologie lebensnahe und verwertbare Forschungsresultate gegenüberzustellen"[234].
Die Bedeutung der Humanistischen Psychologie in unserer Zeit wird in ihrem anwendungsorientierten, auf die Lösung konkreter Probleme gerichteten Interesse gesehen. Ihr Bestreben, dem einzelnen zu voller Entfaltung und Entwicklung zu verhelfen (so daß er aus eigener Kraft sein Leben positiv gestalten kann) und über die Erzeugung einer bejahenden und verantwortungsbewußten Einstellung zum Leben auch humanere soziale Lebensbedingungen herzustellen, findet in Psychotherapie und Erziehung Realisierung[235]. Diesbezüglich kann in besonderer Weise auf die Konzeptionen bzw. Modellvorstellungen verwiesen werden, wie sie in der Gesprächspsychotherapie von C. R. Rogers (1942/1951), der Gestalttherapie von F.S. Perls (1969) sowie dem Konzept der "themenzentrierten Interaktion" von R. C. Cohn (1975) vorliegen[236]. Darin kommen Grundgedanken

233 Vgl. ebd., S. 82.
234 U. Völker, 1977, S. 37.
235 Über Anwendungen und Innovationen in Psychotherapie und Erziehung siehe: Ch. Bühler & M. Allen, 1974, S. 80 ff.
236 In diesem Zusammenhang kann auch auf die Logotherapie V.E. Frankls verwiesen werden, die unten noch ausführlicher behandelt wird.

der Humanistischen Psychologie zur Geltung, sofern hier von den schöpferischen, auf Selbstheilung zielenden Kräften des Menschen ausgegangen, Psychotherapie und Lernen nicht als ein von außen gesteuerter Prozeß, sondern als Unterstützung für das umfassende Bemühen des Menschen, eigenverantwortlich nach Selbstverwirklichung zu streben, verstanden wird[237].

3.7.2.2 C.R. Rogers' Gesprächspsychotherapie

Carl R. Rogers, der Begründer der "klient-zentrierten Gesprächstherapie", stellt die bewußten inneren Erfahrungen in den Mittelpunkt seiner humanistisch orientierten Psychologie. In seiner psychotherapeutischen Konzeption kommen unterschiedliche Einflüsse zur Integration[238]. Für seine Gesprächstherapie[239] ist charakteristisch, daß er besonders die Beziehung zwischen Klient und Therapeut heraushebt, die bei ersterem nur dann positive Veränderungen bewirkt, wenn sie bestimmte humane Qualitäten erreicht. Die nach Rogers dafür notwendigen Bedingungen (d. h. Therapeuten- und Klientenmerkmale) sind folgende[240]: uneingeschränktes Akzeptieren und Wertschätzen des Klienten durch den Therapeuten, einfühlendes Verstehen des inneren Bezugsrahmens des Klienten seitens des Therapeuten und fortwährende Mitteilung des Verstandenen für den Klienten sowie Kongruenz (Echtheit) im Verhalten des Therapeuten zu sich selbst und gegenüber der Kontaktperson (Klient). Die Realisierung solcher Verhaltensmerkmale führt laut Rogers zu intensiver Selbstexploration des Klienten und ermöglicht damit konstruktive Persönlichkeitsveränderungen im Sinne erhöhter Selbstverwirklichung und verminderter psychischer Beeinträchtigung.
Rogers geht davon aus, daß dem menschlichen Organismus Tendenzen (kraftvolles Streben) zu erhöhter Selbstaktualisierung innewohnen. Therapie bedeutet ihm somit die Befreiung verborgener Fähigkeiten in einem potentiell kompetenten Individuum. Daraus leitet er zwei Konsequenzen ab, die von ihm als Unterscheidungsmerkmale seiner Therapiemethode ge-

---

237 Vgl. U. Völker, 1977, S. 37.

238 Vgl. W.R. Minsel, 1974, S. 15 f.

239 Es handelt sich hierbei um eine psychologische Therapiemethode, die er mit seinem Buch "Counseling and psychotherapy" (1942), dt.: Nicht-direktive Beratung, 1972, begründet hat.Für seine Konzeption sind neben der genannten Publikation besonders zu beachten: Die klient-bezogene Gesprächstherapie (1951; dt. 1973), Entwicklung der Persönlichkeit (1973); Encounter-Gruppen (1974); Lernen in Freiheit (1974).

240 Zu der hier folgenden Grobskizze des Rogers'schen Konzepts vgl. man: W.-R. Minsel, 1977, S. 180 ff.

genüber anderen herausgestellt werden: a) die Nichtdirektivität des Therapeuten dem Klienten gegenüber (d. h. der Verzicht auf jegliche Diagnose, Interpretation, Überredung), b) die Beachtung der Würde und des Wertes eines Individuums (Klienten) bei seiner Suche nach Selbstverwirklichungsmöglichkeiten[241]. Ziel der nicht-direkten Therapie ist es, eine Atmosphäre von Wärme, einfühlendem Verstehen und Echtheit zu schaffen, die es dem Klienten ermöglicht, Einsicht in sein persönliches Selbstkonzept zu gewinnen (seine Erfahrungen zu differenzieren, tiefere Selbsterkenntnis zu erlangen, neue Verhaltensweisen und Leitlinien zu entdecken, über sein persönliches Wertsystem klar zu werden)[242]. Der Therapeut reflektiert die Aussagen des Klienten in einer Weise, die geeignet ist, dessen Gedankengänge transparent zu machen und klarzustellen, daß seine Gefühle ganz und gar verstanden werden[243].

Da die genannten Verhaltens- und Einstellungsmerkmale des Therapeuten Rogers' Überzeugung nach in zwischenmenschlichen Beziehungen generell bedeutsam sind, schreibt er der Anwendung seines Konzepts ganz allgemeine Bedeutung zu. "Das gilt für alle Beziehungen, in denen wechselseitiges Verstehen, Selbst-Öffnung und psychische Reifung erwünscht sind, wie z. B. in Beratung und Therapie, Human-Relation-Training, Kleingruppensituationen und institutionellen bzw. administrativen Situationen"[244].

In besonderer Weise hat Rogers' Konzept (nichtdirektive/klientenzentrierte Therapie) in der Beratung und in der Gruppenpsychotherapie Anwendung gefunden. Seine Gesprächspsychotherapie ist zur Basis gruppentherapeutischer Techniken geworden (Sensivity Training, Encounter-Techniken). Ziel solcher Techniken - speziell der Encounter-Techniken, die von vorstrukturierten Übungen zur Körper- und Sozialerfahrung bis zu unstrukturierten Gesprächen in akzeptierender Atmosphäre reichen - ist "personal

---

241 Vgl. ebd., S. 180 f.

242 Unter "Selbstkonzept" versteht Rogers die Summe der Erfahrungen aus dem gesamten Wahrnehmungsfeld des Individuums.

243 In einer Art Zusammenfassung seiner Arbeiten stellt Rogers sechs wesentliche Charakteristika zur Gesprächstherapie heraus: "die Bereitschaft zur eigenen Veränderung; die Offenheit für neue Erfahrungen und neue Forschungsresultate; die Betonung der Einzigartigkeit, Subjektivität und der inneren Prozesse eines Individuums als Schlüsselelemente zum Verständnis menschlichen Lebens; die Betonung des Glaubens an ein unerfaßbares, beinahe beliebig wechselbares inneres Potential eines jeden Individuums; die Erkenntnis, daß eine tiefe menschliche Beziehung eines der größten Bedürfnisse des heutigen Menschen ist; der Glaube, daß Leben sich im aktuellen Moment vollzieht; die Sichtweise, daß therapeutische Ausbildung notwendigerweise nicht nur kognitiv, sondern auch durch das Sammeln von Erfahrungen geschieht". C.R. Rogers, zit. nach W.-R. Minsel, 1977, S. 182.

244 W.-R. Minsel, 1977, S. 182.

growth", die persönliche Entfaltung, Weiterentwicklung und Reifung (ganz im Sinne der Humanistischen Psychologie)[245].

3.7.2.3 F.S. Perls' Gestalttherapie

Neben der Gesprächspsychotherapie stellt die Gestalttherapie - Begründer Frederic (Fritz) S. Perls - die zur Zeit expansivste Therapieform humanistischer Prägung dar. Zu ihrer Ausgestaltung werden die Grundlagen der Gestaltpsychologie, Ideen existentialistischer und östlicher Philosophien sowie Einsichten der Bioenergetik herangezogen. Diese sollen menschliche Eigenarten zu verstehen und einen neuen psychotherapeutischen Ansatz zu entwickeln helfen[246].
Gestalttherapie hat zwei Hauptziele: sie will dem einzelnen behilflich sein, seiner selbst bewußter zu werden und selbstverantwortlicher zu handeln. "Schärfung des Bewußtseins" meint hier: der Mensch soll in die Lage versetzt werden, die Regungen seines Innern besser zu erkennen, sich über seine natürlichen, gesunden Anlagen klar zu werden, Bedürfnisse und Wünsche besser zu unterscheiden, die Gründe seiner Glücksgefühle und Niedergeschlagenheit festzustellen, Berechtigung oder Nichtberechtigung überkommener Haltungen und Gewohnheiten abwägen zu können[247].
"Selbstverantwortung" meint Einsicht darein, daß man selbst die Wahl hat, so oder so zu sein, dies oder jenes zu tun, sich als "Schöpfer seines Lebens" zu verstehen und entsprechend zu handeln[248].
Für die Gestalttherapie ist in Verfolgung genannter Ziele wichtig, die Selbstfindung des einzelnen in den Vordergrund zu rücken. Der Mensch soll sich als ganzheitliche Person sehen, unerledigte Lebensdinge abschließen, seine verschiedenen Empfindungen und besonders sein intuitives Vermögen entwickeln lernen, um mehr und mehr in Einklang mit der "organismischen Vernunft" zu kommen.

---

245 Fengler, 1977, S. 200. Die Erfolge solcher Therapie- bzw. Arbeitsformen (namentlich der Encounter-Techniken)zeigen sich besonders bei Problemen, denen gegenüber psychoanalytische Verfahren weniger wirksam sind: Vereinsamung, Langeweile, Sinnleere, Interesselosigkeit gegenüber dem eigenen Leben. Neben Verfahren wie Themenzentrierter Interaktion, Katathymem Bilderleben, Familientherapie, Gestalttherapie, Transaktionsanalyse, Primärtherapie, Bioenergetik und Massage ist das Encounter die verbreitetste Arbeitsform der Humanistischen Psychologie. Ebd.

246 Die wichtigsten Publikationen Perls', die seine Position verdeutlichen, sind: Das Ich, der Hunger und Aggression (1947; dt. 1978), Gestalt-Therapie, Lebensfreude und Persönlichkeitsentfaltung (1951; dt. 1978). Gestalt-Therapie in Aktion (1969; dt. 1976).

247 Vgl. hierzu und zum Folgenden: S. Resnick, 1978, S. 68.

248 Vgl. F.S. Perls, 1979, S. 17. Diese Selbstverantwortlichkeit drückt Perls in seinem populär gewordenen Gestalt-Gebet aus. Siehe: F S. Perls, S. 13.

Als Weg bzw. Mittel dazu ist laut Perls das "direkte Erleben" und die Herstellung eines "Bewußtheits-Kontinuums" nötig. Dadurch erscheint es möglich, die Gesamtheit menschlichen Erlebens vollständig und richtig zu organisieren.
Von richtiger Organisation des Erlebens kann nach Perls dann gesprochen werden, wenn der Mensch in der Lage ist, in der Organismus-Umwelt-Interaktion zwischen seinen Interessen/Bedürfnissen und den Umweltangeboten ein "Gleichgewicht" herzustellen, d. h. wenn es ihm in dem menschlichen Organismus/Umwelt-Feld (als Ganzheit) gelingt, klar wahrnehmbare Bedürfnisgestalten ständig zu bilden und aufzulösen, was eine elastische Anpassung an die Welt (bzw. situative Gegebenheiten) bedingt: eine vom Selbst her zu leistende Assimilation oder Zurückweisung von Umweltangeboten[249].
Während dem gesunden Organismus eine aus Überlebensbedürfnissen heraus erfolgende Kontaktaufnahme mit der Umwelt (Realität) gelingt, er sich von dort geeignete Objekte zur Bedürfnisbefriedigung assimiliert, ist das beim kranken Organismus anders. Die organismische Selbstregulation[250] funktioniert nicht, die Organismus-Umwelt-Beziehung (im Sinne eines strukturierten dynamischen Ganzen) ist gestört. Eine die Widersprüche aufhebende Annäherung an die phänomenale Welt und Integration der Persönlichkeit ist dem Neurotiker verwehrt[251]. Dadurch daß er eine alte, für ihn wichtige Situation nicht erledigt, wesentliches Erleben nicht verarbeitet hat - man spricht diesbezüglich von "unerledigter Gestalt" -, ist er blockiert, seiner Person entfremdet.
Die unerledigte Gestalt (bzw. Situation) zu vollenden, die Selbstentfremdung aufzuheben, ist Aufgabe der Gestalttherapie. Wichtig ist diesbezüglich vor allem die Arbeit an der Einheit bzw. Uneinheitlichkeit der Erfahrungsstruktur. Durch Bewußtmachen der Mechanismen, die dem Neurotiker zur Verfügung stehen, soll eine Integration der unerledigten Situation

---

249 Zu diesen Ausführungen vgl. man: F.S. Perls, 1979, S. 10 ff., 17; ferner: H.J. Süß & K. Martin, 1978, S. 2729; K. Guß, 1975, S. 29 f.

250 Gemeint ist hier die jedem Oganismus inhärente Tendenz zu Wachstum und Befriedigung von Bedürfnissen.

251 Der Kontakt zwischen ihm bzw. seinem Sein und der Umwelt ist gestört. Er nimmt die Außenwelt nicht genau wahr und ist oft seiner Körperprozesse nicht bewußt. Er kann seine Bedürfnisse nicht offen äußern und vermag sich nicht auf solche einzustellen. Außerdem ister zu sehr von sich in Anspruch genommen. Er hindert sich somit selbst darin, der zu sein, der er gerne sein möchte, das auch zu tun, was er gerne tun würde. Wesentliche Teile seines Selbst werden von ihm abgelehnt. Vgl. T. Kiernan, 1976, S. 223.

und der mit ihr einhergehenden abgespaltenen Gefühle, Phantasien und Verhaltensweisen ermöglicht werden[252].

Der Gestalttherapie geht es unter dieser Aufgabenstellung nicht um Analyse und Interpretation von Vergangenheit des Menschen, sondern darum, ihm Mut zu machen, Vergangenes in der Gegenwart (im "Hier" und "Jetzt") noch einmal zu erleben und damit eine neue Erfahrungsbasis zu gewinnen[253]: Der Therapeut achtet darauf, daß der Klient seine Aufmerksamkeit auf sich selbst lenkt und seine inneren Vorgänge besser kennenlernt. Therapeutische Interventionen zielen darauf ab, daß der Klient Gefühle, Vorstellungen und Empfindungen wahrnimmt, sie bewußt macht und sie - auch in nicht verbaler Weise - zum Ausdruck bringt.

Das konsequente Verweilen im Gegenwärtigen - was jetzt ist, unmittelbar erlebt, gefühlt wird - bewirkt Prozesse schöpferischer Anpassung an neues Material und neue Umstände (neuen Umweltsbezug), ermöglicht das Finden und Herstellen neuer Lösungen im Lebensvollzug, eröffnet auch die Schließung offener Erlebnisgestalten aus der Vergangenheit. Wir müssen im Interesse der Persönlichkeitsentfaltung - so stellt Perls fest - "auch die Lücken in der Persönlichkeit ausfüllen, das, was fehlt, ergänzen, um den Menschen wieder ganz und vollständig zu machen"[254]. Der Klient soll ermächtigt werden, für sich selbst verantwortlich zu sein, auf die Realität angemessen zu reagieren, auf die Überwindung seiner Entfremdung bzw. Spaltung (Zersplitterung des Selbst) und die Vollendung seines Selbst (im Augenblick) hinzuarbeiten[255].

3.7.2.4 R.C. Cohns Themenzentrierte Interaktion

Dem Gedankengut der Humanistischen Psychologie fühlt sich auch Ruth C. Cohn mit der Entwicklung der "Themenzentierten interaktionellen Methode" (TZI) verbunden. In dieser sind therapeutische und pädagogische Komponenten gekoppelt. Es handelt sich dabei um eine spezifische Me-

---

252 Die Interventionen des Therapeuten zielen darauf ab, den Patienten möglichst rasch mit seinen Blockierungen zu konfrontieren, um ihn seine existentielle Leere (im Sinne eingefrorener Energien) erfahren zu lassen und jene Blockierungen zur Auflösung bringen zu helfen.

253 Es soll aufgeräumt werden mit Projektionen, Introjektionen und festen Verhaltensweisen, die Spontaneität und freie Entscheidung hindern. Siehe: S. Resnick, 1978, S. 68, 73.

254 F.S. Perls, 1976, S. 11.

255 Auf die einzelnen Formen und Techniken der Gestalttherapie kann hier nicht näher eingegangen werden. Für Perls erscheint die Einzeltherapie in der Gruppe besonders geeignet, "den Prozeß des Wachstums zu fördern und das menschliche Potential zu entfalten". Ebd. Zu Vertretern der Gestalttherapie in Deutschland gehören K. Gottschaldt (1959), W. Salber (1969 - Erweiterung des Konzepts), W. Metzger (1969, K. Guss (1975) u.a.

thodik des "lebendigen Lernens" innerhalb von Kleingruppen (seit etwa 1960 formuliert und ausgebaut)[256]. Sie soll sicherstellen, daß nicht nur zwanghafte Inhalte (Stoffe) angehäuft, sondern freudvoll und unter eigenem Einsatz und spontan gelernt werde. Es wird intendiert, anhand von vorgegebenen oder selbst gewählten Themen unter Berücksichtigung von individuellen und Gruppen-Interessen einen Gedankenaustausch in Gang zu bringen, durch Interagieren mitmenschliche Erfahrungen, die unmittelbar verhaltensbeeinflussend wirken (auch und besonders im Sinne sozialen Lernens), machen zu lassen. Einstellungen, Werthaltungen, Gefühle und Motive sollen unter Einsatz dieser Methode angeregt bzw. beeinflußt werden: sowohl im Sinne des Erweckens wie der Korrektur.

In diesem umfassenden Sinne versteht Cohn den Begriff "therapieren", den sie mit ihrer Methode ebenso verbindet wie den Begriff "erziehen"[257].

Entscheidende Anstöße für die von ihr entwickelte (und speziell in pädagogischen Feldern anwendbare) Methode erhielt sie von psychoanalytischen Theorien, gruppen- und erlebnistheoretischen Erfahrungen und existenzphilosophischen Gedanken.

Die philosophisch-anthropologische Basis für Cohns Modell bilden folgende grundlegenden Aussagen[258]: Der Mensch (Persönlichkeit) ist eine psychosomatische Ganzheit (Einheit von Wahrnehmungen, Fühlen, Denken). Er besitzt die Möglichkeit der freien Entscheidung innerhalb gewisser Kausalitätsgesetze (wobei sich allerdings Autonomie und soziale Gebundenheit als Paradoxien erweisen und die Freiheit einschränken). Der Mensch sieht sich vor die Notwendigkeit gestellt zu werten, woraus ihm die humane Verpflichtung ehrfürchtiger Haltung vor allem Lebendigen erwächst[259].

Von solchen Grundannahmen leiten sich laut Cohn Forderungen her, die das Verhalten in der Gruppe betreffen und im Zusammenhang der dort noch wirksamen Faktoren der Interaktion eine feste Struktur verleihen. Die von Cohn aufgestellten charakteristischen Verhaltensregeln für die Gruppeninteraktion fordern den einzelnen auf, zu versuchen, sich in der Gruppe (bzw. Sitzung) das zu geben und zu nehmen, was er geben und nehmen möchte[260].

---

256 Die Kerngedanken Cohns finden sich in verschiedenen Aufsätzen, die jetzt gesammelt vorliegen in: Von der Psychoanalyse zur themenzentrierten Interaktion (1975). - Zu Cohns themenzentrierter interaktioneller Methode vgl. man auch: T. Schramm u.a., 1972, S. 308 ff.; B. Genser u.a., 1972; K. Vopel, 1974.

257 Vgl. C. Wulf, 1977, S. 664 f., 805.

258 Zu den folgenden Aussagen: R.C. Cohn, 1975, S. 120 ff.; ferner: E. Rubner, 1980, S. 758.

259 Vgl. E. Rubner, ebd.

260 Besonders auf dem Hintergrund der anthropologischen Fakta "Autonomie des Menschen" und "mitmenschliche Gebundenheit" ergeben sich laut Cohn mehrere von den Gruppenmitgliedern zu beo-

Das Gruppengeschehen als Ganzes (- es ist auch als "Lernsituation" definierbar -) wird von Cohn als etwas Dynamisches aufgefaßt, an dem gruppen-"interne" und gruppen-"externe" Faktoren oder Komponenten beteiligt sind. Die internen Faktoren, welche die Gruppeninteraktion bzw. die Lernsituation in Gruppen bestimmen, sind: das "Ich" (die Persönlichkeit), das "Wir" (die Gruppe), das "Es" (das Thema als Gegenstand der Gruppenaktivität)[261].

Diese drei gruppeninternen Faktoren kann man sich bildlich als Eckpunkte eines Dreiecks vorstellen, die aufeinander bezogen sind. Dabei muß man sich dieses Dreieck in ein umfassenderes Bezugsfeld eingelassen denken. Denn die Interaktion bzw. die Lernsituation sind noch durch institutionelle Rahmenbedingungen (Ort, Raum, Zeit etc.) sowie durch die Umweltbezüge der einzelnen Gruppenmitglieder beeinflußt. Diese "externen" Faktoren lassen sich durch eine Kugel, welche jenes Dreieck umschließt, versinnbildlichen. Cohn stellt den gemeinten Sachverhalt so dar: "Dieses Dreieck ist eingebettet in eine Kugel, die die Umgebung darstellt, in welcher sich die interaktionelle Gruppe trifft. Diese Umgebung besteht aus Zeit, Ort und deren historischen, sozialen und teleologischen Gegebenheiten. Die thematische, interaktionelle Methode befaßt sich mit den Beziehungen der 'Dreieckspunkte' zueinander und ihrer Einbettung in die 'Kugel'"[262].

In der themenzentrierten Interaktion vollzieht sich nach Cohn folgendes: Menschen, die verschiedenen äußeren Bedingungen unterstellt sind, finden sich unter gemeinsamen Themen/Aufgaben zusammen. Diese Begegnung mit einer dynamischen Balance zwischen Ich-Wir-Es gewinnt eine feste Struktur von eigener Qualität und besonderem Erfahrungscharakter (mit Lerneffekt). Innerhalb der Struktur der Gruppeninteraktion wird der ganze Mensch mit seinem Wissen, seinen Gefühlen, Erfahrungen, Erwartungen und Befürchtungen angesprochen und zur selbständigen Auseinandersetzung mit wechselnden Problemen und Sachverhalten (Thematiken) angeleitet.

Als ein therapeutische und pädagogische Komponenten verbindendes gruppendynamisches Verfahren spezifischer Art (humanes und demokratisches Lernen in Gruppen) erscheint die themenzentrierte Interaktion nach Auffassung ihrer Vertreter für alle Lern- und Arbeitsgruppen angezeigt, in denen eine Synthese von Persönlichkeitsentwicklung und sachorientiertem

---

bachtende Regeln. Diese sind genannt in: R.C. Cohn, 1975, S. 115 f. Vgl. auch die Ergänzungen ebd., S. 121 f., 123 ff.

261 Ebd., S. 113 f.

262 Ebd., S. 114.

Arbeiten sowie eine bessere Kommunikation erreicht werden soll (z. B. Schule, Erwachsenenbildung, berufliche Aus- und Weiterbildung)[263].
Die Kritik am Konzept der Humanistischen Psychologie betrifft sowohl deren Gesamtkonzept wie auch einzelne ihm zuzuordnende Modellvorstellungen. Beklagt wird, es fehle noch an konkreten Ansätzen zur Realisierung eines so umfassenden Systems (einschließlich seiner pädagogischen Konsequenzen). Sowohl hinsichtlich ihres Aufbaus wie ihrer Ziele sei die Humanistische Psychologie vage. Ihre wissenschaftliche Basis sei unzureichend. "Soll sie als wissenschaftlich gelten, muß sie sich zu einer systematischen und kohärenten Formulierung ihrer Ideen über die Psychologie des Menschen vorarbeiten"[264]. Vernachlässigung der Theoriebildung wird im besonderen auch gegenüber den humanistisch orientierten Methodensystemen moniert. Der Gestalttherapie Perlscher Richtung wirft man geradezu Theoriefeindlichkeit vor[265]. Aber auch der theoretische Rahmen der Gesprächstherapie von Rogers sowie der themenzentrierten interaktionellen Methode nach Cohn wird als relativ dürftig angesehen. An den genannten drei Modellvorstellungen (vor allem bei Perls und Rogers) wird speziell auch der stark (zu extrem) individualistische auf den Klienten bezogene Aspekt kritisiert und eine angemessene Einbeziehung sozialpsychologischer, gesellschaftspolitischer und ökologischer Erkenntnisse gefordert. Ganz generell wäre eine stärkere "empirische" Absicherung genannter Methoden nötig[266].

3.8 Viktor E. Frankls Existenzanalyse

Ein ganzheitstheoretisches Konzept liegt auch bei Viktor E. Frankl, dem Begründer der Logotherapie[267] vor. Im Rahmen seiner personal orientierten Tiefenpsychologie sucht er besonders psychoanalytische Aussagen zu

---

263 Vgl. E. Rubner, 1980, S. 758.
264 Ch. Bühler & M. Allen, 1974, S. 58; vgl. auch ebd., S. 6; vgl. ferner Ch. Bühler, 1971, S. 117.
265 Vgl. H.J. Süß & K. Martin, 1978, S. 2742.
266 Freilich muß im therapeutischen (therapeutisch/pädagogischen) Bereich noch manches erforscht werden. So etwa hinsichtlich der Beziehungen zwischen Variablen der Therapie und daraus resultierenden Persönlichkeitsveränderungen.
267 Logotherapie ist eine psychotherapeutische Methode (genauer: eine klinische Praxis in verschiedenen Stufen), die dem Kranken in dessen individuelle existentielle Krise hineinfolgt, um eine Umstellung in dessen Lebensbezügen zu erreichen. Dies soll dadurchgeschehen, daß der Kranke den Sinn seiner Existenz als Person findet. Sie weitet sich solchermaßen geradezu zu einer "ärztlichen Seelsorge". Vgl. V.E. Frankl, 1966. - Zu Aufriß und Standort der Franklschen Logotherapie beachte man: F. Schlederer, 1965, S. 62 ff.; zur Bedeutung von Frankls Existenzanalyse für die Anthropologie und Psychotherapie beachte man ferner: P. Pollak, 1949.

korrigieren und die Psychotherapie zu rehumanisieren[268]. Die Psychoanalyse im besonderen und die Psychotherapie im allgemeinen haben sich seiner Überzeugung nach in erster Linie um eine Vervollständigung ihrer anthropologischen Grundlagen zu bemühen und in dieser Beziehung müssen sie vor allem versuchen, "den Menschen in seiner Ganzheit in den Blick zu bekommen, und zu dieser Ganzheit gehört wesentlich seine Gerichtetheit auf Sinn und Werte"[269]. Das anthropologische Grundanliegen Frankls liegt demnach nicht nur in einer Erhellung der Seinswirklichkeit des Menschen (worauf Daseinsanalytiker den Akzent legen), sondern es weitet sich darüber hinaus zu Erhellung von Sinnmöglichkeiten[270].
Die Existenzanalyse, die Frankl seiner psychotherapeutischen Methode (der Logotherapie) unterlegt, soll also nicht nur dartun, was menschliches Dasein als solches charakterisiert (im Sinne ontischer Existenz); sie soll als anthropologische Explikation personaler Existenz auch bewußt machen, wodurch menschliches Dasein sich konstituiert, d. h. worin Menschsein gründet. (Sie hat in diesem Sinne eine ontologische Explikation zu leisten.)
Frankl sieht die besondere Seinsweise des Menschen (das, was den Menschen in seinem personalen Sein qualifiziert), was nur ihm zukommt, durch drei Komponenten gegründet, die er "Existentialien" nennt: durch die Geistigkeit, die Freiheit und die Verantwortlichkeit des Menschen[271].
Die Geistigkeit nimmt laut Frankl als konstitutiver Grundzug des Menschlichen eine gewisse Dominanz ein. Aus ihr ergeben sich Freiheit und Verantwortlichkeit. Geistigkeit als Existenzelement bekundet sich in einem Bei-einem-anderen-sein und erreicht seine höchste Stufe in einem Beieinandersein "unter ebenbürtig Seiendem", was nur möglich ist "in einem restlosen An-einander-hingegeben-Sein, das wir Liebe nennen"[272].
Die Freiheit als ein aus der Geistigkeit sich ergebendes Existenzelement besteht in dreierlei Hinsicht: gegenüber den Trieben, dem Erbe und der Umwelt. Als menschliche (nicht absolute!) Freiheit ist sie immer an ein Vorgegebenes gebunden, zu dem es Stellung nimmt. Darum ist für freiheitliche Seinsweise im Bezug auf die genannten drei Faktizitäten entscheidend - für Menschsein entscheidend -, wie der einzelne sich zu ihnen stellt, was er aus ihnen macht.

---

268 In letztgenanntem Anliegen weiß er sich sowohl mit Bestrebungen L. Binswangers und V.E. von Gebsattels, wie der Humanistischen Psychologie einig.
269 V.E. Frankl, 1972a, S. 31.
270 Vgl. V.E. Frankl, 1961, S. 1.
271 Zu seiner "Explikation personaler Existenz" vgl. man: V.E. Frankl, 1959b, S. 663 ff. Siehe auch die Interpretation der Franklschen Existenzanalyse bei K. Dienelt, 1970, S. 92 ff.
272 V.E. Frankl, 1959b, S. 673 f.

Solches freies Entscheiden ist kein Akt der Willkürlichkeit oder eines unverbindlichen Autonomismus. Frei sein kann man nur im Entscheiden, und ein solches hat immer ein Korrelat: in ihm ist stets ein Wofür und Wogegen mitgegeben, "eben eine objektive Welt des Sinnes und der Werte, und zwar diese Welt als eine geordnete Welt, das heißt so recht als ein Kosmos"[273].

Das bedeutet: in freiem Entscheiden ist der Mensch in die Verantwortlichkeit gestellt. Anders gesagt: frei sein und frei handeln kann der Mensch nur, indem er verantwortlich ist, d. h. sich an Ordnung gebunden weiß. Verantwortlichsein solcher Art bedeutet für Frankl sinnorientiert und wertstrebig sein. Damit hebt er sich entscheidend von der psychoanalytischen Auffassung primärer Triebdeterminiertheit ab[274]. Die ins Konkretere gehende Frage nach dem "Wofür menschlichen Verantwortlichseins" beantwortet Frankl so: der Mensch ist verantwortlich für die Erfüllung je konkreter, individueller Aufgaben, die ihm die Realität, "die Welt des Sinnes und die Welt der Werte" zur Bewältigung aufgeben. Darin besteht nach Frankl die Möglichkeit der "Selbstverwirklichung": "Will ich werden, was ich kann, so muß ich tun, was ich soll. Wenn ich selbst werden will, dann muß ich konkrete und persönliche Aufgaben erfüllen. Will der Mensch zu seinem Selbst, will er zu sich kommen, so führt der Weg über die Welt"[275]. Kurz gesagt heißt das: Menschsein als Verantwortlichsein ist Verwirklichung von auf den Menschen wartenden Werten, ist Erfüllung von Sinn.

Die Frage nach dem "Wovor menschlicher Verantwortung", also nach der Instanz, vor der Verantwortung besteht, ist laut Frankl das "Gewissen"[276]. Aber dieses ist kein Letztes. Der Mensch sucht für seinen Lebenssinn ein tragfähiges Fundament, einen "Übersinn"; er bezieht sich - so Frankl - auf etwas alles Umfassendes, auf ein letztlich unverfügbares Geheimnis seiner Existenz: auf ein "Personalissimum", welches man auch Gott nennen kann[277].

Die gekennzeichnete Geistigkeit (und die damit eng verbundenen Existentialien Freiheit und Verantwortlichkeit) machen noch nicht die "Ganzheit

---

273 Ebd., S. 688.

274 Er schreibt: "So sieht denn die Existenzanalyse den Menschen für ein sinnorientiertes und wertstrebiges Wesen an - im Gegensatz zur gängigen psychoanalytisch-psychodynamischen Auffassung vom Menschen als einem in erster Linie triebdeterminierten und luststrebigen Menschen." Ebd., S .687, vgl. auch ebd., S. 688.

275 V.E. Frankl, zit. nach K. Dienelt, 1970, S. 99.

276 Auf die Gewissenstheorie Frankls kann hier nicht näher eingegangen werden. Nur soviel sei gesagt: Er versteht unter Gewissen geradezu das "Sinn-Organ" des Menschen, welches diesen auf der Sinnsuche leitet: "die intuitive Fähigkeit, den einmaligen und einzigartigen Sinn, der in jeder Situation verborgen ist, aufzuspüren". Siehe: V.E. Frankl, 1966, S. 56.

277 V.E. Frankl, 1959b, S. 694. Vgl. auch: F. Schlederer, 1965, S. 67.

des Menschen" aus, die für das Verständnis des Franklschen Menschenbildes so eminent wichtig ist. Neben dem Geistigen als der "eigentlichen Dimension des Menschseins" müssen noch eine biologische und eine psychische Dimension beachtet werden, "ist doch der Mensch eine leiblich-seelisch-geistige Einheit und Ganzheit"[278]. In seiner Dimensionenontologie[279] hebt er die "anthropologische Einheit", die trotz der "ontologischen Mannigfaltigkeit" des Leiblichen, Seelischen und Geistigen bestehe, hervor. Die Signatur der menschlichen Existenz (so betont er unter Blickrichtung auf die Schichten- bzw. Stufentheoretiker - Scheler, Hartmann) ist die Koexistenz zwischen der anthropologischen Einheit und den ontologischen Differenzen, also zwischen der einheitlichen menschlichen Seinsweise und den unterschiedlichen Seinsarten (somatisches, psychisches und geistiges Sein).

Im Aufweis der Mehrdimensionalität der menschlichen Person als einer substantiellen Einheit von Leib, Seele und Geist[280] steht Frankl nicht alleine da. Seine über den engeren Bereich der Tiefenpsychologie hinausreichende Bedeutung liegt mehr in seinem motivationstheoretischen Konzept eines Willens zum Sinn.

Frankl hat den grundlegenden Tatbestand herausgearbeitet, daß dem Menschen generell der "Wille zum Sinn" eigne, d. h. daß er über sich selbst hinaus will, nach Sinn und Werten sucht, die seinem Leben ein Fundament geben, diesem Erfüllung gewähren. "Das Wesen der menschlichen Existenz liegt in deren Selbsttranszendenz" schreibt Frankl, "Mensch sein heißt immer schon ausgerichtet und hingerichtet sein auf etwas oder auf jemanden, hingegeben sein an ein Werk, dem sich der Mensch widmet, an einen Menschen, den er liebt, oder an Gott, dem er dient"[281]. Sinnsuche ist für Frankl ein Urmotiv menschlichen Seins, somit nicht auf andere Bedürfnisse reduzierbar[282].

Der Wille zum Sinn kann auch unbefriedigt bleiben. Frankl spricht diesbezüglich von "existentieller Frustration" als einem Unerfülltgebliebensein des menschlichen Anspruchs auf ein möglichst sinnerfülltes Dasein"[283].

---

278 V. E. Frankl, 1959b, S. 666 f.

279 In gedrängter Form informiert der Autor darüber in: Ärztliche Seelsorge, 1971, S. 30 ff. sowie in: Der Wille zum Sinn, 1972b, S. 153 ff. - Vgl. auch: K. Dienelt, 1970, S. 101 ff.

280 Darauf basiert übrigens Frankls systematisierender Ansatz seiner Neurosenlehre - in Korrespondenz zu seiner Therapie. Siehe: V.E. Frankl, 1975; vgl. F. Schlederer, 1965, S. 62 ff.

281 V.E. Frankl, 1966, S. 33.

282 Frankls Theorie vom "Willen zum Sinn" wurde durch eine Reihe psychologischer Forschungen bestätigt, z. B. von A.H. Maslow, J.C. Crumbaugh, L.T. Maholic, G. Guttmann. Beachte besonders das Ergebnis einer von Elisabeth S. Lukas durchgeführten Untersuchung: Zur Validierung der Logotherapie. In: V.E. Frankl, 1972b, S. 233 ff.

283 V.E. Frankl, 1972a, S. 11.

Solche Frustration komme in einem abgründigen "Sinnlosigkeitsgefühl" zum Ausdruck, an dem der moderne Mensch sehr häufig leidet[284]. Dieses Sinnlosigkeitsgefühl geht nach Frankls Überzeugung mit einem "existentiellen Vakuum" einher, das er als ein Gefühl der inneren Leere und Inhaltslosigkeit, als ein Gefühl verlorenen (fehlenden) Daseinssinnes und Lebensinhalts beschreibt[285]. In Unklarheit über sein Sollen und vielfach auch über sein Wollen infolge von Traditionsverlust laufe der Mensch - das sei eine Folge - leicht Gefahr, dem Konformismus, Totalitarismus oder auch einer neuen Art von "Neurosen" zu erliegen. Letztere, die er "noologische Neurose" nennt (keine Neurose im klinischen, sondern eher im soziologischen Sinne)[286], sei erwiesenermaßen als Auswirkung jenes existentiellen Vakuums eine weitverbreitete (kollektive) Erscheinung; ihr hervorstechendes Merkmal könne als lähmende Initiativlosigkeit bezeichnet werden[287]. Abweichendes und süchtiges Verhalten (gerade unter der Jugend) werden heute vielfach als Epiphänomene davon angesehen.
Pädagogische Folgerungen, die sich aus Frankls Existenzanalyse ergeben, können so formuliert werden: der Mensch muß jederzeit in seiner vollen Dimensioniertheit (Berücksichtigung wesentlicher Strukturen und Substrukturen menschlichen Seins) gesehen und gefördert werden. Bei der Sinnsuche resp. der Selbsttranszendenz menschlicher Existenz bedarf er der Hilfe (Bestärkung). Erziehung soll den Menschen zum Bewußtsein seiner Verantwortlichkeit bringen; ohne ihm konkrete Werte (Wertkanon) oktroyieren zu wollen, hat sie sich darauf zu beschränken, die auf eine Verwirklichung durch ihn "wartenden" Werte und den einer Erfüllung durch ihn harrenden Sinn selbständig finden zu lassen.
Kritische Stellungnahmen zu Frankls Explikation menschlicher Existenz reichen von weitestgehender Zustimmung, insbesondere zu seinem motivationstheoretischen Konzept eines Willens zum Sinn (so Vertreter der "Humanistischen Psychologie" u.a.) bis zu Einwänden gegen seine Kernthesen seitens dem triebdynamischen Modell verpflichteter Freudianer und anderwärts geäußerter Bedenken gegen eine "einseitige" Betonung der Autonomie des Menschen vom Geistigen her[288].

---

[284] Zum Folgenden vgl. man V.E. Frankl, 1978, S. 75 ff.; Ders., 1972a, S. 65 ff. - Siehe auch: K. Dienelt, 1970, S. 336 ff.; F. Schlederer, 1965, S. 64.

[285] V.E. Frankl, 1961, S. 10.

[286] Vgl. V.E. Frankl, 1975, S. 144 ff.

[287] Der erwähnte Traditionsverlust, welche die Verbreitung des existentiellen Vakuums bedinge, kann nach Frankl zumindest teilweise durch die wachsende Verstädterung und Entwurzelung mit ihren Folgeerscheinungen (mechanistische Selbstinterpretation, Indoktrination etc.) erklärt werden. Vgl. V.E. Frankl, 1969, S. 45 ff.

[288] Vgl. etwa: J.A. Caruso, 1952, S. 139; E. Ringel, 1970, S. 99 ff.

3.9 Romano Guardinis anthropologische Entwürfe

Der Theologe und Religionsphilosoph Romano Guardini (1885-1965) müht sich im Rahmen seiner Wirklichkeitsbetrachtung um einen "Durchblick aufs Ganze"[289], um eine Erfassung des menschlichen Wesens und eine durch Existenzverwirklichung erfolgende Erneuerung des Lebens in humanistischer Gesinnung und christlichem Geist. Demgemäß bewegt sich sein Denken in einem breiten Horizont.

In spezifischer Weise umkreist sein Denken - wie die umfänglichen Reflexionen und Analysen zeigen - die Personwerdung des Menschen. Diese bedeutet für den einzelnen zugleich Sinngebung und äußerste Kraftanstrengung. Dem Menschen ist aufgetragen, klare Identität zu gewinnen und Zukunft zu bestehen. Das setzt voraus, daß er gegenüber der Gesamtwirklichkeit, von welcher er ein "Ausschnitt" ist, eine neue nachzeitliche "offene Haltung" (wie Guardini sie nennt) gewinnt. Dazu gehört, bei ganzheitlicher (universaler) Sicht die enge Individualwelt bzw. Ichhaftigkeit aufzugeben, den Menschen nicht als Maß aller Dinge und als grenzenlosen Gestalter und Veränderer zu sehen, sondern Einsicht in die eigene Beschränkung bewußt zu halten[290]. Nur im Bewußtsein und Bejahen der Grenzen und Schranken wird der Blick frei für Vollkommenheit und für die im Anruf Gottes herausgeforderte Existenz.

Man kann drei Phasen der anthropologischen Reflexion Guardinis unterscheiden[291]. Im Frühwerk beschäftigt er sich im besonderen mit dem Aufbau des Menschseins, später mit dem menschlichen Selbstvollzug (mit den Formen gelingender und mißglückender Selbstverwirklichung), und in der Spätphase seines Schaffens - in welcher von der Besinnung auf das christliche Gottes- und Heisgeschehen Licht fällt - reflektiert er insonderheit auf Sinn und Aufgabe des Menschseins.

In Guardinis umfangreichem Werk bekundet sich allenthalben eine tiefe "Sorge um den Menschen"[292]. In vielen seiner Publikationen schlägt sein pädagogisches Grundinteresse durch; bei der Behandlung unterschiedlicher Themen zeigen sich sein pädagogischer Standpunkt und erzieherische Impulse[293]. Besondere Beachtung in dieser Hinsicht verdienen seine Studie "Welt und Person" (1940), sein "Hölderlin"-Buch (1939), sein Katholiken-

---

[289] Vgl. H.-B. Gerl, 1985, S. 32).

[290] Vgl. Guardini, 1955, S. 198, 208; s.a. H.-B. Gerl 1985, S. 62 f.

[291] Zum Folgenden vgl. man: E. Biser 1985, S. 70 ff.

[292] So lautet auch der Titel eines Sammelbandes (1962), der eine Zusammenfassung seiner anthropologischen Beiträge und Reden aus seinen späteren Lebensjahren enthält.

[293] Der Nachfolger auf seinem Münchener Lehrstuhl und Interpret seines Werkes, Eugen Biser, äußerst die Auffassung, daß Guardini "mit seinem theologischen Aussagen weit weniger wirksam (war) als mit seinen erzieherischen Impulsen". E. Biser, 1985, S. 70.

tagsvortrag "Nur wer Gott kennt, kennt den Menschen" (1953), sein Sammelband "Sorge um den Menschen" (1962) und seine nachgelassene Veröffentlichung "Die Existenz des Christen" (1976).
Immer wieder findet Guardini Anlaß, existentielle Strukturen des Menschseins auszuarbeiten. Für die Daseinsstruktur des Menschen ist es - so stellt er fest - charakteristisch, daß ein jeder in einem Gravitationsfeld steht, aufgrund dessen seine Lebensachse von oben nach unten weist: von einem als "Oben" bezeichneten Pol, auf den die geistigen, sittlichen und religiösen Energien des Menschen ausgerichtet sind, nach einem als "Unten" bezeichneten Gegenpol, dem die abwärtsziehenden Kräfte entgegenstreben. Die von oben nach unten gerichtete Achse wird von einer nach innen weisenden überlagert, die als versucherische Möglichkeit besteht, mithilfe zusätzlicher Energien von außen den menschlichen Daseinsvollzug - etwa im christlichen Sinne - zu orientieren. Im Spiel der Lebenskräfte kann so eine neue "Ortung" des Menschseins erfolgen: der Vollzug einer Existenz, in welcher der Mensch der Gefahr entgehen kann, sich fallen zu lassen und von den Es-Mächten bis zum Verlust der personalen Identität unterdrückt zu werden[294].
Der "Daseinsraum" des Menschen stellt sich Guardini in dreifacher Perspektive dar: als Existenzraum, als Lebensraum und als Kulturraum. In der Interaktion mit diesem dreifachen Beziehungssystem, das für den Aufbau des menschlichen Daseins höchst relevant ist[295], gewinnt das Menschsein seine zunehmend konkretere Verfassung. "Im welthaften Existenzraum formt es sich zur Gestalt, im gesellschaftlichen Lebensraum zum Individuum und im geistigen Kulturraum zur Persönlichkeit"[296]. Zur personalen Selbstwerdung bedarf es jedoch eines völlig 'unweltlichen' Impulses: dazu braucht der Mensch die Begegnung mit anderen und anderem, den von dorther ihm zukommenden Zuspruch und den an ihn ergehenden und Antwort fordernden Anruf[297].
Was Guardini in besonderer Weise zur Reflexion über den Menschen bewegt, ist seine Sorge (als Erzieher) um den Fortbestand des Menschlichen in einer sich zunehmend enthumanisierenden Welt. Aus dieser Sorge sucht

---

294 Vgl. E. Biser, 1985, S. 78.
295 Vgl. R. Guardini, 1940, S. 85 ff.
296 E. Biser, 1985, S. 79.
297 Daß der Mensch diesem Zuspruch und der adäquaten Antwort auf den ihn herausfordernden Anruf die volle Einsetzung in sein Selbstsein verdankt, ist ein Gedanke, bei dem der "Andere" als Gegenüber vor allem im göttlichen Du, aber auch im menschlichem Du gesehen wird. Und man wird wohl auch annehmen dürfen, daß - wozu sich Guardini nicht expressis verbis äußert - der Mensch auch im Sich-in-Anspruch-nehmen-lassen, durch den Anruf seitens "des anderen" (im Sinne der sachlichen und kreatürlichen Welt bzw. der dinghaften Schöpfung sowie der Wert- bzw. Güterwelt) zur Konstituierung des personalen Selbstsein beiträgt.

er die innersten Bruchstellen und Entzweiungen im Kern des Menschen zu eruieren; von dieser Sorge getrieben richtet er sich auch auf die situativen Bedingungen des Menschseins, die ihm (am "Ende der Neuzeit") besonders bedrohlich erscheinen: auf die mit den Begriffen "Macht" und "Masse" bezeichneten Phänomene[298]. Gefährlich erscheint ihm die immer stärker werdende Tendenz, Macht auszuüben, höher stehende Normen zu mißachten und solchermaßen einem inneren Drang zu verfallen, welcher den Menschen daran hindert, selber Macht über sich zu gewinnen und ihn im Grunde zu einem Beherrschten werden läßt[299]. Dabei erleidet der Mensch eine tiefgreifende Veränderung seiner Seinsweise: die Hektik des Beherrschens beherrscht ihn selbst bis ins Innere hinein. Ein Teil seines Wesens verkümmert, er wird "unvollständiger", rückhaltloser, in gewissem Sinne außengeleiteter, partizipiert an der Massengesellschaft[300].

In dieser Massengesellschaft sieht Guardini einebnende Tendenzen, zugleich aber auch die Chance zur vollen Mündigkeit der Person: weil hier immer Befreiung im Widerstand gegen die anwachsenden Es-Mächte möglich ist und zwar im Bemühen um "die Annahme seiner Selbst" (1960). In der bejahenden Selbstannahme bekundet sich die Fähigkeit des Menschen, mit dem Faktum seines Daseins zurechtzukommen, seine Existenz als sinnvoll zu erfahren.

Während Guardini unter dem Leitmotiv "Sorge um den Menschen" den menschlichen Daseinsvollzug während seiner frühen und mittleren Schaffensperioden von verschiedenen Seiten aus beleuchtet und wesentlichen Bereichen der menschlichen Lebenswirklichkeit gerecht zu werden bemüht ist[301], vollzieht sich in seinem nachgelassenen Spätwerk "Die Existenz des Christen" - und damit in der Endphase seiner anthropologischen Studien - ein gewisser Perspektivenwechsel. Entschiedener als früher überlagern jetzt theologische Erwägungen das anthropologische Interesse Guardinis[302]. Die Sorge um den Menschen wird nun prononciert als Sorge um das Heil des erlösungsbedürftigen Menschen gekennzeichnet. Die Frage nach dem Lebenssinn gewinnt dadurch eine andere, klar umrissene Dimension. (Der Sorge um den Menschen ist unter dieser neuen Perspektive die "Sorge um Gott" vorgeordnet. Nur die Gotteserkenntnis führt laut Guardini zur vollen Einsicht in das Menschenwesen, nur sie läßt erkennen, wer der

---

298 Vgl. dazu E. Biser, 1985, S. 82 ff.

299 R. Guardini, 1965, S. 41 ff.

300 Vgl. ebd., S. 50 ff.

301 Manche Bereiche finden dabei allerdings keine Berücksichtigung, wie derjenige der Arbeit, andere aber - die sonst oft vernebelt werden - wie etwa die Todesrealität (als "Einmischung ins ganze Leben") - werden ausdrücklich reflektiert. Vgl. R. Guardini, 1976, S. 140.

302 Vgl. E. Biser, 1985, S. 88 f., 91.

Mensch ist und wozu er 'berufen' ist.) Als Rezipienten des Heils kann die Wesensvollendung des Menschen - und damit die Sinnerfüllung des Daseins - nur gelingen aufgrund der göttlichen Zuwendung zum Menschen und dessen eigener Mitwirkung am Heilsgeschehen[303]. Diese Mitwirkung verlangt den Menschen als einen nach Gott Fragenden, als einen den Glaubensgeheimnissen sich Öffnenden, als einen dem absoluten Anruf Willfahrenden.
Eine wesentliche Bedeutung für den Selbstvollzug des Menschen räumt Guardini der Sprache ein. Sie ist weit mehr als ein Ausdrucks- und Verständigungsmittel, sondern etwas, in dem und durch das Menschsein in spezifischer Weise sich äußerst. Geistiges Leben vollzieht sich wesentlich in der Sprache; sie ist der Sinnraum, in dem sich wie Denken und Handeln so das ganze Sein des Menschen vollzieht[304]. In der Sprache sieht Guardini auch eine Möglichkeit des Menschen, Einvernehmen zwischen sich und der Welt herzustellen. Beide - so Guardini - sind als einander zugeordnet zu sehen und in einem innersten Sinne nur aneinander möglich[305].
Auffallend ist, daß Guardini in seinem Spätwerk ein Verständnis des Menschen gewinnt, dessen Wesen nicht mehr gegenständlich gefaßt, sondern vielmehr als Knotenpunkt von Strukturen und Kraftlinien begriffen und als exemplarischer "Fall" eines Gesamtzusammenhanges (als Ausschnitt einer Gesamtwirklichkeit) gedeutet wird[306]. Ihm geht es bei der Aufhellung menschlicher Strukturen und Situationen, der Formen des Daseinsvollzugs, der Sinn- und Aufgabenermittlung nicht nur um Aufweis dessen, "was" der Mensch ist, sondern auch, "wo" er seinen 'Ort' hat, und "wer" er ist[307]. Von daher fällt Licht auf pädagogische Aufgaben im Sinne der Hilfe zur Personagenese bzw. Wesenserfüllung.
Was Guardini über den personalen Aufbau des menschlichen Daseins, über Sinn und Vollzug des Menschseins, über die schicksalhafte Verwobenheit des Menschen in übergreifende Sinn- und Geschehenskontexte, über die speziellen Gefährdungen des neuzeitlichen Menschen in der fortschrittsorientierten und machtlüsternen Massengesellschaft sowie über die Eingebundenheit des Menschen in das Heilsgeschehen ausführt, legt bestimmte Konsequenzen und Postulate nahe, die aus allseitiger Sorge um den Menschen und das Gelingen seines Lebens auf pädagogische Aufgaben verweisen. Solche reichen von der Erziehung zur Ehrfurcht vor Gott, zur Respektierung der Würde und Rechte des Menschen, zur Mitverantwortung für

303 S.a. ebd., S. 90 f.
304 R. Guardini, 1940, S. 108 f.
305 Vgl. H.-B. Gerl, 1985, S. 62.
306 Vgl. E. Biser, 1985, S. 93.
307 Vgl. ebd., S. 95.

die Ordnungs- und Wertstrukturen der einzelnen Lebensbereiche bis hin zur religiösen Disponierung. Die Sorge um den Menschen weitet sich dabei zur Sorge auch um den ihn umgreifenden Wirklichkeitsraum (einschließlich der dinghaften Schöpfung) und die sich darauf beziehenden Gestaltungsaufgaben.

4. Merkmale menschlicher Lebensäußerungen

4.1 Verhaltensweisen des Tieres - ein Exkurs

Für tierisches Verhalten ist charakteristisch[308], daß dieses instinktives Verhalten ist und daß bei einem Zustandekommen innere und äußere Faktoren zusammenwirken[309]: Als äußere Verhaltensauslöser wirken als Schlüssel- oder Signalreize ganz bestimmte Merkmale der Außenwelt wie z. B. Flugbilder, Farben oder bei Artgenossen erfahrbare Duftmerkmale, Angst- oder Lockrufe, Gebärden und dgl. Zu diesen äußeren Verhaltensauslösern treten innere verhaltensauslösende Faktoren: solche schaffen die Bereitschaft bzw. eine "Gestimmtheit", auf bestimmte Außenreize zu reagieren oder selbst nach verhaltensauslösenden Reizen zu suchen.
Die Signalreize erfüllen - so haben wir gezeigt - eine doppelte Funktion: sie lösen Instinktbewegungen aus und sie orientieren oder richten auch das Instinktverhalten im Raum. Vielfach bewerkstelligen die gleichen Reize beides: sie lösen das Verhalten aus und sie bestimmen auch die Richtung[310].
Generell lassen sich am Instinktverhalten zwei Komponenten unterscheiden: die Instinktbewegung, welche auf Erreichung des Instinktzieles tendiert (= Erbkoordination) und die Richtbewegung, die zur Reizquelle orientiert ist (= Taxis). Beide können miteinander verknüpft oder auch hintereinander auftreten. (Erster Fall: Ei rollende Graugans; zweiter Fall: beute-

---

[308] Über tierisches und menschliches Verhalten: B. Berelson & G.A. Steiner, 1968/69; I. Eibl-Eibesfeldt, 1967 (jetzt 1987); Ders.; 1973 (jetzt 1985); Ders.; 1984a, 1984b; H. Haas, 1969; B. Hassenstein, 1973; R. Hinde, 1973; E. von Holst, 1969; W. Kükenthal, 1965; J. Lamprecht, 1982; P. Leyhausen, 1968; K. Lorenz, 1966; Ders., 1982; A. Miller, 1969; N. Tinbergen, 1964; Ders., 1975; W. Wickler, 1972; Ders., 1973.

[309] Zum Folgenden vgl. man auch: H. Zdarzil, 1978, S. 31 ff.

[310] Es gibt auch Fälle, in denen sich auslösende und richtende Signalreize deutlich unterscheiden: bei Schmetterlingen z. B. lösen Düfte den Flug aus, Farbreize hingegen bestimmen die Flugrichtung. Vgl. N. Tinbergen, 1964, S. 76 ff.

fangender Frosch)[311]. Obwohl das Verhalten der Situation entsprechend in gewissen Grenzen variabel sein kann, laufen Instinktbewegungen doch ziemlich starr ab (Beispiele: Netzbau der Spinne, Anlage des Wintervorrats beim Eichhörnchen).
Neben starr festgelegten Verhaltensweisen gibt es beim Tier auch noch solche, die gelernt sind, so daß neben die instinktive Festgelegtheit ein zweites Merkmal tierischen Verhaltens tritt: die Lernbedingtheit. Hier sind Lernvorgänge gemeint, die nicht erbmäßig fixiert sind, sondern als Prägung aufzufassen sind. Es erfolgt hier eine bleibende Festlegung aufgrund einer gemachten Ersterfahrung[312]. Daneben treten noch andere Lernleistungen auf: solche durch Gewöhnung, durch Ausbildung bedingter Reflexe, durch Versuch und Irrtum, durch Nachahmung.
Dabei kommt es sogar zu frappierenden Hoch-Leistungen: wie solchen der praktischen Intelligenz bei Affen[313]. Allerdings zeigt sich folgendes: immer liegen solche Leistungen in Richtung des Triebzieles des Tieres, bleiben also zumindest in ihrer Ausrichtung instinktgebunden[314].

4.2 Eigentümlichkeiten menschlicher Seins- und Lebensweise

Was bedeutet das alles für den Mensch-Tier-Vergleich?
Vergleicht man solche Erkenntnisse mit jenen, die am Menschen gewonnen sind, so muß folgendes festgestellt werden: auch der Mensch zeigt einige Instinktresiduen (Reflexe)[315]. Daneben gibt es einige unveränderliche Verhaltensweisen, die vermutlich angeboren und nicht erlernt sind. Aber solche sind beim Menschen kulturell überformbar, steuerbar, einsetzbar (Gesten, Täuschen, Lach-Unterdrückung etc.). Andere Merkmale hat der Mensch mit dem Tier gemeinsam: Nahrungs- und Geschlechtstrieb. Wieder andere aber eignen nur ihm allein: Selbstbestimmung, Reflexivität, Sinnverwiesenheit, Freiheit, Interpersonalität (Sozialität), Leiblichkeit, Transzendieren[316].

---

311 Vgl. die Fall-Analysen bei: I. Eibl-Eibesfeld, 1967, S. 31 f., 33.

312 Beispiele bei: K. Lorenz, 1966, Bd. I, S. 140 f.; N. Tinbergen, 1964, S. 49. Näheres zum Prägungsvorgang bei: E.H. Hess, 1975.

313 Man braucht hier nur auf die Ergebnisse der bekannten Köhlerschen Untersuchungen mit Anthropoiden hinzuweisen: Vgl. W. Köhler, 1921.

314 Vgl. H. Zdarzil, 1978, S. 36.

315 Genannt seien: Kniereflex, Babinski-Reflex, Lidschluß-Reflex, sowie Saug-, Greif- und Wangenreflex bei Säuglingen.

316 Bei den folgenden Ausführungen zu den Strukturmerkmalen des Menschen beziehen wir uns auf Befunde der Humanwissenschaften resp. Regionalanthropologien. Dabei berücksichtigen wir in besonderer Weise auch die Erkenntnisse jener Philosophischen Anthropologie, die unter Betrachtung des ganzen Menschen erfahrungsmäßig gewonnenes Datenmaterial der verschiedenen sich mit dem

4.2.1 Der Mensch als ichhaftes und reflektierendes Wesen

Ichhaftigkeit ist ein auffallendes menschliches Strukturmerkmal, eine Realität, die sich in der Sprache bezeugt und sowohl als Selbstbewußtsein wie auch als Selbstbejahung sowie als Rückwendung von der Außenwelt in das Innere (von äußeren Erfahrungen zu innerem Erleben) in Erscheinung tritt. Solche Kennzeichen der Ichhaftigkeit verweisen darauf, daß der Mensch anderen und anderem gegenübersteht. Er braucht die Bezugnahme zu Mitmenschen und zu "Gegenständen", um sich verwirklichen zu können. Was nun die Richtung und Art solcher Weltbezüge betrifft, gibt es zwischen Mensch und Tier fundamentale Unterschiede: Das Tier steht in einem unvermittelten Wirklichkeitsbezug: es nimmt unter erheblichen perspektivischen Verkürzungen konkret Gegebenes wahr und reagiert instinktiv oder aufgrund von Lernleistungen darauf; dem Menschen hingegen gelingt ein denkendes Erfassen und Bewältigen der Wirklichkeit, was nicht nur Rückblicke, sondern auch planendes Vorausdenken, Fragen, Zweifeln, Begriffsbildung und dgl. beinhaltet[317]. Auch nicht-kognitive Akte gehen in die Resultate solchen denkenden Erfassens der Wirklichkeit ein (worauf Phänomene wie Hoffnung, Freude, Angst u.a. hindeuten).

Die sich hier stellende Frage, ob nicht gewisse tierische Leistungen wie z. B. Reizgeneralisation (gleiche Reaktion auf ähnliche Reize) und Signaldifferenzierung (verschiedene Reaktionen auf unterschiedliche Reize) auf eine analoge Wirklichkeitsverarbeitung schließen lassen, muß verneint werden, denn von denkendem Erfassen kann hier nicht die Rede sein. Beweise dafür erbringen unter anderem die Analyse tierischen Verhaltens hinsichtlich der Zeit- und Raumkomponente. Das Tier kann sich in seinem Verhalten nicht an Komponenten orientieren, die außerhalb seines Erlebnis- und Bedürfnishorizontes liegen. Ja, sogar innerhalb dieses Rahmens ist sein Verhaltensspielraum eingeengt. Zielperspektiven und Zweck-Mittel-Relationen von größerer Dimension, d. h. solche, die nicht mit unmittelbar wirksamen Antriebskomponenten bzw. Triebzielen zusammenhängen, sind nicht vorhanden. Das wird in besonderer Weise an den Fehlleistungen der Affen bei den Köhlerschen Experimenten deutlich. Kurzum: das Tier kann sich nicht vorstellen, was bei seinem Handeln geschieht; es ist nicht in der

---

Menschen befassenden Wissenschaften integriert und auseinem umfassenden Seinsverständnis heraus interpretiert. Es handelt sich hier um eine Betrachtungsweise, in der die Tatsache der Ganzheitlichkeit den Kerngedanken bildet. Von daher ergeben sich auch die genannten Kategorien, die im Folgenden zur Kennzeichnung menschlicher Existenz- und Lebensweise verwendet werden. Besondere Anregungen dazu verdanken wir Georg Scherer, in anderer Hinsicht Hans-Georg Hengstenberg, Richard Schwarz, Max Müller, Adolf Portmann, um nur einige Namen zu nennen.

317 Zu unseren Ausführungen über die Reflexivität als Grundmerkmal des Menschen vgl. man auch: H. Zdarzil, 1978, S. 38 ff.

Lage, sich Änderungen der Situationselemente auszudenken, sich die Gebrauchseigenschaften der Gegenstände zu verdeutlichen. Nur der Mensch besitzt diese Fähigkeit.
Ein weiteres Moment, das unsere These von der Reflexivität des Menschen, vom gedanklich vermittelten Weltverhältnis, stützen kann, ist die Feststellung, daß der Mensch ein normatives Bewußtsein hat und diesem gemäß zu einer spezifischen Form sozialen Verhaltens befähigt bzw. bestimmt ist[318]. Es ist eine unbestreitbare Tatsache, daß der Mensch sich im Umgang mit anderen an einem Verhaltenskodex orientiert, daß er Bindungen eingeht, Verpflichtungen übernimmt und sich Regelungen (Normen) unterstellt - sofern er von deren Notwendigkeit überzeugt ist -, oder sie durch andere ersetzt haben möchte, falls er mit vorgefundenen Zumutungen, Postulaten, Rollenzuweisungen etc. nicht einverstanden ist. Alles das setzt voraus, daß er das Bewußtsein einer Norm besitzt[319]. Das Einhalten solcher Normen begründet die Moral des einzelnen und - sofern es sich um überindividuelle Ziele, gemeinsame Gesetze und Werte handelt - die Sitte und Moral der Gesellschaft. Sowohl die humane Gestaltung individualen wie auch sozialen Lebens setzt folglich normatives Bewußtsein voraus.
Bei Tieren gibt es auch - wie hinreichend bekannt ist - gewisse soziale Verhaltensformen und Gemeinschaftsformen (Hirschrudel, Bienenvolk, Ameisenstaat). Tierisches Sozialverhalten ist allerdings zumeist artspezifisch angeboren; es ist nirgends von gewußten Zielen geleitet; Vollzugsformen mit Veränderungstendenz gibt es nicht. (Also: Im Tierreich gibt es nur "natürliche" Vergesellschaftungsformen)[320].
Ein weiteres Kennzeichen, welches die Eigenart des Menschen zeigt, ihn speziell auch als Wesen der Reflexivität ausweist, ist die Sprache. Die entscheidende und daher primäre Funktion der Sprache ist die Darstellung und Mitteilung von Gedanken. Darin erweist sie sich als vorzügliches Mittel der Kommunikation bzw. Verständigung. Durch ein stellvertretendes Zeichen (Wort, Satz, Satzverbindung) macht die Sprache Gedachtes gegenwärtig, und der Angesprochene versteht das Gemeinte resp. den Sinn des Zeichens, weil und sofern er eine leiblich-geistige Natur wie der Sprechende aufweist und die Bedeutung des Zeichens kennt, demnach zur Re-

---

318 Vgl. hierzu: ebd., S. 43 ff.

319 Zum normorientierten Sozialverhalten des Menschen siehe: H. Roth, 1976, S. 127 ff., 256 f.

320 Zum Sozialverhalten des Tieres siehe: A. Portmann, 1964; Remane 1976; N. Tinbergen, 1975; ferner: H. Roth, 1976, Bd. 1, S. 126 ff. Zum Vergleich menschlichen und tierischen Verhaltens: H. Roth, ebd.; vgl. auch Anmerkung 308.

produktion der Bedeutungsgehalte fähig ist. Sprache ist also "Sinnvermittler"[321].
Anders beim Tier: Zwar gibt es bei diesem auch Laute und kommunikative Verhaltensweisen (Rufe, Bienentanz), die bei Artgenossen Reaktionen (Signalwirkungen) auslösen; aber was da und dort geschieht, ist grundverschieden: die sog. Sprache der Tiere besteht in einem Inventar angeborener und erlernter Signale (solche können aneinandergereiht werden). Die Sprache der Menschen ist ein System bedeutungsgeladener Zeichen[322].
Menschsein ohne Sprache gibt es nicht. Sprache ist mit dem Menschsein als solchem gegeben; sie ist ein menschliches Phänomen. Aktualisierung des Menschseins sowohl im individualen wie sozialen Sinn gelingt nicht ohne sie (vgl. Wildkinder, Kaspar-Hauser-Schicksal). In ihr artikulieren sich Interessen, Wertungen, zwischenmenschliche Interaktionen; in ihr geschieht "Auslegung" der Welt. In ihr schlägt die Verwiesenheit des Menschen auf Sinn durch.

4.2.2 Der Mensch als sinnverwiesenes Wesen

Für den menschlichen Daseinsvollzug ist charakteristisch, daß das Ich nicht auf sich bezogen bleibt, sondern auch auf anderes aus ist, über sich hinaus will, ein erfülltes Sein anstrebt. Immer und überall zeigen die Menschen die Tendenz, sinnvoll zu existieren. Wir sagen daher: der Mensch ist auf Sinn verwiesen[323].
Mit dieser These ist nicht die Sinnfrage (d. h. die Frage nach dem Sinn des Lebens und des Ganzen) aufgeworfen; es wird lediglich auf den anthropologisch relevanten Sachverhalt verwiesen, es gehöre zum Wesen des Menschen, auf Sinn verwiesen zu sein. Der Ausdruck Sinnverwiesenheit besagt: der einzelne will, sein Leben soll sich lohnen; es soll wert sein, gelebt zu werden; es soll Erfüllung gewähren bzw. glücklich verlaufen.
Damit ist ein Maßstab angesprochen, an dem menschliches Leben und Treiben gemessen wird, ein Anspruch auch, unter dem wir stehen, und ein Moment des Befriedigtseins. Der "Sinn" ist, so gesehen, etwas unser Dasein Fundierendes. In ihm kommt das zur Gegebenheit, was uns als etwas

---

[321] Zu Funktion und Problem der Sprache vgl. man u.a.: K. Bühler, 1965; G. Frey, 1965; E. Heintel, 1991; L. Hjelmslev, 1968; H. Hörmann, 1979; J. Lyons, 1987; C.W. Morris, 1973; J. Nosbüsch, 1972; A. Reble, 1953/54, S. 49 ff., 164 ff.; I. Werlen, 1989.

[322] Näheres dazu: F. Kainz, 1961; G. Tembrock, 1982. Zum Vergleich "Sprache" bei Mensch und Tier: H. Roth, 1976, Bd. 1, S. 120 ff.; O. Koehler, 1969; S. 119 ff.; K.R. Scherer & H.G. Wallbott, 1984.

[323] G. Scherer setzt sich mit diesen und anderen Strukturmerkmalen des Menschen eingehender auseinander. Vgl. dazu: G. Scherer, 1976, S. 55 ff.

Gehaltvolles einleuchtet, etwas, das wir anerkennen, das wir verstehen und dem wir uneingeschränkt zustimmen.
Die Frage, welchen Stellenwert die Verwiesenheit auf Sinn im menschlichen Lebensvollzug insgesamt einnimmt, kann so beantwortet werden: die Ausrichtung auf Sinn taucht nicht nur punktuell auf, tritt nicht nur in bestimmten Bereichen der Existenzverwirklichung auf, sondern ist immer und überall gegenwärtig. Jene Erfüllung, jenen unser Dasein rechtfertigenden Gehalt, jene Erwartung, welche wir gegenüber unserem eigenen Sein hegen, ist stets in uns anwesend. Darin liegt die ursprüngliche "Kraft, aus der das Dasein sich bewegt ..."[324]. In ihr (in der Erwartung an unser eigenes Sein - im Sinn also) gründet die gemeinsame Wurzel menschlichen Denkens und Handelns. Ihrer Allgegenwart kann sich nichts entziehen, wie z. B. im Bereich der Sprache, am Verhalten des Menschen in Situationen sowie in dessen Verhältnis zu Zeit und Ewigkeit nachgewiesen werden kann. Ohne die prinzipielle Annahme, Sprechen (samt seinen Funktionen) lohne sich bzw. sei sinnvoll, käme es gar nicht zu einem (bedeutungsgeladenen) Sprachzusammenhang.
Auch das situative Verhalten des Menschen, d. h. sein Handeln in den verschiedensten Situationen, fordert stets Werten und Wählen. Dieses zu wollen und jenes nicht, bleibt immer an bestimmte Entwürfe von Sinn gebunden. Verwiesenheit auf Sinn, die Weise, wie ich zu meiner Existenz stehe, fundiert meine konkreten Entscheidungen (geht solchen also voraus). Letztere können nicht aus dem empirischen Stoff unseres Daseins abgeleitet werden, sie sind auch kein Produkt von Geschichte und Umwelt, sondern wurzeln in jenem Horizont, unter den der auf Erfüllung seines Daseins hoffende Mensch alles rückt[325].
Die Tatsache, daß die Verwiesenheit auf Sinn den Menschen mit Notwendigkeit bestimmt, zeigt sich besonders eindrucksvoll dort, wo jemand versucht, diese (bzw. deren Bedeutsamkeit) zu leugnen. Eine solche Leugnung könnte nämlich nur betrieben werden unter der Voraussetzung, daß sie selbst als sinnvoll angesehen wird. Kurzum: man würde hier also genau das in Anspruch nehmen, was bestritten werden soll (= die Hinordnung auf Sinn).
Halten wir fest: Im Menschen gibt es ein ursprüngliches Wissen um Sinn: jeder ist auf Sinn aus; niemand kann existieren, ohne irgendetwas für sinnvoll zu halten. Die Sinnverwiesenheit ist die Kraft, aus der heraus der Mensch sich in der Welt bewegt.

---

324 B. Welte, 1967, S. 32.
325 Vgl. G. Scherer, 1976, S. 60 f.

Die hier vertretene These von der Sinnverwiesenheit des Menschen sagt nichts darüber aus, ob es Sinn als etwas Objektives und Wahres gibt, das der Sinnverwirklichungstendenz des Menschen entspräche; sie macht auch keine Aussage zur thematisch gestellten Sinnfrage (zur Frage nach dem Wozu, Woher, Wohin des Ganzen und des menschlichen Lebens). Die Verwiesenheit auf Sinn als anthropologische Grundgegebenheit geht der Sinnfrage voraus. Ihre Faktizität ist von der Sinnsuche unabhängig. Auch dort, wo Sinnsuche verdrängt wird oder ganz unter bleibt, ist die Verwiesenheit auf Sinn anwesend.

Ähnliches gilt vom sog. Sinnpostulat[326]. Auch dieses ist durch die Sinnverwiesenheit bedingt. Diese Verwiesenheit wird im Postulat zur bewußten Forderung erhoben. Wer das tut, sagt: "Mein Leben und was ich tue, soll sinnvoll sein, Sinnloses soll nicht sein." Besonders aufgrund der Reflexion auf letzte Antriebsmotive oder angesichts von Ungereimtheiten im Dasein erhebt der Mensch dieses Sinnpostulat.

Die Verwiesenheit auf Sinn läßt sich ferner in der Zeitgebundenheit bzw. Zeitlichkeit des Menschen nachweisen. Die hinter sich gebrachte Vergangenheit sowie die gerade durchlebte Gegenwart beurteilt der Mensch am Maße des Sinnvollen und Sinnlosen. Und auch für später wird Sinnerfüllung intendiert, wodurch eine Offenheit für die Zukunft evident wird.

Neben dieser Offenheit für die Zukunft eignet dem Menschen auch noch die Offenheit für wahr und gut[327]. Offenheit für das Wahre meint hier, daß der Mensch sich in seinem Erkenntnisstreben grundsätzlich auf alles beziehen, daß alles einzelne in Natur und Geschichte zum Thema seines Denkens werden kann, daß - trotz der in mehrfacher Hinsicht vorhandenen Begrenzung des Wissens - die Palette der angehbaren Objekte unendlich breit ist. Prinzipiell kann der Mensch - anders als das an eine "eng möblierte Umwelt" gebundene Tier - zu allem Bezug haben.

Die Offenheit für das Gute, in der sich (wie angedeutet) die Verwiesenheit auf Sinn auch in spezifischer Weise kundgibt, meint ein Doppeltes: einmal ein Aufge schlossensein und Suchen nach dem, was um seines "inneren Gehaltes willen" wert ist, daß man es bejaht und sich dafür engagiert; zum anderen ist unter Offenheit für das Gute auch die Bereitschaft und der konkrete Einsatz zur Verwirklichung des als gut (seinsollend) Erkannten zu verstehen.

Dieser aufgezeigte Bezug des Menschen zum Guten ist (wie jener Bezug zum Wahren) nicht inhaltlicher, sondern formaler Art, d. h. es geht hier weder um ein Wissen noch Ergreifen des Guten an sich bzw. der inhaltli-

---

326 Näheres zum Sinnpostulat bei: B. Welte, 1975, S. 124 f.

327 Vgl. dazu G. Scherer, 1976, S. 69 ff.

chen Fülle des Guten. (Was das Gute ist, muß in der Auseinandersetzung mit den uns begegnenden Weltgehalten erst erschlossen werden). Es geht hier lediglich darum, nachzuweisen, daß es wesenhaft zum Menschsein gehört, ein ungegenständliches und unser ganzes Leben umgreifendes Vorwissen um das Gute zu haben, daß der Mensch zutiefst davon überzeugt ist, in seinem Dasein und Handeln gehe es um etwas Bedeutsames, daß er unter dem Anspruch von Werthaftem steht (und folglich Verantwortung hat).In der gekennzeichneten Offenheit für das Wahre und das Gute zeigt sich die Erschlossenheit des Menschen für die Vielfalt innerweltlicher Gegenstände. Diesen Tatbestand kann man mit der Formel "Offenheit für das Seiende" benennen. Und wenn man unterstellt, in der Fülle bzw. Vielfalt der Dinge müsse notwendig eine Einheit walten: eine Einheit, welche gestiftet wird durch einen Grundzug bzw. ein Prinzip, welches alles einzelne Gegebene bestimmt, dann kann man auch von der Offenheit für das Sein sprechen[328].

Das Sein (als Urgrund und Wertgrund der vielen Dinge, Gegebenheiten, Vorgänge usw.) ist der alles umgreifende Horizont, unter dem sich der Mensch alles ihm Begegnende (also die Welt) und auch sich selbst zu verstehen und zu bejahen sucht. Nur im Hinblick auf ein Fundamentum, dem alles zugeordnet werden kann, nur im Hinblick auf ein größeres Ganzes sucht der Mensch die Welt auszulegen, d. h. zu begreifen, was es mit den Dingen und sich selbst auf sich hat, was das, was einem widerfährt, für den Lebensvollzug bedeuten kann. Der Mensch sieht sich - um von der Gewalt der Dinge nicht erdrückt zu werden - genötigt, sich einen Welthorizont zu begründen, in welchem alles, was erscheint, eingeordnet werden kann und, sozusagen aus einer Ganzheit heraus, verstehbar und (be)wertbar wird. Eben daher leistet der Mensch den Überstieg vom Seienden zum Sein, um - wie gesagt - sich seine Welt als Verstehenshorizont zu etablieren und Orientierungsdaten für ein als erfüllt erfahrenes (bzw. glückliches) Leben zu haben[329]. Offenheit für den Sinn von Sein, Weltoffenheit und erfülltes Leben stehen somit in einem Begründungszusammenhang.

---

[328] Ebd., S. 76 f.

[329] Das Verlangen, zum Verständnis der Welt und seiner selbst vorzustoßen bzw. zu kommen sowie die Tendenz, das einzelne aus dem Ganzen zu begreifen, findet in der Literatur immer wieder Erörterung. Speziell dort, wo von Welt- und Seinsoffenheit, von Welt- und Seinsverständnis gesprochen und dem Ganzheitsgedanken Raum gegeben wird. Vgl. z. B. E. Coreth, 1969; M. Müller, 1974; K. Rahner, 1971.

4.2.3 Der Mensch als Wesen der Freiheit

Die Freiheit als ein weiteres hervorstechendes Wesensmerkmal des Menschen tritt in verschiedenen Akten und Verhaltensweisen hervor: so in der Selbstbestimmung und Selbstgestaltung, in der Selbstbejahung, in verantwortlichen Akten, in der Distanzierung von oder Zuwendung zu anderem, in der Welt- und Seinsoffenheit, in der Bejahung von Sinn[330].
Hinsichtlich der wesentlichen Bestimmungsmerkmale im menschlichen Daseinsvollzug und Verhalten gibt es heute widersprüchliche Vorstellungen. Die einen sprechen dem Menschen Freiheit zu (i.S. von Unabhängigkeit) und wollen sie ihm (durch Emanzipation) verschaffen. Andere negieren die Freiheit: so, wenn sie die Determination durch die Natur oder die Determination durch die Gesellschaft lehren.
Die Theorie von der naturgesetzlichen Bestimmtheit tritt in unterschiedlichen Formen auf: einerseits im Gewande des mechanischen Materialismus (Mensch als Geflecht berechenbarer Naturkausalitäten), andererseits in der Lehre von der genetischen Vorprogrammierung (Steuerung des Verhaltens durch "Informationen" der Erbanlagen)[331].
Die Kernthese von der gesellschaftlichen Determination besagt, der Mensch werde von den gesellschaftlichen Verhältnissen, von der sozialen Umwelt her bestimmt (durch ökonomische, ökologische, kulturelle, geschichtliche, politische Gegebenheiten, durch Moralvorstellungen, Konflikte usw.).
Gegenüber den gekennzeichneten Theorien[332] und den ihnen inhärenten Einstellungen zum Freiheitsphänomen muß folgendes betont werden: Dort, wo Freiheit zwar anerkannt, aber lediglich als ein Freisein-Sollen von jeglicher Form von Zwang und Abhängigkeit seitens der Natur und Gesellschaft verstanden wird (wie bei den Emanzipationstheoretikern und -propagandisten), wird sie nicht als der menschlichen Seinsart zugehörig (also nicht als anthropologische Kategorie) begriffen. Emanzipatorischem Verständnis entsprechend ist Freiheit keineswegs ein Strukturmerkmal des Menschen, sondern eine normative Setzung. Emanzipatoriker sind davon überzeugt, der Mensch sei im Grunde (d. h. von seiner Seinsart her) nicht frei, "von sich aus" nicht zu Selbstbestimmung und Selbstgestaltung fähig; man müsse ihm erst jenes Bewußtsein beibringen, aus dem heraus er wis-

330 Zur Gesamtthematik: B. Welte, 1969; M. Müller, 1971; H. Rombach, 1971; Ders., 1977, S. 321 ff.; F.W.J. Schelling, 1834; H. Zdarzil, 1978, S. 51 ff.

331 Hierbei stützt man sich auf Ergebnisse der Verhaltensforschung, gewonnen in Tierversuchen, und erklärt menschliches Verhalten auf der Grundlage des Reiz-Reaktions-Schemas.

332 Zur Auseinandersetzung mit den Theorien der naturgesetzlichen und der gesellschaftlichen Bestimmtheit des Menschen und seines Verhaltens vgl. man: H. Staudinger & J. Schlüter, 1981.

sen könne, was das rechte (legitimierbare) Verhalten sei. Solche Sichtweise aber beruht - das muß ihr gegenüber kritisch vermerkt werden - eigentlich auf deterministischem Denken: der Mensch soll erst befreit werden, weil er in seiner Grundsituation als Unfreier gedacht wird.
Angesichts jener die Freiheit rundweg leugnenden Theorien wäre zu sagen: Daß naturhaft gegebene und soziokulturelle Determinanten menschliches Verhalten bis zu einem gewissen Grade "mit"-bestimmen, soll und kann keineswegs bestritten werden. Es muß jedoch in Abrede gestellt werden, Daseinsvollzug und Verhalten seien von dorther gänzlich festgelegt. Naturhafte und geschichtlich-gesellschaftliche Komponenten bestimmen unsere Existenzweise nicht allein. Es ist und bleibt ein unleugbares Faktum, daß der Mensch sein Verhalten zu sich und zu anderem in entscheidendem Maße durch eigene, reflektierte, der Vernunft unterstellte und in eigene Verantwortung genommene Akte und Vollzüge - also "frei" handelnd gestaltet[333].
Freiheit in dem von uns gemeinten Sinne ist freilich - wie im Kontext unserer Aussagen bereits angedeutet - keine absolute; infolge mehrfacher Abhängigkeiten (biologische, psycho-physische, materielle, situative Gegebenheiten resp. Bedingtheiten) erscheint sie vielmehr als endlich[334].
Diese Endlichkeit hebt sie jedoch keineswegs auf. Ganz im Gegenteil: jene naturhaften und geschichtlich-gesellschaftlichen Bedingungen und Vorgegebenheiten sind sozusagen die unabdingbare Voraussetzung dafür, daß der Mensch sich überhaupt frei verhalten kann. Aufgrund solcher Vorgaben, denen gegenüber er sich verhalten muß, Stellung beziehen, Entscheidungen fällen, kreativ werden muß, ist er erst imstande, das aus sich zu machen, was er wirklich ist. Menschliche Freiheit besteht geradezu darin, "daß der Mensch sich zu allem Vorgegebenen verhalten kann und muß, sich darin zu sich selbst verhält und so seine Selbstbestimmung vollzieht"[335].
Solche Vorgaben als notwendige Bedingung menschlichen Freiheitsvollzugs eröffnen die besondere Weise des In-der-Welt-Seins des Menschen; sie gewähren Spielräume und ziehen gewisse Grenzen des Handelns. In

---

333 Zu dem in diesem Zusammenhang vielfach erörterten Themenkomplex "Willenshandlung" (einschließlich "Willensfreiheit") sei hier beispielsweise verwiesen auf: W. Arnold, 1962, S. 254 ff., 282; A. Brunner, 1961, S. 103 ff.; O.H. Pesch u.a., 1972, S. 1065 ff.; H. Roth, 1976, Bd. 1, S. 372 ff. - Vgl. auch: M. Danner, 1968.

334 Zur Frage, ob es auch ein Moment der Unbedingtheit an menschlicher Freiheit gebe, vgl. man: G. Scherer, 1976, S. 102.

335 Ebd., S. 99. Vollzug von Freiheit und Selbstbestimmung wird auch bei Zdarzil zusammengehörig gesehen. Siehe: H. Zdarzil, 1978, S. 51 ff. Ferner macht Zdarzil darauf aufmerksam, daß Selbstbestimmung die "Bedingung der Möglichkeit der Selbstgestaltung" sei. Ebd., S. 55.

ihnen vermag der Mensch Möglichkeiten und Chancen sinnerfüllter Existenz zu nutzen - oder auch nicht.
Der Tatbestand, daß es günstige und weniger günstige Bedingungen für den Vollzug menschlicher Freiheit i.S. von Selbstbestimmung und Selbstgestaltung gibt (wie sie etwa in bestimmten "Begrenzungen" vorliegen: Erbkonstitution, organische Mängel, krankhafte Störungen des Trieblebens - Milieuschädigungen, bedrückende gesellschaftliche Verhältnisse, kulturelle Einengung, Bildungsarmut), verweist auf die dringliche Aufgabe, solche möglichst günstig zu gestalten.
Unsere bisherigen Ausführungen haben noch nicht alle charakteristischen Merkmale des Freiheitsvollzugs sichtbar werden lassen. Das aufgezeigte Moment der Selbstbestimmung bedarf der Ergänzung. Freiheit ist immer zugleich auch Zuwendung und Entscheidung[336].
Freiheit als Selbstbestimmung bedarf - um das Moment der Zuwendung näher zu kennzeichnen - notwendigerweise etwas, worauf sie gerichtet ist: ein Thema, einen Gehalt oder einen Gegenstand. Im Freiheitsvollzug ist der Mensch stets auf ein anderes (außer ihm Seiendes) bezogen. Diesem wendet er sich zu, für dieses setzt er sich ein und zwar um dieses anderen selbst willen. Indem er dieses andere solchermaßen in seinem eigenen Seinsbestand beläßt, dessen Sein, dessen Freiheit, dessen Sinn will und dafür eintritt, paßt er sich in gewissem Sinne jenem an, d. h. er sucht dem von dorther ergehenden Anruf, dem Anruf eines Wert- und Gehaltvollen (Seinsollenden) zu entsprechen. In solcher Zuwendung und Antwort, die den Menschen in gemeinsamer Ausrichtung mit jenem auf Sinnvolles sozusagen kreativ werden läßt, ergreift der Mensch eine Möglichkeit eigener Selbstverwirklichung.
Diese Struktur von Freiheit - in der Selbstbestimmung und Zuwendung zusammengehören - bezieht sich nicht ausschließlich auf mitmenschliche Beziehungen. Etwas Analoges findet sich auch im Verhältnis des Menschen zu Natur und Sachen. Auch diese ermöglichen, indem der Mensch bei ihnen ist, ihren Seinsbestand, ihre Strukturen, ihren "Anruf" beachtet, existenzverwirklichendes Engagement bzw. Chancen sinnerfüllter Existenz.
Neben der genannten Zuwendung resp. der Umgreifung von anderem geschieht Selbstbestimmung auch durch Entscheidung. Sich für eine andere Person, für eine Sache, für eine bestimmte Welt zu entscheiden, meint hier: sich so radikal auf dieses andere einzulassen, es so fest zu ergreifen, daß man sich mit ihm identifizieren kann, ja, daß man so mit dessen Singehal-

---

336 Zum Folgenden vgl. man G. Scherer, 1976, S. 102 ff.

ten zusammenwächst, daß einem das Einstehen dafür geradezu zur Notwendigkeit wird. Solches hat statt, wenn wir mit unserer ganzen Existenz zu jemand "ja" sagen: in der Liebe; oder wenn wir ethische Ansprüche als für uns gültig anerkennen; wenn wir aufgrund ästhetischer Urteile diesem vor jenem den Vorzug geben. Es gilt auch für jede andere Art von Engagement, in welchem wir uns für eine Person (Unterdrückte, Leidende ...) für eine Sache oder einen bedeutenden Gegenstand (Recht, Friede, Gerechtigkeit, Humanität ...) einsetzen. Immer wenn der Mensch solchermaßen bei der Sache ist, dann geschieht Selbstverwirklichung in Freiheit.

Die sich hier stellende Frage, welche Handlungsantriebe bzw. motivierende Kraft hinter solchen Entscheidungen bzw. Willensakten stehen, die einen Sinngehalt zum Identifikationsobjekt werden lassen, kann so beantwortet werden: Der Mensch ist auf der Suche nach Möglichkeiten, so in einer geordneten Welt leben zu können, daß er seine Bedürfnisse befriedigt bekommt und sich selbst erhalten kann. Jene Akte fungieren dabei sozusagen als Vorentscheidungen, die alle anderen Entscheidungen im Alltagsleben bedingen. Diese Vorentscheidungen setzen dem Menschen gewissermaßen Möglichkeiten des In-der-Welt-Seins frei. In ihnen leuchtet auf, was wert und würdig ist, verwirklicht zu werden. Sie lassen erkennen, wodurch sich der Mensch durch sich selbst im Dasein halten kann. Hinter jenen Entscheidungen oder Willensakten steht also das mit dem Menschsein gegebene Streben, sich selbst zu erhalten. Allerdings ist dieses Selbsterhaltungsstreben nicht das letzte Motiv des Wollens und Handelns. Selbsterhaltung, die stets mit eigener Seinsbejahung einhergeht, bleibt ihrerseits immer auf einen möglichen oder schon verwirklichten Sinn orientiert. Daher sind die genannten Vorentscheidungen bzw. die Selbstmotivation des Menschen selbst vom Sinn her motiviert, d. h. sie basieren letztlich in der Tendenz, einem (die Totalität der Wirklichkeit durchwaltenden) Sinn zu entsprechen[337].

Wenn aus biologistischer Sicht die menschlichen Verhaltensantriebe als naturhafte Vorgänge erklärt und wenn soziologistischen Theorien zufolge gesellschaftliche Mächte als hauptsächlich motivierende Kraft gedeutet werden, so wird dabei Wesentliches übersehen. Wir meinen, die These, der Mensch sei zur Selbstmotivation befähigt, d. h. er könne in selbsteigenem Suchen den Sinn seiner Existenz finden, kann nicht widerlegt werden. Naturhafte und soziokulturelle Bedingungen menschlichen Handelns werden damit keineswegs geleugnet; bestritten wird nur, daß solche zur Erklärung menschlichen Handelns genügen.

---

337 Mit dem Problem der Vorentscheidung hat sich besonders intensiv H.-E. Hengstenberg auseinandergesetzt. Vgl. Ders., 1966, S. 45 ff., Ders., 1961, S. 273 ff., Ders., 1969, S. 60 ff.

Obige Aussagen zusammenfassend, kann man festhalten: In der Zuwendung zu Menschen und Sachen, im Engagement für sie um ihres Wertes willen, im Verlangen nach Identifikation mit Gütern von hohem Rang sieht der Mensch Chancen sinnerfüllter Existenz und sucht (darin) die Möglichkeit der Selbstverwirklichung zu ergreifen. Solche Selbstverwirklichung erscheint für einen erfüllten Daseinsvollzug unabdingbar. Ein wesentliches Moment dieser Selbstverwirklichung ist die Selbstgestaltung[338].

4.2.4 Der Mensch als ein Wesen des Mitseins (Interpersonalität)

Der zuvor aufgezeigte Vollzug von Freiheit bedingt, daß der Mensch immer auf anderes bezogen ist. In besonderer Weise zeigt sich das in der Selbstmotivation, also in der selbsteigenen Suche nach sinnhaften Möglichkeiten der Existenz. Der Beziehung zum Mitmenschen kommt dabei eine besonders hohe Bedeutung zu. Selbstsein kann nur im Mitsein realisiert werden; der Mensch steht eh und je im Horizont der Interpersonalität[339].

Interpersonalität meint das Aufeinander-bezogen-sein von Personen, wobei für diesen Bezug entscheidend ist, daß Menschen mit je eigener Individualität (einmalige, unverwechselbare Iche) einander gegenüberstehen. Das Bezugsverhältnis ist solcher Art, daß diese Iche aufeinander verwiesen sind, sich gegenseitig zur Selbstverwirklichung bedürfen[340]. Diese Notwendigkeit gegenseitigen Aufeinander-angewiesen-seins ergibt sich aus zwei Tatbeständen. Erstens: der einzelne erfährt sich als ein bestimmtes Individuum mit dem innewohnenden Verlangen selbsteigener Seins- und Sinnverwirklichung. Zweitens: daß er sich überhaupt so begreifen kann und einen Spielraum zur Selbstverwirklichung erhält, setzt voraus, daß andere Intelligenzen außer ihm da sind. Dadurch hat er nämlich erst die Chance, sich als ein eigenes - von anderen abgehobenes - Seiendes zu erkennen und als solches anerkannt zu sein; im Vorhandensein anderer Intelligenzen, die ihm fordernd und antwortend gegenübertreten ist eine wesentliche Voraussetzung gegeben, "aus sich herauskommend" sich ver-

---

338 Dazu: H. Zdarzil, 1978, S. 55 f.

339 Auf das Moment des Mitseins bzw. der Interpersonalität wird immer wieder verwiesen: Inder Ich-Du-Philosophie und Begegnungsphilosophie, der Soziologischen Anthropologie, der Sozialpsychologie. Auch besondere Theorien wie Interaktions-, Kommunikations-, Sozialisationstheorie, Theorie des pädagogischen Verhältnisses etc. beziehen sich - wenigstens in Teilaspekten - auf das Mitsein als ein das Menschsein mit-konstituierendes Moment.

340 Mit besonderer Akzentuierung hat u.a. Martin Buber diesen Sachverhalt herausgestellt. Auf ihn beruft sich eine ganze Reihe von Autoren. Siehe besonders: M. Buber, 1954.

wirklichen zu können[341]. Die Notwendigkeit und die Möglichkeit von Kommunikation mit anderen gründet also darin, daß das Ich erst dann zu sich selbst kommen bzw. um sich wissen kann, wenn es sich im Mitsein mit anderen als anders erfahren und zum Handeln herausgefordert erleben kann[342].

Der Vollzug von Interpersonalität erfolgt in verschiedenen Formen. Eine davon ist die "Kooperation". Da der Mensch im Gegensatz zum Tier in seinem Verhalten und Handeln nicht festgelegt (nicht instinktgesteuert) und eben daher laut A. Gehlen zur geschichtlich-kulturellen Daseinsweise bestimmt ist, und weil er als "physiologische Frühgeburt" (A. Portmann) auf sich allein gestellt seine "Hilflosigkeit" nicht bemeistern könnte, ist er generell bei seiner Existenzverwirklichung auf die Hilfe anderer angewiesen.

Zu solcher Kooperation ist der Mensch jedoch nicht nur zur Erlangung resp. Verwirklichung eigener Selbstbestimmung verwiesen, sondern es gehört geradezu zur Erfüllung seines Menschseins, daß er durch seine Werke und Handlungen auch zum Seinkönnen (und damit zur Selbstverwirklichung) anderer beiträgt. Zwischenmenschliches Dasein ereignet sich in diesem Sinne so, daß der eine vom andern empfängt und daher auch geben muß und geben will[343].

In solchem Füreinander-dasein-Wollen und gegenseitigem Hilfeleisten erschöpft sich Interpersonalität jedoch noch nicht. Für deren Vollzug sind darüber hinaus die ihr zugehörenden Momente der gegenseitigen Akzeptation und die Verbundenheit der Dialog-Partner im Sinnhorizont wesentlich[344].

Die hier angesprochene Akzeptation meint folgendes: Das Individuum erfährt in ihr, daß es um seiner selbst willen bejaht wird. Die Zuwendung seitens eines anderen bekräftigt ihm seine Selbstbejahung und läßt ihn fühlen: ich bin für dich da, bei mir kannst du dich geborgen fühlen. In der Mutter-Kind-Beziehung (aber nicht nur hier) läßt sich solche Erfahrung gut nachweisen[345]. Das Kind fühlt sich in solcher Zuwendung einerseits

---

341 Das betont auch Friedrich Wilhelm Schelling, wenn er schreibt: "Die Tätigkeit anderer Intelligenzen außer mir, meine menschliche Mitwelt ist auf diese Weise Voraussetzung meines Selbstwerdens." (Zit. nach H. Zeltner, 1954, S. 88).

342 Zu dem hier angesprochenen Fragekomplex vgl. man auch: B. Gerner, 1969.

343 Zu solcher Kooperation gehört auch, daß die miteinander Kooperierenden sich gegenseitig zu verantworten haben, daß sie ihre Aufgaben auch von der Gegenseite her "ermessen". Solches gehört laut Theodor Ballauff unabdingbar zur "Mitmenschlichkeit". Siehe: Th. Ballauff, 1962, S. 80, 170 f.

344 Zu den folgenden Ausführungen vgl. man: G. Scherer, 1976, S. 142 ff.

345 Wie wichtig die Erfahrung von Geborgenheit, die in der Zuwendung erfahren wird, gerade für das Kind, für die Entwicklung des Grundvertrauens, die "Zustimmung zur Welt" und zur Entwicklung sozialer Bindungsfähigkeit ist, haben u.a. Hospitalismus-Forschung und Untersuchungen über Kommunikationsstrukturen in der Familie gezeigt.

geliebt und bejaht, andererseits wird ihm sein Verstehenshorizont durch einen anderen aufgelichtet, und es wird ihm in und durch solche Zuwendung zu Bewußtsein gebracht, daß sein Dasein positiv eingeschätzt wird, ja daß Sein selbst gut ist.
Solche Grunderfahrungen in einem Menschen hervorzurufen - auch unter Erwachsenen geschieht dies -, indem man ihm zeigt, daß man für ihn da ist, bedeutet für den, der es tut, die Erfüllung einer Forderung. Er bereichert darin sich selbst (Moment des Daseinsvollzugs), und er gewährt jenem anderen, was dieser allein nicht erreichen kann, es aber dringend zur Lebensbewältigung bedarf.
Die in der genannten Zuwendung erfolgende Bejahung ist jedoch noch nicht die entscheidende Dimension der Akzeptation. Auch dort, wo dem Menschen Anerkennung zuteil wird, sofern ihm in der Gesellschaft eine soziale Rolle zugemessen wird, und auch dort, wo jemand aufgrund besonderer Leistung, Begabung oder lobenswerter Eigenschaften (Verhaltensweisen) anerkannt wird, fehlt noch ein wesentliches Moment. Auch auf diesen Ebenen wird nämlich noch nicht das Ganze des Personseins betroffen.
Akzeption gewinnt vielmehr erst dann ihre volle Dimension, wenn der Mensch nicht lediglich um positiver Qualitäten willen Zustimmung erfahren darf, sondern wenn er radikal und unbedingt angenommen wird. Solche "Annahme unterscheidet sich von bloßer Anerkennung dadurch, daß sie auch das Entfremdete, Schwache, Schuldhafte und Todverfallene des anderen Menschen auf sich nimmt[346].
Die Frage, was eine solche unbedingte Annahme eines anderen mit all seinen Schwächen und Mängeln rechtfertigt, was den radikalen Einsatz für ihn begründet, möchten wir so beantworten: Jene bedingungslose Akzeptation von jemandem, so wie er eben ist, jener radikale Einsatz für ihn ohne Wenn und Aber, ist sozusagen "die existenzielle Antwort darauf, daß der Mensch, dem sie gilt, als etwas Unbedingtes erfahren wird"[347]. Das Sein des andern, dem man da Werthaftigkeit zuspricht, den man so akzeptiert, daß man sich mit ihm identifiziert, wird als einer Dimension der Wirklichkeit zugehörig erkannt, an der man selbst teilhat. Diese Dimension der Wirklichkeit kann nur das Absolute, das Sein selbst sein. Über diese Dimension erfährt derjenige, der einen anderen annimmt, dessen Anruf. Er

346 G. Scherer, 1976, S. 146. Akzeptation in diesem Verständnis reicht auch tiefer als Akzeptation im Sinne eines Basismerkmals, welches das Verhalten des Therapeuten bei der Anwendung psychotherapeutischer Methoden mitbestimmt (z. B. in Rogers Gesprächstherapie).
347 Ebd.

kann ihn deshalb vernehmen, weil er - wie gesagt - selbst an dieser Dimension teilhat.
Wichtig erscheint nun für diesen Zusammenhang, daß diese Dimension, über welche der eine den Anruf des anderen vernimmt, eigentlich erst in und durch jenen andern, für den man sich einsetzt, vermittelt wird. Also: über ein Du, mit dem ich mich in der Teilnahme am absoluten Sein geeint weiß, leuchtet mir Seinsgemäßes und Werthaftes auf. Über das Du werde ich angerührt und auf Seinsollendes verwiesen.
Im interpersonalen Bezug geschieht - so gesehen - einerseits Identitätsfindung des Ich und Befriedigung des Bedürfnisses nach Bejahung und Angenommensein seitens der Mitmenschen[348]. Andererseits erfolgt Eröffnung des Sinns von Sein und somit auch Verwiesenheit auf Sinn. Im zwischenmenschlichen Bezug kann der einzelne Erfahrungen machen, die ihm in anderen Bezüglichkeiten so nicht zuwachsen. Aus seinem Denken, Reden, Hoffen, aus seinem Selbst- und Weltverständnis leuchtet uns so etwas wie absolute Bedeutsamkeit auf. In ihm, der in dem, was er ist und tut, über sich hinausweist, rühren wir an Absolutes; an ihm geht uns auch so etwas wie Ahnung von Herkunft und Ziel des Menschen auf, von dem also, was Menschsein bedeuten kann.
Bedingung für solche Erfahrungen im interpersonalen Bezug ist freilich, daß wir in der Begegnung mit dem andern diesen in seinem Sein belassen und nicht um unserer Zwecke willen über ihn verfügen wollen. Echte Begegnung zwischen Menschen geschieht laut M. Buber nur, sofern Ich und Du einander so umfassen, daß der eine die Situation des andern prinzipell mitberücksichtigt, folglich auch dessen Anderheit gelten läßt[349].
Gegenseitige Akzeptation im Sinne gegenseitiger Anerkennung und Offenheit für einander erzeugt eine tiefgreifende Verbundenheit und erschließt einen gemeinsamen Horizont des Verstehens. Nicht nur, daß Erfahrungsbasis und Verstehenshorizont dadurch weiter werden, ist hierbei von Belang, sondern auch die Tatsache, daß gemeinsamer Blick und gemeinsames Erschließen neue Inhalte entdecken, in anderes tiefer eindringen lassen. Ja, manches Wirkliche wird geradezu dadurch gezeugt, daß Ich und Du sich gemeinsam darum mühen.

[348] In den duhaften Beziehungen können sich auch Fehlhaltungen zeigen. Siehe dazu: W. Arnold, 1962, S. 181 ff.
[349] Vgl. M. Buber, 1954, S. 5 ff.; 255 ff.; Ders., 1962, Bd. 1, S. 77 ff., 267 ff.; Ders., 1978.

4.2.5 Der Mensch als Leib

In den bisher betrachteten Strukturmerkmalen enthüllt sich das geistige Sein des Menschen. Menschliches Sein ist jedoch nicht allein vom Geist her zu fassen. Der Mensch begegnet uns auch noch in einer anderen Seinsart: als Leiblichkeit[350].

Wollen wir Leiblichkeit näher kennzeichnen[351], so müssen wir auf Momente verweisen wie: organismische Gestalt, Wachstum, Fortpflanzung, Sensitivität (Ansprechbarkeit auf Reize), Vitalität (Lebens- bzw. Antriebskraft). Wir können leibliches Sein auch in wesentliche Elemente differenzieren, wenn wir es unter folgenden Begriffen fassen: Materialität, Materie (Stoff), Körper. Allerdings ist leibliches Sein dabei nicht als etwas bloß Materielles zu begreifen, denn Leibsein - bzw. Leiblichkeit - ist auch durch die Anwesenheit von Geist bestimmt. Im Leibsein sind zwei Komponenten enthalten: Geist und Materie. Und zwar stehen beide nicht einfach nebeneinander, sondern sind ineinander verschränkt. Materie meint hier die Materialität, welche uns in der Psychophysis des Menschen (= Gefüge von biochemischen Reaktionen, Zellen, Organen, Reizverarbeitung, sinnlicher Wahrnehmung, vitalen Antrieben, Instinktresten, Emotionen usw.) entgegentritt.

Diese Materialität der Psychophysis ist sozusagen der nichtgeistige Bestandteil leiblichen Seins. In ihr läßt sich unsere Existenz in Raum und Zeit erfüllen; in ihr sind wir dem Wachstumsprozeß vom Kindsein bis zum Lebensende unterworfen; in ihr gründet auch unsere jeweilige Verfaßtheit (mit Zuständen wie Stärke, Schwäche, Freude, Angst etc.); in ihr wird uns sinnliche Erfahrung zuteil; in ihr wirken wir in die Welt hinein. Diese Materialität der Psychophysis ist sozusagen die unbedingte Voraussetzung für die Wirksamkeit menschlichen Geistes. Dieser ist im Vollzug an jene gebunden. Durch seine Existenz in der Materialität ist der Geist in der Welt da: Andrerseits gewinnen der Körper bzw. jene Materialität ihre spezifische Valenz für die menschliche Daseinsweise dadurch, daß sie geistdurchwaltet sind. Menschliches Sein wird sozusagen begründet durch die Koexistenz, d. h. im Zusammensein und Zusammenwirken von Geist und Materialität der Psychophysis.

Geist und Materie sind somit die das Menschsein konstitutierenden Prinzipien. Sie sind die Bestimmungsgründe menschlichen Seins. Der Mensch

---

[350] Zum Verständnis dieser Grundgegebenheit menschlichen Seins vgl. man: H.-E. Hengstenberg, 1966, S. 233 ff.; J.B. Metz, 1963, S. 30 ff.; G. Scherer, 1967, S. 54 ff.; Ders., 1976, S. 157 ff.; A. Brunner, 1961, S. 92 ff., passim.

[351] In der folgenden Kennzeichnung wissen wir uns weitgehend mit derjenigen Scherers einig.

besitzt sein Sein nur, indem beide aneinander teilhabend in ihm verschränkt sind[352]. Diese Spannungseinheit selbst - das gegenseitige Sichumfangen (wodurch beide ihrer Eigenwirklichkeit nicht verlustig gehen) - nennen wir Leib.

Zur Begründung der These von der Einheit von Geist und Materialität im Leib des Menschen kann auf Phänomene verwiesen werden, an denen einerseits die Eigenwirklichkeit und andrerseits das Zusammenspiel beider Komponenten aufgedeckt werden kann: so am Phänomen der Sprache, am Kultur- und Kunstschaffen, an Wahrnehmung, Arbeit, Spiel usw. Das Sinnhafte, das über das von Sinnen Erfaßbare hinausreicht, also das Übersinnliche des Geistes, das in diesen Phänomenen wie in allen menschlichen Objektivationen zum Vorschein kommt, braucht etwas Gegenständliches (Materielles) in welchem es sich ausdrückt bzw. vergegenwärtigt. Und das Materielle bedarf, um in seine vollen Funktionen treten zu können, der Durchwaltung von Geist. Am Beispiel der Sprache verdeutlicht: Der Vollzug von Sprache braucht einerseits intakte Sprachwerkzeuge (Materielles); andrerseits sind Gedanken bzw. Bewußtseinsinhalte (Geistiges) erforderlich, die im Sprechen zum Ausdruck gebracht werden sollen.

Das Verhältnis von Geist und Materie wird - wie die Geschichte der abendländischen Weltanschauung zeigt - nicht überall als gegenseitiges Sichumfangen im Leib gesehen[353]. Vier einseitige Sichtweisen treten im Laufe der Geschichte hervor[354].

1. Der Dualismus: hier werden Geist und Materie als sich gegenseitig ausschließende Prinzipien (Genesis, Manichäismus, Plato, Frühchristliche Anthropologie, M. Scheler) oder als nebeneinanderstehende, sich ergänzende Prinzipien (Descartes) gedacht.
2. Der Monismus des Deutschen Idealismus: hier wird die ganze Wirklichkeit auf nur ein einziges Prinzip zurückgeführt: J. G. Fichte (+ 1814) führt alles Materielle (bzw. das Nicht-Ich) auf das Ich zurück. G. W. F. Hegel (+ 1831) sieht alles Seiende einschließlich der materiellen Natur als ein Medium bzw. als eine besondere Erscheinungsform des sich-selbst-entäußernden Geistes.

---

352 Die Einheit von Geist und Materie wird neuerdings auch (wenn auch unter nicht deckungsgleicher Verwendung der Begriffe so doch dem gemeinten Sachverhalt nach) betont bei:H. Staudinger & J. Schlüter, 1981, S. 42 ff. Vgl. zu dem genannten Bezugsverhältnis auch: W. Arnold, 1962, S. 76 ff. H.-E. Hengstenberg, der sich eingehend mit dem Miteinander beider Prinzipien beschäftigt (er bezeichnet sie allerdings als "Leib und Geist"!), versteht ihren Bezug als Ausdrucksverhältnis: der Geist drückt sich im Leibe aus; er bedient sich des Leibes als seines Ausdrucksmediums. Vgl. Ders., 1966, S. 223 ff.

353 Im Rahmen eines Forschungsberichts gibt Josef Seifert eine umfassende kritische Darstellung der Hauptpositionen zum philosophischen Leib-Seele-Problem. Siehe: J. Seifert, 1979.

354 Vgl. G. Scherer, 1976, S. 168 f.

3. Der materialistische Monismus: hier ist das einzig anerkannte Prinzip, auf das alles zurückgeführt wird, die Materie. Manche Vertreter dieser Richtung sehen die Ausfaltung der Wirklichkeit unter dem Aspekt mechanischer Naturkausalität (mechanischer Materialismus), andere als dialektische Bewegung (dialektischer Materialismus); wieder andere lassen aus sinnlichen Bedürfnissen das eigentlich Wirkende (das Ich resp. geistige Leistungen) hervorgehen. L. Feuerbach (+ 1872) und ähnlich S. Freud (+ 1939).
4. Der Monismus des Innen- und Außenaspektes: diese Richtung mit mehreren Teiltheorien besagt, Geist und Materie seien nur Innen- und Außenaspekt, also nur verschiedene Seiten ein und desselben Seins (d. h. menschlichen Seins). (Vertreter: Teilhard de Chardin, manche psychosomatische Mediziner und Existenzphilosophen).

Zur Verwendung noch anderer Begriffe, wenn es um die von uns dargestellte Problematik geht, sei dieses angefügt: Der Begriff Körper ist nicht gleichbedeutend mit Leib. Leib ist - wie gezeigt - die Spannungseinheit von Psychophysis (bzw. Materie) und Geist. Dem Körper geht das Moment des Geistigen ab. Er kann daher mit der Psychophysis im Sinne einer Mannigfaltigkeit obengenannter Strukturen verglichen werden. Körper meint inhaltlich das gleiche wie Psychophysis.

Der Ausdruck Seele kennzeichnet jene selbst wirkende Kraft, welche das Geschehen bzw. die Akte des leiblichen Seins zu einem Ganzen zusammenfaßt (sonst zerfiele leibliches Sein in ein Nebeneinander von unter sich fremden Vorgängen). Sie ist der tragende und einheitstiftende Ursprung aller Akte, in denen das Ich sich zur Wirklichkeit verhält und in Erscheinung tritt[355]. Für Seele in diesem Verständnis wird in der Literatur auch der Begriff Geistseele oder geistige Seele verwendet[356].

4.2.6 Der Mensch als transzendierendes Wesen

Der Mensch erfährt sich und anderes Seiendes als abhängig, begrenzt, veränderlich: als bedingt. Er sucht daher nach dem Bedingenden. Und der Mensch ist offen für alles ihm in der Welt Begegnende. Aber er begnügt sich nicht damit, dieses nur in evidenten Eigenheiten und Bezüglichkeiten zu verstehen. Er greift über diese selbst hinaus auf das sie Begründende[357].

---

355 Vgl. M. Müller & A. Halder, 1973, S. 242; A. Brunner, 1961, S. 114 f., 119 f.

356 Siehe: A. Brunner, 1961, S. 120; H. Meyer, 1947, Bd. II, S. 68, 71 f.; Ders., 1948, Bd. III, S. 264. Zum Verhältnis Geist und Seele: Ders.; 1949, Bd. V, S. 495 ff.

357 Viktor E. Frankl u.a. sprechen diesbezüglich von Sinnsuche und Transzendieren.

Dieser Vorgriff, der es erlaubt, die Weltdinge zu unterscheiden, zu bewerten und aufeinander zu beziehen, hat ein noch tiefer liegendes Motiv: Dieser Vorgriff auf das Absolute zielt auf eine letzte Identität von Sein, Sinn und Geist. Diese wird erstrebt, weil der Mensch eben will, alle seine Erfahrungen und Handlungen sollen sinnvoll sein, und das Einzelne und Viele des ihn Umgebenden sollen sich zu einem sinnvollen Ganzen fügen lassen. Dabei ist wohl eine gewisse aus der Erfahrung so vieler Ungereimtheiten und Absurditäten des Lebens sich ergebende Angst mit im Spiele, alles könne in ein Nichts versinken, das Leben vielleicht leer, bedeutungslos, unerfüllt bleiben (also letztlich sinnlos sein)[358]. Daß viele Menschen in dieser Richtung geängstigt sind, zeigt sich da und dort in Schuldgefühlen, Depressionen, bestimmten Formen der Aggressivität, in Sehnsucht nach tieferer Selbsterfahrung in Encounter-Gruppen, in der Flucht in Süchte und anderem[359].

Die Frage nach dem schlechthin Gültigen im menschlichen Leben wird nicht immer mit vollem Bewußtsein gestellt, oft beschäftigt sie den Menschen nur unterschwellig. Angesichts aufrüttelnder Schicksalsschläge oder beim Gedanken an den Tod wird sie oft drängender[360].

In solchen Fragen sucht der Mensch nach dem, was in seinem Dasein sich durch sich selbst so rechtfertigt, daß es allen Widrigkeiten, Schicksalsschlägen und auch dem Tod standhalten kann. Daß er so fragt und dabei - was er tatsächlich tut - seine Erfahrungen nicht auf der Ebene bzw. in der Dimension des Relativen und Endlichen beläßt, sondern sie auf ein Absolutes hin bezieht und von dorther ihren Sinn und Wert bemißt, zeigt folgendes: Die für den Menschen so dringliche Frage nach dem schlechthin Gültigen im menschlichen Leben läßt sich nicht lediglich im Hinblick auf das Hier und Jetzt ermitteln. Was menschliches Dasein letztendlich trägt, ergibt sich im Hinblick auf absoluten Sinn (und Wert). Das ist ein solcher, der nicht nur einen einzelnen umgreift, sondern alle und alles.

In der eben gekennzeichneten Tatsache, daß beim Menschen überhaupt das Motiv des Letztgültigen auftaucht - d. h. daß er nach einem letzten, unumstößlichen Sinn seines Daseins fragt, daß er sich in seinem Dasein von Unabdingbarem oder Letztgültigem angerufen erfährt -, kann man laut G. Scherer einen (ersten) Hinweis darauf sehen, daß die Verwiesenheit des Menschen auf Sinn auf absoluten Sinn zielt.

---

358 Vgl. G. Scherer, 1976, S. 174; B. Schleißheimer, 1979, S. 168.

359 Man spricht angesichts solcher Erscheinungen von einem starken "Verlangen nach Sinnorientierung", von "Sinnkrisen", "Sinnvakuum" und dergleichen.

360 Hierzu und zum Folgenden vgl. man G. Scherer, 1976, S. 174 ff. Ferner beachte man zu der hier anstehenden Gesamtthematik zur "Frage nach dem Sinn des Lebens" etwa: P.H.A. Neumann, 1974; H. Döring, o.J.; E.J.M. Krocker & B. Dechamps, 1990; H. Krömler, 1976; G. Hahn, 1979.

Ein weiterer (zweiter) Hinweis ebendarauf ergibt sich aus dem Bezug des Menschen zur Totalität, d. h. zu allem faktisch Wirklichen: zu Natur, Geschichte, Mitmensch, zu denen allen ja jeder ein bestimmtes Verhältnis unterhält.

Wenn es einen Sinn gibt, der in diesen verwirklicht ist, einen Sinn, auf den wir uns verwiesen sehen und nach dem wir diese beurteilen (oder verurteilen), dann kann dieses Sinnstiftende kein einzelnes Seiendes als partikuläres Vorkommnis in Raum und Zeit sein, sondern es muß in allem gegenwärtig sein, mit dem wir existentiell verbunden sind. Also: dieser Sinn muß ein absoluter sein.

Mit dieser Notwendigkeit, daß ein Sinn, der verschiedene Soseiende zu einem sinnvollen Ganzen verbindet, diese einzelnen Seienden alle einbegreifen und sie alle übersteigen muß, ist eine andere Konsequenz verbunden (nämlich die): was alle Seienden umgreifen und bestimmen kann, kann nur "eines" sein. D. h. es gibt nur einen Sinn. Freilich: dieser läßt viele Sinnperspektiven zu. Absoluter Sinn erweist seine Absolutheit und Unendlichkeit in gewissem Sinne gerade darin, daß er unerschöpflich ist, unendlich viele Perspektiven eröffnet, Licht in viele Richtungen auswirft, sich in viele Nuancierungen vergegenwärtigt und doch der eine Sinn bleibt.

Die Verwiesenheit des Menschen zielt also - das läßt sich als Ergebnis unserer Erörterungen schlußfolgern - auf absoluten Sinn. Und dieser wiederum ist, wie nachgewiesen werden kann, mit dem absoluten Sein identisch. Daß die Identität eine notwendige ist, ergibt sich aus Folgendem: Der Mensch erstrebt für sich und andere Sinnerfüllung und Sinnverwirklichung. Die in der Welt vorfindbaren Dinge und Begebenheiten vermögen jenes Verlangen aus sich nicht zu erfüllen; denn hier herrscht Widerstreit von Sinn und Absurdität. Erst dann, wenn durch diese in der Welt vorfindbaren Realitäten hindurch sich der Sinn gewährt, d. h. der volle Gehalt und Ursprung alles Seienden so in uns hineinleuchtet, daß wir das In-sich-Berechtigte und Nicht-Berechtigte als solches erkennen, läuft jene Hoffnung nicht ins Leere. Das Sinnhafte erweist sich nur dann als tragfähiger und wirkkräftiger für das menschliche Leben, wenn ihm gegenüber dem Wider-sinnigen, dem Un-sinnigen, Nicht-sinnigen höhere Seinsmacht eignet. Die Voraussetzung dafür aber ist, daß Sein und Sinn in ursprünglicher Einheit zusammengehören. Dieses Sein, das den Seienden gegenüber sich als mächtig erweist, deren Sinn begründet, muß als das höchste Sein (das "urseiende") auch selbst ganz und gar vom Sinn bestimmt sein. Solches

Sein ist absolutes Sein. Sinn wie Sein gründen also im Absoluten; im Absoluten fallen Sein und Sinn zusammen[361].
Die hier auftauchende Frage, ob die im Absoluten gründende Einheit von Sein und Sinn etwas mit Geist zu tun habe, können wir - mit Georg Scherer[362] - so beantworten: Geht man von der Tatsache aus, daß wir das Absolute, das uns nur durch Sinnfälliges der Welt faßbar wird, unserem je eigenen Verstehenshorizont gemäß interpretieren, dann ergibt sich folgender Sachverhalt: das uns Entgegenkommende wird dadurch erst sinnvoll, daß wir es als sinnvoll verstehen und anerkennen. Und das eben ist ein geistiger Akt. Sinn erscheint nicht unabhängig von unserem Verstehen und Anerkennen; er ist relational zu Geist, steht also immer in engem Bezug zu Geist, kann ohne Geist nicht gedacht werden.
Wenn nun dieser enge Bezug von Sinn auf Geist besteht, wenn Sinn nur dadurch Sinn wird, daß Seinshaftes (Absolutes) über sinnenhaft Erfahrbares so in uns hineinleuchtet, daß wir verstehen, was es meint, und es eben daher bejahen - wenn also Sinn (generell) nur für Geist Sinn hat - dann folgt: jene Einheit von Sein und Sinn muß mit Geist identisch sein. Mit anderen Worten: Sinn ist an Sein gebunden. Er kommt aber erst zum Vorschein, wenn in ihm Seinshaftes transparent und bejaht wird. Seinshaftes durch Wirkliches erfahrbar zu machen (einerseits) und es im Wirklichen zu "verstehen" bzw. es "lieben zu lernen" (andrerseits), sind nur dem Geist zukommende Potenzen. Geist stiftet demnach die Einheit von Sein und Sinn.
Im Hinblick auf den Ursinn - auf den hin der Mensch in seinen Sinnverwirklichungstendenzen orientiert ist - läßt sich aufgrund der gewonnenen Einsicht folgendes sagen: Der Ursinn ist im absoluten Sein verwirklicht. Er muß sich selbst verstehen und bejahen (sonst gäbe es ihn ja gar nicht). "Daher kann er als das absolute Einverständnis bezeichnet werden. In ihm umgreifen sich Sein, Sinn und Geist in absoluter Identität. Diese Identität dürfen wir Gott nennen[363].
Im Hinblick auf unsere Thesen von Sinnverwiesenheit und Sinnsuche ergibt sich aus dieser Erkenntnis: Der Mensch sieht sich letztlich - ob er das weiß, zugesteht oder nicht - auf Gott verwiesen und sucht ihn[364]. Will man nun ergründen, inwiefern sich der endliche Mensch in den Horizont des Absoluten hineingestellt findet, wird man wohl auf seine Strukturiertheit verweisen müssen.

---

[361] Zum Verhältnis beider vgl. man: R. Wisser, 1960.
[362] G. Scherer, 1976, S. 181 ff.
[363] Ebd., S. 182.
[364] Siehe: A. Paus, 1978; vgl. auch: S.-E. Szydzik, 1978; A.J. Buch & H. Fries, 1981; W. Kern, 1981.

Wenn der Mensch nämlich aus einer gewissen Unerfülltheit heraus auf Sinnverwirklichung tendiert, wenn er Sinn wollen muß, um sich selbst und anderes annehmen zu können, und wenn er dabei auf Letztes und Endgültiges drängt - ein Drang, der durch die gesamte Menschheitsgeschichte bezeugt ist -, dann muß diese Tendenz im Menschen grundgelegt sein: er muß ein "Vorwissen" von dem haben, in dem er sich als dem Urgrund seines Strebens die Erfüllung verspricht.
Zur Selbstverwirklichung bestimmt, spannt sich der Mensch aus innerem Antrieb auf absoluten Sinn hin. Letzterer erscheint als Herkunft und Ziel des Menschen. Unser menschliches Denken und Handeln werden davon zutiefst bedingt, auch wenn diese Tiefendimension nicht bewußt ist. Bis in unser alltägliches Tun und die Alltagserlebnisse hinein läßt sich die Orientiertheit an einem nicht in Zweifel zu ziehenden Urgrund nachweisen: seien es unsere Anstrengungen im Umgang mit Subjekten und mit Objekten (Engagement um der Verwirklichung eines Sinnanspruchs wegen), seien es auch Erfahrungen der Interpersonalität, naturhafte, ästhetische u.a. Erfahrungen. Immer legen wir mehr oder weniger bewußt den Maßstab des Letztgültigen an. So (also in der Bezugnahme auf absoluten Sinn, der in absolutem Geist gründet) suchen wir uns selbst zu verwirklichen und glauben uns einer tieferen Legitimation unseres Denkens und Handelns sicher sein zu können. Auch dort, wo die genannten Motive der Sinnsuche und Sinnverwirklichungstendenz spezifisch "religiöser Interpretation entzogen" werden, ist der Sachverhalt kein anderer. (Der Wunsch nach einem sinnerfüllten Leben, einschließlich der Tendenz zur Selbstverwirklichung, ist ein genereller Grundzug des Menschen. Auch dieser "Grundzug" muß ja schließlich begründet sein. Wer dieser Aufgabe aus dem Wege geht - aus welchem Grunde auch immer - kann sich nicht anheischig machen, das Problem der Sinnsuche hinreichend geklärt zu haben. Abstriche an einem Forschungsprogramm ändern an der Wirklichkeit des zu untersuchenden Gegenstands gar nichts.)
Ausführungen über Sinnerfahrungen, Chancen der Sinnerfüllung, Begründung eines Sinnpostulats, empirische Daten zum Sinnverständnis des modernen Menschen sind in der Literatur allenthalben thematisiert. In dem uns hier gezogenen Rahmen begnügen wir uns mit dem Hinweis auf diesbezügliche Erörterungen[365].

[365] Hierzu vgl. man u.a.: V.E. Frankl, 1972b (mit empir. Belegen); Ders., 1979; B. Grom & J.A. Schmidt, 1979; J.B. Lotz, 1977; Ch. Meves, 1981; G. Moser, 1979; M. Oraison, 1972; B. Welte, 1972, S. 13 ff. (Sinnpostulat); P. Wust, 1965 (Realisierungschancen).

4.2.7 Der Mensch als erziehungsbedürftiges Wesen

Eine weitere Grundbestimmung des Menschen ist seine Erziehungsbedürftigkeit. Das prinzipielle Angewiesensein des Menschen auf Erziehung wird von verschiedenen anthropologischen Positionen aus begründet: speziell aus biologischer, sozialwissenschaftlicher und kulturanthropologischer Perspektive. Die Erziehungsbedürftigkeit ist ein zentrales Thema der Pädagogischen Anthropologie.

Die auf biologischen Fakten beruhenden Aussagen über die menschliche Erziehungsbedürftigkeit sind im wesentlichen durch Mensch-Tier-Vergleiche gewonnen. Aufgrund von Ergebnissen der Humanbiologie, Tierpsychologie und Vergleichenden Verhaltensforschung werden die Unfertigkeit, Instinktarmut, Unspezialisiertheit der Antriebe, die lange und langsame Entwicklungszeit, die Umweltoffenheit und Lernbedürftigkeit als besondere Konstitutions- und Verhaltensmerkmale herausgestellt[366]. Die Untersuchungen Adolf Portmanns und Arnold Gehlens verdienen im Hinblick auf pädagogische Folgerungen besondere Beachtung.

Gehlen sieht den Menschen infolge organischer Unspezialisiertheit, Unfertigkeit und Instinktreduktion als "biologisches Mängelwesen" an[367]. Aufgrund mangelhafter biologischer Mitgift ist er "belastet" und muß sich deshalb aus eigenen Mitteln entlasten: durch kulturelles, soziales und moralisches Handeln (besonders durch Sprachhandeln und Handeln in und durch die Institutionen). Seine organische Mittellosigkeit wird dabei nicht nur "kompensiert", sondern sogar überkompensiert, d. h. über die Selbst- und Arterhaltung hinaus wird ein System von Einstellungen, Haltungen, Eigenschaften usw. ausgebildet.

Neben diesem eigentätigen Kulturschaffen braucht der Mensch gewisse Hilfen von seinesgleichen: Schutz, Teilnahme und Kommunikation. Auch diese Bedürftigkeit gründet letztlich in jener Mittellosigkeit.

Während Gehlen die Unfertigkeit des Menschen als Negativum ansieht, erkennt Portmann eben darin die große Chance einer schon in der biologischen Struktur vorberücksichtigten geistigen Lebensform. Für ihn ist der Mensch eine "physiologische Frühgeburt", der - weil im Vergleich zu anderen Säugern zu früh geboren - weltoffen ist, viel lernen muß und auf reiche Sozialkontakte angewiesen ist, besonders im ersten Jahr (dem "extrauterinen Frühjahr" im Mutterschoß der Familie)[368]. Die geringe Entwicklung seiner Instinkte, die Weltoffenheit und Umweltentbundenheit (Merk-

---

366 Vgl. R. Süßmuth, 1970, S. 413.
367 A. Gehlen, 1950.
368 A. Portmann, 1958a, S. 49 ff.

male, in denen die Erziehungsbedürftigkeit ebenso sichtbar wird wie in der damit zusammenhängenden Angewiesenheit auf die fördernde Zuwendung anderer) sind kein Ausfall, sondern Voraussetzung für spezifische Verhaltens- und Orientierungsmöglichkeiten: für eine Lebensform, zu der er von Anfang bestimmt ist, und zu deren Verwirklichung er nur aufgrund intensiver Sozialkontakte, vielfältiger Lernakte bzw. gelenkter Auseinandersetzung mit der vorgefundenen Kulturwelt gelangen kann.
Andere Forscher bzw. Forschungszweige betonen Sachverhalte, welche die Erziehungsbedürftigkeit aus anderer Perspektive erkennbar werden lassen. Vertreter der Vergleichenden Verhaltensforschung machen auf die Bedeutung "arteigener angeborener Verhaltensweisen" aufmerksam. Die Vererbungsforschung lenkt den Blick auf die Wechselwirkung von Anlage und Umwelt und stellt insonderheit heraus, die Basis des Verhaltens werde durch die Erbanlagen (Gene) bestimmt, aber die Richtung und der Grad seiner Ausbildung seien mehr kulturell als biologisch determiniert[369]. Das sind alles Faktizitäten, die den Menschen in ganz bestimmter Hinsicht erziehungsbedürftig erscheinen lassen. Was beim Wechselwirkungsmodell speziell verdeutlicht werden kann, ist der Tatbestand, daß der Werdensprozeß nicht nur unter Berücksichtigung biologischer Gegebenheiten gesehen werden kann. Auch sozio-kulturelle Komponenten und selbststeuernde Tendenzen bestimmen ihn mit. Sozialwissenschaftliche, speziell persönlichkeitspsychologische, sozialpsychologische und kulturanthropologische Studien verweisen darauf und lassen die Erziehungsbedürftigkeit eben aus diesen Blickwinkeln betrachten.
Die sozio-kulturell bedingte Erziehungsbedürftigkeit ergibt sich aus dem Faktum, daß der Mensch in eine natürliche, kulturelle, gesellschaftliche Umwelt hineingeboren wird und nicht alles, was er darin braucht, selbst entdecken und schaffen kann. Er braucht Naturalisations-, Enkulturations-, Sozialisations- und Personalisationshilfe[370]. Wie sehr der einzelne personaler Regulative, des Erwerbs kultureller Gehalte und Normen, des Auf- und Ausbaus von Kommunikations- und Interaktionsformen bedarf, ist durch Hospitalismusforschung[371], durch sozialpsychologische[372], kulturanthropologische Studien[373], durch Untersuchungen zum abweichenden Verhalten (Verwahrlosung, Kriminalität)[374] überzeugend nachgewiesen.

---

369 Vgl. A. Aebli, 1974, S. 151 ff.; H.J. Eysenck & M.W. Eysenck, 1987; B. Hamann, 1984, S. 27 ff.; H. Roth, 1969; H. Skowronek, 1973; M. Svilar, 1987; H. Walter, 1973, S. 163 ff.
370 Vgl. G. Wurzbacher, 1974.
371 Vgl. J. Bowlby, 1951, S. 355 ff.; A. Dührssen, 1964; A. Nitschke, 1968; R. Spitz, 1967, 1968.
372 Vgl. z. B.: M. Argyle, 1972.
373 Vgl. u.a.: M. Mead, 1954, S. 735 ff.
374 Vgl. u.a.: N. Herriger, 1979; G. Jahnke, 1989, S. 374 ff.; G. Kaiser, 1982; K.-J. Kluge, 1977; H.-J. Plewig & Th. Wegener, 1984; H. Steuber, 1976.

Laut Heinrich Roth ist der Mensch besonders hinsichtlich seines "Sozialverhaltens" und andrerseits hinsichtlich des "Aufbaus des kulturellen Lebens" erziehungsbedürftig[375] und diesbezüglich auf Lernhilfen angewiesen. Diese Angewiesenheit ist - so kann man ergänzend feststellen - außer im Interesse der Persönlichkeitsentwicklung auch noch um eines intakten und funktionierenden Sozial- und Kulturgefüges willen vorhanden. Wie der Mensch nicht allein zur notwendigen Aneignung sozialer und kultureller Normen fähig ist, so vermag er auch nicht ohne Unterstützung seinen Teil zur Erneuerung und Propagation sozialer und kultureller Gehalte bzw. Lebensformen zu leisten. Dazu bieten die Erziehungsinstitutionen Hilfe, vorab die Familie.

Ein weiterer Aspekt muß beachtet werden, wenn es um den Aufweis der Erziehungsbedürftigkeit geht: der Mensch wird in seinen Erlebnisweisen, Werthaltungen, Wissenserwerbsformen usw. entscheidend von sozialen und kulturellen Faktoren geprägt. Da solche Prägungen oft auch negative Akzente tragen (z. B. bei erziehungsunfähigen Eltern, schlechten Freunden, manipulierenden Lehrern) können gegenwirkende oder korrigierende Maßnahmen erforderlich werden. Auch diesbezüglich ist der Mensch auf Erziehung angewiesen.

Halten wir hinsichtlich der Erziehungsbedürftigkeit dieses fest: Der Mensch ist zu geistiger Lebensführung bestimmt. Um dieser Bestimmung gerecht werden und bewußte, sinnorientierte, freie und verantwortungsvolle Akte setzen zu können, ist er auf reiche Erfahrungen - auch auf solche anderer - angewiesen. Er kommt, um seine Lebenssituation produktiv schaffend bewältigen zu können, ohne das Erlernen seiner Verhaltens- und Leistungsformen nicht aus. Hierzu wie auch zur Orientierung in der komplexen Wirklichkeit bedarf er der stützenden Hilfe anderer. Daß er in vielfältiger Weise lern- und erziehungsbedürftig ist, ist schon biologisch vorgegeben[376]; es ergibt sich außerdem aus der spezifischen Eigenart menschlichen Sozialverhaltens sowie der besonderen Art geistig-kulturellen Erlebens und Schaffens[377].

---

375 H. Roth, 1976, Bd. 1, S. 130, 134.

376 Vgl. ebd., S. 147.

377 Gelegentlich wird die hier als anthropologische Grundbefindlichkeit gekennzeichnete Erziehungsbedürftigkeit lediglich als Konstrukt gewertet.

5. Lernfähigkeit und Erziehbarkeit

Die Begriffe Lern- und Erziehungsfähigkeit (Erziehbarkeit) bezeichnen die Möglichkeit, Wissen und Können zu erwerben, das Verhalten zu ändern und in Richtung vorstellbarer Ziele veränderbar zu sein. In diesem Phänomen integrieren sich der plastische individuelle Anlagebestand mit den Umwelteinflüssen und der Selbststeuerung des Edukanden[378].
Hinsichtlich der Einschätzung der Erziehbarkeit nach Grad, Ausmaß und dem jeweiligen Anteil resp. Gewicht der daran beteiligten Wirkfaktoren (Anlage, Umwelt, Selbstbestimmung) gibt es unterschiedliche Meinungen. Der pädagogische Pessimismus zeigt in seinen radikalen Ausprägungen (Erbdeterministen) kein Vertrauen in die Wirkkraft der Erziehung. Gemäßigtere pessimistische Einstellungen (naturalistische Positionen, manche Verhaltensforscher und Genetiker sowie einige Existenzphilosophen) sprechen ihr nur bedingte Wirklichkeit zu: sei es, daß die Dominanz des Anlagepotentials oder der freien Selbstbestimmung für den Werdensprozeß herausgestellt wird[379].
Der pädagogische Optimismus schätzt den Menschen recht plastisch und die Bedeutung der äußeren Einflüsse sehr hoch ein. Der Mensch erscheint hier weitgehend "machbar" (so etwa bei J. Locke, I. Kant, A.S. Makarenko, J. Watson, S.B. Robinsohn - Lernpsychologie, Behaviorismus, Milieutheorie). Besonders in Aufklärungsepochen findet diese Auffassung Anhänger. In unserem Jahrhundert zeigt sich ein mit Fortschrittsgläubigkeit einhergehender Erziehungsoptimismus besonders unter Reformpädagogen (erste Jahrhunderthälfte), sowie in manchen bildungspolitischen Konzeptionen, Curriculumtheorien und Bildungsreformplänen (zweite Jahrhunderthälfte). Dabei wird Umweltfaktoren eine vorherrschende - manchmal (fast) ausschließliche Rolle zuerkannt.
Die Einseitigkeiten beider Blickrichtungen (Geringschätzung der natürlich gegebenen Voraussetzungen (Erbe) hier, Mißachtung oder Fehlinterpretation der Rolle der Umweltfaktoren dort) sucht der pädagogische Realismus zu vermeiden. Dieser erkennt die Entwicklung des Menschen als komplexen Vorgang und zeigt sich - Möglichkeiten und Grenzen der Erziehung sehr wohl beachtend - um die Erfassung des für die Praxis relevanten Zu-

[378] Früher wurde dieser Sachverhalt in der Literatur unter dem Begriff "Bildsamkeit" behandelt. Dabei wurde allerdings mehr auf die Empfänglichkeit für äußere Einwirkungen (0. Willmann) und auf die Formbarkeit der Anlagen durch "Umwelteinflüsse" (M. Keilhacker) abgehoben, während das Moment der geistigen Selbstbestimmung im allgemeinen nicht mitgedacht wurde. Vgl. O. Willmann, 1913, Sp. 522 ff.; M. Keilhacker, 1961.

[379] Existenzphilosophen - wie etwa O.F. Bollnow - glauben, der existentielle Kern des Menschen werde von äußeren Einwirkungen gar nicht erreicht; der Mensch sei im wesentlichen Entwurf und Werk seiner selbst. Vgl. O.F. Bollnow, 1959.

sammenspiels aller wesentlichen Wirkfaktoren im Erziehungsgeschehen bemüht. Aus verantwortlicher und ideologiekritischer Sicht ist er um mögliche Lernhilfen und die Herbeiführung erforderlicher Umweltbedingungen besorgt.
Eine unverkürzte Sicht der "Erziehung zwischen Anlage und Umwelt" muß auf das Zusammenwirken von genetischem Potential (Erbanlagen), Umwelt und Selbstbestimmung Bedacht nehmen. Für dieses Zusammenwirken ist einmal wichtig, daß die an sich plastischen (d. h. nicht starr festgelegten) Erbanlagen[380] erst noch aktualisiert, d. h. verwirklicht werden müssen, und zwar durch Umweltfaktoren. In einem mehr oder weniger langen Ausformungs- und Prägeprozeß (innerhalb eines durch das genetische Potential begrenzten Variationsspielraums) werden dabei bestimmte empirisch faßbare Merkmale hervorgebracht[381].
Für die Erziehung ist angesichts dieses Sachverhalts wichtig, daß der Mensch nur innerhalb eines genetisch vorgegebenen und begrenzten Rahmens lernfähig und erziehbar ist, und daß für die Ausformung des genetischen Potentials optimale Umweltgestaltung und Erziehung höchst bedeutsam sind. Was speziell die Erziehung betrifft, sollte man dabei nicht übersehen, wie diese ihrerseits durch Milieueinflüsse betroffen resp. bedingt sein und diese umgekehrt ihren eigenen Zwecken nutzbar machen kann.
Sucht man die Relevanz der Umwelt (= Gesamtheit der sachlichen und sozialen Gegebenheit mit Wirkungskraft auf das Individuum) im menschlichen Werdensprozeß (Anthropogenese) zu ermessen, muß man der Vielfalt von Milieueinflüssen Rechnung tragen. Umwelt- bzw. Prägefaktoren, die pädagogisch besonders wichtig sind[382] lassen sich in folgende Kategorien einteilen: natürliche (auf die äußere Natur bezogene), ökonomische, ökologische, soziale und kulturelle Faktoren. Diese sich z.T. überschneidenden und in ihrer Wirkung auch durchdringenden hierher gehörenden Gehalte können direkt oder indirekt auf das Lernen, die Persönlichkeitsausprägung, den schulischen und beruflichen Erfolg und damit auf Lebenschancen und Lebensweg des Individuums Einfluß nehmen. Ihr Wirkungsgrad hängt im allgemeinen ab von ihrer Dauer, Stärke, Häufigkeit, Neuartigkeit, dann von der Gesamtatmosphäre; er hängt weiterhin ab von der jeweiligen Befindlichkeit des Betroffenen und der Art der Auseinandersetzung mit ihnen, nicht zuletzt von der dem Edukanden zuteil werdenden Erziehung.

---

380 Es handelt sich dabei um genetisch programmierte Dispositionen, also um ererbte Möglichkeiten im Sinne von - noch nicht ausgeformten - Fähigkeiten (Potenzen) und Bereitschaften (Tendenzen).

381 Vgl. E. Weber, 1973, S. 28.

382 Solche rückt die "Pädagogische Milieukunde", wie sie besonders aus der Sicht der Pädagogischen Soziologie bzw. Soziologie der Erziehung betrieben wird, in den Blick.

Die heftig erörterte Frage nach den jeweiligen Anteilen von Anlage und Umwelt am Entwicklungsgang und an der Ausprägung einzelner Eigenschaften, kann unter Bezugnahme auf entsprechende Forschungsergebnisse[383] folgendermaßen beantwortet werden: Pauschalisierende Aussagen über die Anteile beider Wirkfaktoren lassen sich nicht machen; solche Anteile müssen für jede Merkmalsgruppe und Eigenschaft eigens ermittelt werden. Einmütigkeit besteht darin, daß man die Verschränkung beider Determinanten erkennt und betont: beide bedingen und beeinflussen sich wechselseitig ("Wechselwirkungsmodell")[384]. Bei ein und demselben genetischen Potential (bzw. bei gleicher Erbanlage resp. bei gleichem Genotyp) sind durch die Einwirkung verschiedener Umwelten differierende Endergebnisse (Phänotypen) zu verzeichnen. Umgekehrt kann die gleiche Umwelt bei ungleichen Erbanlagen zu ganz verschiedenem Endverhalten (phänotypischem Verhalten) beitragen. Anders ausgedrückt: Die gleiche Anlage wirkt in unterschiedlicher Weise bei verschiedenen Umweltbedingungen; umgekehrt: gleiche Umweltbedingungen wirken bei verschiedenen Anlagen in unterschiedlicher Weise. Das besagt also: die Ausformung der Anlage hängt von der Umwelt ab und (andrerseits) die Auswirkung der Umwelt hängt von der Anlage ab[385].

Bedenkt man diesen durch entsprechende Forschungsergebnisse (Tierversuche, Zwillings- und Intelligenzforschung) belegten Tatbestand, daß die Richtung und das Ausmaß, in denen eine der beiden Faktorengruppen (Anlage- oder Umweltfaktoren) wirkt, von der jeweiligen Beschaffenheit der anderen Faktorengruppe abhängt, so kann man durchaus der Meinung sein, es käme nicht so sehr auf die Anteile von Anlage und Umwelt an, als vielmehr auf die Art und Weise ihres Zusammenspiels[386]. Konstatiert man außerdem, daß die Möglichkeiten dieses Zusammenwirkens geradezu unbegrenzt sind, wird diese Auffassung noch bekräftigt.

Unsere oben getroffene Feststellung, es könne nicht exakt bestimmt werden, wie groß der Anteil von Anlage und Umwelt bei der Ausprägung eines bestimmten Phänotyps resp. bei der Ausbildung menschlicher Eigenarten (Verhalten) ist, soll nicht heißen, es gäbe keinerlei Regelmäßigkeiten und folglich keine verläßlichen Aussagen hierzu. Gewisse Aussagen mit relativ hohem Wahrheitsgehalt gibt es schon. So kann gesagt werden: Ausprägungen im organischen und vitalen Bereich sind im allgemeinen stärker erbbedingt als solche im psychischen und geistigen Bereich; ferner:

---

383 Zum Folgenden vgl. man: W. Wolf, 1971, S. 15 ff.; D.P. Ausubel & E.V. Sullivan, 1974, S. 62 ff.; H. Heckhausen, 1975, S. 275 ff. - Siehe auch die Literaturangaben unter Anmerkung 313!

384 D.P. Ausubel & E.V. Sullivan, 1974, S. 64.

385 W. Wolf, 1971, S. 24 f.; F. Novak u.a. 1976, Bd. 1, S. 54 f.

386 W. Wolf, 1971, S. 25; vgl. auch: H. Skowronek, 1973, S. 23.

formale psychische Funktionen in Vorgängen der Wahrnehmung und des Erlebens sind mehr erbbedingt, die Aneignung von Inhalten (etwa Werten) geschieht lernend im Kontext der Umwelt[387].
Weiterhin kann konstatiert werden: Weitgehend ererbt und relativ wenig durch Umwelt beeinflußt sind z. B. organismische Konstitution, körperliche Besonderheiten, Vitalität, Temperamentsmerkmale. Noch erheblich erbbestimmt, aber doch auch schon in stärkerem Maße durch Umweltfaktoren beeinflußbar sind der Emotionalbereich und gewisse kognitive Komponenten[388]. Recht wenig von den Erbanlagen bestimmt, hingegen sehr stark durch Umwelteinwirkungen beeinflußbar ist der geistig-kulturelle Bereich (z. B. seelisch-geistige Interessen, soziokulturelle Bedürfnisse, Motivationen, Gesinnungen, Einstellungen, Haltungen).
Am menschlichen Werdegang sind nicht nur Erbe und Umwelt beteiligt, sondern auch selbststeuernde Tendenzen. Eigene Daseinsentwürfe und freie Selbstbestimmungsakte gestalten die Anthropogenese mit. Jedenfalls hat der Mensch die Möglichkeit, durch Akte freier Entscheidung in seine eigene Entwicklung einzugreifen. Auch die moderne Begabungstheorie und -forschung berücksichtigen diesen Sachverhalt. Die Begabungsforschung befaßt sich mit den Voraussetzungen (Fähigkeiten) für Lern- und Leistungsvollzüge in den verschiedensten Sach- bzw. Kulturgebieten. Sie sucht zu ermitteln, auf welche Faktoren die Fähigkeiten zu qualifizierten Leistungsvollzügen zurückgeführt werden können, wie differierende Ausprägungen bei verschiedenen Menschen sowie auch bei ein und demselben Menschen in unterschiedlichen Verhaltens- und Leistungsbereichen zu erklären seien[389].
Für die Pädagogik sind folgende Ergebnisse der Begabungsforschung besonders bedeutungsvoll: Die Befähigung zu bestimmten Leistungen beruhen auf der Lernfähigkeit des Menschen. Letztere wechselt von Mensch zu Mensch. Das Niveau der Lernfähigkeit ("Begabung") ist beim einzelnen in unterschiedlichen Verhaltens- und Lernbereichen unterschiedlich hoch. Der einzelne zeigt zumeist "Spezialbegabungen" (z. B. Willensstärke, bedächtige Art, Phantasiereichtum, hohe Intelligenz; als Musik-, Sprach-, Rechengenie).

---

[387] Hierzu und zum Folgenden vgl. man: E. Weber, 1973, S. 31 f.

[388] Bezüglich der hierher gehörenden Intelligenz gilt dieses: der generelle Intelligenzfaktor, der an der Lösung abstrakter Probleme beteiligt ist, dürfte stärker erbabhängig sein, während die speziellen Intelligenzfaktoren, welche für die Lösung spezieller Aufgaben erforderlich sind, mehr milieuabhängig scheinen. Vgl. ebd., S. 31.

[389] Zur Begabungsforschung vgl. man: H. Roth, 1976, Bd. 1, S. 236 ff.; Ders., 1969; J. Schlüter, 1970, S. 55 ff.; H. Schiefele & A. Krapp, 1973; F. Süllwold, 1975; E. Weber, 1971, S. 185 ff.

Das, was den menschlichen Leistungen zugrundeliegt, also die Lernfähigkeit (= Begabung als "Ausgangspunkt" und Voraussetzung von Leistungen) ist seinerseits von zwei Faktorengruppen bestimmt: von bisher Erlerntem und von Erbfaktoren. In Lernprozessen erfährt diese Lernfähigkeit bzw. die Leistungsdisposition ihre Ausprägung zu einem ganz bestimmten Verhalten und zu bestimmten Leistungen[390].
Diese Lernprozesse kommen in Gang bzw. laufen ab unter der Wechselwirkung zwischen dem Individuum und seiner stimulierenden oder hemmenden Umwelt. Das bedeutet, daß diese Lernprozesse von Erbanlagen und von außen kommenden Anstößen her zustande kommen, wobei der einzelne selbst aktiv wird als Lernender. Begabung ist demnach nicht eine feststehende, fixierte, naturhaft festgelegte Größe (statischer Begabungsbegriff), sondern eine in einem langen Prozeß hervorgebrachte Endleistung (dynamischer Begabungsbegriff). Begabung ist so gesehen ein Be-gaben: eine Erschließung, d. h. eine Erweckung und Förderung, eine Aktualisierung vorhandener (ererbter) Dispositionen[391]. Heinrich Roth konstatiert: "Man kann nicht mehr die Erbanlagen als wichtigsten Faktor für Lernfähigkeit und Lernleistungen (= Begabung) ansehen noch die in bestimmten Entwicklungsphasen und Altersstufen hervortretende, durch physiologische Reifevorgänge bestimmte Lernbereitschaft. Begabung ist nicht nur Voraussetzung für Lernen, sondern auch dessen Ergebnis"[392]. Und Erich Weber schreibt diesbezüglich: "Begabung ist also der Prozeß und das Ergebnis des Zusammenwirkens von natürlichen, ererbten Gaben, des umweltbedingten (vor allem gesellschaftlich und erzieherisch bestimmten) Begabens und einer vom Selbst ergriffenen und selbstverantwortlich bewältigten Aufgabe[393].
Eine Gegenposition zu diesem Begabungskonzept, das den Umweltanteil und den Wirkanteil des zu Begabenden recht hoch einschätzt, nehmen besonders der USAmerikaner Arthur R. Jensen und der Engländer Cyrill Burt ein[394]. Für sie ist Begabung mehr Schicksal. Laut Jensen sind 80 % der Anlagen ererbt, 20 % durch Umwelteinflüsse erworben. Und Wilhelm Arnold stellt aufgrund eigener Untersuchungen in Deutschland fest, zu 2/3 seien die Anlagefaktoren, zu 1/3 hingegen die Umweltfaktoren am Bildungsschicksal eines Menschen beteiligt[395].

---

390 In Kennzeichnung dieses Vorgangs sprechen manche Autoren auch von Lernkapazität und Lernpotential, so H. Zdarzil, 1978, S. 191.
391 Vgl. H. Roth, 1961, S. 103; Ders., 1967a, S. 197.
392 H. Roth, 1974, S. 22.
393 E. Weber, 1973, S. 36.
394 A.R. Jensen, 1969; C. Burt, 1969, S. 75 ff.
395 W. Arnold, 1977, S. 74; vgl. Ders., 1975.

Gegen diese Art anteilmäßiger Festlegung von Anlage und Umwelt werden unter Berücksichtigung neuerer Forschungsergebnisse zu diesem Themenkomplex starke Einwände erhoben.
Wie hoch auch immer der jeweilige Anteil von Erbe und Umwelt sein mag, der Freiraum zwischen beiden muß jedenfalls pädagogisch optimal genutzt werden: im Sinne der Begabungsentfaltung und aus anderen Gründen resp. Zielperspektiven.

6. Resümee und pädagogische Konsequenzen

Unsere Betrachtung der Grundzüge menschlichen Seins sollte wesentliche Aussagen über den Menschen und seine Bestimmung ins Blickfeld rücken. Wir haben unter dieser Intention die von den Humanwissenschaften aufgewiesenen Strukturmerkmale des Menschen näherhin gekennzeichnet.
Im einzelnen stellten wir dabei heraus:

- die Ichhaftigkeit und Reflexivität. Sie kennzeichnet den Menschen als ein selbstbewußtes, sich selbst bejahendes Wesen; als ein Wesen, das zu denkender Erfassung der Welt und zu einem aus normativem Bewußtsein erfolgenden Handeln befähigt ist.
- die Sinnverwiesenheit. Sie erweist den Menschen als ein Wesen, das sich dazu gedrängt fühlt, ein erfülltes Leben zu führen und sich einen Welthorizont zu erschließen, der die Maßstäbe für das Verstehen und Bewerten alles andern und auch für das eigene Handeln enthält.
- die Freiheit. Diese bekundet sich besonders in den vom Selbst verantworteten Akten, in seinen Entscheidungen und der Art der Zuwendung zu anderem.
- die Interpersonalität. Als Mitsein mit andern ist sie mehr als ein Angewiesensein der Subjekte aufeinander, mehr auch als ein bloßer Wechselbezug und ein Miteinander-Kooperieren. Ihre wahre Qualität zeigt sich in der radikalen Bejahung des andern und seiner Annahme um seiner selbst willen, wie immer er auch sei.
- die Leiblichkeit. In ihr sind Geist und Materie - die konstituierenden Prinzipien des Menschseins - in gegenseitigem Sichumfangen verbunden. Ihre Verschränkung bestimmt die Weise, wie der Mensch in der Welt da ist. Sie erlaubt, Äußeres (Welt bzw. Seinshaftes) zu verinnerlichen und Inneres zu äußern bzw. zu "ver" -äußern, d. h. über das Ich hinaus zu projizieren, dort vernehmbar werden zu lassen.
- die Sinnsuche. Sie läßt den Menschen als transzendierendes Wesen erscheinen. Das um seine Existenz-, d. h. Sinnverwirklichung bemühte

Selbst drängt über die Weltdinge hinaus auf die ihnen vorausliegenden Bedingungen (d. h. auf das sie Begründende); es sucht Letztgültiges, will den Seins- und Wertsinn bzw. den Urgrund seiner selbst und alles anderen begreifen.

- die Erziehungsbedürftigkeit. Diese bzw. die in ihr sich äußernde Angewiesenheit auf fürsorgende Zuwendung seitens der Mitmenschen ergibt sich aus der besonderen Organstruktur ("biologisches Mängelwesen"), der einzigartigen Entwicklungsweise ("physiologische Frühgeburt"), dem Spezifikum menschlichen Sozialverhaltens und der besonderen Art geistig-kulturellen Erlebens und Schaffens. Sie äußert sich im Verlangen nach Entwicklungsanreizen, ungestörtem sozialem Kontakt und affektiver Kommunikation"[396] in der Abhängigkeit von Erfahrungen und in der Eigenart des Begabungsphänomens.

Alle diese das Menschsein bestimmenden Strukturmerkmale sind in mehrfacher Hinsicht pädagogisch relevant: Erziehung ist einmal von ihnen her bedingt; sie markieren Möglichkeiten und Grenzen der Erziehung. Zum andern verweisen sie aber auch - sofern sie erkennen lassen, was Menschsein in seiner Fülle ausmacht - auf Ziele und Aufgaben pädagogischer Gestaltung. Die Festlegung der Inhalte, Hauptfunktionen, Organisationsformen und Methoden kann nicht am Menschen vorbei erfolgen. Soll diesem echte Lebenshilfe geboten werden, dann muß das Wissen um ihn selbst und um seine Bestimmung - und sei es auch noch so bruchstückhaft - zum Ausgangspunkt pädagogischen Denkens und Handelns gemacht werden. Wir müssen zumindest ungefähr wissen, was menschliches Dasein als solches qualifiziert, was es trägt und hält, wenn wir Aussagen darüber machen wollen, wie das Humane in ihm zur Verwirklichung kommen kann.
Im Folgenden wollen wir versuchen, einige wesentliche Erziehungsaufgaben, die sich hinsichtlich der genannten Strukturmerkmale ergeben, darzulegen. Die skizzierten Grundzüge oder Eigenarten menschlicher Existenzweise fordern im Sinne ihrer Aktualisierung sozusagen Verhaltensweisen, welche ihnen korrespondieren.
Der Ichhaftigkeit entspricht eine Haltung, die das Leben bejaht, es als Aufgabe begreift, dem als seinsollend Erkannten unter aktivem Einsatz des Selbst zur Verwirklichung verhilft. Die Ausbildung eines normativen Bewußtseins und die Bereitschaft zu moralischem und sittlichem Handeln muß dafür ebenso erzieherisch gefördert werden wie der Sinn für das Wahre und Gute. Die Sinnverwiesenheit des Menschen fordert ja, sich in seinem Tun und Lassen nicht einfach treiben zu lassen, sondern an gültigen

396 R. Süßmuth, 1970, S. 419.

Maßstäben auszurichten. Ihn zur Suche nach solchen zu motivieren, ihn zum Wägen und Abwägen anzuleiten, ihm Raum zu geben und Hilfestellung zu bieten, daß er sich einen Welthorizont begründet, sozusagen als Basis für das allseitige Ausgreifen in die Welt und als Orientierungsrahmen zur "Ortung" und Bewertung des in der Lebenswirklichkeit Begegnenden: alles das erscheint pädagogisch dringend geboten.
Erziehung zum rechten Gebrauch der Freiheit korrespondiert einem weiteren menschlichen Wesenszug. Hierdurch wird erstrebt, der einzelne möge sein Denken und Handeln ethisch legitimierbaren Normen unterstellen; er möge aus Einsicht in das von der Sach- und Mitwelt her Geforderte agieren; er sollte sich in dem, was er tut und läßt, selbst verantwortlich fühlen. Für die Begründung und Einübung solcher Haltung bzw. Verhaltensweisen hat weitgehend die Erziehung zu sorgen. Unter genanntem Aspekt fällt der Gewissens- und Willensbildung eine gewichtige Funktion zu. Eine spezielle pädagogische Aufgabe ergibt sich dort, wo der Vollzug menschlicher Freiheit irgendwie "begrenzt" ist (etwa durch genetische Disposition, organische Mängel, Antriebsstörungen, Milieuschäden etc.). In solchen Fällen sind möglicher Ausgleich resp. günstigere Gestaltung von Umweltfaktoren angezeigt.
Wieder andere Aufgabenstellungen kommen angesichts des Strukturmerkmals Interpersonalität in Sicht: Förderung des Menschen als dialogisches und soziales Wesen heißt hier ein weiter zu diffenzierendes Postulat. Erst gegenseitige Umfassung, die den andern um seiner selbst willen, um seiner Teilhabe am Sein willen, bejaht und in seinem (konkreten) Sein beläßt, sowie die darin sich bekundende kommunikative Begegnung mit seinesgleichen läßt den Menschen "existenzfähig" werden und schafft gleichzeitig die Basis für gedeihliches Zusammenleben in sozialen Gebilden. Erziehung hat eben solches nicht nur zu Bewußtsein zu bringen, sondern auch aufgrund ihrer Mittel und Maßnahmen "einzuspielen". Mitmenschliche Begegnungen und die daran gebundenen Erlebnisse sollten reichlich statthaben. Soziale Erziehung heißt eine darauf bezogene Forderung. Diese soll ein rechtes Bezugsverhältnis zum Mitmenschen herstellen, soziale Eigenschaften und soziale Kompetenz herausbilden[397]. Soziale Gesinnung und Haltung wird in besonderer Weise auch im Hinblick auf die Verwirklichung gemeinschaftlicher Ordnung und die Lösung gesellschaftlicher Probleme nötig. Von da her gesehen sind auch politische Erziehung und Bildung ein unabdingbares Erfordernis.

---

[397] Es gibt ganze Kataloge heute propagierter sozialer Lern- und Erziehungsziele. Vgl. z. B. G. Becker, 1980, S. 64 ff., bes. S.69 ff.

Auch die Leiblichkeit des Menschen läßt spezielle pädagogische Notwendigkeiten erkennen. Verweist dieses Strukturmerkmal doch darauf, daß menschliche Daseinsform nicht in körperliches Sein und geistiges Sein aufgespalten werden kann, Menschsein vielmehr nur in der gegenseitigen Teilhabe beider Prinzipien gegeben ist. Das bedeutet: der Mensch ist nur als Einheit und Ganzheit greifbar; psycho-physisches und geistiges Leben sind nur bestimmte Seiten eines einheitlichen bzw. ganzheitlichen Seins.
Aus dieser Einsicht ergeben sich zwei bedeutsame pädagogische Folgerungen. Einmal verbietet sie, den Menschen in biologische, seelische und geistige Elemente zu zerlegen und dementsprechend körperliche, emotional-affektive und kognitive Erziehung als voneinander getrennte bzw. trennbare Hilfen anzusetzen[398]. Zum andern verbietet eine ganzheitliche Betrachtung des Menschen auch eine ungebührliche Bevorzugung, Zurücksetzung oder gar Unterschlagung einzelner Teilfunktionen bzw. -aufgaben der Erziehung (wie körperlicher, emotionaler, kognitiver Erziehung). Also: solchen möglichen Fehlern wehrt der Ganzheitsgedanke. Er legt ferner nahe, bestimmte Teilfunktionen wie körperliche Erziehung, Gefühls- und Gemütserziehung, Verstandes- und Gewissenserziehung usw. nicht nacheinander zu leisten, sondern immer miteinander.
Als weitere Konsequenzen aus der Leiblichkeit des Menschen ergeben sich schließlich die Notwendigkeiten, bereits dem Kleinkind eine ganzheitliche Förderung zuteil werden zu lassen und der "Leibfeindlichkeit" in keiner Phase der Erziehung einen Platz einzuräumen.
Die Sinnsuche, die den Menschen nach der Bestimmung seiner selbst und alles anderen fragen läßt, die ihn auf ein Letztes, auf die Einheit von Sein, Sinn und Geist ausgerichtet zeigt, erfordert natürlich auch gezielte pädagogische Unterstützung. Formeln wie "Hilfe zur Sinnsuche", "Wertvermittlung als erzieherischer Auftrag", "religiöse Erziehung" verweisen auf einen diesbezüglich gewichtigen Erziehungsauftrag. Es erscheint unverzichtbar, daß der heranwachsende Mensch ein Grundvertrauen in die Sinnhaftigkeit des eigenen Seins und des Seins schlechthin gewinnt. Gerade in Anbetracht so vieler Übel, Leiden, Katastrophen, angesichts von Versagen, Schuld, Tod sowie der Erfahrung des vom Scheitern bedrohten Lebens darf er nicht allein gelassen werden. Er muß auf die Konfrontation mit solchen Phänomenen vorbereitet[399], zu ihrer Interpretation und Bewältigung ermächtigt werden. Er soll die Zuversicht erlangen, daß wider den Augen-

---

[398] Am Beispiel der Sexualerziehung, die keineswegs nur auf biologische Fakten beschränkt ist, läßt sich das gut nachweisen.
[399] Vgl. W. Brezinka, 1961, S. 202.

schein der Absurditäten Leben und Sein in einem letzten Sinn aufgehoben sind.
Was die Erziehung diesbezüglich tun kann, ist dieses: sie sollte die Existenzerfahrungen der Jugendlichen aufgreifen und klären; sie sollte reiche Grunderfahrungen - etwa im Unterricht - dadurch vermitteln, daß zu betrachtende Phänomene auf ihre Grundbeziehungen hin durchleuchtet, daß zu ihnen Stellung genommen und Folgerungen gezogen werden[400]. Auch die thematisch gestaltete Reflexion auf den Sinn von Leben und Welt und die Diskussion von Äußerungen hierzu (bei Denkern, in Umfragen etc.) sind nützlich. Vor allem aber vermag religiöse Erziehung bei der Klärung von Grundfragen menschlichen Daseins, speziell nach dem letzten Sinn des Lebens und Ganzen, behilflich zu sein[401].
Eine ganze Reihe pädagogischer Aufgaben folgern aus der Berücksichtigung der Erziehungsbedürftigkeit des Menschen. Die spezifische Organstruktur des Menschen - mag man sie wie Arnold Gehlen als Mangel ansehen oder mit Adolf Portmann und Theodor Litt u.a. als Reichtum oder Chance werten[402] - legt die Ausbildung der Fähigkeit zum Gebrauch der Organe nahe. Dafür sind Pflege, körperliche Erziehung und Denkerziehung wichtig. Die Beachtung der "Instinktarmut" und des laut Gehlen damit zusammenhängenden Reichtums an Antriebskräften verlangt deren Kultivierung. Eine solche Notwendigkeit der Kultivierung und Regulierung menschlichen Verhaltens durch differenzierte Lernvorgänge in dialogischen Begegnungen, Gruppen und Institutionen (samt geschriebener und ungeschriebener Normen)[403] zeigt sich auch unter dem Aspekt der weitgehenden und langanhaltenden Hilflosigkeit des Menschen (aufgrund der "physiologischen Frühgeburt"). Wegen dieser Hilflosigkeit ist der Mensch von der ihn umgebenden Kultur- und Menschenwelt zur Lebenserhaltung und -bemeisterung in vielfältiger Weise abhängig und daher auf Hilfe angewiesen.
Im einzelnen kommt es besonders auf dieses an: Das Kind muß zu vielen Lernakten gegenüber seiner Mit- und Sachwelt motiviert werden; es müssen ihm viele Lernangebote gemacht, erlebnisreiche Situationen geboten werden: durch Alltagswelt, Kultur- und Zivilisationswelt. Form und Inhalte seines Lernens sollen sich sowohl auf Wissen und Können als auch auf

---

400 Vgl. dazu z. B.: K. Dienelt, 1970, S. 335 ff.; A. Längle, 1985; U.P. Lattmann, 1986, S. 163 ff., 195 ff., 218 ff.; K.E. Nipkow, 1977, S. 398 ff.; H. Tschamler & H. Zöpfl, 1978.

401 Näheres hierzu u.a. bei: B. Hamann, 1970; K.E. Nipkow, 1986, S. 176 ff.; Christliche Erziehung heute, 1991. - Auf die Bedeutung der Orientierung der Erziehung an der Ethik unter der genannten Aufgabenstellung weist besonders B. Schleißheimer hin: Ders., 1979, S. 168.

402 A. Portmann, 1978, S. 36; Th. Litt, 1948, S. 49.

403 Zu solchen rechnet Gehlen u.a. auch die rechtliche und staatliche Ordnung, Ehe, Sitten, Bräuche, Religion.

Gesinnung und Verhalten beziehen. Unter Berücksichtigung ganzheitlicher Strukturiertheit ist vielfältigen Bedürfnissen und einer ganzheitlichen "Behandlungsweise" Rechnung zu tragen. Körperliche, seelische und geistige Funktionen müssen gezielt anvisiert werden. "Um Erlebens-, Einsichts- und Handlungsmöglichkeiten zu aktualisieren, müssen diese differenziert angesprochen und situationsgemäß aktiviert werden. (Notwendige) Lernhilfen beziehen sich auf den Gebrauch der Körperkräfte, die Betätigung und Schärfung der Sinnesorgane, die Weckung des Erlebnis-, Erkenntnis- und Ausdrucksvermögens, den Erwerb der Sprachfähigkeit, den verständigen und sachgerechten Umgang mit der Gegenstandswelt, die Befähigung zu produktiver Tätigkeit und verantwortlichem Handeln in Kultur- und Menschenwelt"[404].
Effektive Lern- und Erziehungshilfen solcher Art setzen - und damit sei ein zweites aus der Hilflosigkeit sich ergebendes Postulat genannt - reiche und enge Sozialkontakte (affektive Kommunikation) voraus bzw. gehen mit solchen einher. Der einzelne ist solcher bedürftig; er drängt nach Integration in soziale Gruppen, sucht Schutz, Geborgenheit, Anerkennung, will "Rollen übernehmen" und sich in Aufgabenerfüllung betätigen[405]. In dieser Hinsicht werden in der Familie die entscheidenden Bedürfnisse befriedigt und die ersten (für den weiteren Werdensprozeß ausschlaggebenden) Lernprozesse in Gang gesetzt und vollzogen, höchst bedeutsame Erfahrungen gemacht und soziale wie kulturelle Normen kennengelernt und übernommen[406]. Der hier sich vollziehende Aufbau von Kommunikations- und Interaktionsformen ist nicht nur für die Identitätsfindung und Persönlichkeitsformung von ausschlaggebender Bedeutung, hier spielen sich auch Grundformen menschlichen Zusammenlebens und sozialer Ordnungen ein, die für die Funktion gesellschaftlichen Lebens von hoher Relevanz sind. Wegen dieser von anderen Erziehungsformen und -institutionen wohl nicht mehr erreichten Erziehungskraft gilt die Familie als die wichtigste Erziehungs- (und Sozialisations-)Instanz[407]. Viele Bestrebungen richten sich daher auf eine Intensivierung der Familienerziehung und eine diese "stärkende" Elternbildungsarbeit[408].
Aus der anthropologisch nachweisbaren Grundbefindlichkeit der Hilflosigkeit des Menschen, speziell aus dem Faktum der "physiologischen Frühgeburt", ergibt sich - was ebenfalls pädagogisch belangvoll ist - die

---

404 R. Süßmuth, 1970, S. 412.
405 Vgl. W. Loch, 1968b, S. 65f.
406 U. Lehr, 1968, S. 596f.; D. Claessens, 1972.
407 Vgl. z. B.: B. Hamann, 1988; B. Paetzold & L. Fried, 1989; W. Tietze, 1991, S. 589 ff. - Ferner: W. Braun, 1980; W. E. Fthenakis, 1985; U. Lehr, 1974; P. Nikolajczyk, 1982, S. 160 ff.
408 Vgl. E. Cloer, 1979; L. Kerstiens, 1976; J.-P. Pourtois, 1985

besondere Bedeutung des Säuglingsalters und die damit zusammenhängende Schlüsselstellung des ersten Lebensjahres. In dieser Zeit (dem "extra-uterinen Frühjahr" - Portmann) vollzieht sich der stärkste Schub körperlicher und funktioneller Reifung, sind auch bedeutsame Fortschritte bezüglich Spracherwerb und Handlungsfähigkeit zu verzeichnen[409]. Früheinsetzende Förderung: Zuwendung, Ansprache, Motivation etc., kurzum: elementare Bedürfnisbefriedigung ist daher pädagogisch geboten. Die Nichtbeachtung grundlegender menschlicher Bedürfnisse speziell in der frühkindlichen Lebensphase (später ist solche freilich auch noch relevant) gewinnt nachhaltigen Einfluß auf die Persönlichkeitsstrukturierung. Die bekannten Hospitalismusschäden gehen nachweislich auf Versagung zentraler psychischer Bedürfnisse zurück[410].
Neben der mehr fürsorgenden Zuwendung im affektiven Bezug und der Befriedigung psychischer Bedürfnisse sind im ersten Lebensjahr frühe Reizangebote verschiedener Art wichtig, so auch die sensorische Stimulation, d. h. die ausreichende Versorgung mit taktilen, optischen, akustischen Reizen, da sich sonst die spezifischen menschlichen Fähigkeiten der Wahrnehmung, Intelligenz, Sprache, Soziabilität nicht entfalten können.
Die Analyse der Erziehungsbedürftigkeit läßt weiterhin den Zusammenhang von Anlage und Umwelt erkennen. Das phänotypische Verhalten des Menschen läßt sich aus der Wechselwirkung jener beiden Determinanten (Anlage und Umwelt) und der darauf Einfluß nehmenden Selbststeuerungstendenz des Menschen erklären. Aus diesem Sachverhalt ergeben sich folgende Konsequenzen und Aufgaben für die Erziehung: Da der Veränderungsspielraum der Erbanlagen relativ gering, die Gestaltungsmöglichkeiten der Umwelt relativ groß sind, und da sich die Gestaltung der Umwelt nach den Anlagen richten muß, stellt sich die Forderung, das genetische Potential optimal zu aktualisieren. Das geschieht einerseits durch Berücksichtigung spezifischer Interessen und Begabungen und ihrer gezielten Förderung sowie andrerseits durch Schaffung von Umweltbedingungen, die erfahrungs-, erlebnis- und bildungsträchtig sind und Fehlhaltungen (wie Folgeerscheinungen von Deprivation, Delinquenz, Kriminalität) verhindern oder sie zumindest in ihrem Wirkungsgrad abschwächen. Anknüpfend an angeborene Verhaltensweisen - oder falls angezeigt im Widerspruch zu ihnen - muß die Erziehung etwa durch Aufbau von Wertvorstellungen Orientierungen schaffen, die humane Lebensweise im individualen, sozialen und kulturellen Leben, speziell auch im moralisch-sittlichen Bereich, ermöglichen. Sie sollte Haltungen und Fähigkeiten ent-

---

[409] A. Portmann, 1958a, S. 49f.
[410] J. Bowlby, 1972; E. M. Johansen, 1978; R. Spitz, 1967, 1968.

wickeln, die den Menschen als Sprachwesen, verantwortungsbewußtes, kritikfähiges und innovationsbereites Wesen ausweisen.
Im Interesse eines in genanntem Sinne effektiven menschlichen Werdensprozesses ist auch den Selbststeuerungstendenzen (Streben nach Bedürfnisbefriedigung, Stimulation, innerem Gleichgewicht, Triebregulierung etc.) gebührende Aufmerksamkeit zu schenken. Selbststeuerung sollte in zunehmendem Maße entwickelt werden, nicht allein um den Heranwachsenden zu verantwortlicher Selbstverfügbarkeit zu ermächtigen, sondern auch damit dort, wo nötig, den Determinanten von Erbe und Umwelt entgegengewirkt werden kann.
In eingeschränktem Sinne sind Selbststeuerungstendenzen bereits bei Kleinkindern zu beobachten. Damit aus dem früh aufbrechenden Verlangen, die Umwelt nach eigenen Wünschen zu gestalten, "eine Selbststeuerung im anthropologischen Sinne wird, bedarf es des Ausbaus von positiven soziokulturellen Wertvorstellungen wie Beherrschung, Selbstkontrolle, Rücksicht, Empfinden für Gut und Böse usw. Das kann nur durch die Erziehung geschehen. Leitvorstellung ist die 'reife' Persönlichkeit, die ihr Verhalten vor sich und der Gesellschaft zu verantworten weiß"[411].
Die Bedeutung aktiver Selbstgestaltung und freier Selbstbestimmung für den Werdegang des Menschen wird auch in neueren Begabungstheorien unterstrichen. Dort wird Begabung nicht mehr als naturgegebene Konstante ("statische" Größe) angesehen, sondern als die Fähigkeit zu bestimmtem Verhalten und zu bestimmten Leistungen: eine Fähigkeit, deren inhaltliche Füllung durch das Zusammenwirken von erbbiologischer Mitgift, anregenden oder hemmenden Umwelteinflüssen und einer vom Selbst ergriffenen und bewältigten Aufgabe erfolgt.
Das Phänomen der Begabung bringt nicht nur wegen des eben genannten Aspekts (speziell der eigenen Mitwirkung des Individuums) pädagogische Aufgaben in Sicht, sondern auch unter einer weiteren Perspektive. Wenn Begabung nicht einfach Schicksal des Menschen ist, sondern eine "dynamische", von verschiedenen Komponenten her bestimmte Größe, muß die Erziehung darum besorgt sein, daß diese in geeignetem Maße zur Geltung kommen. Das Faktum, daß der Mensch einerseits der Begabung fähig ist, d. h. "begabt werden" kann, und es im Sinne bestmöglicher personaler Entfaltung andrerseits auch nötig hat, daß Begabungspotentiale durch entsprechende Lernprozesse und Umweltbedingungen ausgeformt werden, verweist auf spezifische pädagogische Aufgaben. Erziehung wird weithin als für die Begabungsentfaltung mitverwantwortlich angesehen. Es ist ihr auf-

---

411 F. Novak u. a. 1976, Bd. 1, S. 36.

getragen, reichhaltige Lernangebote zu jener Entfaltung bereitzustellen, entsprechende Strategien und Methoden anzuwenden, für günstige Umfelder und Situationen zu sorgen (bis hin zur Organisationsstruktur der Erziehungs- und Bildungsprozesse). Erich Weber stellt hinsichtlich jenes Auftrags folgende Forderungen heraus: "Als pädagogische Konsequenzen dieses Begabungskonzepts werden heute gefordert und zu verwirklichen versucht: die vorschulische Begabungsförderung, insbesondere eine kompensatorische (d. h. ausgleichende) Erziehung für soziokulturell benachteiligte Kinder; die Vermeidung allzu früher und punktueller Verfahren der Begabungsauslese durch ein Schulsystem, das die individuellen Lernbedingungen berücksichtigt und erst allmählich sich differenzierende, nicht in Sackgassen endende Ausbildungsgänge anbietet, zwischen denen Durchlässigkeit besteht; eine Organisierung der Ausbildung, bei der die Förderung den Vorrang gegenüber der Auslese besitzt"[412].
Die im Zusammenhang mit dem Begabungskonzept und dem Werdegang des Menschen überhaupt relevanten historischen und soziokulturellen Bedingungsfaktoren verdienen - wie übrigens auch Gestaltungsfaktoren des "äußeren" naturhaften Geschehens - weitere Beachtung. Eine nähere Beschäftigung mit ihnen soll in einem anderen als dem hier gezogenen Rahmen erfolgen.

7. Anthropologie und Pädagogik im Spektrum neuerer Fragestellungen (Anhang)

Die Bedeutung der Anthropologie für die Probleme der Pädagogik ist sinnvoll nicht zu bestreiten. Ihr Stellenwert freilich wird unterschiedlich eingeschätzt. Dafür gibt es besonders wissenschaftstheoretische, weltanschauliche und ideologische Gründe. Auch das Auftauchen neuer Sichtweisen innerhalb etablierter Positionen kann dazu führen, die Relevanz anthropologischer Erkenntnisse für die Erziehung und Bildung in spezifischer Weise zu beurteilen bzw. unter neuen Horizonten zu bewerten. Nicht zu übersehen ist, daß sich in der neueren Pädagogik, innerhalb derer sich im vergangenen Jahrzehnt einige Problemlagen verschoben haben resp. einige Fragestellungen neu aufgekommen sind, die Diskussion um die Grundlagen der Pädagogischen Anthropologie verstärkt hat.
Problematiken, welche in letzter Zeit das Verhältnis von Anthropologie und Pädagogik und damit auch die Funktion und Bedeutung der Pädagogi-

412 E. Weber, 1973, S. 36.

schen Anthropologie unter speziellen Perspektiven zu erörtern nahelegten, betreffen:

- das Faktum geschlechtsspezifischer Differenziertheit
- Lebensalter und Erziehung - Lebenslaufperspektiven
- Identität als anthropologisches Problem und pädagogische Aufgabe
- den Menschen im Spannungsfeld von Natur und Kultur
- den Menschen aus der Sicht von Molekularbiologen und Morphologen.
- die pädagogisch-anthropologische Relevanz postmodernen Denkens.
- die pädagogisch-anthropologische Relevanz neurowissenschaftlicher Erkenntnisse

7.1 Das Faktum geschlechtsspezifischer Differenziertheit

Hier geht es um verschiedene Ausprägungen des Menschseins. Es gehört zur anthropologischen Grundbefindlichkeit, daß der Mensch als Geschlechtswesen existiert: und zwar in der "Doppelausgabe" von Mann und Frau. Er ist also keineswegs - wie manche feministische Konzepte nahelegen - ein Unisex-Wesen. Geschlechtlichkeit (in dieser differenzierten Ausprägung) ist eine wesentliche Komponente des Menschseins; sie könnte also nicht fehlen. Das Geschlechtliche kann demnach als Konstituens des Menschen (genauer: des Personseins) bezeichnet werden. Die Frau ist Person in der spezifischen Weise des Frauseins; der Mann ist Person in der spezifischen Weise des Mannseins [413].

Die Tatsache, daß beide in ihrer Weise Person sind, also in der Seinsweise differieren, rechtfertigt keinen Rangunterschied. Trotz Anerkennung eines verschieden geprägten Menschseins muß nachdrücklich an der gleichen personalen Würde und an der uneingeschränkten Ebenbürtigkeit für Mann und Frau festgehalten werden. Keiner von beiden ist letztlich um des anderen willen da; sein Wert hängt auch nicht davon ab, ob und wie er sich in eine vorgegebene Rolle einfügt. Beide erhalten Wert und Würde nicht von einem anderen: sie haben sie vielmehr in sich selbst. Diese Gleichrangigkeit muß heute im Familien-, Arbeits-, Gesellschafts- und Rechtsleben ermöglicht werden[414].

Die Verwirklichung der Personalität - eine Forderung an jeden - gelingt freilich nicht, wenn jemand sich absolut, selbstgefällig und narzistisch abschließt. Zum Personsein gehört bei allem Eigenwert die Hinordnung auf

---

413 Vgl. K. Lehmann, 1988, S. 16.

414 Vgl. ebd., S. 17.

andere und anderes (die "anrufende" Personen- und Sachwelt). Im Zueinander und Miteinander, der wechselseitigen Bezogenheit von Ich und Du im Verhältnis von Mann und Frau (i.S. echter Lebensgemeinschaft) bietet sich hierfür eine besonders gute Chance, speziell auch dann, wenn die spezifische Geschlechtlichkeit zur Grundlage der Familie (der innigsten personalen Gemeinschaft) wird. Als Mutter und Vater vermögen sich Frau und Mann in einer Weise zu profilieren, die über ihre eigene Selbstverwirklichungstendenz hinaus Sinnverwirklichung stiftet. Bekanntlich braucht jedes "gesund" aufwachsende Kind das Erlebnis bzw. die Erfahrung von Mütterlichkeit und Väterlichkeit[415].

Mit den letzten Bemerkungen ist bereits ein Hinweis auf einige wichtige Folgerungen für die Erziehung gegeben. Unter dem hier zu erörternden Aspekt "geschlechtsspezifischer Differenziertheit" erscheinen drei Aufgabenstellungen besonders relevant: Sexualerziehung im Hinblick auf die Geschlechts- resp. Geschlechterrolle, Akzentuierung von Jungen- und Mädchenbildung sowie Vorbereitung auf die Elternschaft.

Ohne hier auf die verschiedenen Teilfragen, Problembereiche und Formen geschlechtlicher bzw. sexueller Erziehung im einzelnen eingehen zu können[416], sei auf besondere Notwendigkeiten der Erziehung angesichts der männlichen und weiblichen Geschlechterrolle aufmerksam gemacht. Ein wichtiger Erziehungsauftrag ist sicherlich der, zur vorbehaltlosen Annahme der Geschlechtsrolle beizutragen. Sodann erscheint es geboten, das Verständnis der Geschlechtlichkeit als biologische Gegebenheit und als geschlechtsspezifische Prägung anzubahnen bzw. zu fördern. Weiterhin sollte auch darauf "hingearbeitet" werden, sie als sozialen und kulturellen Faktor zu sehen.

Von solchen Einsichten her fällt unter anderem auch Licht auf das Sexualverhalten, hinsichtlich dessen sich ebenfalls Erziehungsaufgaben ergeben. Die Beachtung der individualen (personalen), sozialen und kulturellen Dimension der Sexualität erfordert gegenüber dem Edukandus pädagogische Hilfestellung in Form der Anbahnung eines verantwortlichen Umgangs mit der eigenen Sexualität, des Aufbaus und der Realisierung einer sozial akzeptablen Geschlechterbeziehung sowie zur Respektierung und Übernahme von die Kultur- und Wertwelt stabilisierenden Normen.

Die geschlechtsspezifische Differenziertheit eröffnet dem Mann und der Frau je eigene Möglichkeiten im Bezug zur Welt. Dieser Sachverhalt - un-

---

[415] Vgl. H Staudinger & J. Schlüter, 1981, S. 249.

[416] Ausführliche Informationen zu Theorie und Praxis der Sexualerziehung finden sich z. B. in dem von N. Kluge herausgegebenen zweibändigen"Handbuch der Sexualpädagogik" (Düsseldorf 1984), in einem Themenheft der Zeitschrift „engagement" unter dem Titel „Sexualerziehung - Grundlagen, Normen, Ziele" (Jg. 1986, H. 2) und sonst (s. u. a. B. Hamann, 1977).

ter anderem durch hirnphysiologische Forschungen bestätigt[417] - legt eine stärkere Akzentuierung von Jungen- und Mädchen - (bzw. Männer- und Frauen-)Bildung nahe. Das heißt nicht, daß eine generelle "Trennung" der Geschlechter in Erziehungs- und Bildungseinrichtungen erfolgen solle (im Sinne einer von Feministinnen geforderten weiblichen "Gegenkultur" angesichts der dominanten männlichen "Kultur"), sondern gemeint ist eine stärkere Berücksichtigung spezifischer Begabungen, Neigungen, Interessen und Bedürfnisse der Geschlechter im etablierten Bildungssystem (was das "gerechtfertigte" Vorhandensein auch von geschlechtsspezifischen pädagogischen Gestaltungsformen und Institutionen nicht ausschließt).
Ein weiterer pädagogisch relevanter Auftrag angesichts des Faktums geschlechtsspezifischer Differenziertheit muß in der "Vorbereitung auf die Elternschaft" gesehen werden. Vaterschaft und Mutterschaft setzen - um der damit verbundenen Erlebnisse, Erfahrungen und Obliegenheiten willen - eine Reihe von Kenntnissen und Kompetenzen voraus. Eltern brauchen Einsichten über Probleme der Partnerschaft, des Ehe- und Familienlebens, über die Art der Beziehungen der Familienmitglieder, mögliche Konflikte und ihre Lösungsmöglichkeiten, über Ansprüche an eine moderne Erziehung usw.[418].

7.2 Lebensalter und Erziehung - Lebenslaufperspektiven

Erlebniswelten der Menschen und ihre Lebensperspektiven hängen eng mit ihrem Lebenslauf zusammen. Die Einsicht in diese Tatsache hat die Lebenslaufforschung innerhalb der letzten Jahrzehnte stark forciert. Ab Mitte der 70er Jahre entwickelte sie sich zu einem internationalen Forschungsgebiet. Vertreter verschiedener Humanwissenschaften (besonders der Psychologie, Soziologie, Sozialpsychologie, Pädagogik) verfolgen das Ziel, das menschliche Leben im zeitlichen Verlauf als Ganzes zu erfassen. Die biographisch orientierten Forschungsansätze suchen "sowohl der Subjektivität und Komplexität des menschlichen Lebens gerecht zu werden als auch die historischen Einflüsse auf die Lebensgeschichte des einzelnen und die zur Ausformung typischer Generationsgestalten beitragenden zeitgeschichtlichen Kräfte differenziert zu berücksichtigen"[419]. Unter der Frage nach den strukturierenden Komponenten des Lebenslaufs lenkt man den Blick auf das Zusammenwirken von lebensalterspezifischen, zeitalterspezi-

---

417 A. W. von Eiff, 1978, S. 78ff.
418 Siehe dazu: B. Hamann, 1988; Ders. 1992, S. 68.
419 E. Weber, 1987, S. 19.

fischen und kohortenspezifischen Einflußfaktoren samt deren Effekten. Mehr als früher finden heute auch der geschichtliche und soziale Kontext sowie die Bedeutung der Übergänge zwischen den Phasen Beachtung[420].
Der Gang des eigenen Lebens - so eine wichtige Erkenntnis - gewinnt durch seine Einordnung in einen geschichtlichen, sozialen und kulturellen Zusammenhang eine bestimmte Wertigkeit, welche dem Lebenszyklus ihren Stempel aufdrückt. Erfahrungen und Erlebnisse des einzelnen erhalten demnach von jenem Gesamtzusammenhang her eine gewisse "Färbung". Andererseits ist der Lebenszyklus (Lebensablauf) auch eine durch binnenstrukturelle Komponenten bzw. Geschehnisse bestimmte (bestimmbare) Faktizität. In diesem Sinne mag er verstanden werden als jenes prozeßhafte Geschehen, innerhalb dessen der einzelne die Altersgruppen mit ihren unterschiedlichen Verhaltens- und Lebensstilen (einschließlich ihren typischen Erlebnisweisen) durchläuft.

Die Beschäftigung mit dem Lebenslauf bzw. Lebenszyklus ist in mehrfacher Hinsicht belangvoll. Einblicke in die subjektive Ausformung des menschlichen Lebens als Gesamtgestalt sowie in die Strukturiertheit der Lebensführung gewähren tieferes Verständnis des Vollzugshaften menschlichen Daseins; sodann ermöglichen sie auch bessere Einsicht und Orientierungshilfen für die Bewältigung lebensphasengemäßer Entwicklungs- und Erziehungsaufgaben. Menschsein verwirklicht sich - wie oben angedeutet - in einem sich über das ganze Leben erstreckenden Prozeß, wobei der Lebensgang (Lebenslauf) in einen umfassenden geschichtlichen, sozialen und kulturellen Kontext eingelagert ist und also von dorther seine Konturen erhält. Unter anderem Aspekt realisiert sich Menschsein in den verschiedenen Lebensaltern, d. h. in den aufeinanderfolgenden Altersstufen (Kindheit, Jugend, frühes und mittleres Erwachsenenalter, Senioren-/Greisenalter) und Entwicklungsphasen, wobei jede Altersstufe/Entwicklungsphase als abhängig von den vorausgegangenen und nachfolgenden angesehen wird.

Letztgenannter Sachverhalt rückt zwei Notwendigkeiten ins Blickfeld: Einblicke in die Strukturiertheit menschlichen Lebens und in die Anthropogenese verlangen ebenso eine nähere Erforschung resp. Berücksichtigung der verschiedenen Lebensalter wie auch pädagogische Maßnahmen und Gestaltungsformen. Die Lebenswelten und Sinnhorizonte unterscheiden sich in den einzelnen Lebensphasen recht erheblich; die Entwicklungs- und Lernaufgaben sind in den einzelnen Lebensstadien (vom Kleinkind- bis ins Greisenalter) andere. Eine Pädagogische Anthropologie muß sich

---

420 Zum gesamten Fragekomplex vgl. man u. a. W. Fischer & M. Kohli, 1987, S. 25ff; M. Kohli, 1991, S. 303 ff.; K.-U. Mayer, 1987, S. 51 ff.; W. Voges, 1987..

daher - worauf Irmgard Bock nachdrücklich insistiert - den verschiedenen Lebensaltern zuwenden[421].
Die Pädagogik, welche die Bedingungen, Möglichkeiten und Grenzen der Erziehung aufzeigen und auch deren konkreten Sinn herauszustellen sucht, wie er in den typischen Situationen der Lebensgeschichte und den Lebensaltern in Erscheinung tritt, ist auf eine anthropologische Betrachtungsweise angewiesen, die sowohl den "ganzen" Menschen wie auch phasengemäße Konkretisierungen bzw. Ausformungen von Menschsein im Visier hat. Zielsetzungen und Zweckbestimmungen pädagogischen Handelns wie auch die inhaltliche Ausgestaltung der Erziehung müssen - soweit es um die anthropologische Dimension geht[422] - am Lebenslauf und altersspezifischen Bedürfnissen, Lernmöglichkeiten und Lernaufgaben orientiert sein[423]. Altersspezifische bzw. altersgerechte Erziehung (und Bildung) in Kindheit, Jugend, Erwachsenen- und Seniorenalter hat ihren je besonderen Auftrag und je eigene Akzentuierungen, die übrigens nach Kultur und Zeit noch in spezieller Weise variieren (können).

7.3 Identität als anthropologisches Problem und pädagogische Aufgabe

Die vom einzelnen Menschen zu durchlaufenden Lebensphasen bringen Umstände, Situationen und zu bewältigende Aufgaben, die in die Lebensführung integriert werden müssen. Diese fordern in verschiedenen Lebensbereichen (z. B. Schule, Arbeitswelt, Freizeit) und in der Ausübung unterschiedlicher Rollen (als Kinder, Eltern, Berufstätige, Verbandsmitglieder etc.) zu situations- und sachadäquatem Denken und Verhalten heraus. Angesichts dessen stellt sich die Frage, wie es um die "Einheit" des Menschen, die sich in seinem Erleben und Handeln als identischer Bezugspunkt durchhält, bestellt ist. Mit sich selbst im Einklang zu sein, das dauernde innere Sich-selbst-Gleichsein (Identität; auch Selbst-Identität und Ich-Identität genannt) ist sicherlich angesichts des ständigen Wechselspiels von Selbst- und Objekterleben, angesichts des Netzwerks sozialer Beziehungen bei gleichzeitigem, beschleunigtem gesellschaftlichem Wandel sowie angesichts der Vielfalt konkurrierender Wertvorstellungen und Rollenanforderungen seitens der Umwelt recht schwer. Aber nicht nur das

---

421 I. Bock, 1984; Dies., 1985, S. 1131 ff.; vgl. auch: R. Oerter, 1981..
422 Bekanntlich gibt es auch noch andere Ziel- und Aufgabensetzungen, die nicht primär anthropologisch begründet sind, sondern sich im Hinblick auf Natur, Gesellschaft, Kultur- und Wertwelt ergeben.
423 Vgl. auch W. Loch, 1979.

Durchhalten der eigenen Identität stellt ein Problem dar, sondern auch deren Auffinden bzw. die Identitätsgewinnung.
Für die Identitätsgewinnung ist wichtig, daß der Mensch die inneren Anlagen, Bedürfnisse, Fähigkeiten etc. mit den wichtigen zu übernehmenden Rollen und Gruppenmitgliedschaften integriert. Gelingt dies nicht, so kann es zu schwerwiegenden Krisen und Störungen ("Identitätsdiffusion") kommen. Angesichts des Problemcharakters der Identität und deren Bedeutung für das individuale und soziale Leben ist es nicht verwunderlich, daß sich verschiedene Wissenschaften damit beschäftigen. Das Identitätsthema hat heute in den Humanwissenschaften "Hochkonjunktur", was sich im Nebeneinander einer Mehrzahl von Identitäts- und Selbstkonzepten zeigt[424]. In der Gegenwart wird die Identitätsproblematik unter einer Vielzahl von Aspekten diskutiert[425]. Gefragt wird im besonderen danach, wodurch sich das Ich bzw. Selbst konstituiert, welche Indikatoren sich für Identität ausfindig machen lassen, wodurch Identität verlustig geht. Nicht zuletzt interessiert in diesem Fragekomplex auch der Zusammenhang von Erziehung/Bildung und Identität[426].
In Beantwortung der erstgenannten Frage - der Frage nach Konstituenzien und Indikatoren der Identität - kann folgendes festgestellt werden[427]: In der Identität sind Gegebenes (naturhafte Verfaßtheit) und Erworbenes verbunden. Identitätsbildung setzt bei der Gegebenheit eines Ichs (Individuums, Person) an. Aber auch die Beziehung dieses Ichs zu seiner Umwelt ist für einen gelingenden Identitätsaufbau wichtig: in der Auseinandersetzung mit der Umwelt konstituiert sich das Ich als eine mögliche Ausgestaltung selbständigen Seins; in dieser Auseinandersetzung bildet sich also Identität heraus, wobei dem noch nicht voll entfalteten Sein die treibende Kraft zukommt. Das Verlangen nach Identität bzw. Identitätsgewinn äußert sich in

[424] Die Anstöße zur jüngeren Diskussion um Identitäts- und Selbstkonzepte stammen in der Soziologie vor allem von Jürgen Habermas, in der interaktionistisch orientierten Sozialpsychologie von Erving Goffman, in der Psychoanalyse von Erik H. Erikson; auch in der Psychologie wurden Selbstkonzepte entwickelt. Vgl. insbesondere: J. Habermas, 1973, S. 118 ff.; Ders., 1975. - E. Goffman, 1967; Ders., 1969. - E. H. Erikson, 1966. - Filipp, 1979;, H.-P. Frey. & K. Haußer 1987.

[425] Vgl. O. Marquard & K. Stierle, 1979; H. Drerup, 1987, S. 1 ff.

[426] Karl-Heinz Dickopp faßt die im Rahmen der Identitätsdiskussion im speziellen zu thematisierenden Probleme unter folgenden zentralen Fragestellungen zusammen: "Reicht Identität aus, um Selbständigkeit zu gewährleisten und Orientierung für ein verantwortliches Denken und Handeln zu bekommen? Setzt Identität den Einzelnen in den Stand, seine normativen Probleme zu lösen und zugleich zur Verbesserung, sprich: Humanisierung, d. h. Verwirklichung von Gutem beizutragen? Ist Identität ein hinreichendes Fundament als sittliche Instanz für moralisches Handeln?". Ders. 1990, S. 87.

[427] Vgl. dazu auch ebd., S. 88 ff.

der Identitätssuche. Es handelt sich hierbei um ein anthropologisches Phänomen[428].

Zum Identitätsaufbau gehört, daß die Menschen die Möglichkeit wahrnehmen, ihr Leben auf autonome Weise zu führen. Dazu gehören der Wille und die Fähigkeit, ein Höchstmaß an Selbständigkeit im Denken und Handeln zu praktizieren, gesellschaftliche Ordnungsvorstellungen, Orientierungs- und Verhaltensmuster zu reflektieren, bestimmte Ziele, Werte, Normen und Inhalte selbst festzulegen und schließlich eigenständig die Einhaltung dieser Normen zu kontrollieren. Die dabei zu treffenden Entscheidungen gilt es so anzueignen, daß sie Teil der eigenen Lebensgeschichte werden können. Wer solchermaßen Autonomie im Sinne von Selbständigkeit bzw. normativer Selbstmächtigkeit handhabt, begründete und verantwortete Entscheidungen fällt, dabei seine eigenen Anforderungen und Ansprüche miteinbringt, sichert damit auch die Möglichkeit seiner eigenen Kontinuität. "Entscheidungen zu treffen und Entscheidungen zu verantworten stellen also Grundcharakteristika von stabilisierten, gelungenen Identitäten dar"[429]. Entscheidungsunfähigkeit, Verzicht auf Aktivierung von Autonomie und auf die Möglichkeit, Reflexivität zu handhaben, statt dessen andere Instanzen über sich entscheiden zu lassen, können als Indikatoren mißlungener Identität bzw. für Identitätsverlust gelten.

Die hier skizzierte Identität ist eine personale Identität. Sie besteht darin, daß der einzelne zu sich selbst in ein Verhältnis tritt, die Auseinandersetzung mit der Umwelt in die eigene Verantwortung übernimmt, reflektierend zu neuen Positionen kommt, sein Handeln aus sich heraus moralisch gestaltet. In der Hilfe zu solchem Selbständigwerden, d. h. zu solcher qualitativer Eigenständigkeit kann aus personaler Sicht der Sinn von Erziehung und Bildung, und in der Identität (gekennzeichneter Art) ein Erziehungs- und Bildungsziel gesehen werden.

Im gesellschaftlichen Identitätskonzept/Identitätsverständnis hingegen wird nicht die sittliche Autonomie des einzelnen zum pädagogischen Ziel erhoben. Jürgen Habermas etwa stellt dem Autonomiekonzept sein Diskurskonzept entgegen. Beim Individuum soll in pädagogischem Bemühen - im Sinne von Identitätsaufbau - lediglich formale Denkfähigkeit gefördert werden. Als einzelnem wird ihm keine Kompetenz zugestanden, zu verbindlichen Sinn- und Zielvorstellungen bzw. Normen zu gelangen. Als Ort materieller Zielbestimmung wird vielmehr der "herrschaftsfreie Diskurs"

---

428 O. Marquard, erblickt in der Suche nach Identität eine Antwort des Menschen auf das Faktum der Orientierungslosigkeit des Menschen aufgrund des Verlustes metaphysischen bzw. teleologischen Denkens; Siehe Ders., 1979, S. 347 ff.; bes. S. 362.

429 K.-H. Dickopp, 1990, S. 89; siehe auch: ebd., S. 88.

bezeichnet: diesem wird die inhaltliche Ermittlung von verbindlichen Geltungsansprüchen, von Zielen, Werten und Normen aufgetragen[430]. Mit dieser Verlagerung inhaltlicher Bestimmung von Qualitätsmerkmalen der Identität in den gesellschaftlichen Raum (in die ideale Kommunikationsgemeinschaft) wird der einzelne von Verantwortlichkeiten entbunden, deren Wahrnehmung u.E. für Identitätsaufbau und -stabilisierung wichtig ist.

Fragen wir nunmehr nach dem Zusammenhang von Erziehung/Bildung und Identität, speziell danach, worin der pädagogische Beitrag zur Identitätsbildung besteht. Daß Identitätsbildung auch einen pädagogischen Auftrag darstellt, ergibt sich aus den genannten Merkmalen (Indikatoren) der Identität; ferner daraus, daß es in verschiedenen Lebensbereichen verschiedene Identitätsprobleme gibt (durch die je andere spannungsvolle Konfrontation individueller Initiative mit generellen Erwartungen); dann auch daraus, daß Identität nichts Statisches ist, sondern etwas immer neu zu Konstituierendes, d. h. etwas, das sich angesichts konkreter Situationen (bei herausgeforderten Entscheidungen) neu zu bewähren hat.

Die sich im Hinblick auf pädagogische Intervention (i.S. von Hilfestellung) stellende Leitfrage, ob so zu erziehen sei, daß das Leben des einzelnen mit der Verfassung des Ganzen alles Seienden übereinstimmt, oder so, daß eine Übereinstimmung des Individuums mit sich selbst bewirkt wird[431], kann u.E. so beantwortet werden: Es geht hier nicht um ein Entweder-Oder, sondern um ein Sowohl-als-Auch. Denn: Mit sich selbst übereinstimmen kann der einzelne nur, wenn er Grundforderungen menschlichen Seins gerecht wird, d. h. wenn er an Allgemeinem partizipiert, welches seinerseits im Sein als einem größeren Ganzen verankert ist.

Erziehung und Bildung können als Mitproduzenten von Identität angesehen werden, weil sie dazu beitragen, daß der einzelne in seine Menschlichkeit hineinfindet, oder anders ausgedrückt: weil sie das Allgemeinwerden des Individuums fördern. Letzteres soll besagen: Das Individuum bzw. das Subjekt (das Besondere) muß sich dem Allgemeinen: dem Sein, der Welt der Ideen, dem, was alle Menschen angeht und für alle gut ist (was Menschsein im Kern ausmacht), öffnen; es gewinnt seine Identität, wenn es sich als Singuläres ins Allgemeine überführt, wenn es sich allgemein macht, wenn es das Allgemeine bzw. das generell Menschliche an sich zu Darstellung bringt, es also in spezifischer Weise konkretisiert[432]. Erst durch die Verwirklichung des Allgemeinen gewinnt der einzelne seine "Größe", bringt er sich in sein Wesen. Seine vollendete Selbstverwirkli-

[430] Vgl. J. Habermas, 1976, S. 92 ff.; siehe auch: K.-H. Dickopp, 1990, S. 92 f.
[431] Vgl. G. Buck, 1981, S. 127.
[432] Hierzu und zum Folgenden vgl. man: K.-H. Dickopp, 1990, S. 96 ff.

chung kann nur im Sich-in-Anspruch-nehmen-Lassen von der Forderung des Allgemeinen erwartet werden[433].
Wie geschieht dieses Allgemeinmachen resp. Allgemeinwerden? Es erfolgt dadurch, daß das Individuum sich dem Allgemeinen öffnet: auf es eingeht, sein Eigenrecht respektiert, sich dem von dorther ergehenden Anruf stellt und in der Antwort auf diesen Anruf (im Sich-in-Anspruch-nehmen-Lassen) zu sich selbst kommt (weil und insofern ihm Aufgegebenes bewußt wird und ihn zur Verwirklichung auffordert). Erst indem der einzelne sich also das Allgemeine assimiliert, es in sich hineinnimmt, an sich zur Darstellung und Geltung bringt, wird er als Mensch konstituiert.
Bei diesem Prozeß des Zustandekommens von Menschlickeit (des Allgemeinwerdens) obliegt der Erziehung (und Bildung) eine unverzichtbare Funktion. Sie wird sozusagen einer Grundforderung menschlichen Seins gerecht, wenn und insofern sie jenes Denken fördert, in dessen Horizont Allgemeines im Besonderen angeeignet wird, wenn und insofern sie das Allgemeine als das zur Menschwerdung Notwendige für alle Geltende und Verbindliche sichtbar macht. Dabei ist sie dem einzelnen behilflich auf dem Wege zu seiner eigenen Sittlichkeit.
Das Allgemeinwerden (wozu auch das Sittlichwerden gehört) ist also in gewissem Sinne auf pädagogische Einflußnahme angewiesen. Weder Menschlichkeit im hier gemeinten Sinne noch auch Sittlichkeit sind etwas bereits Vorgefundenes; sie müssen vielmehr erst mit Hilfe von Erziehung und Bildung zustande gebracht werden. Pädagogische Beeinflussung im Sinne der Förderung jenes Allgemeinwerdens wie auch der Identitätsbildung ist kein Verfügen über den Menschen. Der Vollzug des Allgemeinwerdens verlangt auch zwei dem Menschen selbst zugehörige Komponenten: ein Aktivwerden bzw. eine Grundaktivität des Individuums, sodann eine für das Allgemeine vorgegebene Grundstruktur (= das Personale)[434]. Aufgrund derselben ist der Mensch in der Lage, zu werten, Verantwortung zu übernehmen und Entscheidungen zu treffen. Erziehung fordert solche heraus. Was durch sie bewirkt wird, setzt laut Karl-Heinz Dickopp "die Rahmenbedingung für menschlichen und damit auch mitmenschlichen Vollzug ... (Sie ist) der unverzichtbare Bedingungsrahmen, in dem sich das transzendentale Subjekt in jedem Einzelnen in seine Bestimmung hineinführt"[435].

---

433 Unter dem Anspruch des Allgemeinen ist der einzelne übrigens mit anderen seinesgleichen verbunden.
434 Vgl. ebd., S. 99.
435 Ebd., S. 100.

Die sich hier aufdrängende Frage, was sich in dem genannten Allgemeinen inhaltlich konstatiert, möchten wir so beantworten: es ist die Vervollkommnung der gegebenen zeitlich-geschichtlichen Existenz des Individuums. Diese Vervollkommnung der menschlichen Person als Ganzes - man spricht diesbezüglich auch von Versittlichung - ist jedem einzelnen aufgetragen. Sittlichkeit (als etwas Qualitatives) besteht in der Güte der Beziehungen zu anderen und anderem. Sie bekundet sich in einer bestimmten Prägung des menschlichen Handelns, in einer uneingeschränkten Verbindlichkeit, unter welcher ein Mensch in seinem Verhalten zu den Mitmenschen, zur Natur, zur Sachwelt und zu sich selbst steht[436]. Laut Dietmar Mieth ist Sittlichkeit "eine Qualifikation freier menschlicher Akte und Haltungen, sofern diese das Gute und Richtige anstreben und verwirklichen"[437]. Wenn auch die inhaltliche Bestimmung des Begriffs Sittlichkeit von verschiedenen ethischen Positionen unterschiedlich festgelegt und die Vollgestalt des Menschlichen in differierender Weise bestimmt wird, so besteht doch weitgehender Konsens darüber, daß sich der Anspruch der Sittlichkeit an den Menschen als freies Vernunftwesen richtet, und daß der Mensch dann sittlich handelt, wenn er selbst die Ziele seines Handelns setzt bzw. sich die Gesetze dafür selbst gibt (wobei er sich an dem Guten und Rechten orientiert). Allenthalben wird auch anerkannt, daß pädagogische Beeinflussung wesentlich daran beteiligt ist, den einzelnen in seinen Sittlichkeitsstatus hineinzuführen. Nach Karl-Heinz Dickopp besteht darin sogar "die wesentliche Aufgabe der Erziehung"[438]. Deren Ziel ist die sittliche Personwerdung (moralische Mündigkeit), welche Urteils- und Handlungsfähigkeit einschließt. Sittliche Erziehung (oft auch ethische oder moralische Erziehung genannt) steht mit Erziehungsaufgaben von spezifischen Akzentsetzungen (wie Charakter-, Willens-, Gewissens-, Werterziehung) in enger Verbindung[439].

Was die didaktisch-methodischen Fragestellungen der ethisch/moralischen Erziehung angeht, muß beachtet werden, daß letztere in den einzelnen Lebensaltern bzw. bei verschiedenen Altersgruppen entsprechend den je an-

---

436 Begriffe wie Mitmenschlichkeit, Sachlichkeit, Gerechtigkeit u.a. mögen darauf verweisen.

437 D. Mieth, 1977, S. 143; Zum Problem "Sittlichkeit" vgl. man z. B. auch: O. Höffe, 1980; H.-E. Hengstenberg, 1989; L. Kerstiens, 1983.

438 K.-H. Dickopp, 1990, S. 104.

439 Beachte etwa: K. Beutler & D. Horster, 1996; C. Günzler u. a., 1988; H. Henz, 1991; L. Kerstiens, 1987, Ders. 1987, Ders. 1989; D.-J. Löwisch, 1995; K. E. Maier, 1986; K. Meyer-Drawe u. a. 1992; K. E. Nipkow, 1981; G. Stachel & D. Mieth, 1978. - F. Schweitzer, 1980, S. 931 ff. - W. Brezinka, 1990, S. 371 ff.; Moralentwicklung-Moralerziehung = Heftthema der „Zeitschrift für Pädagogik“ (Jg. 1987, H. 2); Ethik und Bildung = Heftthema der „Zeitschrift für Pädagogik“ (Jg. 1996, H. 1)

deren (moralischen) Entwicklungsstufen und Lebensaufgaben[440] gestaltet werden muß.

7.4 Der Mensch im Spannungsfeld von Natur und Kultur

In der Pädagogischen Anthropologie geht es zentral um die Wechselbeziehung zwischen Anthropogenese (Personagenese) und Erziehung. Demnach ist ihr ein Mehrfaches aufgetragen: Sie muß sich versichern, "wer" der Mensch ist und zu "was" er sich versteht, was in ihm nach Gestaltung drängt, was aus ihm werden kann und soll. Die Frage nach der Bedingung der Möglichkeit von Erziehung ist von ihr ebenso zu thematisieren wie die Sinn- und Zielfrage pädagogischen Tuns. Daß sie sich dabei auch der Erkenntnisse anderer Wissenschaften bedient und solche auch heranziehen muß, ist evident. Deren Integration in einen Begründungs- und Legitimationszusammenhang pädagogischen Denkens und Handelns ist freilich schwierig, weil sie teils reflexiv, teils empirisch gewonnen sind und hinsichtlich ihres Realgehalts wie ihres Geltungsanspruchs unterschiedlich beurteilt werden. Allgemein anerkannte Bewertungskriterien fehlen ebenso wie verbindliche Deutungsmuster. Das zeigt sich unter anderem auch bei der unterschiedlich beantworteten - für die Pädagogik sehr bedeutungsvollen - Frage, ob der Mensch ein Sonderentwurf unter den Lebewesen sei, oder ob er sich vom Tier nicht wesensmäßig unterscheide; ob er eher als Naturwesen oder als Kulturwesen gelten könne, oder ob diese Unterscheidung aufgehoben bzw. unter anderer Sichtweise neu bestimmt werden müsse.

Tatsächlich haben sich in letzter Zeit, was das Verständnis des Menschen und die Deutung seines Verhaltens angeht, teils neue Fragestellungen, teils neue Akzentsetzungen ergeben. So konstatiert etwa Karl-Heinz Dickopp eine Wiederbelebung von darwinistisch-biologischen Vorstellungen im Kontext von Soziobiologie und Psychobiologie und spricht von einer "Erschütterung der Grundlagen der Pädagogischen Anthropologie angesichts evolutionsbiologischer Thesen"[441]. Und Herbert Zdarzil registriert eine gesteigerte Beachtung kulturanthropologischer Forschung im Bereich der Pädagogik[442].

---

440 Vgl. R. Schmitt, 1991, S. 172 ff..

441 K.-H. Dickopp, 1990, S. 11.

442 H. Zdarzil, 1987, S. 228.

7.4.1 Evolutionsbiologische Aspekte

Unter der neu akzentuierten evolutionsbiologischen Sichtweise wird die bei anthropologisch orientierten Wissenschaftlern weithin anerkannte Grundthese von der Sonderstellung des Menschen im Bereich des Lebendigen geleugnet; verbunden damit ist eine neue Interpretation des Bezugsverhältnisses des Menschen zu Natur, Tradition und Kultur.

Welches sind nun die in der heutigen Sozio- und Psychobiologie vertretenen evolutionsanthropologischen Kernaussagen? Die in den anthropologischen Ansätzen weithin vertretene Auffassung von der exzentrischen Stellung des Menschen im Kosmos und seine spezifische Kennzeichnung als "weltoffenes" Wesen (z. B. bei M. Scheler, H. Pleßner, A. Portmann, A. Gehlen) wird in evolutionsbiologischer Sicht abgelehnt, ebenso eine ihn besonders auszeichnende "geistige Lebensform" (A. Portmann) und eine ihm zugesprochene "kulturell verfaßte Natur" (A. Gehlen). Ferner wird das Vorhandensein eines grundlegenden Unterschieds von Organischem und Geistigem, von Tier und Mensch bestritten sowie auch die Entlastungsfunktion der Traditionen[443]. Demgegenüber wird alles organismische Leben als einem einheitlichen Grundgesetz folgend gedeutet[444]. Allem Lebendigen wird ein Entwicklungsverlauf unterstellt, in welchem genetische Komponenten und Erfahrungen miteinander verknüpft sind. Naturhaftes und Kulturelles stehen in Wechselwirkung: Der individuelle Organismus ist durch seine Gene nicht festgelegt, in seinem Werden nicht bestimmt (weder was das Ziel, noch die Richtung seines Werdens betrifft). Von der Genstruktur her sind der organischen Entwicklung lediglich Grenzen gesetzt. Für die Ziel- und Richtungsbestimmung des Werdens bzw. der Weiterentwicklung ist hingegen die "Kultur" (i.S. des Repertoires angesammelter Erfahrungen) maßgebend[445].

Eine Unterscheidung von Natur und Kultur ist bei dieser engen Verzahnung beider, also in der Wechselwirkung von Biogenetischem (genetischen Voraussetzungen) und Tradigenetischem (Einbringung von auf Erfahrung beruhenden Leistungen) nur noch aspekthaft möglich. Jedes Lebendige - Tier wie Mensch - hat dieser Auffassung gemäß einen individuellen Status, in dem biologische Entwicklung und Erfahrung ineinander

---

[443] Letztere wurde bekanntlich von A. Gehlen im Hinblick auf die Bedeutung der Institutionen für die menschliche Existenz mit Nachdruck hervorgehoben. Vgl. Ders., 1961, S. 23 f., 62.

[444] Zum Folgenden vgl. man K.-H. Dickopp, 1990, S. 130 ff.

[445] Näheres über den Zusammenhang dieser beiden genannten Entwicklungskomponenten des individuellen Organismus siehe bei: C. Vogel, 1986, S. 47 ff. Der Autor spricht diesbezüglich von biogenetischer und tradigenetischer Entwicklung.

übergreifen und die Entwicklung eines jeden Organismus in seinem Werden bestimmen[446].

Was das genannte Verhältnis von Natur und Kultur in ihrer wechselseitigen Bestimmung im Zusammenhang der Entwicklung eines jeden Organismus näherhin betrifft, was im besonderen dafür grundlegend ist, wird seitens der Soziobiologie[447] so beantwortet: Jedes einzelne Lebewesen verfolgt als Individuum - das ist ein Grundgesetz alles Lebendigen bzw. Organischen - das profunde Interesse, sich selbst in optimaler Weise zu reproduzieren. Diese dem Organismus innewohnende Tendenz wird nicht von der Erhaltung der Art bestimmt, sondern vom Verlangen, für sich selbst als Individuum (in Auseinandersetzung mit Artgenossen) die bessere und mächtigere Position zu erreichen. Das sich hier zeigende genetische Eigeninteresse[448] wird sowohl vom Tier wie auch vom Menschen verfolgt. Zur Sicherung ihrer Genstruktur werden seitens der Natur nur Vorschläge unterbreitet; auch bei artgleichen Organismen ist das Verhalten nicht universell vorprogrammiert; auch müssen auf Erfahrung und Tradition basierende kulturelle Muster nicht einem vorgegebenen biologischen Imperativ gehorchen. Die Vollzugsform, wie also ein Individuum seine Genstruktur reproduzieren will, unterliegt seiner eigenen "Entscheidung". Diesbezüglich gibt es unterschiedliche im Verhalten zum Vorschein kommende Ausprägungen zwischen Mensch und Tier (wie auch zwischen Artgenossen), ohne daß dafür - so die hier vertretene Auffassung - Wesensunterschiede unterstellt werden müßten[449].

Bei den soeben getroffenen Aussagen über das für alles Lebendige zutreffende Gesetz der Selbstreproduktion und das davon betroffene (bzw. bestimmte) Verhalten menschlicher wie tierischer Individuen - wobei ein genetisches Eigeninteresse die Triebkraft ist - stehen evolutionstheoretische Vorstellungen Pate. Das gilt etwa für die darwinistische Auffassung, daß sich innerhalb der Auseinandersetzung ums eigene Dasein die jeweilige Natur des Lebewesens ständig ändert, und daß es einen Realunterschied zwischen Natur und Kultur nicht gibt. Über das darwinistische Evolutionskonzept (mit seinem Prinzip der natürlichen Auslese) geht die neuere soziobiologische Betrachtungsweise insofern jedoch hinaus, als sie dem Gen eine "egoistische" Grundstruktur zuspricht und die von der Genstruktur eines jeden Organismus her gesetzten Grenzen (für das soziale Verhalten) betont. Biologische Gesetzmäßigkeiten allein - so die Meinung - reichen

---

446 Vgl. K.-H. Dickopp, 1990, S. 127.

447 Zur Fragestellung dieser Forschungsrichtung siehe: F.J. Bogdany, 1980, S. 312 ff; H. Zdarzil, 1985, S. 559; siehe auch:K. Immelmann u. a., 1988.

448 Vgl. auch W. Wickler & U. Seibt, 1977.

449 Vgl. zum Vorstehenden: K.-H. Dickopp, 1990, S. 131 f.

für die Erklärung des sozialen Verhaltens der Menschen und die Struktur ihrer Sozietäten nicht aus. Hierbei spielen auch andere Gesetzmäßigkeiten, in denen sich vernünftige soziale Bestrebungen der Menschen kundtun, eine Rolle[450].

Für die Pädagogik, in der es zentral um das Verhältnis von Natur und Kultur geht, gibt der hier konstatierte Zusammenhang von biogenetischer Evolution (welche es mit genetischen Voraussetzungen für kulturelle Leistungen und mit Anpassungsprozessen an soziale und ökologische Bedingungen zu tun hat) und tradigenetischer Evolution (welche auf Erfahrung basiert und Informationsweitergabe bewirkt) Hinweise darauf, wie kulturelle Verhaltensmuster entstehen und wie sie im Sinne des genetischen Programms genutzt und weitergegeben werden können[451].

Für die Erziehung bedeutet das: es gilt "die Spielräume auszumachen, innerhalb derer überhaupt Veränderungen durch Erziehung veranlaßt werden können, bzw. auf welche strukturellen Vorgegebenheiten sich Erziehung einstellen muß"[452].

Hier ist zu fragen: Kann sich Erziehung, welche ja auf das menschliche Verhalten im Sinne von Entwicklungsförderung Einfluß nehmen will, darauf beschränken? Kann sie sich damit begnügen, nur die Freiräume zu nutzen, die sich im Werdegang des durch die genannten Kräfte sich entwickelnden Organismus ergeben? Wir müssen sogar unsere Fragerichtung noch erweitern: Kann die soziobiologisch orientierte Evolutionsanthropologie überhaupt etwas zur Begründung und Legitimation pädagogischen Handelns beitragen? Wir meinen: neodarwinistische bzw. soziobiologische Theorien reichen nicht aus, das Selbst- und Weltverhalten des Menschen zu erklären. Von ihren Kernaussagen her lassen sich weder die Norm- und Zielfrage pädagogischen Handelns hinreichend erhellen noch auch befriedigende praxisorientierende Maßgaben gewinnen. Entgegen dort getroffenen Feststellungen sei auf folgendes hingewiesen: Der Mensch handelt nicht nur nach genetischen Programmen, biologischen Gesetzmäßigkeiten und traditionellen "Vorgaben", sondern sein Handeln und Verhalten wird auch mitbestimmt durch Denken, welches von Vernunft aufgebracht wird. Das läßt sich besonders hinsichtlich des sozialen und moralischen Handelns nachweisen (bei dem eigennützige bzw. egoistische Tendenzen hinter allgemein vernünftigen bzw. rationalen Interessen weit zurücktreten können). Es gibt viele Situationen, in denen Menschen, die ihr Handeln sinnvoll bzw. richtig gestalten wollen, es der Vernunft als Maßstab un-

---

450 Vgl. W. Wickler & U. Seibt, 1977, S. 49.

451 Vgl. auch K.-H. Dickopp, 1990, S. 138 ff.

452 Ebd., S. 135.

terstellen. Günther Patzig konstatiert, "daß es Menschen gibt, die sich von einem bestimmten Punkt ihrer moralischen Entwicklung an fragen, was objektiv richtiges Verhalten ist und ein Bedürfnis entwickeln, ihr eigenes Verhalten nach solchen objektiven Maßstäben auszurichten, auch wenn dies im Einzelfall mit entschiedener Einbuße an Chancen der Interessenverwirklichung verbunden sein sollte ... Fast alle Menschen sind in einigen Situationen bereit, ihre Interessen zurückzustellen und zu tun, was in der jeweiligen Situation in ihren Augen vernünftig, moralisch vernünftig ist"[453].
Das Tier übrigens, welches nach dem evolutionstheoretischen Konzept als vom Menschen nicht wesensverschieden eingestuft wird, kann nicht vernunftgeleitet handeln. Es "handelt" - so stellen wir fest - überhaupt nicht; denn zum Handeln gehört Reflexivität, was die Fähigkeit einschließt, sich als Urheber seiner Handlungen zu erfahren. Diese aber geht dem Tier ab. Auch für sein "Verhalten" gilt: solches ist in keiner Situation durch Vernunft mitbestimmt.

7.4.2 Humanethologische Aspekte

Was das Verhalten des Menschen angeht, ist in Ergänzung der zuvor skizzierten evolutionsbiologischen Aspekte in besonderer Weise noch auf Sichtweisen und Ergebnisse der neueren Verhaltensforschung (Ethologie), insonderheit auf Akzentuierungen und Resultate der mit dem menschlichen Verhalten befaßten Humanethologie hinzuweisen.[454]
Die Humanbiologie als relativ junger Zweig der Verhaltensforschung ist besonders an den stammesgeschichtlich überlieferten und erblich vorbestimmten Gesetzmäßigkeiten und Spielbreiten im menschlichen Verhalten interessiert. Zu ihren zentralen Fragen gehören die nach den "Bausteinen" des Verhaltens, nach Anteilen von angeborenen und erlernten Verhaltensweisen, nach stammesgeschichtlich gewordenem, früheren Lebensbedingungen angepaßtem Verhalten (das unter heutigen Verhältnissen störend bzw. gefährlich sein kann), nach instinktiven Grundlagen der menschlichen Kultur, nach Möglichkeiten, der Veränderung erblich vorprogrammierten Verhaltens durch gesellschaftliche Einflüsse und/oder persönliche Entscheidungsfreiheit.

---

453 G. Patzig,k 1983, S. 335 f.

454 Vgl. z. B. J. Eibl-Eibesfeldt, 1972, 1973, 1984; B. Hassenstein, 1972, 1973, 1980; K. Immelmann, 1976; Ders. u.a., 1988; K. Lorenz, 1966, 1982; H. Markl, 1985, 1986; D. Neumann, 1994, S. 201 ff.; G. Vogel & H. Angermann, 1990, S. 400 ff.; W. Wickler, 1970, 1972; Ders. & U. Seibt, 1973, 1977, 1990.

Zur Beantwortung solcher Fragen bedient sich die Humanethologie neben experimentellen Untersuchungen am Menschen[455], etwa bei Neugeborenen, Kleinkindern, Taubblind-Geborenen mit relativ geringer kultureller Überformung und wenig Lernmöglichkeiten. Sodann spielen für die Klärung jener zentralen Fragen Mensch-Tier-Vergleiche und Kulturvergleiche eine besondere Rolle[456].

Bezüglich pädagogisch relevanter Ergebnisse humanethologischer Untersuchungen kann auf Folgendes verwiesen werden: Drei Parameter bestimmen menschliches Verhalten: ererbte Dispositionen, gesellschaftliche Normen und persönliche Entscheidungen. Diese wirken in unterschiedlichen Anteilen. Während bei Tieren stammesgeschichtliche Anpassungen das Verhalten in genau feststellbaren Bereichen determinieren, während Tiere "umweltgebunden" sind und in den für sie wichtigen Funktionskreisen entsprechend ihrer arteigenen Merk- und Wirkwelt gut angepaßt sind[457], ist der Mensch als "weltoffenes Wesen" von Natur aus weit weniger begrenzt bzw. festgelegt. Allerdings gibt es auch beim Menschen gewisse Verhaltenskomponenten, die als "angeboren" bzw. als stammesgeschichtliche Anpassungen angesehen werden können[458]. So sind im motorischen Bereich Erbkoordination und Orientierungsbewegungen nachgewiesen (Pendel- und reflexartige Bewegungen). Im rezeptorischen Bereich gibt es das Fortwirken ererbter Auslösemechanismen im Sozialverhalten (z. B. Kindchenschema). Auch angeborene Antriebsmechanismen sind bekannt (z. B. Nahrungs-, Sexual-, Aggressionstrieb). Im Bereich des Erfahrungserwerbs kennt man angeborene Lerndispositionen und Lernstrategien. Dazu kommen - als wichtige genetische Anpassungsmerkmale - auch angeborene Lernbereitschaft und Lernlust[459]. Diese zu erhalten und zu fördern, stellen einen wichtigen pädagogischen Auftrag dar[460].

Was stammesgeschichtlich gewordene Verhaltensauslöser, -mechanismen und -muster angeht, die in früheren Zeiten je vorhandenen Lebensumständen und Umwelten angepaßt waren, können heute unter veränderten räumlichen und soziokulturellen Gegebenheiten sogar nachteilig und gefährlich sein[461]. In industriellen Kulturen können alte Verhaltensmuster dysfunktional sein. In Zeiten risikohafter Lebensbedingungen und Gefährdungen, die erhöhte Verantwortungsbereitschaft und ethisches Engagement verlan-

---

455 Solchen sind aus ethischen Gründen allerdings enge Grenzen gesetzt.
456 Vgl. G. Vogel & H. Angermann, Bd. 2, 1990, S. 435 f.
457 J. v. Uexküll, 1956.
458 J. Eibl-Eibesfeldt, 1972, 1976; s.a. E. Weber, 1995, S. 47.
459 Vgl. H. Mark, 1986, S. 61.
460 Zu wesentlichen Voraussetzungen dafür: E. Weber, 1995, S. 50.
461 Vgl. etwa J. Eibl-Eibesfeldt, 1976, S. 12, 20.

gen, reicht - wie kritisch eingestellte Autoren mit Nachdruck betonen - die natürliche, stammesgeschichtliche Anpassung nicht mehr aus. Erzieherisch vermittelte Wertgesichtspunkte und Einblicke in Notwendigkeiten eines tragfähigen Lebensstils in moderner Welt müssen immer mehr das menschliche Verhalten fundieren bzw. mitbestimmen[462].
Humanbiologen sprechen von einer nicht unerheblichen stammesgeschichtlichen Programmierung im Bereich von Ausdrucksvermögen, Bewegungsfolgen und Sozialverhalten. Sie nehmen auch an, daß Stufen der psychologischen Entwicklung auf einer Reihe von genetisch bestimmten Phänomenen beruhen, daß auch menschlichen Anschauungs- und Denkformen oft ererbte Mechanismen zugrunde liegen, daß ererbte Auslösemechanismen im menschlichen Sozialverhalten fortwirken[463].
Was die Antriebe betrifft, wird aufgrund von Beobachtungen festgestellt: verschiedene physiologische Mechanismen sind - auch beim Menschen - unterschiedlich beteiligt (Hormone, innere Reize, zentralnervöse Instanzen). Äußere Reize haben neben auslösenden auch motivierende Wirkungen. "Grundsätzlich gilt, daß auch bei genetischer Programmierung motivierender Mechanismen nur die Variationsbreite festliegt, innerhalb deren Erfahrungen und Einsichten modifiziert wirken"[464].
In verschiedenen Verhaltensbereichen, die von mehreren Faktoren geprägt werden, sind also ererbte Komponenten beteiligt. So wird auch Geschlechtsrollen-Verhalten neben gesellschaftlichen Einflüssen offenbar von ererbten Dispositionen mitbestimmt. (Durch soziale und/oder rationale Einflüsse kann es sich ändern.) Auch Lernen erfolgt beim Menschen stets auf der Grundlage von wenigstens teilweise genetisch programmierten Strukturen des Zentralnervensystems[465].
Eine wichtige Frage ist die nach Entstehung und Grundlagen von moralischen Vorstellungs- und Handlungsmustern. Man fragt nach der Existenz einer moralischen Natur bzw. der moralanalogen Funktion von instinktiven Antrieben[466]. Soziobiologische Forschung will insonderheit erkunden, wieviel "Natur" in der von uns gelegten Moral steckt. Die diesbezüglich spärlichen Ergebnisse lassen erkennen, daß moralisch-sittliche Selbstansprüche des Menschen über genetische "Vorgaben" weit hinausgehen. (Es ist ja - da der Mensch auch kulturell bzw. durch Traditionen und eigene Reflexionen (mit)geprägt ist, und da die forschende Selbstbeobachtung durch Gefühle, Interessen, Motive etc. eine Realitätsabbildung behindert -

462 Vgl. E. Weber, 1995, S. 51 f.
463 Vgl. D. Neumann, 1994, S. 206 ff.; G. Vogel & H. Angermann, Bd. 2, 1990, S. 437.
464 G. Vogel & H. Angermann, Bd. 2, 1990, S. 439.
465 Vgl. ebd.
466 Vgl. dazu und zum Folgenden: K. Neumann, 1994, S. 208 ff.

sehr schwer, seine "reine Natur" zu fassen.) Welche Faktoren mit welchen Anteilen und jeweiligem Ausmaß am Gesamtverhalten des Menschen beteiligt sind, bedarf noch weiterer Klärung. Nach heutigem humanbiologischem Erkenntnisstand ist menschliches Verhalten nicht völlig determiniert; auch seitens der Umwelt ist der Mensch nicht beliebig modifizierbar. Die Natur des Menschen ist nicht starr, sondern plastisch. Genetische Strukturen und kulturelle Einflüsse sind verschränkt und nicht zu trennen[467]. Eine genaue Quantifizierung von naturgegebenen bzw. angeborenen und von erworbenen bzw. erlernten Verhaltensanteilen ist kaum möglich[468], wie auch die auf Reflexion und eigener Entscheidungsfreiheit beruhende Fähigkeit, triebhaft bedingte Verhaltenstendenzen bewußt zu steuern und/oder normative gesellschaftliche Vorgaben "zuzulassen", nicht wie eine meßbare Größe registriert werden kann.

Die Pädagogik, welche ihrer Aufgabe gemäß den Menschen als eine strukturierte Ganzheit versteht, d. h. die geistige, sozial-kulturelle und naturhaft-biologische Dimension des Menschseins sowohl in der Theorie wie der Praxis zur Geltung zu bringen sucht, darf keine dieser Seinsweisen mißachten. Sie muß also auch den lange Zeit vernachlässigten Ergebnissen biologischer Forschungsbereiche (z. B. der Evolutionsbiologie, Tierverhaltensforschung, Humanethologie, Soziobiologie, (Neuro-)Physiologie u.a.) gebührende Beachtung schenken.

Die Relevanz bioanthropologischer Erkenntnisse für die Pädagogik kann besonders in Folgendem gesehen werden: Die Grundlagen pädagogischen Denkens, Handelns und Gestaltens[469] werden ohne Beachtung physiologischer resp. humanbiologischer Lebensvorgänge, speziell phylogenetischer und ontogenetischer Gegebenheiten (Erste betreffen die menschliche Stammesentwicklung, letzte die menschliche Individualentwicklung.) nicht hinreichend - weil dimensional verkürzt - zu erhellen sein. Ergebnisse evolutionistischer und ethologischer Forschung tragen generell zur Klärung von biologischen Bedingungen und Voraussetzungen der Erziehung bzw. pädagogischer Einflußnahme bei. Speziell geben sie Hinweise auf den stammesgeschichtlichen Kontext von Erziehung und humanem Verhalten, auf die menschliche Erziehungsbedürftigkeit, Lern- und Erziehungsfähigkeit/Bildsamkeit; sie vermitteln Einblick in das Verhaltensrepertoire des

---

467 Siehe ebd., S. 217 f.

468 W. Wickler vertritt die These: es gibt menschliche Verhaltensweisen, die stärker von kulturellen als von genetischen Programmen gesteuert werden (W. Wickler & U. Seibt, 1990, S. 188). Und er stellt fest, daß die im Erbgut verankerten Verhaltensprogramme keine "Vorschriften", sondern nur "Vorschläge" machen (W. Wickler, 1991, S. 14).

469 Zu generellen und prinzipiellen Aspekten pädagogischen Handelns und Geschehens vgl. man: B. Hamann, 1994.

Menschen; sie verweisen auf ökologische Korrelate zur Entwicklung menschlicher Fähigkeiten und auf genetische Komponenten des Normbewußtseins; sie vermögen nützliche Informationen für gewisse konkrete pädagogische Entscheidungen bzw. Maßnahmen zu bieten[470].
Wenn auch humanbiologische Befunde über Möglichkeiten und Grenzen der Erziehung in gewissem Sinne orientieren und realitätsferne und ideologisch eingefärbte pädagogische Vorstellungen und Zielstellung korrigieren können, muß auch vor Überzeichnung (Überbewertung), voreiliger Verallgemeinerung nicht genügend abgesicherter Untersuchungsergebnisse gewarnt werden. Zu bedenken ist ferner, daß neben der Berücksichtigung humanbiologischer Befunde auch geistes- und kulturwissenschaftliche Erkenntnisse als Basis für theoretische und praktische Pädagogik unverzichtbar sind. Dies gilt im besonderen hinsichtlich einer Wirklichkeitsorientierung, wo es um Aufgaben der Sinn-, Moral- und Lebenserziehung geht. Denn der Mensch ist in seinem Sein, seiner Genese, speziell auch seinem "Welt"-Bezug, weder naturwissenschaftlich noch geisteswissenschaftlich allein zu fassen.

7.4.3 Natur und Kultur als Bezugspunkte - Naturbezogene und kulturanthropologische Aspekte

Aus anderen Sichtweisen stellt sich das Verhältnis Mensch-Natur-Kultur anders dar als unter evolutionstheoretischer und humanethologischer Perspektive. Die Feststellung "der Mensch ist Naturwesen und Kulturwesen" kann besagen, daß er zwei Bereichen zugehört, wobei diese "Zugehörigkeit" verschiedene Bezugsebenen betrifft: als Naturwesen erscheint der Mensch sowohl als Teil, wie auch als Nutzer und Beherrscher von Natur; als Kulturwesen erweist er sich einerseits als Produkt und Partizipient und andererseits als Produzent (Schöpfer) von Kultur. Aus dieser Bezogenheit resultiert auch eine doppelseitige Verantwortlichkeit: die Verantwortung des Menschen gegenüber der Natur und gegenüber der Kultur. Diesen Verantwortlichkeiten entsprechen auch gewisse Erziehungsaufgaben.
Wenn auch mit der Natur und Kultur unterschiedliche Sachverhalte bezeichnet werden[471], besteht zwischen beiden doch eine enge Verbindung.

---

470 Vgl. M. Liedtke, 1986, S. 8 ff.; D. Neumann, 1994, S. 224 f.; s.a. E. Weber, 1995, S. 41 f.

471 „Natur" wird hier verstanden als Zustand des Menschen und aller sichtbaren Dinge, wie er (gesetzmäßig) von selbst erwächst und sich im Kreislauf von Werden und Vergehen geschichtslos erneuert. Im engeren Sinne meint Natur die noch nicht „bearbeitete" Welt der Dinde, d. h. die noch nicht durch menschliche Zwecksetzungen „entfremdete" Welt. „Kultur" hingegen ist die Bezeichnung für das,

Es handelt sich nicht um Gegensätze, die gegeneinander ausgespielt werden könnten, sondern beide sind aufeinander bezogen: Kultur hat ihre Wurzeln in Natur, und der Mensch als Schöpfer und Ermöglichungsgrund von Kultur ist naturverhaftet. Im handelnden Umgang mit der Natur besteht für den Menschen nicht nur eine Möglichkeit, sein Leben zu erleichtern und sich Bedürfnisse (ästhetischer und anderer Art) zu befriedigen. In der Auseinandersetzung mit ihr ergeben sich Chancen der Sinnverwirklichung. Freilich können Naturgegenstände auch so verändert oder mißbraucht werden, daß sie ihrer ursprünglichen Form und Funktion entfremdet werden (z. B. bei Verschandelung von Landschaften, bei Manipulation im gentechnologischen Bereich). Daß die Natur nicht zu einer für menschliche Zwecke völlig frei verfügbaren Masse werden darf - ihr auch ein Eigenwert und Eigenrecht zugestanden werden muß -, sollte außer allen Zweifels stehen. Auch dort, wo der Mensch kulturschaffend bzw. kulturschöpferisch tätig ist, darf sein Tun nicht "denaturierend" (naturstörend bzw. -zerstörend) sein. Hubert Markl plädiert nachdrücklich für eine sachadäquate Einstellung zur Natur und des Umgangs mit ihr, wenn er die Natur dem Kulturwesen Mensch als Auftrag zuweist[472]. Auch eine Reihe anderer Autren, die dezidiert pädagogische Aspekte akzentuieren, sehen darin wichtige Aufgaben[473].

Die Bedeutung der Natur für den Menschen (sowohl als "innere Natur", d. h. als seine Wesensart bzw. eigentümliche Beschaffenheit, wie auch als "äußere Natur", d. h. als sein die Welt der Dinge umgreifender Lebensraum) ist unbestreitbar. Sie ist in gewissem Sinne Bedingung resp. Basis für seine Handlungsvollzüge, einschließlich seines kulturellen Schaffens und Gestaltens.

Mit dem Bezugsverhältnis von Mensch und Kultur befaßt sich im besonderen die Kulturanthropologie[474], eine Forschungsrichtung, die sich mit den Voraussetzungen und Bedingungen der Kulturentstehung und -entwicklung beschäftigt und sich zugleich um den Nachweis einer umfassenden kulturellen Formung des Menschen bemüht: "einer kulturellen Formung, die bis in wichtige Persönlichkeitseigenschaften der Individuen hineinreicht"[475]. Insofern sie Gesetzmäßigkeiten der Kultur aufdeckt sowie den Zusammenhang zwischen Persönlichkeitsmerkmalen einerseits und

---

was der Mensch durch sein planendes und gestaltendes Eingreifen aus sich selbst und den Dingen macht und worin er sich als geschichtliches (und geistiges) Wesen verwirklicht.

472 H. Markl, 1986.

473 Man vgl. z. B. E. Becker & W. Ruppert, 1987; W. Beer & G. de Haan 1984; F. von Cube & V. Storch 1988; J. Calließ & R. E. Lob 1987; G. Fuchs 1989; R. Osterhoff, 1986; Natur und Pädagogik = Heftthema der „Zeitschrift für Entwicklungspädagogik", (Jg. 1986, H. 4).

474 Dazu: R. Girtler, 1979; W. E. Mühlmann, 1984[3]; W. von der Ohe, 1987.

475 H. Zdarzil, 1987, S. 228.

den sie fördernden Erziehungsmaßnahmen andererseits verdeutlicht, stellt die Kulturanthropologie der Pädagogik wichtige Erkenntnisse bereit[476]. Die Bedeutung ihrer Forschungen liegt nicht allein darin, daß sie den überragenden Einfluß der Kultur auf den Menschen nachweist, sondern auch jene Vorgänge aufzeigt, welche zur kulturellen Formung des Menschen führen. Zu beachten ist allerdings, daß die Rezeption kulturanthropologischer Erkenntnisse zu kritischer Vorsicht mahnen muß, da ihnen z.T. auch ethnologische Befunde zugrunde liegen, die der Korrektur bedürfen, wie etwa Derek Freeman bezüglich Darlegungen von Margaret Mead über Bewohner von Samoa nachgewiesen hat[477].
Es gibt eine ganze Reihe von Erkenntnissen, welche durch kulturanthropologische Untersuchungen gewonnen wurden, die zum einen den Menschen als Kulturwesen in seinen mannigfaltigen Hervorbringungen erweisen und somit etwas zum Verständnis des Menschen beitragen, die zum anderen auch pädagogische Möglichkeiten und Aufgaben (Notwendigkeiten) in Sicht bringen[478]. Die uns hier im besonderen interessierenden Forschungsergebnisse betreffen die kulturelle Formung des Menschen. Diese ist - wie die Forschungsergebnisse belegen - tiefgreifender Art; sie erweist sich etwa

- in der Geschlechtsrollendefinition,
- im Freund-Feind-Verhalten,
- im Sexualverhalten,
- in Fehlhaltungen wie Nationalismus und Rassismus,
- in gesellschaftlicher Kontrolle über Einhaltung "geltender" Normen,
- in der Entwicklung von Charakterzügen (vgl. die psychoanalytische Theorie der frühkindlichen Charakterentwicklung),
- in der "Herausbildung" des Gewissens,
- in der Auswirkung spezifischer Erziehungspraktiken.

Die weitgehende Formung und Prägung des Menschen zeigt sich auch im Hinblick auf einzelne Denkformen und in der Besonderheit der Lebensformen in verschiedenen Völkern und Gruppen (z. B. Unterschiede im zwischenmenschlichen, kriegerischen, arbeitsweltbezogenen, religiösen Bereich). Verschiedenartige Denk- und Erlebensweisen schlagen sich nieder in Sitten, Gebräuchen, Kultur etc. Abram Kardiner erstellte unter Bezugnahme auf psychoanalytische Vorstellungen und ethnologische Befunde seine Lehre vom "Sozialcharakter", die besagt: die Mitglieder jeder Gesellschaft weisen aufgrund der dort vorherrschenden Denk- und Verhal-

---

476 Ebd.
477 Vgl. D. Freeman, 1983.
478 Zum Folgenden vgl. man: H. Zdarzil, 1987, S. 232 ff.

tensweisen ähnliche Charakterzüge bzw. eine bestimmte Persönlichkeitsstruktur auf; andererseits beeinflussen die in einer Gesellschaft verbreiteten Persönlichkeitsbezüge ihrerseits das dortige soziokulturelle Leben (also die Kultur)[479]. Der Zusammenhang von Persönlichkeitskultur und institutionellen bzw. kulturellen Phänomenen sowie auch die an der soziokulturellen Formung des Menschen beteiligte Sozialisation werden auch bei anderen Autoren herausgestellt, wie etwa bei Ruth Benedict, Ralph Linton sowie bei Sozialisationsforschern[480]. Auch manche Verhaltensforscher berücksichtigen bei ihrer Deutung menschlichen Verhaltens Zusammenhänge der genannten Art, wenngleich sie nachdrücklich betonen, daß menschliche Persönlichkeitsmerkmale in relativ hohem Maße - allerdings recht unterschiedlich - genetisch beeinfluß werden, daß im Menschen erbmäßig festgelegte Verhaltensantriebe, Verhaltensmuster und Verhaltensauslöser wirksam sind[481].

Was die Kulturanthropologie einsichtig gemacht hat - und darin ist ihre spezifische Bedeutung für die Pädagogik zu sehen -, ist dieses: Sie hat den Zusammenhang zwischen Persönlichkeitseigenschaften einerseits und kulturellen Phänomenen andererseits (wozu auch fördernde Erziehungsmaßnahmen gehören) verdeutlicht.

Sie hat nachgewiesen, daß der Mensch in hohem Grade ein "Werk seiner Kultur" ist, daß er aber auch seinerseits seine Kultur und damit sein eigenes Leben gestalten kann. Wiewohl Erbanlagen ein nicht zu übersehender Faktor für Werden und Verhalten darstellen, ist der Mensch in seinem Handeln durch die ihm angeborenen Verhaltensantriebe und -muster nicht determiniert bzw. festgelegt; er kann sie kulturell überformen, zielgerichtet steuern und geplant einsetzen. Aufgrund von Einsicht und Entscheidung ist der Mensch zu eigenständigem Handeln fähig: er kann dabei - wie Herbert Zdarzil feststellt - den Überzeugungen und Normen seiner Kultur folgen oder sich von ihnen distanzieren und abweichen[482].

Hier deuten sich gewisse erzieherische Aufgaben an. Wenn es so ist, daß der Mensch sich zwei verhaltenssteuernden Instanzen gegenübersieht - biologischen Verhaltensantrieben und vorherrschenden kulturellen Verhaltensformen (bzw. -mustern) - muß er sich Rechenschaft geben und von Einsicht leiten lassen. Erziehung bzw. Erzieher können ihm dabei behilflich sein. Dem Erzieher obliegt - wenn er den Spielraum erzieherischer Beeinflussung nutzen will -, "sich über die im Menschen genetisch angeleg-

---

479 A. Kardiner, 1967.

480 Man vgl. z. B.: R. Benedict, 1955; R. Linton, 1974; K. Hurrelmann & D. Ulich 1991.

481 Dazu z. B. I. Eibl-Eibesfeldt. 1976, Ders., 1984; B. Hassenstein, 1980^3; K. Lorenz, 1982; W.Wickler, 1972.

482 H. Zdarzil, 1978, S. 245.

ten Verhaltensantriebe und -muster Rechenschaft zu geben, sei es, um sie nicht zu überspielen und zu verdrängen, sei es, um sie im pädagogischen Handeln zu nutzen oder ihnen entgegenzuwirken"[483]. Ferner obliegt ihm die Aufgabe, beim Edukandus die Fähigkeit zur Einsicht, freier Entscheidung und bewußter Selbstformung anzusprechen und zu fördern. Das ist in pluralistischen (und multikulturellen) Gesellschaften besonders wichtig, weil sich hier der Mensch in vielen Lebensbereichen nicht mehr durch verbindliche normative Vorgaben in seinem Handeln geleitet, sondern vor die eigene Wahl gestellt sieht[484].

7.4.4 Kultur und Erziehung

Angesichts der eminenten Bedeutung der Kultur für das individuale, aber auch für das soziale Leben sollen über die bereits gegebenen Hinweise auf pädagogische Notwendigkeiten hinaus noch einige ergänzende Aussagen erfolgen. Insbesondere soll auf solche Aufgabenstellungen bzw. Funktionen kultureller Erziehung aufmerksam gemacht werden, die wir unter die Formeln "Erziehung als Propagation der Kultur" und "Erziehung als Enkulturationshilfe" fassen können.
Jede Kultur - hier verstanden im Sinne einer Gesamtheit von Phänomenen unterschiedlicher Art (geistige Produktionen, Denkweisen, Formen und Stile der Lebensführung)[485] - ist in ihrer Kontinuität und Entwicklung darauf angewiesen, daß es gelingt, die in ihr gültigen Werte, Normen, Einstellungen und Verhaltensweisen zu propagieren, also in der Generationenfolge zu reproduzieren und weiterzugeben. Der Pädagogik als Theorie und als Praxis kommt in der Realisierung des sich von daher ergebenden Auftrags eine wichtige Funktion zu: ihr - die selbst ein Teil der Kultur ist und gegenüber dieser in spezifischer Verantwortung steht - obliegt die Aufgabe, für den Transfer von Kulturinhalten zu sorgen, den einzelnen kulturfähig bzw. kulturmündig zu machen sowie ein Ethos zu bilden, von dem eine vernünftige Weiterbildung der einzelnen Kulturgebiete abhängt; zugleich hat sie die künftige Kulturentwicklung (über Verantwortungsbildung) zu

---

[483] Ebd., S. 239.
[484] Vgl. ebd., S. 240.
[485] Kultur ist der Inbegriff dessen, was Menschen durch geistige Schöpferkraft hervorgebracht haben und hervorbringen, was sie in ihrer Alltagsgestaltung bestimmt, was ihnen auch ermöglicht, ihre Identität zu wahren und sinnvoll in der Welt zu existieren. Begriffe wie Hohe Kultur, Alltagskultur, Volkskultur weisen auf verschiedene Merkmale und Wirkweisen von Kulturgütern und kulturellem Handeln hin.

steuern[486]. Bezugspunkte bilden dabei das Individuum, die Kultur- und Wertwelt sowie die Gesellschaft[487].
Kultur begegnet dem Menschen überall: im sozialkulturellen Leben eines Umfeldes mit dort vorfindbaren Kulturgütern, Ordnungs- und Lebensformen, aber auch in Gestalt diverser Kulturgebiete (wie Kunst, Wissenschaft, Religion, Wirtschaft, Moral, Technik, Politik, Recht, Erziehung u.a.). Es ist daher unumgänglich, daß er die wesentlichsten kulturellen Erscheinungen in ihrer phänomenalen Gegebenheit, aber auch in ihrem Forderungscharakter kennenlernen und sich damit auseinandersetzen muß. Schließlich soll er ja in die Kulturwelt und die kulturelle Lebensweise hineinwachsen, diese selber mittragen und an ihrer Fortentwicklung mitwirken.
Die Förderung der Begegnung und Auseinandersetzung mit Kulturgütern und deren Inhalten[488] ist ein wichtiger pädagogischer Auftrag. Kulturelle Erziehung hat den Menschen beim Lernen von Kultur zu unterstützen. Sie muß ihn dazu befähigen, kulturelle Gegebenheiten bzw. Leistungen zu verstehen, nachzuvollziehen und (schaffend) weiterzuentwickeln.
Für das Erlernen von Kultur und den Umgang mit kulturellen Verhaltensmustern hat sich in der Literatur das Wort "Enkulturation" eingebürgert. Dieses meint jenen Prozeß, in dem der einzelne die für eine Gesellschaft und ihre sozialen Gruppen charakteristische kulturelle Lebensweise erwirbt. Enkulturation reicht dabei vom Erlernen traditioneller Kulturtechniken bis zum Erwerb komplexer Symbolsysteme und der Aneignung der Gesittung[489]. Während die primären Enkulturationsprozesse grundlegende Persönlichkeitsstrukturen formen (den jungen Menschen sozusagen an fundamentale gesellschaftliche Lebensordnungen und -weisen anpassen), erwirbt das Individuum später zunehmend die Fähigkeit zu schöpferischen, kreativen, selbstverantworteten Leistungen. Seine kulturelle Kompetenz

---

486 Vgl. D.-J. Löwisch, 1989 S. IX f., 3, 7.

487 Zum Verhältnis Kultur und Erziehung sei besonders verwiesen auf: M. Behr & T. Knauf, 1989; Bundesminister für Bildung und Wissenschaft, 1988; D.-J. Löwisch, 1989; K. Mollenhauer, 1983; Die Menschenrechte .....,1981; S. Müller-Rolli, 1988; A. Reble, 1983, S. 105 ff; F. K. Rothe, 1984. - Siehe auch: R. Hitzler, 1988; Kulturpolitische Gesellschaft & Evangelische Akademie Loccum, 1989.

488 Unter Kulturgüter versteht man jene Güter, welche als geistige Objekte von historischer Gestalt Kultur und Kulturgemeinschaft begründen (z. B. dichterisches Werk, Bauwerk, religiöses Ritual, Gesetz, Staatsverfassung, Sprache, Brauch ...). Unter Hervorhebung des ihnen innewohnenden Sinns bzw. Werts - also unter Betonung ihrer inneren Struktur - werden diese als Kulturinhalte oder -gehalte aufgefaßt. "Sie enthalten für den einzelnen etwas Verpflichtendes, Normierendes ... In ihnen und aus ihnen spricht der 'normative Geist' einer Zeit, einer Kultur. U. P. Lattmann, 1986, S. 126.

489 Oft wird der Begriff Enkulturation mit dem Terminus Sozialisation in Zusammenhang gebracht. Letzterer bezeichnet allerdings mehr die Eingliederung und das Hineinwachsen in die geschichtlich-gesellschaftliche Lebenswelt: in gewachsene Strukturen und soziale Beziehungen; er bezieht sich auf die Ermächtigung zu sozialer Handlungsfähigkeit und zu verantwortlichem Sozialverhalten. - Zur Abgrenzung verschiedener Erziehungsdimensionen vgl. man: B. Hamann, 1989, S. 18 f.

erlaubt ihm auch mehr und mehr eine über die Partizipation am kulturellen Leben hinausreichende Mit- und Umgestaltung.
Für die "Herstellung" von Kulturfähigkeit bzw. Kulturmündigkeit[490] kommt - wie gesagt - den Kulturinhalten eine fundamentale Bedeutung zu. Diese lassen sich durchaus als Elemente begreifen, durch deren Bearbeitung und Assimiliation die Subjekte in die Kulturgesellschaft eingegliedert, werthaft ausgestattet und für das Leben qualifiziert werden. Andererseits werden die Kultur und die Kulturgesellschaft durch die von den Individuen internalisierten, aktualisierten und "weitergereichten" Wertgehalte fundiert, erhalten und - sofern diese reproduziert und vermehrt werden - auch erneuert. Was die erzieherische Ver- bzw. Übermittlung kultureller Inhalte resp. Gehalte betrifft, kann gesagt werden: diese geschieht durch Erfahrung von "Schlüsselsituationen" in Familie und anderen Erziehungs- und Sozialisationsfeldern. Wiederholte Erfahrungen (besonders mit Erlebnischarakter) fördern die Aneignung kultureller Inhalte. Dabei spielen die Aneignungsstufen (Auffassen, Verstehen, Verarbeiten) eine wichtige Rolle.
Ein in letzter Zeit - besonders seit den 70er Jahren - lebhaft diskutiertes Problem kultureller Erziehung ist das der "interkulturellen Erziehung" (gelegentlich auch in synonymer Bedeutung oder mit Akzentuierung von pädagogischen, politischen und sozialen Zielvorstellungen "multikulturelle Erziehung" genannt). Es handelt sich hierbei um pädagogische Arbeit an und mit Menschen aus verschiedenen Kulturen[491]. Für eine solche Arbeit wird ein Verständnis von Integration vorausgesetzt, das einer Vielzahl von kulturellen Lebensäußerungen, Sprachen und Religionen der miteinander zusammenlebenden Bevölkerungsgruppen Raum läßt. Solcher Raum für je unterschiedliche Ausdrucksformenn muß auch den verschiedenen Minderheiten (d. h. einheimischen ethnischen Minderheiten wie auch zugezogenen Minderheiten, Aussiedlern, Asylanten, Gastarbeitern) gewährt werden. Die sich hier stellende Frage nach der Begründungsmöglichkeit von interkultureller Erziehung möchten wir so beantworten: Erziehung kann nicht nur dann als interkulturell ausgerichtet betrachtet werden, wenn ihre Ziele transkulturell verankert sind, d. h. wenn für alle Kulturen geltende Werte

---

490 D.-J. Löwisch verbindet mit dem Begriff "Kulturmündigkeit" die Fähigkeit zur Kulturexistenz in eigener Regie, den Besitz von Sachkompetenz und moralischer Handlungskompetenz, die Freiheit zu Frage, Urteil und Kritik sowie eine Haltung, die sich kundgibt in der Sorge um eine verantwortbare und vom Menschen zu steuernde Kulturentwicklung. Erziehung und Bildung als kulturbezogenes Handeln sollen Vermittlung und Erwerb solcher Momente von Mündigkeit fördern. Vgl. Ders., 1989, S. 57, 59, 88 f., 105, 135; s.a. 89, 94 f., 106, 120 f., 125, passim.

491 Dazu: G. Auernheimer, 1990; M. Hohmann & H. H. Reich, 1989; W. Mitter& J. Swift, 1983; A. J. Tumat, 1984/86; Vgl. auch die Beiträge von D. Glowka, B. Krüger, R. Nestvogel, F.-O. Radke zum Themenbereich "Multikulturalität und Bildung" in: K. Beck u. a., 1988, S. 35 ff.

(die etwa als "Grundwerte" formulierbar sind und der Menschlichkeit als solcher wesenhaft zugerechnet werden können) erstrebt werden und das pädagogische Handeln leiten. Wichtig erscheint uns, daß interkulturelle Erziehung ihre Berechtigung auch von daher beziehen muß, daß sie auf das den einzelnen Kulturen je Eigenwertige verweist. Kulturen sind Selbstinterpretationen des Menschen; sie stellen insofern ein "Gut" dar, das in sich berechtigt ist. Man kann Jörg Ruhloff beipflichten, wenn er als wesentliche Aufgabe der interkulturellen Erziehung die Aufgabe ansieht, die Verschiedenheit der Kulturen zu bedenken, ihr jeweiliges Recht festzustellen und zu verstehen[492]. Es geht schließlich nicht um die Einweisung in transkulturelle gültige Normen und Werte, nicht um die Herstellung einer Einheits- oder Weltkultur. Worauf es ankommt, ist vielmehr, an der Lösung der in interkulturellen Spannungsfeldern entstehenden Probleme mitzuwirken. Es werden hier Prozesse des Aushandelns (etwas aufgeben zu müssen, etwas Neues hinzuzugewinnen) notwendig. Das bedingt kulturelles Lernen. Solches "fordert das Finden situationsadäquater Lösungswege und beinhaltet damit die Chance, über das Kennenlernen des Fremden mehr über sich selbst zu erfahren und neue Sicht- und Verhaltensweisen zu gewinnen ... In interkulturellen Lernprozessen sind die Erfahrungen und Kenntnisse der Menschen aus verschiedenen Kulturbereichen die besten Lernquellen, deren Inhalte, situationsbezogen aufbereitet, lebendiges Lernen ermöglichen"[493].

Dieter-Jürgen Löwisch spricht im Hinblick auf die zu lösenden Aufgaben, welche die Kulturen (speziell auch in ihrer Begegnung) erzeugen, vom Postulat einer bestimmten Kulturhaltung: diese besteht darin, mit hier anstehenden Problemen "vernünftig-verantwortlich umzugehen", die je berechtigten Interessen der jeweiligen Kulturgemeinschaften zu berücksichtigen, Verständigungsmöglichkeiten zwischen den Kulturgemeinschaften zu schaffen, identische Kulturaufgaben der Kulturgemeinschaften aufzugreifen und zu beantworten sowie aus kultureller Abkapselung heraus- und zu einem Kulturdialog hinzuführen. Dieser Haltung entspricht außerdem die Sorge für die einzelnen Kulturgebiete und einen vernünftigen Kulturfortschritt, der dem Kulturwesen Mensch gerecht wird[494].

Realisierungsmöglichkeiten interkultureller Erziehung, die darauf abhebt, fremdkulturelle Orientierungssysteme zu verstehen und das eigenkulturelle Orientierungssystem zu reflektieren, Prozesse der Interaktion zwischen den Beteiligten zu entwickeln und ihre Lebenssituation als Anlässe gemeinsa-

---

492 Vgl. J. Ruhloff, 1983, S. 9 f., zit. nach D.-J. Löwisch, 1989, S. 130 f.

493 E. Hollmann, 1986, Sp. 438 f.

494 D.-J. Löwisch, 1989, S. 134 f.

men Lernens und "mit"-menschlichen Handelns zu begreifen, haben natürlich auch Grenzen und stellen sich in den einzelnen Erziehungsfeldern (z. B. Kindergarten, Schule, Jugendarbeit, Erwachsenenbildung) je anders[495].

7.5 Der Mensch aus der Sicht von Molekularbiologen und Morphologen

Der Mensch hat als Gattungswesen bis heute eine Entwicklung hinter sich, die immer wieder diskutiert wird und bei der Gewinnung neuer Erkenntnisse die Frage nach seiner Herkunft und Eigenart erneut hervortreibt. So auch in den letzten Jahren wieder aufgrund von molekularbiologischen Forschungen und aufgrund von Ergebnissen der Zwillingsforschung. Zur Verdeutlichung strittiger Positionen empfiehlt es sich, etwas weiter auszuholen und zunächst einen kurzen Blick auf den Evolutionsstammbaum des Menschen zu werfen.

7.5.1 Daten zur Hominisation (evolutionäre Menschenwerdung)

Die Hominisation, d. h. die Entfaltung des Menschen als Gattung, stellt ein prozeßhaftes Geschehen dar: es handelt sich dabei um einen Entwicklungsgang, der in Evolutionsschritten von einer vormenschlichen zur menschlichen Lebensform vor sich ging (wobei man eine subhumane und eine humane Phase unterscheiden kann). Nach heutigem Erkenntnis-Stand umfaßt die Evolutionskette 20-25 Mio. oder noch mehr Jahre. Irgendwo in diesem langen Zeitraum der eigentlichen Menschwerdung (Anthropogenese) erfolgte die Herausbildung des Menschentyps bis zum Gegenwartsmenschen (zum "Jetztmenschen" mit seinen Unterarten). Dabei fand eine Sonderung, also ein Auseinandertreten der Entwicklungslinien von Menschen und Affen statt. Beide haben zwar gemeinsame Vorfahren, stammen aber nicht voneinander ab[496].
Es wird heute angenommen, daß im Ablauf der Primaten-Evolution die Stammesgeschichte der Hominoiden (d. h. der "Menschenaffen" = Pongi-

[495] Zu Konzepten und Realisierungsversuchen beachte man z. B.: G. Auernheimer, 1990; A. J. Tumat 1984/86; G. Orth, 1989.

[496] Vgl. A. Portmann, 1972, S. 122 ff.; H. Benesch, 1991, Bd. 2, S. 279. - Als Beweis dafür, daß der Mensch nicht vom Affen abstammen könne, sieht Portmann die lange Eigenentwicklung des Menschen an wie auch die Grundverschiedenheit von menschlichem Welterleben und Erlebensweisen der Menschenaffen. Im übrigen ist der heutige Mensch - so betont er - noch nicht der "fertige" Mensch (denn die Evolution ist ja noch nicht am Ende).

den und der "Menschenartigen" = Hominiden), die eine gemeinsame Vorfahrenschaft aufweist, sich im Tertiär getrennt hat[497]. Ob die bisherige Annahme eines "Tier-Mensch-Übergangsfeldes" vor 10-2 Mio. Jahren aufrechterhalten werden kann, wird sich zeigen. In dieser Übergangszeit lebten die "Vormenschen" (Prähomininen - Australopithecinen und Habilinen-Gruppe). Diese wiesen menschenäffische und menschliche Merkmale auf und hatten ein geringes Hirngewicht. Danach folgen die sog. "Echtmenschen", die man in drei Kategorien eingeteilt hat: a) die "Frühmenschen" (Archanthropinen - repräsentiert durch die Art homo erectus, von ca. 2 Mio. bis 500.000 J.; b) die "Altmenschen" (Paläanthropinen - Neanderthaler und Präsapiens-Gruppe, von ca. 400.000 bis vor 40.000 J.); c) die "Jetztmenschen" (Neanthropinen - verschiedene Gruppen seit ca. 40.000 J., z. B. Cromagnon-Mensch)[498].
Bis in die Tier-Mensch-Übergangsphase verlief die menschliche und tierische Evolution wahrscheinlich ziemlich gleich. Die affenähnlichen Vorfahren des Menschen besaßen jedoch die genetische Information bzw. Erbanlagen zur Ausbildung eines relativ großen Gehirns. Mit der Größe des Gehirns wuchs auch die Ansammlung geistiger Informationen.
Eingeleitet wurde die mächtige Vergrößerung des menschlichen Gehirns durch den Erwerb der aufrechten Körperhaltung und die damit verbundene Umfunktionierung der Hand. Gehirn und Hand sind die für den Kulturaufbau wichtigsten Organe des Menschen; von ihnen hängen Herstellung und Gebrauch der Geräte und Werkzeuge ab. Schon beim Sinanthropus oder Chinamenschen - einem Mitglied der Frühmenschen: der homo erectus-Gruppe - ist die Bearbeitung von Naturobjekten erwiesen, für andere Vertreter der Frühmenschengruppe wird sie für sehr wahrscheinlich gehalten. Die Altmenschen - so die sich als Sammler und Jäger betätigenden Neanderthaler - besaßen uniforme Kulturgegenstände, nämlich Werkzeuge und Waffen, aber es fehlen fast völlig künstlerische Erzeugnisse. Im Vergleich zum heutigen Menschen wiesen sie noch insgesamt geringe geistige Fähigkeiten auf. Anders ist das schon bei den ganz unvermittelt in Westeuropa auftauchenden Cromagnon-Menschen (keine Nachkommen des Neanderthalers). Diese typischen Vertreter des Jetztmenschen mit altsteinzeitli-

---

497 Im Tertiär, beginnend vor ca. 70 Mio. Jahren, erfolgte eine starke Entfaltung neuzeitlicher Säugetiere, eine Annäherung der Pflanzen und Tiere an ihre heutigen Formen. Erste Menschenaffen und Vormenschen traten auf. Der älteste Menschenaffen-Fund (aus Fayum/Ägypten) wird auf 38 Mio. Jahre geschätzt.

498 Näheres zur "Evolution zum Menschen" siehe: G. Vogel & H. Angermann, 1992, Bd. 3, S. 532 ff.; s. a. B. G. Campbell, 1979; G. Heberer u. a., 1980; U. Kull, 1979; A. Romane u. a., 1980; A. C. Wilson, 1985.

chen Kulturzügen besaßen dann eine relativ reiche Kunst (vgl. die Felsmalereien, -ritzereien und Skulpturen im Perigord/Frankreich).
Ab der Steinzeit setzte überhaupt eine kontinuierliche, kulturelle und technische Entwicklung der Menschheit ein. Es zeigte sich eine Erweiterung der Funktionskreise der Menschen bis hin zum Aufbau von differenzierten Verhaltensformen und -regulierungen (z. B. in Institutionen)[499].

7.5.2 Neue Aspekte im Streit um die Abstammung

Neuerdings hat die Frage nach der Hominisation wieder neue Anstöße erhalten durch eine Kontroverse um die Abstammung des Menschen zwischen Molekularbiologen und Morphologen[500]. Die beiden amerikanischen Molekularbiologen Charles Sibley und Jon Ahlquist behaupten seit einigen Jahren, daß der Mensch der nächste Verwandte des afrikanischen Schimpansen sei, daß der Mensch mit diesem näher verwandt wäre als der Gorilla oder Orang-Utan. Der Mensch sei - so die beiden Forscher - der Bruder des Schimpansen und der Vetter des Orang-Utan[501]. Zwei weitere amerikanische Forscher, nämlich Adalgisa Caccione und Jeffry Powell von der Yale University (New Haven) kommen laut ihrer Publikation in der amerikanischen Fachzeitschrift "Evolution"[502] zum gleichen Ergebnis. Zu einem ähnlichen Schluß kommt außerdem ein Forscherteam von der Wayne State University.
Wie kam es zu dieser Theorie? Charles Sibley und Jon Ahlquist verglichen nicht äußere Ähnlichkeiten zwischen Mensch und Menschenaffe, sondern sie gingen einen anderen Forschungsweg. Sie studierten die Erbsubstanz, die bei Lebewesen in den Zellkernen gelagert ist. In aufwendigen Laborarbeiten haben sie Erbinformationen aus den Zellkernen verschiedener Tierarten isoliert und miteinander verglichen. Sie kamen dabei zu dem Ergebnis: Die genetischen Unterschiede zwischen Schimpanse und Mensch sind viel geringer als zwischen Gorilla und Orang-Utan. Daraus zogen sie den Schluß: Der Schimpanse hatte längere Zeit mit den Menschen einen gemeinsamen Vorfahren als mit jedem anderen Menschenaffen. In einer vom Team um Sibley angestellten Berechnung will man folgendes herausgefunden haben: Gorillas haben sich schon früher von der Stammlinie getrennt, die dann weiter zum Schimpansen und noch weiter zum Menschen

---

[499] Vgl. Meyers kleines Lexikon Psychologie, 1986, S. 219 f.
[500] Vgl. hierzu M. Glaubrecht, 1990, S. 13.
[501] Vgl. Science, Bd. 241, 1988, S. 1598 ff, 1756 ff.
[502] Evolution, Bd. 43, 1988, S. 925 ff.

führte. Möglicherweise ist es vor 8 Mio. Jahren zur Trennung bzw. Sonderung des Gorilla-Stammbaumes (in den tropischen Wäldern Afrikas) gekommen, während die schimpanso-homoide Stammlinie weiterführte. Vor 6 Mio. Jahren trennte sich dann von dieser der Schimpansen-Stammbaum ab. Die homoide Stammlinie führte weiter. Weitere zwei Mio. Jahre später - also vor 4 Mio. Jahren - lernten die Vorfahren des Menschen den aufrechten Gang und liefen dann ihren haarigen Verwandten evolutionsbiologisch davon.

Eine andere Gruppe von Wissenschaftlern aus dem Lager der Systematiker und Anthropologen, welche morphologische Merkmale untersuchen, d. h. Gestalt und Bau von Lebewesen, widersprechen den Molekularbiologen. Während Molekularbiologen (wie z. B. Morris, Goodman) den Menschen und afrikanischen Großaffen als eine einzige, natürliche Abstammungsgemeinschaft aufgefaßt wissen wollten[503], halten Morphologen an einem eigenständigen Familienstatus des homo sapiens (Jetztmenschen) fest und betonen, daß Gorilla und Schimpanse am nächsten miteinander verwandt seien. So etwa der Göttinger Zoologe Peter Ax, der diese beiden Tierarten in einer Gruppe mit dem Namen Panini zusammenfaßt und diesen die Gruppe der Hominini, d. h. den homo sapiens (Jetztmenschen) und seinen direkten Vorfahren gegenüberstellt. Allerdings räumt auch Ax ein, daß anhand anatomischer (= körperbaulicher) Übereinstimmung ein exakter Nachweis der verwandtschaftlichen Verhältnisse nicht zu führen sei[504].

Man kann u.E. die Frage aufwerfen, ob nicht vielleicht ein Vergleich des Alterungsvorgangs zwischen den Primaten Hinweise auf verwandtschaftliche Verhältnisse bringt. Adolf Portmann konstatiert z. B. eine Eigenart menschlichen Altwerdens gegenüber dem Alterungsprozeß von Menschenaffen, wenn er schreibt: "Orang, Gorilla und Schimpanse werden sehr früh alt und vergreisen in der Zeit von 20 bis 30 Jahren. Wenige dürfen das dritte Jahrzehnt überschreiten. Riopelle weist darauf hin, daß der Skelettzustand des Schimpansen von 40 Jahren den menschlichen Verhältnissen vom 60. bis 80. Jahr entspreche. Yerkes (1939) hebt bei aller Zurückhaltung hervor, daß Schimpansen mit 20 Jahren in Verhalten und Psyche so alt erscheinen, wie wir mit 40 bis 50 Jahren. Das ist in unserem Fall das Entscheidende. Auch betont Yerkes die frühe, (erwachsene) Ernsthaftigkeit des Schimpansen, das völlige Schwinden des Spieltriebs mit etwa 10 Jahren, das ebenfalls ein Zeichen des anderen Tempos dieses Lebenslaufes ist"[505].

---

503 Vgl. Proc. Matl. Acad. Science, USA, Bd. 85, 1988, S. 7627 ff.

504 Vgl. P. Ax, 1985; s. a. Ders., 1960.

505 A. Portmann, 1969, S. 149.

Zur Zeit stehen molekulargenetische Erkenntnisse zur Verwandtschaftsforschung beim Menschen im Widerspruch zu den konventionellen, klassisch morphologisch-anatomischen Studien (die sich also mit gestalthaften und körperbaulichen Merkmalen befassen). Eine definitive Entscheidung darüber, ob nun der Schimpanse, welcher der höchstentwickelte Affe ist, näher mit den anderen Affen oder mit dem Menschen verwandt ist, wird wohl noch einige Zeit auf sich warten lassen. Wenn von Molekularbiologen, die sich daran halten, was die Erbinformationen erzählen - und sich auf den Standpunkt stellen, daß Gene nicht lügen - den Menschen als "arrivierten" Affen ansehen, d. h. als einen solchen, der besonders erfolgreich und hochentwickelt ist, so hat ihre Überzeugung nurmehr erst den Status einer Theorie im Sinne einer Annahme. Die Frage, ob der Mensch allein als einziger Hominide (d. h. als alleiniger Vertreter menschenartiger Rassen) zu betrachten und den Pongiden (also den Menschenaffen) gegenüberzustellen ist, wird wohl noch weiterhin ein Streitpunkt bleiben.

7.6 Pädagogisch-anthropologische Relevanz postmodernen Denkens

Der Ausdruck "Postmoderne" begegnet in der heutigen Literatur recht häufig. Man sucht darunter eine Vielfalt von Erscheinungen zu fassen, die von einer bestimmten Literaturgattung über eine spezifische Stilrichtung in der Architektur, markante philosophische Denkweisen bis hin zu gewissen Verhaltensweisen und Lebensformen reichen. Gerhard Mertens sieht in der Postmoderne eine "wirksame geistig-kulturelle Strömung, die mittlerweile zur Grundverfassung unserer gegenwärtigen Kultur avanciert ist"[506]. Typisch für die als "postmodern" etikettierten Bewußtseins-, Ausdrucks- und Verhaltensmuster in den verschiedensten Kultur- und Lebensbereichen ist ein eigenartiges Gleiten zwischen den Standpunkten, das Nebeneinander-Bestehen von unterschiedlichen und sogar widersprüchlichen (gegensätzlichen) Faktizitäten bzw. Stilelementen. Man tendiert keinesweg auf Vereinheitlichung der Denk- und Gestaltungsweisen. Pluralität (Vielgestaltigkeit) ist also angesagt. Die komplexe Wirklichkeit - so die Meinung - fordert geradezu zu vielfältigen Annäherungs- und Umgangsweisen mit ihr heraus (was im Wissenschaftsbereich auf die Notwendigkeit von Theorienvielfalt verweist). Globale Weltverbesserungskonzepte sind nicht gefragt; Utopien, Dogmatismen, Verallgemeinerungen und lebensweltenthobene Abstraktionen jedweder Art sind suspekt; was zählt, ist der Nahbe-

[506] G. Mertens, 1991, S. 24.

reich individueller Interessen, die Lust am Spiel mit Verschiedenartigem, die Möglichkeit der Selbstverwirklichung und Selbstdarstellung (wobei Kommunikation, Interaktion und ästhetische Bedürfnisse eine besondere Rolle spielen).

7.6.1 Moderne und Postmoderne

Ein genaueres Verständnis dessen, was Postmoderne ist, was ihr Selbstverständnis ausmacht, wodurch sie sich auch von anderen geistigen und kulturellen Denkansätzen und Richtungen abhebt, ergibt sich aus einer begriffsgeschichtlichen Analyse. Diese läßt erkennen, daß der Ausdruck "Postmoderne" in den 50er Jahren in der Literaturkritik als Ausdruck für ein Abflachen der "Moderne" verwendet wurde, in den 60er Jahren eine eigenständige Phase einer Avantgardebewegung in den USA bezeichnete, Anfang der 70er Jahre zu einem Sammelbegriff für neuere Entwicklungen (besonders in der Architektur und in den Künsten) wurde und seitdem mehr und mehr zu einem Begriff für Entwicklungsprozesse, Einstellungen und Reaktionsweisen in einer kulturell gewandelten, technisierten, rationalisierten und "krisen"-geschüttelten Welt avancierte[507]. Postmodernes Denken beansprucht, eine kritische Analyse und eine vertiefte Reflexion der "geistigen Situation" der Gegenwart zu leisten; Postmodernismus will richtungsweisende Denkanstöße geben und versteht sich selbst als eine Antwort auf die drängenden Probleme unserer Zeit.

Zur inhaltlichen Klärung des Begriffs Postmoderne empfiehlt sich, diesen Ausdruck mit dem Begriff "Moderne" und dem damit Bezeichneten in Zusammenhang zu bringen. Laut Jürgen Oelkers ist die Postmoderne eine Zeiterscheinung, die aus dem Projekt der Moderne resultiert und auf Defizite aufmerksam macht, welche neue Reaktionsweisen erfordern[508].

Der hier zur Erörterung anstehende Begriff "Moderne" ist mit der Zeit und Denkfiguren der Aufklärung verbunden. Moderne ist sozusagen "der durchgängige Denkvollzug der Aufklärung"[509]. Zu den zentralen Kategorien aufklärerischen und damit als modern etikettierten Denkens gehören Vernunft bzw. Rationalität, Subjektivität, Universalität und Modernität.

Die Vernunft wird zur alles normierenden Kraft erhoben: sie ersetzt - so die Auffassung - bestehende Traditionen, überlieferte Normen und Religionen; sie ist auch der Sitz der Verantwortung sowie der Ort moralischer

---

507 Vgl. A. Huysen, 1986, S. 13 ff.; s. a. M. Köhler, 1977, S. 8 ff.

508 Vgl. J. Oelkers, 1987, S. 21 ff.

509 K.-H. Dickopp, 1990, S. 143.

Begründung; sie ermöglicht dem Menschen, sich in seiner reinen Existenz zu erfahren und verhilft ihm zur reflexiven Vergegenwärtigung des eigenen Standorts im Geschichtsverlauf[510]. Der Vernunft und ihrem Gebrauch wird hier also eine vorrangige Bedeutung zugesprochen. Sie gilt als Indstrument des Erkennens und als oberster Maßstab des Urteilens und Handelns. Von ihr aus kann alles geordnet, gedacht, entschieden, beeinflußt und legitimiert werden.

Im Zuge dieser aufklärerischen Denkbewegung, bei welcher der Rationalität, also der Fähigkeit, im Erkennen, Denken und Handeln die Vernunft maßgeblich sein zu lassen, eine so wesentliche Rolle zugesprochen wird, kommt es zu einer Hochschätzung des denkenden Ichs bzw. der Subjektivität. Dem Subjekt wird eine Eigenständigkeit, eine Autarkie als "Selbstgenügsamkeit" zuerkannt. Insofern kommt diesem eine radikale Zuständigkeit innerhalb der Übernahme von Verantwortung zu: prinzipielle Freiheit einerseits und sach- (bzw. vernunft)gebotene Pflichterfüllung andererseits.

Das Verständnis des Menschen, wie es von der Aufklärung her bestimmt wird, zeigt aber auch noch eine andere Komponente. Diese hängt mit der - ebenfalls dem Rationalitätsgedanken verpflichteten - Überbewertung des Allgemeinen zusammen. Aufklärerischem Denken eignet nämlich auch ein universalistischer Grundzug: in allem und hinter allem wird etwas Einheitliches, etwas Ganzes, etwas Allgemeines "gesucht". Dies gilt als das Wirkliche; es wird gegenüber dem Einzelnen, Individuellen als das Ranghöhere angesehen; ihm wird substantieller Vorrang eingeräumt. Bezüglich des Menschen heißt das: er ist nicht nur ein eigenständiges Subjekt (dem Freiheit, Reflexivität, Autonomie des Handelns, Bewußtsein vom ichhaften Grund eigener Entscheidungen und Verantwortlichkeit zukommen), sondern er ist auch und vornehmlich ein Wesen, in dem Allgemeines zum Vorschein und Ausdruck kommt. Der Mensch weist eine auch auf Universalität gerichtete Grundstruktur auf; "der Einzelne schafft sich immer jeweils neu in seinem Selbststand, indem er sich von seiner Individualität her auf das Allgemeine hin verselbständigt und innerhalb dieses Verallgemeinerungsprozesses Menschheit in sich zur Repräsentation bringt"[511]. Die sich daraus ergebende Konsequenz für die Pädagogik wäre die, daß sich pädagogische Theorie und Praxis sowohl an der Subjektivität wie auch an einem allgemeinverbindlichen (und das heißt relativ abstrakten) Menschenbild zu orientieren hätte.

---

510 Vgl. auch: J. Habermas, 1988, S. 10 ff.

511 K.-H. Dickopp, 1990, S. 146.

Ein weiteres Kennzeichnen neuzeitlich-aufklärerischen Denkens liegt im Streben nach Modernität. Unter der Vorstellung, dem Vernunftprinzip sowie dem Fortschritts- und Nützlichkeitsgedanken entsprechen zu müssen, kommt es zu Modernisierungskonzepten mit oft übertriebenem Neuerungswillen in diversen Kulturbereichen, wobei traditionell Bewährtes nicht selten mißachtet und häufig auch jeglicher realen Grundlage entbehrende Vorstellungen mit dogmatischem Eifer verfochten werden.
Gegen manche der hier skizzierten und als aufklärerisch bezeichneten Charakteristika der "Moderne" hebt sich die "Postmoderne" ab. Als eine auf die verschiedenen Kultur- und Lebensbereiche bezogene geistige Strömung hat auch diese bestimmte Bewußtseins- und Verhaltensmuster ausgeprägt. Sie nimmt für sich in Anspruch, den Gegebenheiten der heutigen Welt und den von daher sich stellenden Aufgaben besser entsprechen zu können, als dies aufgrund modernistischer Denkstrukturen und Gestaltungsformen möglich wäre[512]. Ihrer Grundintention nach versteht sie sich jedoch nicht als Anti-Moderne-Bewegung, auch nicht als Ende oder Vollendung oder Überholung der Moderne; das von ihr als Richtung zur Verfügung gestellte Instrumentarium bekundet eher ein Abstandnehmen, eine distanzierte Haltung gegenüber der Moderne (wobei hinsichtlich mancher Phänomene der Lebenswelt gewisse Akzentverschiebungen, Bewertungen, "Neuvermessungen" unübersehbar, auch kontrastierende Positionen registrierbar sind). Gegen manche Grundthesen der aufklärerischen Moderne macht die Postmoderne allerdings - auch ohne diese als gänzlich überholt brandmarken zu wollen - energisch Front[513].
Welches sind nun die auffallendsten Merkmale der "Postmoderne"; wodurch grenzt sie sich sichtlich von der "Moderne" ab? Ein wichtiges Wesensmerkmal der Postmoderne ist die Infragestellung bzw. Leugnung der regulativen und normgebenden Kraft der universalen (einheitsstiftenden) Vernunft und die damit zusammenhängende Forderung nach Rückkehr zur Vielfalt und Pluralität des Denkens. Es gibt - so das Argument - keinen zentralen Punkt, von dem aus alles erkannt, gedacht, reguliert und begründet werden könnte. Es gibt ebenfalls keine Kriterien für die Wahrheit oder

---

512 Eine allgemeingültige Definition von "Postmoderne" gibt es nicht. Der Begriff "Postmoderne" ist schwer ein- und abgrenzbar: weil er auf verschiedene Sachverhalte und Bereiche bezogen ist, von Vertretern wie Kritikern vielschichtig benutzt, oft auch synonym zu Poststrukturalismus und Neokonservatismus verwendet wird.

513 Zum Aufweis der Grundzüge der Postmoderne sei aus der Vielzahl der vorliegenden Titel besonders hingewiesen auf die zusammenfassende Darstellung der postmodernen Diskussionen bei W. Welsch, 1988, 1988[2]; s. ferner: P. Koslowski u. a. 1986; A. Huyssen & K. R. Scherpe, 1986; J.-F. Lyotard, 1986; J. Habermas, 1988. - Zu postmodernen Aspekten der Pädagogik beachte man besonders: D. Baacke u. a. 1985; ferner die Heftthemen zu "Pädagogik und Postmoderne" in: Zeitschrift für Pädagogik (Jg. 1987, H. 1) und in Vierteljahrsschrift für wissenschaftliche Pädagogik (Jg. 1989, H. 4).

die Rechtfertigung des Handelns. Bestritten wird also, daß sich die im Denken, Bewerten, Handeln usw. bekundende Vernunft in einem "Prinzipiellen" von unverseller Geltung verankert sei. Betont wird hingegen, daß Vernunft bzw. Rationalität immer in einer Pluralität bestehe. "Denken vollzieht sich in Ausdifferenzierung von Vernunft in unterschiedlichen Wissensformen, deren Zusammenhang zunächst einmal als grundsätzlich nicht existent herausgestellt wird"[514].
Die hier erhobene Forderung nach Vielfalt und Pluralität des Denkens bei gleichzeitiger Abwehr der Universalisierung als eines allgemeinen Prinzips wird auch im Hinblick auf andere, das menschliche Leben betreffende Faktoren erhoben: Postuliert werden ebenso eine Pluralität von Wahrheit, Gerechtigkeit und Menschlichkeit, eine Vielzahl von Sprachspielen und Lebensformen. Generalisierungen und Einheitskonzeptionen - auf welchen Gebieten auch immer - werden zurückgewiesen. Man hat einen Affekt gegen das Allgemeine, besonders gegen dessen Absolutsetzung bei gleichzeitiger Außerachtlassung des Konkreten (Wirklichen, Besonderen)[515]. Front gemacht wird ferner gegen jeglichen Dogmatismus: "den einen Gott, das eine Prinzip, die eine Vernunft ..., die eine Aufgabe, die eine Teleologie, das eine System, 'den' Fortschritt, 'die' Emanzipation, 'den' Sozialismus, kurz: gegen den universalisierten Singular. Proklamiert wird das Ende der 'großen Erzählungen', das Ende der Metaphysik, das Ende der Systemphilosophie"[516].
Weitere Kennzeichen der Postmoderne sind fernerhin: Beliebigkeit, narzistische Bekundung von Individualität, des weiteren Diffusität, d. h. das Fehlen klarer Konturen im Denken und Umgang mit Menschen und Dingen; das Vorhandensein von Dissens und Paralogie[517]. Jürgen Habermas spricht angesichts des Nebeneinanders der keineswegs in Übereinstimmung zu bringenden postmodernen Bewußtseinsformen und Verhaltensmuster, angesichts der Vielfalt disparater und diffuser Erscheinungen, die sich sowohl im Alltagsleben wie auch in den strukturierten Lebensbereichen kundtun, von einer "neuen Unübersichtlichkeit"[518].
Diese neue Unübersichtlichkeit zeigt sich z. B. in der Literatur (in der differierende Inhalte, Stilformen, Modelle, Verfahrensweisen etc. nebeneinander bestehen und sich auch überlagern). Die hier zutage tretende "Mehr-

---

514 K.-H. Dickopp, 1990, S. 144.
515 Vgl. auch ebd., S. 57, 147.
516 A. Schirlbauer, 1990, S. 34.
517 Ebd., s. a. S. 32 f.
518 J. Habermas, 1985.

sprachigkeit"[519] äußert sich in auffallender Weise auch in der Architektur (im Aufbrechen tradierter Stilformen und der "Mehrfachkodierung" i.S. der Kombination mehrerer Geschmackskulturen); des weiteren bezeugt sie sich in Musik, Tanz, Plastik, Malerei und in der Mode. Selbst in Religionsformen und Weltdeutungsmustern hat der postmoderne Pluralismus Eingang gefunden. Das kulturelle Leben in seiner ganzen Breite ist davon erfaßt. Er kristallisiert sich gleichsam zur "kulturellen Signatur der Gegenwart"[520]. Heterogenes trifft hier - sozusagen abstandlos - aufeinander; unterschiedliche Verstehenshorizonte und Wertwelten kontrastieren.
Die in der Postmoderne erhobene Forderung nach "offenen und vielfältigen" Formen des Denkens, Handelns und Gestaltens birgt die Gefahr der Nivellierung und eines oberflächlichen Eklektizismus in sich, wie ja manche Fehlformen (etwa im Bereich von Kunst, aber auch der Denk- und Lebensstile) zeigen, wie z. B. in der "Verstehensmixtur" des New Age. Gleichwohl kann die Postmoderne wegen ihrer Ablehnung universalistischer Denkfiguren nicht - was gelegentlich geschieht - als Gegenbewegung zur Moderne aufgefaßt werden. Daß das dem wirklichen Sachverhalt nicht entspräche, zeigt sich schon an dem in der Postmoderne vertretenen Prinzip der Mehrsprachigkeit und des Pluralismus, "demzufolge sich die Postmoderne zur offenen Vielfalt der Modelle bekennt, die ebenso transformierte traditionelle wie 'moderne' Codes umfaßt"[521]. Wenngleich jedoch die Postmoderne auch Elemente der Moderne einbezieht und gelten läßt (nicht wie die Moderne alles Klassische, Historische und Traditionelle hinwegfegen möchte), sucht sie sich doch in entscheidenden Punkten von dieser abzusetzen. Wogegen sich Postmoderne wendet, ist das von der Moderne dogmatisch festgelegte "Modernisierungs"-Programm mit seinen politisch-gesellschaftlichen, technisch-ökonomischen und wissenschaftlichen Normierungen, welche auf Vernunft- und Fortschrittsglauben basieren und eine neue Weltordnung herbeiführen sollen. Gegen solchen Modernismus und die von dorther erfolgenden Festlegungen, was als kulturell geboten und gültig anzusehen ist, hebt sich Postmoderne ab. Sie votiert für einen maßvollen, neue Kulturelemente durchaus berücksichtigenden Neuanfang, hält eine Überschreitung vorgefundener Kultur für angezeigt, "und zwar in die Breite des kulturell erfahrbaren Lebens der Menschen und in die Tiefe ihrer geschichtlichen Traditionen hinein. Entsprechend sucht sie nach der Vermittlung von Kunst und Lebenswelt einerseits und nach der

---

519 Mit diesem Begriff wird die Pluralität gekennzeichnet, die allenthalben in ganz verschiedenen Formen künstlerischen Schaffens und auch in diversen alltagsweltlichen Ausdrucks- und Lebensstilen zum Vorschein kommt.

520 Vgl. G. Mertens, 1991, S. 26 f.

521 Ebd., S. 28.

semantischen Pluralität ungleichzeitiger und heterogener Sinngehalte andererseits"[522].

7.6.2 *Konsequenzen und pädagogische Perspektiven*

Postmodernes Denken beinhaltet - wie gezeigt - eine Absage an eine einheitsstiftende, universelle Vernunft[523]. An ihre Stelle sind eine extreme Pluralität, diverse Rationalitätsformen, mannigfaltige und ungleichartige "Sprachspiele", d. h. differierende Lebens-, Wissens- und Handlungsformen getreten. Da zwischen diesen etwas sie Verbindendes, etwas ihre Ordnung Stiftendes fehlt, ist - so Jean-Francois Lyotard - ihr Widerstreit vorprogrammiert[524]. Das Moment der Einheit bzw. die Versöhnung zwischen ihnen ist nicht mehr einzulösen.
Mit der Abweisung des generalisierenden Denkens, der einheitsstiftenden Vernunft haben auch die (zuvor) menschliches Leben tragenden "großen Erzählungen" bzw. Metaerzählungen (Ideenwelten, Gedankensysteme, Heilsbotschaften ...) ihre Glaubwürdigkeit eingebüßt, was mit einem Sinnverlust einhergeht. Die Erfahrung der Perspektivlosigkeit macht sich breit, insbesondere dort, wo realitätsfernes, alles und jedes kritisierendes und destruierendes Denken Platz greift, wie im Neo- bzw. Poststrukturalismus[525].
Alles das, d. h. was hier als für die Postmoderne charakteristisch bzw. typisch herausgestellt wurde, hat Auswirkungen auf das Verständnis des Menschen und auf die Pädagogik. Postmodernes Denken stellt eine Herausforderung an die Anthropologie dar, und zwar einmal wegen der Einstellung zum Subjekt und zur menschlichen Erkenntnisfähigkeit, sodann auch hinsichtlich der Möglichkeit einer begrifflichen Fassung des Menschen[526]. Während dem Subjekt in der Moderne eine hohe Bedeutung zugesprochen wird, weil ja Rationalität ohne dieses nicht denkbar ist, erfährt es in der Postmoderne eine Abwertung. Laut Heinz-Günter Vester - er spricht vom "Selbst" - gibt es im postmodernen Denken eine dualistische Einstellung gegenüber dem Selbst: einerseits wird das Selbst (i.S. eines sich selbst reflektierenden Selbstbewußtseins) aufgegeben; andererseits

---

522 Ebd.

523 Rationalität im Sinne einer alles erklärenden und "machtausübenden" Instanz wird abgelehnt.

524 J.-F. Lyotard, 1987.

525 Gemeint ist damit jener Zweig postmodernen Denkens, dem ein überzogener Kritizismus angesichts des Gegebenen, eine Form von Kulturkritik zugeschrieben wird, die mehr negierend und zerstörend wirkt als aufbauend. Zu seinen recht unterschiedlichen Repräsentanten gehören: J. Derrida, M. Foucault, G. Deleuze, J. Baudrillard, J.-F. Lyotard. Vgl. M. Frank, 1984.

526 Zum Folgenden vgl. man K.-H. Dickopp, 1990, S. 148 ff., 181 ff.

wird das neue postmoderne Selbst (i.S. einer auch die Körperlichkeit einschließenden, in realen lebensweltlichen Sozialbeziehungen sich betätigenden, auf Selbstverwirklichung drängenden Ichs) bejaht[527].
Ein anderes für die Postmoderne charakteristisches und auch der Diskussion um das Subjekt (bzw. Ich, Individuum, Person) zugehöriges Problem betrifft die menschliche Erkenntnisfähigkeit sowie die Grundlagen und Maßstäbe des Handelns.
Während die Moderne grundsätzlich von der Erkenntnisfähigkeit des Menschen ausgeht und diesem (dem Subjekt, Ich) und seinem Denken zugesteht, verbindliche Aussagen über die Wirklichkeit zu machen, Gegensätze aufzulösen und Maßstäbe für das Handeln festzulegen, ist die postmoderne Sichtweise anders: Hier wird jegliche Verläßlichkeit von Beziehungen zwischen menschlichem Denken und der Wirklichkeit bezweifelt, eine Gewißheit des Wissens sowie eine Verbindlichkeit von Aussagen über die Wirklichkeit (i.S. einer substantiellen Wirklichkeit) bestritten. Willem van Reijen stellt fest, daß postmodernes Denken sowohl den Vorrang der Vernunft im Erkenntnisprozeß bezweifelt als auch die Möglichkeit, der Wirklichkeit (i.S. faßbarer, vom Schein abgehobener Gegenständlichkeit) einsichtig zu werden. Auch wird ein oberstes Prinzip geleugnet, von dem her gedacht, Phänomene interpretiert, Normen erstellt und Handeln legitimiert werden könnten[528].
Karl-Heinz Dickopp stellt demgegenüber fest, daß innerhalb eines pädagogischen Gedankengangs auf ein Subjekt als Zurechnungsinstanz von pädagogischem Denken nicht verzichtet werden könne. Für pädagogisches Denken müsse etwas bestimmend und leitend sein. Was das sei, suche die Hermeneutik aus der Erziehungswirklichkeit zu eruieren. Letztere lasse erkennen, daß in ihr pädagogische Vernunft wirksam ist, daß sie von Subjekten (Erzieher, Zuerziehenden) bestimmt ist, die zueinander in Spannung stehen, emotional aufeinander bezogen sind. Dieses dialektisch strukturierte und emotional geladene Beziehungsgefüge sei "Gegenstand" von Erziehung[529].
Was die neue Sicht des Menschen gemäß postmoderner Auffassung angeht, sei folgendes festgestellt: War die Anthropologie zuvor darauf aus, eine "bestimmte Sorte 'Menschlichkeit'" zu definieren, wobei der Natur des Menschen ein hoher Stellenwert zuerkannt (und dem Naturwesen das Kulturwesen Mensch entgegengestellt) wurde, betont man jetzt die Unmög-

527 H.G. Vester, 1986, S. 189 ff.
528 Vgl. W. van Reijen, 1988, S. 374 f.
529 Vgl. K.-H. Dickopp, 1990, S. 160 ff.

lichkeit einer begrifflichen Fassung des Menschen[530]. Das geschieht nicht nur unter Hinweis auf bisherige einseitige Markierung von Bestimmungsmerkmalen (wobei andere außer acht bleiben, wie etwa die Phantasietätigkeit) sowie unter Berücksichtigung der Tatsache, daß die Hominisation noch nicht abgeschlossen ist, sondern auch aufgrund des Zweifels an der treffsicheren Wirklichkeitserhellung durch Wissenschaft.

Im Rahmen der Kennzeichnung heutiger Zeittendenzen und postmoderner Denkstrukturen wurde unter anderem auf die sich breit machende Perspektivlosigkeit und auf Sinndefizite verwiesen. Solche Faktizitäten haben beachtliche Folgen auch für die Pädagogik (ihre Theorie und Praxis). Deren Auftrag, Grundlagen pädagogischen Denkens und Handelns aufzuzeigen, den einzelnen zu Weltverständnis und -bewältigung zu ermächtigen sowie zu sinnerfüllter Lebenshaltung beizutragen, sind angesichts jener Sachverhalte bzw. Gegebenheiten ungemein erschwert. Wenn das Allgemeine der Vernunft zerfallen ist, Subjektivität an Bedeutung verloren hat, kaum noch Sinnhorizonte erkennbar sind, Schein und Wirklichkeit "verschwommen" sind, wenn die Realität auf Ideen reduziert und durch Zeichen ersetzt wird, finden sich pädagogisches Denken und Handeln vor schier unlösbar erscheinende Aufgaben gestellt. Gerhard Mertens sieht unter solchen Prämissen die Aussagekraft pädagogischer Theorie in Frage gestellt, die Existenz eines Adressaten wie eines verbindlichen Erziehungsziels in Zweifel gezogen und die pädagogische Praxis blockiert[531]. Vor allem von seiten poststrukturalistischen Denkens, in welchem die genannten Indikatoren deutlich (auch mit gewisser "Verzeichnung") hervortreten, können der Pädagogik Schwierigkeiten genannter Art entstehen.

Angesichts dessen stellt sich die Frage, inwieweit und in welcher Richtung sich die Pädagogik postmodernem Denken öffnen soll und darf. Das Spektrum postmoderner Einlassungen bzw. Vorgaben ist ja relativ breit. Man kann der Meinung sein, es gibt bestimmte Impulse seitens postmodernen Denkens, die durchaus aufgegriffen werden sollten. Allerdings eignet sich dafür weder die ästhetizistische noch die alles Überkommene diskreditierende Komponente postmodernen Denkens, sondern nur jene, die man als "veritabel" oder "akzeptabel" bezeichnen kann[532].

Dieses Denken sucht nicht dem Modernitätsrummel zu folgen, welches in überspannter modernistischer Überbietungsmentalität und blinder Fortschrittsideologie "das jeweils Neue als das Gültige kodifiziert und dabei das eben noch Gewesene als veraltet disqualifiziert", auf diese Weise

530 Vgl. ebd. S. 181 ff.

531 Näheres dazu: G. Mertens, 1991, S. 32 ff.

532 A. Schirlbauer z. B. spricht von einer "veritablen Postmoderne". Vgl. Ders., 1990., S. 34.

Sinnqualitäten zerstörend[533]. Akzeptables postmodernes Denken bewahrt hingegen bewährtes Altes und öffnet sich zugleich sinnträchtigem Neuem: auf den verschiedensten Gebieten des geistigen und materiellen (einschließlich des technisch-ökonomischen) Lebens. Diese Art postmodernen Denkens beteiligt sich nicht an einer in modernistischer Manier sich ergehenden neuen Überbietung an Negativität, Kritik und Destruktion des je Vorgefundenen, wie der Neostrukturalismus dies unter Berufung auf ein vermeintlich "verbindlicheres" Wissen um das geheime Telos der kulturellen Evolution tut. Statt Zersetzung von Herkömmlichem hält sich akzeptables postmodernes Denken offen für Traditionen (freilich in transformierter Gestalt); statt Uniformität propagiert es Durchlässigkeit der Modelle, Verknüpfung von Heterogenem und Ungleichzeitigem, neue vernetzungsartige Denkformen, die auf komplexe Horizonte hin offen sind; statt Realitätsferne votiert es für die Verbindung von Kunst und Lebenswelt; statt Engführung durch dogmatische Vorgaben (aufgrund quasimetaphysischer Prämissen) fordert es neue Beweglichkeit[534].
Die Beschäftigung mit postmodernem Denken solcher veritabler (von poststrukturalistischem Denken abgehobener) Art eröffnet neue Perspektiven für die Pädagogik[535]. Es lohnt sich daher, sich auch im pädagogischen Bereich auf den interferentiellen Pluralismus pädagogischen Denkens einzulassen. Lothar Wigger steht einer Übernahme postmoderner Sichtweise hingegen skeptisch gegenüber, wenn er sagt: "... ob unter den Voraussetzungen der Heterogenität des pädagogischen Wissens, der Offenheit des pädagogischen Handlungsfeldes, der inflationären Entgrenzung pädagogischer Zielsetzungen und Ansprüche die Übernahme der postmodernen Sichtweise mit ihren wissenschaftsmethodischen Maximen ratsam ist, das ist zweifelhaft gerade angesichts des unübersehbaren Mangels an erziehungswissenschaftlichen Forschungen, Analysen und Kritiken zu den Bedingungen, Implikationen und Wirkungen pädagogischen Wissens und Entscheidens"[536].
Unserer Meinung nach sollte der von der Postmoderne ausgehende Denkanstoß auch im Hinblick auf die pädagogischen Fragestellungen und Handlungsfelder nicht zu gering veranschlagt werden. Denn: auch hier gibt es ein plurales Nebeneinander von Wissensbeständen und -formen; auch hier gilt es, grundlegende Differenzen und Widersprüche sowie die Offenheit und Unbestimmtheit mancher Fragen anzuerkennen bzw. zu berücksichti-

---

533 G. Mertens, 1991, S. 36.
534 Vgl. ebd., S. 37 f.
535 Welcher Art diese sind, wird von Gerhard Mertens näher ausgeführt; Vgl. ebd., S. 38 ff.
536 L. Wigger, 1989, S. 374.

gen. Die Pädagogik muß dem Ausdifferenzierungsprozeß der Einzelwissenschaften und Disziplinen - von denen ihr Erkenntnisse "zugespielt" werden - Rechnung tragen; sie muß auch die in den verschiedenen Lebensbereichen herrschenden Ordnungen (auf die sie bezogen ist) ernst nehmen und bedenken, daß hier eine jeweils andere "Vernunft herrscht"; und sie sollte darauf bedacht nehmen, nicht künstlich Ganzheiten zusammenzubinden, wo das unangebracht ist. Das läßt sich speziell auch hinsichtlich des Unterrichts sagen, wie das Alfred Schirlbauer tut, wenn er postuliert: "'Postmoderne Didaktik' wird eher den 'Mikrologien' das Wort reden, d. h. weiteren Verfeinerungen, Ziselierungen und Ausdifferenzierungen"[537].
In Beantwortung der oben gestellten Fragen, ob und inwieweit sich die Pädagogik postmodernem Denken öffnen soll, seien hier noch einige Bemerkungen angefügt: Die Pädagogik muß stets den Gegenheiten der Lebenswelt gerecht werden, mögen dort vorfindbare Phänomene kurzlebiger bzw. vorübergehender Art sein oder von größerer Dauer. Das gebietet ihr Selbstverständnis; auch im Hinblick auf ihre Legitimation ist dies eine Notwendigkeit. Versteht man Postmoderne als Indikator und "Ausdruck" gesellschaftlicher, kultureller und ökonomischer Wandlungen und Trends mit weitreichenden Konsequenzen, muß sie von der Pädagogik als einer lebensweltbezogenen und handlungsorientierten Wissenschaft ernstgenommen und aufgegriffen werden.
Aufwachsen findet heute unter Lebensbedingungen statt, die von Umweltgegebenheiten im engeren und weiteren Sinne bestimmt sind (vom Leben in Kleingruppen, von Rollenerwartungen in den verschiedenen Lebensbereichen, von Einflüssen der medialisierten Welt bis hin zu ökologischen Faktizitäten)[538].
Sowohl die Bedingungen des Aufwachsens wie auch die spezifischen Bedürfnisse der verschiedenen Lebensaltersgruppen erfordern neue Reaktonsweisen, wie sie durch Denkfiguren und Postulate der Postmoderne als zeitgemäß artikuliert werden. Laut Jürgen Oelkers muß pädagogische Theorie wie Praxis auf gesellschaftliche Entwicklungen schlüssiger und flexibler reagieren. Entscheidend wäre seiner Meinung nach die Einführung neuer Axiome, ohne daß pädagogisches Denken aufgegeben wird. Axiome, welche durch zeitgemäßere ersetzt werden müßten, sind: der Glaube an die Allgemeinheit der Vernunft, die (zu) optimistische Einstellung betreffs Geschichts- und Lebenslauf, die Vorstellung von "einem" Besserung verbürgenden gesellschaftlichen und demgemäßen pädagogischen Programm, der

537 A. Schirlbauer, 1990, S. 42.
538 Vgl. H. Fend, 1988, bes. S. 29, 78 ff., 147 ff., 272 ff.

Glaube an die Übereinstimmung von Zeichen und Realität[539]. Dieter Lenzen fordert angesichts poststrukturalistischer Ideen den Entwurf eines neuen Pädagogikverständnisses. Er proklamiert das Ende der Systematischen Pädagogik und plädiert für eine Mythologie, die es erlaubt, die Geschichte der Erziehung und Bildung als einen "gigantischen Diskurs" anzusehen und ihre Hyperrealität (ihren Wirklichkeitsverlust) zu überwinden[540].
Die sich hier stellende Frage, ob postmodernes Denken als Basis für die Erörterung pädagogischer Fragen und für die Legitimation pädagogischen Handelns ausreicht, sei so beantwortet: Postmoderne greift zweifellos drängende Fragen unserer Zeit mit Perspektiven auch für pädagogische Probleme auf. Sie ist aber nur ein Denkansatz neben anderen, weiß in mancherlei Hinsicht - so etwa betreffs der drängenden Sinnfrage und der Frage nach der Konstitution des Menschlichen - keine ausreichende Antwort. Skepsis erscheint im besonderen angebracht wegen ihres Verzichts auf Rationalität und Wertüberzeugungen, deren sich zweifellos keine Pädagogik enthalten kann. Dieses aber vermag sie und die Diskussion ihrer zentralen Anliegen deutlich zu machen: "Erziehung wird in Zukunft nicht mehr umstandslos als die Einführung in eine bestehende Ordnung und als die Vermittlung zuverlässiger Orientierung verstanden werden können, sondern nur noch als die Ermutigung der Person zu eigener Weltgestaltung und Ordnungsstiftung"[541].

7.7 Anthropologische Relevanz neurowissenschaftlicher Erkenntnisse

Das Wissen über den Menschen, sein Erkennen, Erleben und Verhalten hat sich in den letzten Jahren erheblich erweitert. Dazu haben Fortschritte in den Natur- wie Geisteswissenschaften beigetragen. Neuere Ergebnisse neuronaler und kognitiver Forschung, die derzeit besondere Beachtung finden, werden nicht nur zur Kenntnis genommen und lebhaft diskutiert. Man müht sich auch stark um Erweiterung von Erkenntniszuwächsen.

7.7.1 Aufgabenspektrum und Problemkreise von Neurowissenschaften

Ohne auf die Bandbreite neurowissenschaftlicher Arbeits- und Forschungsbereiche, die zentral mit Aufbau und Funktion des Nervensystems

539 Vgl. J. Oelkers,1987, S. 31 ff.
540 D. Lenzen, 1987, S. 41 ff.
541 B. Fuchs, 1989, S. 425.

und des Gehirns beschäftigt sind [542] und bislang vorliegender physiologischer Befunde (betreffs Lebensvorgängen im Organismus, speziell von Gehirnaktivitäten) hier extensiv eingehen zu können, sollen einige für unseren Fragezusammenhang besonders wichtig erscheinende Problemkonstellationen und Einsichten zur Sprache gebracht werden. Dabei seien einige Akzente benannt, die specialiter aus neurobiologischer und kognitionspsychologischer Sicht gesetzt sind[543].

Differentielle Gesichtspunkte

Mehrere Fragen erfordern angesichts hier anstehender Problemkonstellationen eine Antwort:

- Was sind kognitive Leistungen?
- Wie arbeitet unser Gehirn?
- Welche dominanten Faktoren beeinflussen Denken und Handeln?

Lebewesen sind stetig mit Wahrnehmung ihrer Umgebung und der Ausführung von Handlungen beschäftigt[544].

Zur Frage nach kognitiven Leistungen

Diese sind vielfältig: z. B. Sehen, Hören, Verstehen, Nachdenken, Sichentschließen, Planen, Konzipieren sind etwa von unterschiedlichem Charakter und verlangen mehr oder weniger Anstrengung.
Zum Kernbereich der kognitiven Funktionen rechnen Wahrnehmung, Aufmerksamkeit, Gedächtnis und Denken. Solche lassen sich untergliedern und in ganz verschiedenen inhaltlichen Bereichen untersuchen. Bei ihrer Analyse suchen Psychologie und Neurobiologie zusammen zu arbeiten, wobei sie verschiedene Ausgangspositionen einnehmen: „Psychologische Forschung geht von der Charakterisierung kognitiver Leistung aus, dringt aber bei der Erklärung nicht bis zu Gehirnfunktionen vor. Neurobiologische Forschung geht umgekehrt von der Charakterisierung von Gehirnprozessen aus, dringt aber bei dem Versuch ihrer funktionellen Beschreibung kaum bis zur Erklärung kognitiver Leistungen vor“ [545].

---

[542] Zu deren Aufweis vgl. K. Kandel u. a., 1996.

[543] Neurobiologie als interdisziplinäre Fachrichtung ist um Aufklärung von Struktur und Funktion des Nervensystems bemüht. Die Kognitionspsychologie befasst sich schwerpunktmäßig mit Erkenntnisleistungen, ihren Vollzügen, Bedingungen und Modellierungen. Über deren vielfältiges Aufgabenspektrum und zentrale Problemkreise orientieren etwa: K. Immelmann u. a., 1988; D. Münch 2000; H. Reichert, 2000; G. Roth & W. Prinz, 1996; G. Roth 1997; R. Schandry 2003; W. Singer 2002, 2003.

[544] Bei den Ausführungen über damit zusammenhängende Faktoren und prozesshaftes Geschehen beziehen wir uns im Folgenden auf den Menschen, obwohl manches auch für Tiere zutrifft.

[545] G. Prinz u. a.. 1996, S. 27

Kognitive Leistungen werden im Kopf erbracht. Sie beruhen auf Prozessen, die sich in Gehirnen abspielen. „Gehirne sind Zentralorgane im doppelten Sinne: Zum einen ist das Gehirn eine Informationszentrale, in der die Meldungen sämtlicher Sinnesorgane zusammenkommen. Zum anderen ist es eine Steuerungszentrale, die die Muskeltätigkeit des gesamten Körpers koordiniert und auf diese Weise zielgerichtete Handlungen ermöglicht". Im Gehirn als Trägerorgan aller kognitiven Leistungen „laufen alle Einwirkungen aus der Außenwelt auf den Organismus zusammen, und von ihm gehen alle Einwirkungen des Organismus auf die Außenwelt aus" [546].
Kognitive Leistungen werden durch informationsverarbeitende Systeme erzeugt, die in Gehirnprozessen realisiert sind. Auf diesen Sachverhalt sei hier hingewiesen, ohne an dieser Stelle detaillierte Forschungsergebnisse der in genanntem Problemkomplex kooperierenden Psychologie und Neurobiologie näherhin aufzeigen zu können[547].

7.7.2 Einige Bemerkungen zu Struktur und Funktionen des Gehirns

Zu den hier zu skizzierenden komplexen Vorgängen und Sachverhalten müssen wir uns mit einigen ausgewählten und verkürzten Hinweisen auf Faktizitäten begnügen[548].
Obwohl das Gehirn noch nicht restlos entschlüsselt ist, sind wichtige Strukturmerkmale und Funktionsabläufe bekannt. Wissen und Informationen darüber werden insbesondere durch Neuro- und Kognitionswissenschaften bereitgestellt.
Das Gehirn ist das komplizierteste Organ des Menschen. Es besteht aus ca. hundert Milliarden bis eine Billion Neuronen. Es ist ziemlich kompakt angeordnet: Es weist mehrere Teile auf (wie Kleinhirn, Stammhirn, Mittelhirn, Cartex, Großhirn, Großhirnrinde) und lässt sich in Areale aufgliedern, die spezielle Funktionen wahrnehmen. Diese Funktionen werden teils erlernt, sind teils genetisch angelegt, teils entwickeln sie sich in die Auseinandersetzung mit der Umwelt. Das Gehirn ist ein Organ, welches das organismische Leben kontrolliert, steuert, organisiert und integriert.
Für die Arbeitsweise des Gehirns ist charakteristisch, dass alle ihm angelieferten Sinneseindrücke von Neuronen (Nervenzellen) in elektrische und chemische Impulse umgewandelt und durch Synapsen (Kontakt- bzw. Um-

---

[546] W. Prinz u. a., 1996, S. 5.
[547] Vgl. ebd., S 27 ff., 31.
[548] Breitere Ausführungen dazu etwa bei H. Goller, 2003, S. 38 ff.; G. Keller, 2003, 3 ff.; H. Lenk, 2001, S.1 ff.; B. Röthlein, 2002, S.7 ff.; G. Roth, 1997, S. 33 ff. Einen Überblick über den Stand der Gehirnforschung mit besonderer Berücksichtigung des Lernens bietet M. Spitzer, 2002.

schaltstellen zwischen Nervenzellen) in ein riesiges Netzwerk verschiedener Nervenzellen weitergeleitet werden.
Aufgrund des Vorhandenseins von vielen Milliarden menschlicher Nervenzellen ist eine große Zahl von Vernetzungsmöglichkeiten von Neuronen gegeben. Ihre Vernetzung ist sehr komplex: sie sind sozusagen parallel geschaltet, „aber offenbar doch in einer flexiblen Anordnung und Weise, sodass nicht nur neue Verschaltungen entstehen, sondern bestehende auch verändert werden können. Die Plastizität der Verschaltungen ist also eine zentrale Eigenschaft vieler Neuronen und ihrer Kombinationen, der sog. Neuronenensembles oder Neuronenassemblies“[549]. Die Neuronen sind über sehr wenige Stationen (Zentren) - insbesondere in der Großhirnrinde - verknüpft und werden über diese Stationen, denen spezielle Funktionen (besonders sensorischer, motorischer und assoziativer Art) zukommen, aktiviert[550].

Bildung von Stereotypen und Konstruktion von Wirklichkeit

Als Entscheidungsinstanz für die Auswahl wichtiger oder unwichtiger Dinge fungiert im Gehirn der Thalamus (Hauptteil des Zwischenhirns), der aus einem Teil der angelieferten Eindrücke auf den ganzen Gegenstand schließt (Schemata oder Stereotypen bildet). Diese Schemata- oder Stereotypenbildung ist für die Lebenspraxis notwendig, denn Stereotypen sind Orientierungshilfen in einer komplexen Umwelt.
Weitere Mechanismen im Gehirn sind nötig für das Verständnis von und den Umgang mit der Außenwelt. Das Gehirn hat keinen direkten Kontakt zur Umwelt. Es steht ihm eigentlich nur das zur Verfügung, was ihm durch Sinnesorgane bzw. Sinnesrezeptoren angeliefert wird, nicht die Umwelt als solche[551]. Das angelieferte Datenmaterial wird vom Gehirn so ausgewählt, dass es „Sinn macht“ (für das Individuum bedeutsam ist, nicht Wahrnehmbares - so wie es „wirklich ist“ - abbildet). Das zugelieferte Material muss erst hinsichtlich seiner Sinnhaftigkeit interpretiert bzw. gedeutet werden. Das geschieht unter Zuhilfenahme von bislang gespeichertem Wissen (Vorwissen, Erfahrungen) und seiner als „bedeutsam“ erfolgenden Bewer-

---

[549] H. Lenk, 2001, S. 8. Solchen neuronalen Netzwerken (Assemblies) eignet die Fähigkeit, gespeichertes Wissen zu ordnen und in Beziehung zueinander zu bringen, Klassifizierungen vorzunehmen und logische Assoziationen zu erstellen. „Auf diese Weise entsteht für jedes Individuum ein in sich schlüssiges, durch gegenseitige Abhängigkeiten gefestigtes Weltbild“, das erweitert und modifiziert werden kann (s. G. Keller, 2003, S. 6).

[550] Die Aktivierung von Neuronen überhaupt ist wichtig, um ihr Verkümmern zu verhindern, ihr Bestehen im (gegenseitigen) Konkurrenzkampf zu unterstützen sowie ihre Beteiligung an höheren Hirnleistungen (wie Emotion und Motivation, Lernen und Gedächtnis) zu fördern.

[551] G. Roth, 1995, S. 48.

tung. In dieser Weise konstruiert das Gehirn Wirklichkeit, bildet solche (bzw. Welt, Umweltereignisse) nicht einfach ab[552]. Verändertes Vorwissen wie neues Datenmaterial bewirken bzw. nötigen zu neuen Wirklichkeitskonstruktionen.

7.7.3 Neurobiologische Grundlagen des Erlebens und Verhaltens

Nicht nur unsere Wahrnehmung, also die Vorgänge, durch die wir Informationen über unsere Umwelt und unseren eigenen Zustand aufnehmen und verarbeiten, ist gehirnabhängig, sondern speziell auch unser Erleben und Verhalten.

7.7.3.1 Charakteristika des Erlebens

Unser Erleben wird durch körperliche und seelische Phänomene geprägt: durch organismische und durch psychische Vorgänge. Auf letztere beziehen wir uns vorwiegend, wenn wir Erleben bestimmen als ein mehr oder weniger bewusstes Gewahrwerden resp. inneres Erfassen von nicht direkt beobachtbaren Vorgängen und Zuständen wie Denken, Fühlen, Empfinden, Wollen.

Alle unsere Erlebnisse (wie visuelle, akustische, taktische Erlebnisse, Geruchs-,
Geschmacks-, Schmerzerlebnisse, Körperempfindungen, Vorstellungen, Emotionen, Wünsche, Antriebe) sind mit einer Erlebnisqualität verbunden. Das gilt insbesondre für „bewusstes Erleben", d. h. für innere Prozesse und Zustände, die jemanden (also den Erlebenden) beeindrucken und nur ihm - dem Besitzer eines Organismus - direkt zugänglich sind. „Sinnesempfindungen, Körperempfindungen, Gefühle, Wünsche, Bedürfnisse, Gedanken, Reflexionen, Meinungen und Wissensinhalte bilden unser bewusstes Erleben"[553].

Zu den Merkmalen solchen Erlebens gehört, dass es subjektiv und privat ist, dass es an eine Perspektive gebunden und unräumlich ist[554].

In unserem Fragezusammenhang sind noch nicht alle Probleme geklärt: Große Einigung unter den mit Hirnforschung befassten Wissenschaftlern besteht zwar darüber, dass unser bewusstes Erleben aus Gehirnprozessen

---

[552] Zu dem dafür nötigen „Übersetzen" bzw. „Transduzieren" vgl. man G. Roth, ebd., S. 50 ff.

[553] H. Goller, 2003, S. 18.

[554] Zur näheren Merkmalbestimmung vgl. ebd., S. 19 ff.

hervorgeht. Wie und warum das geschieht, ist aber noch ungeklärt. Warum bestimmte Hirnprozesse von bewusstem Erleben begleitet werden oder warum wir überhaupt Erlebnisse haben, ist eine noch offene Frage[555].

7.7.3.2 Charakteristika des Verhaltens

Der Begriff Verhalten bezeichnet ganz allgemein alle beobachtbaren und erfassbaren Lebensvorgänge, die von einem Individuum erlebt und zum Ausdruck gebracht werden können. Bedeutsame Prägefaktoren menschlichen Verhaltens sind teils „innerweltlicher“ (leiblich - seelischer) Art, teils „umweltlicher“ Art (beeinflussende Komponenten seitens der Lebensumwelt).

Gliederungsversuche

Zur näheren Bestimmung des Phänomens Verhalten sei zunächst darauf aufmerksam gemacht, dass es vielfältige Formen und Erscheinungsweisen von Verhalten gibt. Alle Tätigkeiten (was ein Mensch tut) können als Verhaltensweisen bezeichnet werden: von einfachen bis zu höheren geistigen Tätigkeiten bzw. Handlungen oder Aktivitäten. Diese lassen sich nach verschiedenen Gesichtspunkten aufgliedern: etwa nach Funktionen, die sie erfüllen, nach Zeitpunkt ihres Auftretens, nach Wirkungseffekten.
Bei der Gliederung der Verhaltensweisen kann man solche mit ähnlicher Aufgabe und Wirkung unterscheiden und diesbezüglich von Verhaltensbereichen, Verhaltenssystemen oder Funktionskreisen sprechen. Beim Menschen spielen im „Verhaltensstrom“ die Erhaltungs-, Fortpflanzungs- und soziokulturellen Funktionen eine besondere Rolle. Diese lassen sich jeweils untergliedern und ergeben somit ein breites Spektrum von Verhaltensweisen (samt entsprechenden Handlungen)[556].
Wann bestimmte Verhaltensweisen aktiviert werden, hängt von äußeren wie auch von inneren Gegebenheiten ab. Man kann diesbezüglich von einem „temporalen Ordnungsprinzip“ (von einer zeitlichen Gliederung im Verhaltensstrom) wie auch von einem „Hierarchieprinzip“ (von einer rangmäßigen Gliederung der an der Verhaltenssteuerung beteiligten Instanzen) sprechen[557].

---

[555] Siehe ebd., S. 31.
[556] Vgl. K. Immelmann u. a., 1988 b, S. 10 f.
[557] Siehe ebd., S. 12, 17 ff.

Determinanten des Verhaltens

Hier zu klärende Fragen betreffen die Ursachen für das Auftreten bestimmter Verhaltensweisen sowie für Veränderungen im Verhaltensstrom. Untersuchungen darüber wurden und werden unter folgenden Aspekten durchgeführt[558]:

- innerer Antrieb oder äußerer Reiz?
- angeboren oder erworben?
- biologisch oder kulturell gesteuert?
- bewusst oder unbewusst dominiert?

Das Verhaltensspektrum ist sehr breit. Vorliegende Befunde hinsichtlich des erstgenannten Aspekts belegen, dass es durch innere Antriebe erzeugte als auch durch äußere Reize ausgelöste Verhaltensweisen gibt und dass bei der überwiegenden Mehrzahl von Verhaltensweisen eine Kombination innerer und äußerer Determinanten das Zusammenkommen bestimmter Aktivitäten ermöglichen.
Hinsichtlich des zweitgenannten Aspekts lassen entsprechende Forschungsergebnisse erkennen, dass angeborene (genetisch determinierte) und erworbene (erlernte, umweltbeeinflusste) Anteile zum Verhaltensinventar gehören, wobei beide keineswegs ausschließlich in Erscheinung treten, sondern in steter Wechselbeziehung zueinander stehen[559].
Zum Verständnis des Menschen (Menschenseins), auch im Sinne seiner Selbstinterpretation, gehört die Zugehörigkeit zu einer naturhaften bzw. biologischen Spezies, wie auch zu einem kulturell geprägten Lebewesen. Das bekundet sich auch in seinem Verhalten und Handeln. Solches ist sowohl biologisch als auch kulturell gesteuert. „Wenn auch unser Verhalten heute weitgehend ‚soziokulturell‘ gesteuert wird, so ist doch der Einfluss des biologischen Erbgutes auch im Verhalten des modernen Menschen damit keineswegs außer Kraft gesetzt: Kultur und Zivilisation sind und bleiben an das Überleben und die Vitalität ihrer biologischen Grundsubstanz gebunden“[560].
Im Rahmen der Suche nach bestimmenden Faktoren des menschlichen Verhaltens drängt sich auch die Frage nach dessen bewussten und unbewussten Anteilen auf. Dazu bislang vorliegende Untersuchungsergebnisse verweisen auf einen weitaus höheren Anteil unbewusster Determinanten des Verhaltens. Auch die meisten anderen psychobiologischen Lebensvorgänge laufen zumeist ohne Beteiligung des Bewusstseins ab. Das gilt in-

---

[558] Vgl. K. Immelmann u. a., 1988 b, S.21 ff.
[559] Vgl. ebd., S.26 ff. Die Wechselwirkung von Umwelt und Erbgut ermöglicht gezielte Einflussnahme auf organismische Vorgänge, z. B. in verschiedenen Bereichen des Lernverhaltens.
[560] K. Immelmann u. a., 1988 b, S.30.

sonderheit auch für die vielfältigen Gehirnaktivitäten. „Die meisten Gehirnprozesse - man schätzt 99 % - laufen unbewusst ab“[561]. Dennoch spielt die prinzipielle Frage nach dem menschlichen Bewusstsein im heutigen Wissenschaftsbereich eine bedeutsame Rolle und wird lebhaft erörtert. Angesichts der weithin anerkannten Einsicht, dass es im menschlichen Leben eine Wechselbeziehung zwischen Körper und Geist gibt und zwei exklusive Phänomenbereiche wirksam sind - der physikalische (dem körperliche Ereignisse und Zustände zugehören) und der mentale Phänomenbereich (dem geistige und seelische Gegebenheiten zuzuordnen sind) - behält die Bewusstseinsproblematik ihre Aktualität [562].

7.7.4 Neurobiologische Grundlagen des Lernens

Lernen kann als spezieller Zugang zu Wissen und Erkenntnis aufgefasst werden, der neben die unmittelbare Lebenserfahrung und die methodische Erfahrung trifft. Die beim Lernen erfolgende Aufnahme, Verarbeitung und Speicherung von Informationen und die dabei ablaufenden Prozesse dienen dem Erwerb von Kenntnissen und Fertigkeiten und bewirken Verhaltensänderungen. Die dafür notwendige Bedingung, die Lernfähigkeit des Menschen, ist eine anthropologische Konstante.
Lerntheorien, die über wesentliche Bedingungen, Formen und Komponenten des Lernens informieren (Hauptformen: behavioristische und kognitive Theorien) beziehen sich zumeist auf bestimmte Lernphänomene bzw. Teilaspekte. Die in den letzten Jahren innerhalb der Hirnforschung entwickelte neuronale Lerntheorie versucht kognitive Phänomene (wie Erkennen, Denken, Erinnern, komplexes Lernen) mit Hilfe funktionaler Eigenschaften des Gehirns zu erklären. Eine umfassende Lerntheorie gibt es jedoch noch nicht.
Es existieren mehrere Formen des Lernens. Man kann solche unter bestimmten Gesichtspunkten einteilen. So kann man einfachere Lernformen (wie Gewöhnung und Sensitisierung) von komplexeren Lernformen („höheren“ kognitiven Lernleistungen wie z. B. einsichtiges, intentionales, sprachabhängiges, soziales Lernen) unterscheiden. Häufig wird auch - wenn bewusste Anteilnahme am Lernvorgang erfordert oder nicht erfordert wird - zwischen explizitem (oder deklarativen) und implizitem (oder prozeduralem) Lernen differiert. Eine beliebte Typisierung, welche Reiz-

---

[561] H. Goller, 2003, S.12.
[562] Näheres dazu: H. Goller, 2003, S.18, 87 f., s. a. ebd. 72 ff.

Reaktions-Beziehungen berücksichtigt, unterscheidet zwischen assoziativen und nicht-assoziativen Lernleistungen.

7.7.4.1 Typen des Lernens

Was der Mensch ist, hängt zum guten Teil auch davon ab, was er aus sich macht. Aktives Handeln geht in sein Verhalten ein. Menschliches Verhalten ist teils angeboren, teils erlernt. Bei vielen Verhaltensweisen vermischen sich beide Komponenten. Verhaltensveränderungen sind also teilweise auch durch Lernen (Lernformen) bedingt.

Assoziatives und nicht - assoziatives Lernen

Je nachdem auf welcher Basis Verhaltensänderungen herbeiführt werden, unterscheidet man generell zwischen assoziativem und nicht - assoziativem Lernen[563]. Beim nicht - assoziativem Lernen erfolgt eine Veränderung des Verhaltens auf der Basis einzeln auftretender Reize oder Ereignisse (wie bei Gewöhnung und Sensitisierung). Beim assoziativen Lernvorgang werden Ereignisse miteinander verknüpft. Es wird also ein neuer Bezug resp. eine Paarung (Assoziation) von zwei oder mehreren Ereignissen (auch Informationen) hergestellt: eine Assoziation, die vorher nicht bestand. Zu den assoziativen Lernleistungen zählen klassische und operante (instrumentelle) Konditionierung [564].

Komplexere Lernformen

Zu „höheren" Lernformen, die auch beim Menschen assoziativ gebildet werden, gehören: Prägung, ferner: latentes, beobachtendes, bewusstwerdendes und sprachabhängiges Lernen. Wieweit der Mensch prägbar ist, ist umstritten. Bis zu einem gewissen Grade ist er jedoch nachhaltig - etwa in sozio-kultureller Hinsicht - prägsam und gegenüber späteren Verhaltensänderungs - Beeinflussungsversuchen resistent. Latentes Lernen, das ohne

---

[563] Zu breiteren Ausführungen folgender Darlegungen vgl. man R. Menzel/G. Roth, 1996, S.241 ff.; H. Reichert, 2000, S.228 ff.; K. Schandray, 2003, S.506 ff.

[564] Im ersteren Falle handelt es sich um konditionierte Reizdarbietung zur Reaktions- bzw. Verhaltensauslösung. Im zweitgenannten Fall geht es darum, die Beziehung zwischen einem Reiz und einer Reaktion zu erlernen. Ziehen Reaktionen bzw, Verhaltensweisen Folgen nach sich, die für den Handelnden erfolgreich sind und Belohnenswert (bzw. Bestrafenswert) haben, dann beeinflussen sie künftige Auftretenswahrscheinlichkeit. Operantes Lernen wird daher auch Lernen am Erfolg oder Verstärkungslernen genannt.

Motivation, ohne Bekräftigung (ohne evidente Belohnung oder Bestrafung) verläuft, kann zum Erwerb bestimmter Fähigkeiten führen. Beim beobachtenden Lernen und beim Nachahmungslernen werden durch gerichtete Aufmerksamkeit sensorische Gedächtnisinhalte gebildet und bestimmte Handlungen schneller erlernt. Bewusstwerdendes (mit Denken und Bewerten verbundenes) und sprachabhängiges (auf den Gebrauch von Lauten und Zeichen angewiesenes) Lernen ist dem Menschen in spezifischer Weise eigen.

Explizites und implizites Lernen

Weitere beim menschlichen Lernen häufig anzutreffende Unterscheidungen beziehen sich auf das explizite (deklarative) und das implizite (prozedurale) Lernen [565]. Beim expliziten Lernen handelt es sich um eine Lernkategorie, die sich auf den Erwerb von Wissen über bestimmte Fakten und Ereignisse bezieht, die als Inhalte bewusst erinnert oder gedanklich vorgestellt werden können. Da solche Lerninhalte auch sprachlich wiedergegeben werden können, bezeichnet man diese Lernart auch als deklaratives Lernen.
Implizites Lernen vollzieht sich in weitgehend oder völlig unbewusster Weise. Diese Lernart führt zum Erwerb bestimmter Verhaltensdisposition oder Fähigkeiten im motorischen Bereich (z. B. Skifahren, Schwimmen, Spielen eines Musikinstruments). Auch einfache Lernformen, die durch klassische Konditionierung entstanden sind, werden zum impliziten Lernen gerechnet.

7.7.4.2 Formen und Leistungen des Gedächtnisses

Lernen und Gedächtnis sind eng miteinander verbunden. Lernen ermöglicht - wie gezeigt - den Erwerb von Wissen und Fertigkeiten. Es beeinflusst unter Einbezug von Vorwissen (vorangegangener Erfahrungen) Verhalten und Handeln. Gedächtnis ist die Fähigkeit, Erfahrungen und erworbenes Wissen (Erlerntes) zu speichern (einzuprägen), zu modifizieren und wieder abzurufen (zu erinnern).

---

[565] Hierzu vgl. man etwa: R. Menzel/G. Roth, 1996, S.298 f.; H. Reichert, 2000, S. 230.

Etappen der Gedächtnisbildung

Die Bildung des Gedächtnisses ist ein dynamischer Prozess der Selbstorganisation, die in mehreren Phasen erfolgt. Diese Phasen können im Nervensystem an unterschiedlichen Orten lokalisiert sein. Laut H. Reichert (2000, S. 230) läuft die Gedächtnisbildung in drei Etappen ab. Bei der ersten Etappe geht es um die Repräsentation der zu lernenden Information in den neuronalen Verschaltungen eines sensorischen Speichers (Aufbewahrung von Information im Ultrakurzzeitgedächtnis bzw. sensorischen Gedächtnis für nur wenige Sekunden). In der zweiten Etappe erfolgt die Festschreibung und Aufbewahrung dieser Information im Gehirn (Zugänglichkeit des Lerninhalts im Kurzzeitgedächtnis bei dessen begrenzter Speicherkapazität nur für Sekunden bis Minuten). Dann kommt es zu einer Überführung in das Langzeitgedächtnis mit seiner sehr großen Speicherkapazität. Danach wird die Langzeitspeicherung, die wahrscheinlich auf dauerhafteren funktionellen und strukturellen Änderungen beruht, permanenter und robuster (Zugänglichkeit der Gedächtnisinhalte Tage bis Jahre).
Als dritte Etappe des Gedächtnisses kann man - so H. Reichert - das Abrufen der gespeicherten Information ansehen. So können Lern- und Gedächtnisinhalte später wieder zur Verfügung stehen[566].

Gedächtnisleistungen unter inhaltlichen Aspekten

neben den genannten Gedächtnisformen (wie Ultrakurzzeit-, Kurzzeit- und Langzeitgedächtnis), bei denen die zeitliche Dimension (wie lange etwas behalten wird) eine Rolle spielt, gibt es auch noch andere Gedächtnisformen, bei denen die Inhaltsfrage (was gespeichert wird) dominanter ist. Das trifft zu beim expliziten (deklarativen) und impliziten (prozeduralen) Gedächtnis, wobei die Gedächtnisleistungen hier jeweils anderen Gehirnstrukturen zuzuordnen sind als bei zeitlich dimensionierten Gedächtnistypen[567].
Das explizite (deklarative) Gedächtnis beinhaltet die Registrierung, Speicherung und den Abruf von bewusst und willentlich aufgenommenem Wissen, wobei hinsichtlich des Materials (auf das zugegriffen werden kann) zwischen episodischem und semantischem Gedächtnis unterschieden wird. Das episodische Gedächtnis bezieht sich auf Elemente bzw. Ereig-

[566] Zu Befunden über Gedächtnisphasen und unterschiedlichen Formen des Gedächtnisses s. a. R. Menzel/G. Roth, 1996, S. 249 ff.

[567] Vgl. zu Folgendem K. Schandry, 2003, S.529 ff. Zu funktionellen und strukturellen gehirnlichen Vorgängen s. a.: H. Ackermann/M. Bähr, 1997, S.337 ff.; R. Babinski/H. Markowitsch 1996, S.1 ff.; I. Kupfermann/E. Kandel, 1996, S.667 ff.

nisse der eigenen Biographie. Das semantische Gedächtnis hingegen ist auf Gedächtnisinhalte bezogen, die Segmente unseres Wissens über die Welt betreffen[568].

Das Gedächtnis als dynamisches System

Eine funktionsanalytische Betrachtung des Gedächtnisses ist schwierig. Es gibt nämlich funktionale Dissoziationen zwischen verschiedenen Gedächtnisformen. Das ist auch nicht verwunderlich, denn das Gedächtnis ist - wie die Gedächtnisforschung, die ein komplexes und differenziertes Bild von der funktionalen und neuronalen Architektur des Gedächtnisses zeichnet - kein einheitliches System mit festen Segmenten. „Das Gedächtnis ist ein dynamisches System, an dem zahlreiche Teilsysteme beteiligt sind und das multiple Gedächtnisformen umfasst, die jeweils anderen Funktionsprinzipien genügen und denen andere Konfigurationen von Hirnregionen zugrunde liegen“ [569]. Ein höchstes Integrationszentrum im Gehirn, in dem alle Informationen zusammenlaufen würden, gibt es nicht. Zwar sind im Gehirn bestimmte Bereiche auf gewisse Aufgaben spezialisiert, so dass sich verschiedene Gedächtnisfunktionen bestimmten Hirnregionen zuordnen lassen. Wenn diverse Gedächtnisfunktionen sich hauptsächlich oder weitgehend auch auf gewisse Hirnbereiche beziehen lassen, so sind doch vielfach auch andere Regionen bzw. Areale beteiligt. Fakt ist, dass es Gedächtnisinhalte gibt, die an verschiedenen Stellen des Gehirns niedergelegt sind und dass Verbindungen zwischen verschiedenen Verarbeitungsebenen unterschiedlicher Art vorhanden sind.

Bekannte und noch weiterer Klärung bedürftige neurobiologische Einsichten der Lern- und Gedächtnisforschung

Die mit neurowissenschaftlichen Problemen beschäftigten Wissenschaften (wie Anatomie, Physiologie, Neurologie und zugehörige Teildisziplinen) haben in letzter Zeit beachtliche Fortschritte zu verzeichnen. Allerdings sind noch nicht alle in Frage stehenden Sachverhalte geklärt.

Zu verdienstvollen Aufschlüssen solcher Forschung gehören u. a. tiefere Einblicke in den Zusammenhang von Gedächtnisleistungen und Gehirnstrukturen. So etwa der Nachweis, dass Prinzipien der Hirnorganisation Wahrnehmen, Denken und Handeln bedingen, dass es verschiedene Formen des Gedächtnisses gibt, dass sich das Gedächtnis in mehrere Stufen gliedert, dass die Gedächtnisinhalte in zahlreichen Regionen über das gesamte Nervensystem verteilt (an verschiedenen Stellen dieses Systems lo-

568 Siehe dazu: K. Schandry, 2003, S. 531, 533 f.
569 T. Goschke, 1996, S.407

kalisiert) sein können, dass Lernen und die Bildung neuer Gedächtnisinhalte auf funktionalen und strukturellen Veränderungen synaptischer Verknüpfungen beruht [570]. Fragestellungen etwa wie und wo Informationen bzw. Gedächtnisinhalte gespeichert werden, welche Gehirnpartien und welche neuronalen Strukturen daran beteiligt sind, insonderheit auch, welche zellulären und molekularen Mechanismen den Lern- und Gedächtnisprozessen zugrunde liegen und was sich auf zellulärer und molekularer Ebene abspielt - bislang erst zum Teil geklärt - gehören zum Gegenstand nachhaltiger Forschung [571].
Erklärungsbedarf besteht auch noch in Hinsicht auf andere Probleme: So etwa hinsichtlich der Abhängigkeit des Lernerfolgs von der Motivation, betreffs des Zusammenhangs von Wahrnehmung, Vorstellung und Gedächtnis (ob es sich bei diesen Tätigkeiten um die Aktivierung derselben oder eng benachbarter Nervennetze handelt). Gewisse Unklarheiten bestehen unter anderem auch noch bezüglich der Veränderung des Langzeitgedächtnisses mit der Zeit (Einfluss von Lebensalter, Reorganisation, Speicherung von Inhalten in kompakter Form). Überhaupt erheischt die Natur des Erinnerns und Vergessens nähere Aufhellung [572].

7.7.5 Herausforderung pädagogisch-anthropologischen Denkens und Handelns durch neuro- und kognitionswissenschaftliche Forschungsergebnisse

Neurowissenschaftliche Forschungsergebnisse haben erheblichen Einfluss auf Welt- und Selbstverständnis des Menschen wie auf die personale Lebensführung. Es stellt sich die Frage, ob die hier dominante naturalistische Sichtweise den Dimensionen des Menschseins wirklich gerecht wird.
Fraglos besteht die anthropologische Bedeutung naturwissenschaftlicher resp. naturalistischer Einsichten in ihrem Beitrag zur Verbesserung bzw. Bereicherung des Kenntnisstandes über das menschliche Dasein und beeinflussende Gestaltungsmöglichkeiten (einschließlich diesbezüglich bestehender Grenzen). Nachdrücklich muss allerdings die Forderung erhoben werden, auch solche Faktizitäten in die Betrachtung einzubeziehen, die

---

[570] Zur synaptischen Plastizität als Basis für Lern- und Gedächtnisprozesse vgl. R. Reichert, 2000, S. 231 ff. Zu funktionellen und strukturellen Aspekten von Lernvorgängen siehe etwa: H. Ackermann/M.Bähr, 1997, S.337 ff.; R. Babinski/H. Markowitsch, 1996, S.1 ff.

[571] Zu dieser breit gefächerten Problematik vgl. man: H. Reichert, 2000, S.238 ff.; E. Kandel, 1996, S. 685 ff.; R. Menzel / G. Roth, 1996, S. 265 ff.; R. Schandry, 2003, S.518 ff.

[572] Vgl. R. Menzel / G. Roth, 1996, S.275 f.

unter neurowissenschaftlichen Kategorien weder hinreichend erkannt noch sachadäquat gedeutet werden können.
Das phänomenologisch Erfassbare in Welt und Leben lässt sich nicht allein naturwissenschaftlich, biologisch, physiologisch, physikalisch erklären. Geistige Phänomene, Vorgänge bzw. Ereignisse bedürfen zu ihrer Aufklärung bzw. zu ihrem Verständnis als etwas Bedeutungstragendem noch einer anderen Basis als ihre Deutung aufgrund des Funktionierens von Vernetzungen im dynamischen System Gehirn. Geistiges lässt sich nicht lediglich auf der Grundlage von Zugriff auf Materielles fassen und erhellen[573].

7.7.5.1 Kontroverse um die Wertung physikaler und ethischer Phänomene

Vertreter der modernen Neurophilosophie wie auch von anderen naturwissenschaftlich orientierten Spezialdisziplinen (wie Soziobiologie, Psychobiologie, Neurobiologie, Biolinguistik) zeigen sich bemüht, geistige Phänomene und mentale Prozesse in der Physis zu verankern und kausal zu deuten. Die damit einhergehenden Bemühungen, den Hiat zwischen Geist und Materie zu überwinden, zeigen sich auch in dem Bestreben, zwischen dem Reich des Faktischen und der Welt der Normen und Werte Brücken zu schlagen.
Die Übertragung naturalistischer (auf empirisch Faktisches sich berufender) Denkweise auf alle Bereiche der Welt (des Naturganzen) - also auch auf ethische Phänomene wie Normen, Werte, sittliche Prädikate - rief und ruft unter Wissenschaftlern unterschiedlicher Provenienz nicht nur Kritik hervor. Sie führte auch zu Positiondarstellungen, in denen außersomatische und nicht - weltliche Entitäten ins Licht gerückt und ihre Geltung argumentativ nachgewiesen wird[574].
Unter Zurückweisung des naturalistischen Konzepts von Ethik, dem ein Menschenbild zugrunde liegt, in dem jegliches Verhalten - auch das Vermögen, eigene Entscheidungen zu treffen und selbstbestimmt zu handeln - als physikalisch verursacht erklärt wird, sieht etwa F. Ricken menschliches

[573] Auf die Geist - Gehirn- bzw. Bewusstseins - Debatte kann im hier gezogenen Rahmen nicht näher eingegangen werden. Zu dort anstehenden Fragen vgl. man etwa: H. Goller, 2003; H. Lenk, 2001; Ricken, 2003.

[574] Vgl. die Dokumentation kontroverser Positionen einer philosophischen Tagung der Katholischen Akademie in Bayern unter dem Thema „Abschied vom christlichen Menschenbild? Herausforderungen und Konsequenzen der Neurobiologie". In: Zur Debatte, H.1/2003, S.28-39; s. a. H. Goller, 2003. Unter Verweis auf ethische Faktizitäten und moralische Verhaltensweisen kommt auch E. Schockenhoff (2003, S. 31) zur Zurückweisung mancher naturalistischer Thesen und zum Aufweis von Grenzen der Hirnforschung.

Handeln unter dem Verdikt der praktischen Vernunft als gerechtfertigt an. Diese kann auf Ziele sinnvollen Handeln verweisen, kann mehrere Ziele in Sicht bringen (biologische, soziale, kulturelle...), ohne auf eines dieser Ziele festgelegt zu sein. Sie kann nach deren Vereinbarkeit mit Normen der sittlichen Vernunft fragen, kann ferner auf Konflikte zwischen diesen Zielen sowie auf (zweckerfüllende) Verwirklichungsmöglichkeiten und Konfliktlösungen hinweisen[575].
Der Verweis auf die sittliche Vernunft als Kriterium ethisch gerechtfertigten Handelns ist laut F. Ricken in der Auseinandersetzung mit naturalistischen Sichtweisen unerlässlich. Sittliche Vernunft ist seiner Überzeugung nach ein „Urphänomen", das auf keine andere Form der praktischen Rationalität reduziert werden kann: ein Phänomen, das keines Beweises bedarf. „Dieses Urphänomen besteht in Forderung des überpersönlichen Standpunkts": eines solchen, der die Rücknahme des eigenen und die Einnahme des Standpunkts des anderen verlangt. Damit einher geht die Beachtung der Würde und die angemessene Reaktion auf den Anruf hilfebedürftiger Menschen, die sich in Erweis von Mitgefühl, Erbarmen und Sympathie kundgibt[576].

7.7.5.2 Assoziationen von neurobiologischen und bildungstheoretischen Diskurspotentialen

Geht man davon aus, dass es im Bildungsprozess zentral um die Förderung der Subjektwerdung des Menschen geht, dann ergibt sich daraus unabdinglich, in die pädagogische Praxis jene Bestimmungen und Tätigkeiten einzubeziehen, die jenes Ziel und die damit verbundenen Teilziele erreichbar erscheinen lassen. Die in diesem Sinne notwendige Reflexion auf die Konstitution des Subjekts und dazugehörig auf die Bildung von Selbstbewusstsein erfordert auch die Berücksichtigung humanbiologischer Forschungsergebnisse.
Im Kontext von Bildungstheorie ist demnach auch der Einbezug von neuro- und kognitionsbiologischen Erkenntnissen - wie sie im Besonderen aufgrund der Erforschung von Gehirntätigkeiten gewonnen wurden - dringend geboten. Im Hinblick auf den Bildungsprozess interessieren, wie G. Miller-Kipp betont[577], strukturelle Befunde und kognitive Theoreme der Neurobiologie. Den dort bekundeten Aussagen gemäß erscheint das Gehirn als ein „Systemgigant", der „seine kognitiven Leistungen in interner Organisation

---

575 Näheres dazu bei F. Ricken, 2003, S.38.
576 Zur näheren Entfaltung der Forderung nach Einnahme des überpersöhnlichen Standpunkts vgl. ebd. S.39.
577 Vgl. 1998, S.208.

und steter Verbindung aller Regionen... in Bearbeitung aller Eingangsinformationen vollbringt"[578].

Die vom Gehirn vollzogenen Akte bzw. erbrachten geistigen Leistungen, die - pädagogisch gesprochen - an der Konstitution des Subjekts beteiligt sind, lassen sich unter Regularitäten betrachten, welche die Erkenntnisleistungen des Gehirns konturieren. Zu den qualitativen Bestimmungen, die als geistige Leistungen mitbestimmende „Konturen" anzusehen sind, gehören: Plastizität, Individualität und Einheitlichkeit oder Ganzheitlichkeit[579].

Entsprechung etlicher pädagogischer und neurobiologischer Kategorien

G. Miller-Kipp übersetzt die genannten, in der Neurobiologie zur Kennzeichnung wichtiger gehirnbiologischer Vorgänge deskriptiv gebrauchter Begriffe in die pädagogische Sprache und interpretiert sie in bildungstheoretischer Hinsicht[580]. Sie bekundet damit, dass wesentliche pädagogische Bestimmungen in naturhaften Fakten (wie etwa neuronalen Steuerungen des Menschen) eine Entsprechung haben.

Charakteristika von Plastizität:

Aus anthropologischer Sicht bezeichnet „Plastizität" das Nichtfestgelegt-Sein bzw. die unfertige kreatürliche Ausstattung des Menschen. Das verweist auf seine Variabilität und die Notwendigkeit, bestehende Mängel auszugleichen (durch Lernen, vielseitige Erfahrungs- und Kompetenzerweiterung). Die genannte Plastizität lässt sich - etwa im Blick auf bildende Aktivitäten - bis in die neurobiologische Struktur des Gehirns verfolgen: Dort ablaufende innersubjektive Prozesse sind zwar strukturell gebunden (durch oder über Erfahrung), woran sie sich kognitiv festmachen und wie sie konkret verlaufen, bleibt jedoch offen (ist nicht festgelegt).

Charakteristika von Individualität:

Individualität bezeichnet die Gesamtheit aller Eigenschaften oder Merkmale des Menschen, die ihn als etwas Besonderes, Eigenartiges und Einzigartiges von anderen unterscheidbar machen. Sie bildet sich heraus im Ineinanderwirken von Wahrnehmung des Selbst in seiner Umwelt sowie Verarbeitung dieser Wahrnehmung nach eigenen (persönlichen) Motiven und erlernten kulturellen Mustern im Rahmen der vorgegebenen materiellen und seelisch - geistigen Bedingungen. An der Ausbildung der Individuali-

---

[578] Ebd., S.213.

[579] Vgl. ebd., S.214, 220.

[580] Vgl. zu folgenden Ausführungen G. Miller-Kipp, 1998, S.221 f.

tät, in der die Einmaligkeit menschlicher Bedürfnisse, Interessen, Fähigkeiten, Vorstellungen zum Vorschein kommen und auch die Identität (als persönliche Einheit des Selbstbewusstseins) sich manifestiert, sind neuronale Vorgänge wesentlich beteiligt. Sofern sich die neuronalen Strukturen und Erregungsmuster der Kognition ontogenetisch entwickeln, sind sie erfahrungsabhängig und individuell verschieden. Die kognitiven Eigenarten - auf neuronaler Ebene gestiftet - sind für jedes Individuum charakteristisch und zeichnen es aus.

Charakteristika von Ganzheitlichkeit:

Die pädagogische Kategorie Ganzheitlichkeit steht für eine Erziehungs- und Bildungskonzeption, die in ihrer Zielstellung und Vorgehensweise am ganzen Menschen orientiert ist. Erstrebt wird die Entwicklung menschlicher Grundkräfte für eine gelebte Einheit von intellektuellen, sittlichen und körperlichen Fähigkeiten. Alles Lernen, Unterrichten und Bilden erfordert genannter Zielstellung gemäß den Einsatz aller Sinne; es intendiert auch deren Ausbildung und Optimierung.
Inwieweit neuronale Vorgänge im Gehirn einheitlich organisiert und naturaliter ganzheitlich ausgerichtet sind, bedarf noch weiterer Klärung. Jedenfalls gibt es Anhaltspunkte dafür, dass dem so ist, wenn man bedenkt, dass menschliche Gehirnteile zu einheitlicher Zweckverwirklichung kooperieren. Laut G. Miller-Kipp ist das Bildungsgeschehen aus kognitionsbiologischer Sicht ganzheitlich fundamentiert: „'Ganzheitliche' Bildung [erscheint] als natürliches, als endogen angelegtes Bildungsziel"[581].

7.7.5.3 Pädagogische Perspektiven und Akzentuierungen

Menschliches Dasein ist durch eine Reihe von Komponenten charakterisiert, die zweckbestimmt zusammenwirken. Das zeigt sich sowohl hinsichtlich der pädagogisch wichtigen Fragen, was der Mensch seiner Natur nach ist, als was bzw. zu was er sich versteht, was er denkt, tut und wie er handelt.
Eine Thematisierung des Menschenseins unter solchen Aspekten rückt Bestimmungen und Merkmale in den Blick, die den Menschen als von anderen Erdenbewohnern spezifisch unterschieden erweisen. Dazu gehört einerseits seine typische materielle bzw. körperlich-biologische Ausstattung, andererseits seine eigenartige geistige Ausstattung. Körperlichkeit

---

[581] Ebd., S.222.

und Geistigkeit – als Grundpfeiler menschlicher Existenz – bilden eine zusammengehörige Einheit und sind für das Selbstverständnis und den Lebensvollzug des Menschen unabdingbare Konstituenzien. Daraus ergeben sich Konsequenzen für das Erziehungs- und Bildungsverständnis und diesbezüglich zu treffende Maßnahmen.

Dominante Faktoren menschlichen Denkens und Handelns

Eigenarten des Denkens

Unter Denken versteht man die dem Menschen eigene Fähigkeit, Sachverhalte erfassen, vergleichen, unterscheiden, bewerten, zusammenfassen, sich verstellen zu können. Zu wesentlichen Leistungen des Denkens rechnet man speziell das Vermögen Sinneseindrücke und Erfahrungen zu verarbeiten und daraus Urteile und Schlüsse sowie Begriffe abzuleiten. Als hervorragende Denkleistungen bezeichnet man ferner auch Potenzen wie: Erkennen von Gesetzmäßigkeiten, Entdeckung von (neuen) Beziehungen, Bestimmung von Handlungsabläufen, Lösung von Problemen. Denken befähigt zur Selbstreflexion ebenso wie zur geistigen Repräsentation von Wirklichkeit.
Das Denken und seine Strukturen sind von verschiedenen Faktoren abhängig (und wirken teils auf solche zurück). Als beeinflussende bzw. beeinflusste Faktoren kommen besonders in Frage: Begabung, Entwicklung, Erfahrung, vorhandenes Wissen, soziokulturelle Einflüsse (samt Denkstilen und Normvorgaben), Lernen. Die Richtung des Denkens wird durch anlagemäßig vorgegebene und durch gesetzte Ziele bestimmt. Die stoffliche Grundlage des Denkens sind Nervenzellen der Großhirnrinde.

Je nachdem, worauf das Denken schwerpunktmäßig gerichtet ist, kann man folgende Formen unterscheiden: ordnendes, spekulatives bzw. reflektierendes, konstruktives, operationales, problemlösendes Denken. In der Literatur werden unter bestimmten Kennzeichen folgende „Denktypen" gefasst[542]: Diskursives oder zergliederndes (unter hoher Bewusstseinskontrolle geplantes und erfolgendes) Denken; intuitives (sprunghaftes, durch plötzliche Einfälle gekennzeichnetes, kaum oder nicht kontrolliertes) Denken; divergentes oder produktives (neuartige Erkenntnisse hervorbringendes, kreatives) Denken; konvergentes (reproduktives, an bereits Gedachtes anknüpfendes) Denken.

Aspekte der Denkerziehung

Die Denkerziehung gehört wegen ihrer Bedeutung für die Persönlichkeitsentfaltung zu den zentralen pädagogischen Aufgaben in allen Erziehungs- und Bildungsbereichen. Dabei wird ganz allgemein das Ziel verfolgt, kog-

---

[542] Vgl. dazu: Meyers Lexikonredaktion, 1992, S. 117.

nitive Fähigkeiten verschiedener Arten und Niveaus zu vermitteln bzw. deren Erwerb zu unterstützen.
Es gibt vielfältige Möglichkeiten für spezielle Denkförderung. Als solche können gelten:

- die Erzeugung von günstigen Einstellungen gegenüber intellektuellen Tätigkeiten
- die Erweckung von Neugier und Fragehaltung
- die Inspiration zu Eigeninitiative und Selbstständigkeit
- die Anregung zu kreativem und produktivem Gestalten
- die Anleitung zu zwanglosem Ausdrucksverhalten in allen Handlungsbereichen
- Hilfestellung für bzw. im Umgang mit Schwierigkeiten

Die Denkerziehung – wiewohl ein verschiedenen Institutionen und Edukatoren zuzuweisendes Postulat – wird vielfach als eine der wichtigsten Obliegenheiten der Schule bezeichnet. Dabei wird neben den soeben aufgezeigten Aufgaben und Möglichkeiten der Denkförderung noch im Speziellen auf Erziehungshilfen zum Umgang mit Informationen sowie zur Lösung von Problemen hingewiesen[543]. Bezüglich des Umgangs mit Informationen erweisen sich Anleitungen und praktische Durchführungen von Informationssuche und Informationsverarbeitung (Interpretation, Schlussfolgerungen, Regelanwendung) als besonders zweckmäßig.
Dem Lösen von Problemen fällt eine weitere sehr wesentliche Funktion zu. Ein vordringlicher edukativer (schulischer) Auftrag ist demnach die Vermittlung bzw. der Erwerb entsprechender Qualifikationen. Für Aufbau und Verbesserung von Problemlösungskompetenz leisten Erweiterung des Wissens über bestimmte Realitätsbereiche (mit Schwierigkeitspotentialen) und der Aufweis sowie die Einübung geeigneter Vorgehensweisen bei der Problembewältigung wichtige Beiträge. Als angemessene Verfahren, mit deren Hilfe taugliche Lösungen in Problemsituationen gesucht und gefunden werden können, erweisen sich: das Übungstraining (in dem man Personen mit Problemen konfrontiert und diese lösen lässt); das taktische Training (bei dem Teilprozesse komplexer Denkvollzüge erlernt oder geübt werden); strategisches Training (bei dem in gezielter Form den Gesamtablauf des Denkens zu beeinflussen versucht wird)[544].

---

543 Dazu vgl. man: H. Schröder, 1985, S. 60 f.; J. Keller/F. Novak, 1993, S. 81 ff.; Meyers Lexikonredaktion, 1988, S. 100 f.

544 Vgl. Meyers Lexikonredaktion, 1988, S. 101 f.

Eigenarten des Handelns

Handeln ist eine Sonderform menschlichen Verhaltens[545]. Es ist auf die Herstellung oder Änderung eines Zustands bzw. einer Situation des Handelnden oder seiner Umgebung ausgerichtet. Zu seinen typischen Merkmalen gehört also die Zielorientiertheit resp. Zweckbestimmtheit, auch wenn dies nicht bei allen Aktivitäten bewusst ist[546]. Weiterhin ist für Handeln kennzeichnend, dass es normativen, situativen und motivationalen Determinannten unterliegt, von außen angeregt sein, auch spontan erfolgen kann. Als handlungsbeeinflussende Faktoren sind ferner edukative Einwirkungen, Sozialisationseffekte, Lernen zu nennen. Voraussetzungen für menschliches Handeln sind Fähigkeiten und Fertigkeiten (Handlungskompetenzen), die zum Einsatz komplexer Handlungsstrategien und zur Bewältigung konkreter Handlungssituationen taugen. Von Voraussetzungen des Handelns kann man auch noch in Anbetracht anthropogener, soziokultureller Bedingungen, gesellschaftlicher Tendenzen und weltanschaulicher Maßgaben sprechen.

Kategoriale Aspekte des Handelns

Handeln lässt sich unter verschiedenen Gesichtspunkten einordnen und betrachten: so hinsichtlich differierender Tätigkeiten bzw. spezifischer Formen des Handelns; bezüglich verschiedener Handlungsfelder, -bereichen und –ebenen, in denen spezifische Hilfen geleistet bzw. benötigt werden; rücksichtlich besonderer Maßstäbe und methodisch gangbarer Wege.

Spezifische Formen des Handelns

Als solche können etwa unterschieden werden: affektives Handeln (primär gefühlsbetont, emotional orientiert), soziales H. (an Normen und Werten mit sozietärer Geltung ausgerichtet), kollegtives H. (von gesellschaftlich erlebten Erfahrungen, Eindrücken und Einflüssen bestimmt), kommunikatives H. (gekennzeichnet durch das Bemühen Interagierender, sich gegenseitig zu verständigen und Handlungen aufeinander abzustimmen), politisches H. (durch politische Ideen und Ziele bestimmt), rationales H. (Zweckerreichung durch geringsten Mitteleinsatz und unerwünschte Nebenfolgen erstrebt), sinnhaftes H. (mit subjektiv unterlegtem Sinn verbun-

---

[545] Während auch andere Lebewesen (Tiere und Pflanzen) Verhalten zeigen können, ist nur der Mensch in der Lage zu handeln bzw. Handlungen zu vollziehen.

[546] Handelnde können bei ihrem Tun/Tätigsein an Menschen, an physikalischen oder/und kulturellen Objekten orientiert sein.

den ohne Rückgriff auf Angebote von „allgemeingültigen“ bzw. „objektiven“ Maßstäben), traditionelles H. (an überlieferten Traditionen orientiert), religiöses H. (unter Interesse an sinnhafter Ordnung der Beziehung zwischen Gottheit und menschlicher Existenz sowie in Erfüllung göttlicher Normen/Gesetze sich bekundender Heilserwartung erfolgend).

Differierende Handlungsfelder, -bereiche und -ebenen

Hier zu treffende Unterscheidungen beziehen sich teils auf räumliche/institutionelle Tätigkeitsbereiche (z. B. Familie, Schule u. a. Bildungseinrichtungen), teils auf bestimmte Altersgruppen (z. B. Kinder, Jugendliche, Alte), teils auf organisierte Gemeinschaften (z. B. Sportclubs, Gewerkschaften, Parteien), teils auf Risikogruppen und spezifischer Hilfe Bedürftige (z. B. Süchtige, Kranke, Behinderte, in Armut Lebende). In allen solchen u. a. Fällen liegen Bedürfnisse besonderer Art vor, die zu bestimmten erfolgversprechenden bzw. hilfreichen Tätigkeiten herausfordern.
Unverzichtbare Einsichten in das weitgespannte Verhaltensrepertoire und hier obwaltende Bezüglichkeiten, auch förderliche und hinderliche Faktoren, liefert die Handlungsforschung. An dieser sind viele Disziplinen beteiligt: so etwa Psychologie, Soziologie, Pädagogik, Philosophie, Humanethologie, Neurobiologie, Neurophysiologie. Die dort und sonst wo ermittelten Ergebnisse, welche in Handlungstheorien klassifiziert werden, bilden das Fundament für eine Reihe von Handlungskonzepten.

Hinweise zur pädagogischen Praxis

Handlungen nehmen in der Erziehungs- und Bildungspraxis einen zentralen Stellenwert ein. Wie alles menschliches Handeln ist auch pädagogisches Handeln gerichtetes Handeln. Oft ist es an allgemeinen Lebenszielen, Lebensformen und Wertüberzeugungen einer Gesellschaft und eines Kulturraums ausgerichtet. Komplexe normative Vorstellungen über wertvolles Verhalten, erstrebenswerte Gestaltungen des Lebens oder lebensweltlicher Teilbereiche gehen sozusagen leitbildhaft in das pädagogische Denken und Handeln ein. Sie üben dort einen orientierenden und steuernden Einfluss aus. Als pädagogische Zielvorstellungen – hinter denen bestimmte Wert- und Normüberzeugungen stehen – bestimmen sie die erzie-

herischen Verhaltensweisen, Institutionen, die Auswahl der Inhalte und Methoden[547].
Um ein zeitgemäßes Welt- und Lebensverständnis zu gewinnen und den an ihn gestellten Anforderungen gewachsen zu sein, ist der Mensch auf lebens- und welterschließendes Basiswissen sowie auf die Vermittlung und den Erwerb handlungsleitender Erkenntnisse und Gestaltungsformen angewiesen. Diesbezüglich nötige Einflussnahmen auf Verstehens-, Handlungs- und Verhaltenshorizonte bedingen zielgerechte pädagogische Aktivitäten. Solche heben insonderheit darauf ab, Kompetenzen oder Fähigkeiten auf- und auszubauen, die als lebensdienliche Qualifikationen fungieren[548].
Im Rahmen vielfältiger lebensdienlicher Schlüsselqualifikationen, die mehr direkt oder indirekt und in unterschiedlichem Ausmaß am Auf- und Ausbau von Handlungskompetenz beteiligt sind, kommt der Werturteilsfähigkeit eine besonders hohe Bedeutung zu. Man versteht darunter die Fähigkeit, angesichts von Handlungsalternativen entscheiden zu können, welche Handlung in der je gegebenen Situation die bessere (richtigere) ist, welche Dinge oder Phänomene der Welt für das eigene Handeln mehr oder weniger wertvoll (erstrebenswert) sind.

Notwendigkeit von Norm- und Werterziehung?

Wenn auch Normen und Werte zeit- und kulturbezogenen Wandlungen unterliegen und es keinen allgemein verbindlichen Norm- und Wertekanon gibt, der immer und überall Geltung beanspruchen kann, so gibt es doch einen „Grundbestand" von Norm- und Wertevorstellungen, ohne die weder menschlichen Subjekten noch Sozietäten ein sinnvolles und geordnetes Leben garantiert werden kann. Denn allemal sind Erfüllung gewährende und wohlgestaltete Daseins- bzw. Lebensvollzüge an die Einhaltung bestimmter Normen und die Verwirklichung gewisser Werte gebunden.
Angesichts erheblich auseinander gehender Vorstellungen über die Bedeutung von Norm- und Werterziehung in der modernen Welt und der dabei in Frage kommenden Zielverwirklichungstendenzen, Inhalte und Methoden legen sich folgende Empfehlungen nahe: Menschen (Gemeinschaften) sollten sich darüber verständigen, wie sie leben wollen, und einen Konsens darüber herbeiführen, welche Normen und Werte demgemäß in Geltung gebracht und verwirklicht werden sollten. Neben dem solchermaßen ermittelten „Gemeinwillen" als Maßstab und den entsprechend zu treffenden

---

547 Zur Norm- und Zielproblematik in der Pädagogik vgl. z. B.: B. Hamann, 1994, S. 95 ff.
548 Zur Auflistung solcher vgl. B. Hamann, 2003, S. 12 ff.

konkreten Maßnamen gibt es noch andere Maßstäbe, die im Erziehungs- und Bildungsbereich besondere Berücksichtigung finden sollten: gemeint sind Maßstäbe, die sich aus der Natur des Menschen, seinen Sehnsüchten und Bedürfnissen (als einheitlichem Körper-Geist-Wesen) ergeben.
Ohne hier die ganze Palette von Wünschen, Ansprüchen, Begehrlichkeiten des Menschen zu thematisieren, seien die Blicke lediglich auf einige Komponenten gelenkt, die mit seiner „Geistigkeit" bzw. „Spiritualität" zusammenhängen: auf moralische Normen und ethische Werte als tragende Pfeiler personalen und gemeinschaftlichen Lebens.

Orientierungspunkte in anthropologischer Perspektive

Es entspricht einer weit verbreiteten Überzeugung, dass der in ungesicherten Verhältnissen lebende Mensch für sein Handeln orientierende und regulierende „Mittler" braucht. Normen und eng damit zusammenhängende Werte geben solche ab. Unter Normen versteht man zumeist Regeln, Verhaltenserwartungen, Ordnungsprinzipien und Maßstäbe, an denen Individuen und gesellschaftliche Gruppen (Gemeinschaften) ihr Handeln orientieren und ausrichten können. Als Vorgaben, von denen sich Normen ableiten lassen, gelten Werte (als erstrebenswerte Güter). Ein Teil von ihnen, die das Leben vorrangig fundieren und normieren und welche allgemeine Geltung beanspruchen können, sind die so genannten „Grundwerte": Menschenwürde, Freiheit, Gerechtigkeit, Solidarität, Subsidiarität. In ihrer Erfüllung konkretisiert sich humanes Leben wie auch eine menschenwürdige Gesellschaft[549].
Ohne hier in extenso auf Aufgaben, Ziel-, Inhalts- und Methodenfragen von ethischer resp. moralischer Erziehung und Bildung einzugehen, wozu ich mich an anderer Stelle eingehend geäußert habe[550], seien an dieser Stelle nur folgende Anmerkungen bekundet.
Zu den charakteristischen Merkmalen des Menschen gehört die evidente Selbstverwirklichungstendenz und das deutliche Bestreben, sinnvolle Beziehungen zu Anderen und Anderem zu pflegen. Solche Grundbedürfnisse haben ihr Fundament in der Grundverfassung des Menschen, sind dort zweckhaft angelegt.
Es ist eine anthropologische Erkenntnis, dass das, was der Mensch ist und werden kann, entscheidend von den Beziehungen abhängt, in denen er lebt.

---

[549] Grundwerte stehen an der Spitze der gesellschaftlichen Werthierarchie. Daneben gibt es noch eine Reihe anderer Werte, denen ordnungsbildende und handlungsregulierende Kraft zugebilligt wird. Unter diesen werden besonders jene erörtert, die als ethische oder moralische (sittliche) Sollensforderungen gekennzeichnet werden.

[550] Beachte die Ausführungen dazu in: B. Hamann, 2001, S. 13 ff.; 2002, S. 7 ff..

Dafür sind alle Formen der Kommunikation bzw. Kontaktnahme belangvoll: zwischenmenschliche Beziehungen, Bezüge zu Natur, Kultur, Gesellschaft (auch die über Medien vermittelten Bezüge und Verbindungen). Die Wahrnehmung hier möglicher Beziehungen resp. Kommunikationen bilden Voraussetzungen und Bedingungen für ein vertieftes Selbst- und Weltverständnis sowie für ein auf wert- und sinnerfülltes Leben ausgerichtetes Handeln.

Erziehungs- und bildungswirksame Faktoren und Postulate

Als „Orte, an denen lebensbedeutsame und kulturträchtige Normen und Werte kennen gelernt und die Auseinandersetzung mit ihnen erfolgen kann, kommen insbesondere Erziehungs- und Bildungsinstitutionen wie Familie, Schule, Kirche, Jugend- und Erwachsenenarbeit in Frage[551]. Ein spezifischer Auftrag fällt diesbezüglich der Schule zu[552].Ihr obliegt eine zentrale Funktion beim Auf- und Ausbau ethisch verantworteten Handelns. Bei den darauf bezogenen Gestaltungsformen und Prozessen geht es nicht einfach um die Herstellung eines erwünschten Wissens, Könnens oder Verhaltens. Nicht nur Vermittlung und Erwerb von Kenntnissen und Fertigkeiten werden dabei angezielt, sondern auch effektive Beeinflussung von Gefühl, Charakter, Haltung, Werthorizont.
Zu den vorrangigen Aufgaben der Schule gehört die Qualifizierung für ein sinn- und werterfülltes Leben. In diesem Rahmen fällt der ethischen Erziehung eine Kernfunktion zu. Deren zentraler Aspekt ist die Vermittlung sittlicher Kompetenz. Darauf gerichtete edukative Bemühungen zielen nicht primär auf die Adaption der im Lebensraum der Schüler anerkannten Werte und Normen ab, sondern intendieren vor allem die Ermächtigung zu autonomer moralischer Urteilskompetenz und Handlungsfähigkeit[553].
Die hierbei angestrebte Förderung der eigenen Urteilsbildung geschieht dadurch, dass die Schüler zur Bearbeitung von Konflikten angeregt und mit ihnen Wertklärungsprozesse durchgeführt werden, die eine eigene Entscheidungsfindung ermöglichen. Dafür eignen sich in besonderer Weise Diskussionen anhand von Dilemma- und anderen Fallgeschichten. An konkreten Beispielen, die schülereigenen Erfahrungen, literarischen oder

[551] Internalisierende Wirkungen gehen auch von Umgangsformen und Interaktionsprozessen andererorts aus: z. B. in Clubs, Vereinen, Organisationen.
[552] Siehe z. B.: G. Harecker 2000.
[553] Zu Teilzielen und inhaltlichen Schwerpunktsetzungen von individualer und sozialkultureller Relevanz gehört eine ganze Palette von Soll-Werten, Eigenschaften oder Tugenden, die sittlichen Ansprüchen genügen und ein tolerantes, verantwortliches und solidarisches Handeln begründen. Vgl. z. B.: K. E. Nipkow, 1996, S. 38 ff..

sonstigen Berichten entstammen können, lernen Schüler, wie Menschen zu ganz bestimmten Entscheidungen kommen, welche Faktoren solche bedingen und welche Konsequenzen sich daraus ergeben können.
Bei der Beschäftigung mit ethischen Themen und Problemen im Unterricht empfiehlt es sich, an realen Vorerfahrungen der Schüler anzuknüpfen und auch aktuelle Situationen aufzugreifen (z. B. Konflikte in der Klasse, über Medien verbreitete Informationen). Ferner erscheint zweckmäßig, die in der menschlichen Natur liegenden Grundmotive einzubeziehen, über Entscheidungsprinzipien und Problemlösungsmöglichkeiten (auch alternativer Art) zu diskutieren, evtl. vorliegende Lösungen kritisch zu bewerten bzw. begründete Argumente zu finden. Bei alledem ist eine vertiefte Reflexion erforderlich. Solche zu initiieren und zu forcieren, ist ein wichtiges edukatives Postulat. In er Unterrichtspraxis muss darauf geachtet werden, dass bei spezifischen Interessensbekundungen während der Informationsvermittlung, beim Nachhaken, bei stellungnehmenden Dreingaben (auch „Einwänden") der Schüler flexibel reagiert wird. Jedenfalls dürfen Fragen, Anmerkungen und dergleichen, die im Grunde die Reflexion fördern, vorantreiben bzw. vertiefen, nicht übergangen werden. Gerade durch ihre eigenen Erfahrungen und Beiträge können die Schüler weiterreichender Überlegungen zu bestimmten Fragestellungen anstellen und beisteuern, insbesondere wenn dadurch auch noch emotionale Gehalte in die Reflexion mit einfließen.
Für die Effektivität ethischer Erziehung und Bildung sind außer den genannten Komponenten auch noch andere von Belang. Zu beachten ist, dass sich die im Unterrichtsgeschehen zu konkretisierenden Aufgaben sowohl fächerübergreifend als auch fachspezifisch einzulösen sind. Für die Förderung und Herausbildung ethisch reflektierten Handelns kommt schließlich auch dem Unterrichtsklima sowie dem gelebten Ethos der Schulgemeinschaft (Schulleben, Schulkultur), nicht zuletzt der ethischen Kompetenz der Edukatoren eine erhebliche Bedeutung zu.

Literatur

Ackermann, H. & Bähr, M. (1997). Funktionelle Komponenten des Gedächtnisses, neurobiologische Grundlagen von Lernvorgängen, amnestische Syndrome. In T. Herdegen, T. R. Tölle & M. Bähr (Hrsg.), *Klinische Neurobiologie* (S. 337-356). Heidelberg.

Adam, G. & Schweitzer, F. (Hrsg.) (1996). *Ethisch erziehen in der Schule*. Göttingen.

Aebli, H. (1974). Die geistige Entwicklung als Funktion von Anlage, Reifung, Umwelt und Erziehungsbedingungen. In H. Roth (Hrsg.), *Begabung und Lernen* (S. 151-191), Stuttgart.

Albert, D. & Stapf, K. (Hrsg.) (1996). *Gedächtnis*. Göttingen.

Altner, G. (1972). Die Weltoffenheit des Menschen als Sonderprädikat. In H. Hofer & G. Altner, *Die Sonderstellung des Menschen* (S. 196 ff.). Stuttgart.

Altner, G. (Hrsg.). (1973). *Kreatur Mensch. Moderne Wissenschaft auf der Suche nach dem Humanum*. München.

Ammon, G. (1986). *Der mehrdimensionale Mensch*. München.

Argyle, M. (1972). *Soziale Interaktion*. Stuttgart.

Arnold, W. (1962). *Person, Charakter, Persönlichkeit* (2. Aufl.). Göttingen.

Arnold, W. (1975). *Bildungsziel: Persönlichkeit*. München.

Arnold, W. (1977), Begabung. In *Wörterbuch der Pädagogik* (Bd. 1). (S. 74). Freiburg.

Auernheimer, G. (1990). *Einführung in die interkulturelle Erziehung*. Darmstadt.

Ausubel, D.P./Sullivan, E.V. (1974). *Das Kindesalter*. München.

Ax, P. (1960). *Die Entdeckung neuer Organisationstypen im Tierreich*. Wittenberg.

Ax, P. (1985). *Das Phylogenetische System*. Stuttgart.

Baacke, D. u. a. (Hrsg.). (1985). *Am Ende - postmodern? Next Wave in der Pädagogik*. Weinheim.

Babinski, R. & Markowitsch, H. J. (1996). Lernen in neuronalen Strukturen. In J. Hoffmann & W. Kintsch (Hrsg.), *Enzyklopädie der Psychologie*. Kognition, Bd. 7 (S. 1-84). Göttingen.

Balkan, D. (1977). *Mensch im Zwiespalt. Psychoanalytische, soziologische und religiöse Aspekte der Anthropologie*. Mainz.

Ballauff, Th. (1962). *Systematische Pädagogik*. Heidelberg.

Ballauff, Th. (1979). *Anthropologischphänomenologische Theorien. In H. Beck (Hrsg.), Philosophie der Erziehung* (S. 76-82). Freiburg.

Bally, G. (1969). *Einführung in die Psychoanalyse Sigmund Freuds*. Reinbek.

Bartalanffy, L. v. (1970). *... aber vom Menschen wissen wir nichts*. Düsseldorf.

Beck, H. & Quiles, J. (Hrsg.). (1988). *Entwicklung zur Menschlichkeit durch Begegnung westlicher und östlicher Kultur*. Frankfurt.

Beck, K., Herrlitz, H.G. & Klafki, W. (Hrsg). (1988). *Erziehung und Bildung als öffentliche Aufgabe* (23. Beiheft der Zeitschrift für Pädagogik). (S. 35-56). Weinheim.

Beck, R. (1985). *Familientherapie: Modelle zur Veränderung familialer Beziehungsmuster*. Bad Heilbrunn.

Becker, E. & Ruppert, W. (Hrsg.). (1987). *Ökologische Pädagogik - Pädagogische Ökologie*. Frankfurt/M.

Becker, G. (1980). Versuch einen Katalog von Zielen sozialen Lernens aufzustellen. In F. W. Kron (Hrsg.), *Persönlichkeitsbildung und soziales Lernen* (S. 64-73). Bad Heilbrunn.

Becker, H.H. (Hrsg.). (1977). *Anthropologie und Pädagogik* (3. neubearb. u. erw. Aufl.). Bad Heilbrunn.

Beer, W. & Haan, G. de (Hrsg.). (1984). *Ökopädagogik. Der Aufstand gegen den Untergang der Natur*. Weinheim.

Behler, W. (Hrsg.). (1971). *Das Kind. Eine Anthropologie des Kindes*. Freiburg.

Behr, M. & Knauf, T. (Hrsg.). (1989). *Kulturelle Bildung und kulturpädagogisches Handeln in interdisziplinärer Sicht*. Baltmannsweiler.

Benden, M. (1976). Mündigkeit, Recht und Verpflichtung für alle oder Privileg für eine Elite? Das Erziehungsziel Mündigkeit unter dem pädagogischanthropologischen Aspekt bei Langeveld und dem soziologischphilosophischen bei Adorno. *Pädagogische Rundschau*, 30 (6), 353-380.

Benedict, R. (1955). *Urformen der Kultur*. Hamburg.

Benesch, H. (1991). *dtv-Atlas zur Psychologie* (Bd. 2). (2. Aufl). München.

Bensch, B. (1970). *Homo sapiens*. Göttingen.

Benz, E. (1975). Der Mensch in christlicher Sicht. In H.G. Gadamer & P. Vogler (Hrsg.), *Neue Anthropologie* (Bd. 6). (S. 379-429). Stuttgart.

Berelson, B. & Steiner, G.A. (1968/69). *Menschliches Verhalten*. Weinheim.

Beutler, K. & Horster, D., (Hrsg.). (1996). *Pädagogik und Ethik*. Stuttgart.

Binswanger, L. (1962). *Grundformen und Erkenntnis menschlichen Daseins* (3. Aufl.). München.

Biser, E. (1979). *Interpretation und Veränderung*. Werk und Wirkung Romano Guardinis. Paderborn.

Biser, E. (1985). Erkundung des Menschlichen. Romano Guardinis Anthropologie im Umriß. In J. Ratzinger (Hrsg.), *Wege zur Wahrheit. Die bleibende Bedeutung von Romano Guardini* (S. 70-95). Düsseldorf.

Bittner, G. (1964/65). Sublimierungstheorie und pädagogische Psychoanalyse. *Psyche*, 18 (4), 292-304.

Bochenski, J.M. (1973). *Marxismus-Leninismus*. München.

Bock, I. (1984). *Pädagogische Anthropologie der Lebensalter*. München.

Bock, I. (1985). Lebensalter und Erziehung - Menschsein in pädagogischer Sicht. *Universitas*, 40, 1131-1138.

Bogdany, F.J. (1980). Soziobiologie. *Kölner Zeitschrift für Soziologie und Sozialpsychologie*, 32, 312-324.

Böhm, W. u. a. (1982). *Wer ist der Mensch*. Freiburg.

Bollnow, O. F. (1941). *Das Wesen der Stimmungen*. Frankfurt/Main.

Bollnow, O. F. (1959). *Existenzphilosophie und Pädagogik*. Stuttgart.

Bollnow, O. F. (1965a). *Die anthropologische Betrachtungsweise in der Pädagogik*. Essen.

Bollnow, O. F. (1965b). Methodische Prinzipien der pädagogischen Anthropologie. *Bildung und Erziehung*, 18 (3), 161-164.

Bollnow, O. F. (1966). *Krise und neuer Anfang. Beiträge zur Pädagogischen Anthropologie*. Heidelberg.

Bollnow, O. F. (1967). Pädagogische Anthropologie auf empirisch-hermeneutischer Grundlage. *Zeitschrift für Pädagogik*, 13 (6), 575-596.

Bollnow, O. F. (1971). *Pädagogik in anthropologischer Sicht*. Tokyo.

Bollnow, O. F. (1980). Die anthropologische Betrachtungsweise in der Pädagogik. In E. König & H. Ramsenthaler (Hrsg.), *Diskussion Pädagogische Anthropologie* (S. 36-54). München.

Bollnow, O. F. (Hrsg.). (1969). *Erziehung in anthropologischer Sicht*. Zürich.

Bowlby, J. (1951). Maternal care and mental health. *Bull. World Health Organization*, (3), 355-533.

Bowlby, J. (1972). *Mutterliebe und kindliche Entwicklung*. München.

Braun, G.J. (1971). *Human teaching for human learning: an introduction to confluent education*. New York.

Braun, W. (1977). *Emanzipation als pädagogisches Problem. Anthropologische Voraussetzungen und pädagogische Möglichkeiten*. Katellaun.

Braun, W. (1980). *Der Vater im familiären Erziehungsprozeß. Beiträge zu einer pädagogischen Jugendtheorie*. Bad Heilbrunn.

Braun, W. (1989). *Pädagogische Anthropologie im Widerstreit - Genese und Versuch einer Systematik*. Bad Heilbrunn.

Bräutigam, W. (1980). *Medizinisch-psychologische Anthropologie*. Darmstadt.

Brenner, C. (1970). *Grundzüge der Psychoanalyse*. Frankfurt.

Brezinka, W. (1961). *Erziehung als Lebenshilfe* (2. Aufl.) Stuttgart.

Brezinka, W. (1974). *Grundbegriffe der Erziehungswissenschaft*. München.

Brezinka, W. (1990). Werterziehung? Problematik und Möglichkeiten. *Pädagogische Rundschau*, 44 (4), 371-394.

Brunner, A. (1961). *Die Grundfragen der Philosophie* (5. Aufl.) Freiburg.

Brunnhuber, P. & Zöpfl, H. (1975). *Erziehungsziele konkret. Entwurf einer Erziehung zum kritischen Ja*. Donauwörth.

Buber, M. (1954). *Die Schriften über das dialogische Prinzip*. Heidelberg.

Buber, M. (1954). Elemente des Zwischenmenschlichen. In M. Buber, *Die Schriften über das dialogische Prinzip* (S. 255-284). Heidelberg.

Buber, M. (1954). Ich und Du. In M. Buber, *Die Schriften über das dialogische Prinzip* (S. 5-121). Heidelberg.

Buber, M. (1962). *Werke* (Bd. I). München.

Buber, M. (1978). *Urdistanz und Beziehung*. Heidelberg.

Büchner, L. (1855). *Kraft und Stoff*. Frankfurt.

Buck, G. (1981). *Hermeneutik und Bildung*. Elemente einer verstehenden Bildungslehre. München.

Bühler, Ch. & Allen, M. (1974). *Einführung in die humanistische Psychologie*. Stuttgart.

Bühler, Ch. (1971). Humanistische Psychologie. In W. Arnold (Hrsg.), *Lexikon der Psychologie* (Bd. 2). (S. 116-117). Freiburg.

Bühler, K. *Sprachtheorie* (2. Aufl.). Stuttgart.

Buhr, M. (1972). Anthropologie. In K. Klaus & M. Buhr (Hrsg.), *Marxistisch-Leninistisches Wörterbuch der Philosophie* (3 Bde.). Reinbek.

Bundesminister für Bildung und Wissenschaft (Hrsg.). (1988). *Bildung und Kultur in Europa* (Schriftenreihe „Studien zu Bildung und Wissenschaft“, Bd. 67). Bonn.

Burt, C. (1969). Intelligence and Heredity. *The Irish J. of Educ.*, (3), 75-94.

Calließ, J. & Lob, R.E. (Hrsg.). (1987). *Handbuch Praxis der Umwelt- und Friedenserziehung* (2 Bde.). Düsseldorf.

Campbell, B.G. (1972). *Entwicklung zum Menschen. Seine physischen wie seine Verhaltensanpassungen* (2. Aufl.). Stuttgart.

Caruso, J.A. (1952). *Psychoanalyse und Synthese der Existenz*. Freiburg.

Chardin, T. de (1959). *Der Mensch im Kosmos* (3. Aufl.). München.

Christliche Erziehung heute. (1991). [Themenheft]. *Christ und Bildung*, (5).

Claessens, D. (1972). *Familie und Wertsystem* (3. Aufl.) Berlin.
Cloer, E. (Hrsg.). (1979). *Familienerziehung.* Bad Heilbrunn.
Cohn, R.C. (1975). *Von der Psychoanalyse zur themenzentrierten Interaktion.* Stuttgart.
Cohn, R.C. (1975). Zur Grundlage des themenzentrierten interaktionellen Systems. *In R.C. Cohn, Von der Psychoanalyse zur themenzentrierten Interaktion* (S. 120 ff.). Stuttgart.
Coreth, E. (1969). *Grundfragen der Hermeneutik.* Freiburg.
Correll, W. (1974). *Pädagogische Verhaltenspsychologie* (5. Aufl.). München.
Correll, W. (Hrsg.). (1970). *Programmiertes Lernen und Lehrmaschinen.* Braunschweig.
Correll, W. (Hrsg.). (1975). *Zur Theorie und Praxis des programmierten Lernens.* Darmstadt.
Cube, F. v. & Storch, V. (Hrsg.). (1988). *Umweltpädagogik. Ansätze, Analysen, Ausblick.* Heidelberg.
Cube, F. v. (1967). *Was ist Kybernetik?* Bremen.
Cube, F. v. (1971). *Kybernetische Grundlagen des Lehrens und Lernens* (3. Aufl.). Stuttgart.
Cube, F. v. (1976). *Ausbildung zwischen Automation und Kommunikation.* Bochum.
Czapiewski, W. (Hrsg.). (1975). *Verlust des Subjekts? Zur Kritik neopositivistischer Theorien.* Kevelaer.
Danner, H. (1983). *Verantwortung und Pädagogik.* Königstein/Ts.
Danner, M. (1968). *Warum es keinen freien Willen gibt.* Hamburg.
Darwin, Ch.R. (1875). *Die Abstammung des Menschen und die geschlechtliche Zuchtwahl.* Stuttgart.
Darwin, Ch.R. (1963). *Über die Entstehung der Arten durch natürliche Zuchtwahl oder die Erhaltung begünstigter Rassen im Kampf ums Dasein.* Stuttgart.
Delius, J., D. & Todt, E. (1996). Lernen. In K. Immelmann u. a. (Hrsg.), *Psychobiologie. Grundlagen des Verhaltens* (S 328-347). Stuttgart u. a.
Dempf, A. (1950). *Theoretische Anthropologie.* München.
Derbolav, J. (1959). Problem und Aufgabe einer Pädagogischen Anthropologie im Rahmen der Erziehungswissenschaft. In J. Derbolav & H. Roth, (Hrsg.), *Psychologie und Pädagogik.* Heidelberg.
Derbolav, J. (1964). Kritische Reflexionen zum Thema »Pädagogische Anthropologie«. *Pädagogische Rundschau*, 18 (8), 751-767.
Derbolav, J. (1970). *Frage und Anspruch.* Wuppertal.
Derbolav, J. (1971). *Systematische Perspektiven der Pädagogik.* Heidelberg.
Derbolav, J. (1980). »Pädagogische Anthropologie« als Theorie der individuellen Selbstverwirklichung. In E. König & H. Ramsenthaler (Hrsg.), *Diskussion Pädagogische Anthropologie* (S. 55-69). München.
Dickopp, K.-H. (1971). Der Anspruch der Pädagogischen Anthropologie. *Pädagogische Rundschau*, 25 (1), 45-56.
Dickopp, K.-H. (1973). *Die Krise der anthropologischen Begründung von Erziehung.* Ratingen.
Dickopp, K.-H. (1977). Anthropologie - Pädagogische Anthropologie. In *Wörterbuch der Pädagogik* (Bd. 1). (S. 38-41). Freiburg.
Dickopp, K.-H. (1978). *Einführung in die Anthropologie der Erziehung* (Kurseinheiten I-III). Hagen.

Dickopp, K.-H. (1979). Personaltranszendentale Pädagogik. In K. Schaller (Hrsg.), *Erziehungswissenschaft der Gegenwart* (S. 70-78). Bochum.
Dickopp, K.-H. (1983). *Lehrbuch der systematischen Pädagogik.* Düsseldorf.
Dickopp, K.-H. (1990). *Anthropologie der Erziehung - Aufbaukurs.* Fernuniversität Hagen.
Die Menschenrechte - eine Herausforderung der Erziehung. (1981). (Schriftenreihe der Bundeszentrale für politische Bildung, Bd. 181). Bonn.
Dienelt, K. (1966). Zur Diskussion einer »Pädagogischen Anthropologie«. *Pädagogische Rundschau,* 20 (6), 588-598.
Dienelt, K. (1970). *Pädagogische Anthropologie.* München.
Dienelt, K. (1972). Die »anthropologische Wende« in Derbolavs Grundlegung der Pädagogik. *Pädagogische Rundschau,* 26 (8), 596-609.
Dienelt, K. (1973). Pädagogische Realanthropologie. Eine Nachlese zu der »Pädagogischen Anthropologie« des Verfassers. *Wissenschaft und Weltbild,* 26 (3), 201-215.
Dienelt, K. (1977). *Die anthropologischen Grundlagen der Pädagogik. Konstruktiv-analytische Reflexionen zum Thema »Pädagogische Anthropologie«.* Kastellaun.
Dienelt, K. (1980). Not und Chance der Anthropologie. In E. König & H. Ramsenthaler (Hrsg.), *Diskussion Pädagogische Anthropologie* (S. 71-93). München.
Dienelt, K. (1984). *Von der Metatheorie der Erziehung zur „sinn"-orientierten Pädagogik. Rechtfertigung und Aufgabe der Pädagogischen Anthropologie in unserer Zeit.* Frankfurt/M.
Dietrich, Th. (1966). *Sozialistische Pädagogik - Ideologie ohne Wirklichkeit.* Bad Heilbrunn.
Dilthey, W. (1959 f.). *Gesammelte Schriften* (Bd. 11: Weltanschauung und Analyse des Menschen seit Renaissance und Reformation). Stuttgart.
Döring, H. (o.J.). *Der Mensch vor der Frage nach dem Sinn des Lebens. Theologie im Fernkurs* (Grundkurs: Lehrbrief 3). Würzburg.
Doucet, F.W. (1974). *Psychoanalytische Begriffe* (3. Aufl.). München.
Drechsler, J. (1965). *Anthropologie und Pädagogik. Eine Aufsatzreihe.* Ratingen.
Drerup, H. (1987). Identitätsprobleme in der Erziehungswissenschaft. *Zeitschrift für internationale erziehungswissenschaftliche und sozialwissenschaftliche Forschung,* 4 (4), 1-30.
Dührssen, A. (1964). *Heimkinder und Pflegekinder in ihrer Entwicklung* (2. Aufl.). Göttingen.
Eberling, H. (Hrsg.). (1976). *Subjektivität und Selbsterhaltung - Beiträge zur Diagnose der Moderne.* Frankfurt.
Edelmann, G. M. & Tononi, G. (2002). Gehirn und Geist. *Wie aus Materie Bewusstsein entsteht.* München.
Edelmann, W. (2000). *Lernpsychologie* (6. Aufl.). Weinheim.
Eggers, Ph. & Steinbacher, F. (1979). *Pädagogische Soziologie.* Bad Heilbrunn.
Eibl-Eibesfeld, I. (1967). *Grundriß der Vergleichenden Verhaltensforschung.* München.
Eibl-Eibesfeldt, I. (1972). Stammesgeschichtliche Anpassungen im Verhalten des Menschen. In H.-G. Gadamer & P. Vogler (Hrsg.), *Neue Anthropologie.* 2. Bd.: Biologische Anthropologie. 2. Teil. Stuttgart.
Eibl-Eibesfeldt, I. (1973). *Der vorprogrammierte Mensch.* Wien.
Eibl-Eibesfeldt, I. (1984a). *Menschenforschung auf neuen Wegen. Die naturwissenschaftliche Betrachtung kulturellen Verhaltens.* Wien.

Eibl-Eibesfeldt, I. (1984b). *Die Biologie menschlichen Verhaltens. Grundriß der Humanethologie.* München.
Eiff, W. v. (1978). Die Bedeutung biologischer Forschung für Probleme der Sexualität. In M. Steinhausen (Hrsg.), *Grenzen der Medizin* (S. 78-85). Heidelberg.
Eigen, M. & Wickler, R. (1975). *Das Spiel - Naturgesetze steuern den Zufall.* München.
Emden, H. (1983). *Der Marxismus und seine Pädagogik.* St. Augustin.
Erikson, E.H. (1961). *Kindheit und Gesellschaft.* Stuttgart.
Erikson, E.H. (1974). *Identität und Lebenszyklus* (2. Aufl.). Frankfurt.
Euchner, W. (1983). *Karl Marx.* München.
Evolution, 43 (1989), 925-942.
Eysenck, H.J. & Eysenck, M.W. (1987). *Persönlichkeit und Individualität.* Weinheim.
Feil, H.-D. (1980). Empirische pädagogische Anthropologie in der praktischen Bewährung. In E. König & H. Ramsenthaler (Hrsg.), *Diskussion Pädagogische Anthropologie* (S. 111-136). München.
Fend, H. (1969). *Sozialisierung und Erziehung.* Weinheim.
Fend, H. (1988). *Sozialgeschichte des Aufwachsens.* Frankfurt/M.
Fengler, J. (1977). Gruppenpsychotherapie. In Th. Hermann u. a. (Hrsg.), *Handbuch psychologischer Grundbegriffe.* München.
Fetscher, J. (Hrsg.). (1976 f.). *Der Marxismus. Seine Geschichte in Dokumenten* (3 Bde.). München.
Filipp, S.-H. (Hrsg.). (1979). *Selbstkonzept - Forschung.* Stuttgart.
Fink, E. (1960). *Nietzsches Philosophie.* Stuttgart.
Fink, E. (1970). *Erziehungswissenschaft und Lebenslehre.* Freiburg.
Fink, E. (1978). Grundfragen der *systematischen* Pädagogik. Freiburg.
Fink, E. (1979). *Grundphänomene des menschlichen Daseins.* Freiburg.
Fischer, W. & Kohli, M. (1987). Biographieforschung. In W. Voges (Hrsg.), *Methoden der Biographie- und Lebenslaufforschung* (S. 25-49). Opladen.
Flitner, A. (Hrsg.). (1963). *Wege zur pädagogischen Anthropologie.* Heidelberg.
Frank, H. (1963). *Lehrmaschinen in kybernetischer und pädagogischer Sicht.* Stuttgart.
Frank, H. (1969). *Die kybernetischen Grundlagen der Pädagogik.* Baden-Baden.
Frank, H. (1975). *Neue Bildungsmedien und -technologien in der Schul- und Berufsausbildung.* Göttingen.
Frank, M. (1984). *Was ist Neostrukturalismus.* Frankfurt/M.
Frankl, V. E. (1959). *Das Menschenbild der Seelenheilkunde.* Stuttgart.
Frankl, V. E. (1959). Grundriß der Existenzanalyse und Logotherapie. In *Handbuch der Neurosenlehre und Psychotherapie* (Bd. III). (S.663 ff.). München.
Frankl, V. E. (1961). *Psychotherapie in der Praxis (2.* Aufl.). Wien.
Frankl, V. E. (1966). *Ärztliche Seelsorge. Grundlagen der Logotherapie und Existenzanalyse* (7. neubearb. u. erg. Aufl.). Wien.
Frankl, V. E. (1969). Der Wille zum Sinn und seine Frustration durch die moderne Industriegesellschaft. In *Hemmende Strukturen in der heutigen Industriegesellschaft* (S. 45 ff.). Zürich.
Frankl, V. E. (1972a). *Der Mensch auf der Suche nach Sinn.* Freiburg.
Frankl, V. E. (1972b). *Der Wille zum Sinn.* Bern.
Frankl, V. E. (1973). *Von der Psychoanalyse zur Logotherapie.* München.
Frankl, V. E. (1975). *Theorie und Therapie der Neurosen* (4. erw. u. erg. Aufl.). München.
Frankl, V. E. (1978). *Das Leiden am sinnlosen Leben* (4. Aufl.). Freiburg.

Frankl, V. E. (1979). *Der Mensch vor der Frage nach Sinn.* München.
Frassa, H. J. (1980). Gestalttherapie. In Deutscher Verein für öffentliche und private Fürsorge (Hrsg.), *Fachlexikon der sozialen Arbeit* (S. 332). Frankfurt.
Freeman, D. (1983). *Liebe ohne Aggression.* München.
Freibichler, H. (1974). *Computerunterstützter Unterricht.* Hannover.
Freud, S. (1952-1968). *Gesammelte Werke* (Bd. I-XVIII). Frankfurt.
Freud, S. (1953). *Abriß der Psychoanalyse. Das Unbehagen in der Kultur.* Frankfurt.
Freud, S. (1967). *Massenpsychologie und Ich-Analyse.* Frankfurt.
Freud, S. (1969-1972). *Studienausgabe in 10 Bänden.* Frankfurt.
Frey, G. (1965). *Sprache, Ausdruck des Bewußtseins.* Stuttgart.
Frey, H.-P. & Haußer, K. (Hrsg.). (1987). *Identität. Entwicklungen psychologischer und soziologischer Forschungen.* Stuttgart.
Froese, L. & Kamper, D. (1971). Anthropologie und Erziehung. *In Erziehungswissenschaftliches Handbuch* (Bd. III/1). (S. 67-154). Berlin.
Fromm, E. (1963). *Das Menschenbild bei Marx.* Frankfurt/M.
Fthenakis, W.E. (1985). *Väter* (2 Bde.). München.
Fuchs, B. (1989). Postmoderne - und danach? Diskussionsbericht des XXV. Salzburger Symposions. *Zeitschrift für wissenschaftliche Pädagogik,* 65 (4), 415-425.
Fuchs, G. (Hrsg.). (1989). *Mensch und Natur.* Frankfurt/M.
Fürchner, H. (1979). *Einführung in die psychoanalytische Pädagogik.* Frankfurt/M.
Fürle, A. (1980). *Kritik der Marxschen Anthropologie. Eine Untersuchung der zentralen Theoreme.* München.
Gadamer, H.-G. & Vogler, P. (Hrsg.). (1972 ff.). *Neue Anthropologie* (7 Bde.). Stuttgart.
Gadamer, H.-G. (Hrsg.). (1967). *Das Problem der Sprache.* München.
Garret, R. (1991). *Alter - Schicksal oder Zeit der Fülle? Lebenssituationen und Probleme älterer Menschen als gerontagogische Herausforderung* (Theorie und Forschung, Bd. 157; Pädagogik Bd. 14). Regensburg.
Gehlen, A. (1950). *Der Mensch, seine Natur und seine Stellung in der Welt* (4. Aufl.). Bonn.
Gehlen, A. (1957). *Die Seele im technischen Zeitalter.* Reinbek.
Gehlen, A. (1961). *Anthropologische Forschung.* Reinbek.
Gehlen, A. (1964). *Urmensch und Spätkultur* (2. Aufl.). Frankfurt.
Gehlen, A. (1969). *Moral und Hypermoral. Eine pluralistische Ethik.* Frankfurt.
Genser, B., Vopel, K., Heinze, B. & Buttgereit, P. (1972. *Trainingsseminar: Lernen in der Gruppe. Theorie und Praxis der themenzentrierten interaktionellen Methode von Ruth Cohn.* Hamburg.
Gerl, H.-B. (1985). »Durchblick aufs Ganze«. Romano Guardinis Werk in seiner Entfaltung. In J. Ratzinger (Hrsg.), *Wege zur Wahrheit. Die bleibende Bedeutung von Romano Guardini* (S. 32-69). Düsseldorf.
Gerner, B. (1974). *Einführung in die Pädagogische Anthropologie.* Darmstadt.
Gerner, B. (Hrsg.). (1969). *Begegnung. Ein anthropologisch-pädagogisches Grundereignis.* Darmstadt.
Gerstenmaier, J. & Hamburger, F. (1978). *Erziehungssoziologie.* Opladen.
Girtler, R. (1979). *Kulturanthropologie.* München.
Glaser, H. (Hrsg.). (1972). *Kybernetikon. Neue Modelle der Information und Kommunikation* (2. Aufl.). München.

Glaubrecht, M. (1990, Nr. 87). Unsere tierische Verwandtschaft. *Süddeutsche Zeitung,* S. 13.
Goeppert, S. (1976). *Grundkurs Psychoanalyse.* Reinbek.
Goffman, E. (1967). *Stigma. Über Techniken der Bewältigung beschädigter Identität.* Frankfurt/M.
Goffman, E. (1969). *Wir alle spielen Theater.* München.
Goller, H. (2003). *Das Rätsel von Körper und Geist. Eine philosophische Deutung.* Darmstadt.
Göpfert, H. (1988). *Naturbezogene Pädagogik.* Weinheim.
Goschke, Th. (1996). Lernen und Gedächtnis: Mentale Prozesse und Gehirnstrukturen. In G. Roth & W. Prinz (Hrsg.), *Kopf - Arbeit* (S. 359-410). Heidelberg u. a.
Gottschaldt, K. (1959). Zur Psychologie der Wir-Gruppe. *Zeitschrift für Psychologie,* 193-229.
Grom, B. & Schmidt J. (1979). *Auf der Suche nach dem Sinn des Lebens* (4. Aufl.). Freiburg.
Groothoff, H.-H. (1964). Pädagogische Anthropologie. In H.-H. Groothoff (Hrsg.), *Pädagogik. Fischer-Lexikon* (Bd. 36). (S. 228 ff.). Frankfurt.
Grünbaum, A. (1987). *Psychoanalyse in wissenschaftstheoretischer Sicht.* Konstanz.
Grünbaum, A. (1988). *Die Grundlagen der Psychoanalyse. Eine philosophische Kritik.* Stuttgart.
Grzesik, J. (2002). *Operative Lerntheorie. Neurobiologie und Psychologie der Entwicklung des Menschen durch Selbstveränderung.* Bad Heilbrunn.
Guardini, R. (1939). Hölderlin, *Weltbild und Frömmigkeit.* Leipzig.
Guardini, R. (1940). *Welt und Person. Versuche zur christlichen Lehre vom Menschen.* Würzburg.
Guardini, R. (1950). *Das Ende der Neuzeit. Ein Versuch zur Orientierung.* Würzburg.
Guardini, R. (1952). *Nur wer Gott kennt, kennt den Menschen.* Würzburg.
Guardini, R. (1955). *Der Gegensatz. Versuche zu einer Philosophie des Lebendig-Konkreten* (2. Aufl.). Mainz.
Guardini, R. (1960). *Die Annahme seiner selbst.* Würzburg.
Guardini, R. (1962). *Sorge um den Menschen.* Würzburg. (Zit. nach Ausg. 1965).
Guardini, R. (1976). *Die Existenz des Christen.* Hrsg. von J. Spörl. Paderborn.
Gulian, C. (1974). *Versuch einer marxistischen philosophischen Anthropologie.* Darmstadt.
Günther, K.H. (1976). Die Erziehungsbedürftigkeit als Grundbestimmung des Menschen. In K. Giel (Hrsg.), *Allgemeine Pädagogik* (S. 131-133). Freiburg.
Günzler, C. u. a. (1988). *Ethik und Erziehung.* Stuttgart.
Guss, K. (1975). *Psychologie als Erziehungswissenschaft.* Stuttgart.
Haas, H. (1969). *Wir Menschen. Das Geheimnis unseres Verhaltens.* München.
Habermas, J. (1973). *Kultur und Kritik.* Frankfurt/M.
Habermas, J. (1975). *Zur Entwicklung der Interaktionskompetenz* (Ms.).
Habermas, J. (1976). *Zur historischen Rekonstruktion des Historischen Materialismus.* Frankfurt/M.
Habermas, J. (1985). *Die neue Unübersichtlichkeit.* Frankfurt/M.
Habermas, J. (1988). *Der philosophische Diskurs der Moderne.* Frankfurt/M.
Haeckel, E. (1868). *Natürliche Schöpfungsgeschichte.* Berlin.
Haeckel, E. (1899). *Welträtsel.* Bonn.

Hahn, G. (1979). *Sinn des Daseins. Bekenntnisse und Aussagen in unserer Zeit.* Stuttgart.

Hamann, B. & Hamann, B. (2002). Moralvermittlung als Aufgabe der Schule angesichts der pluralisierten Lebenswelt. In B. Hamann, *Neue Herausforderungen für eine zeitgemäße und zukunftsorientierte Schule* (S. 7-23). Frankfurt/M.

Hamann, B. (1970). *Religiöse Erziehung als Unterrichtsprinzip.* Limburg.

Hamann, B. (1972). Die anthropologische Besinnung in der Gegenwart und das Problem einer Pädagogischen Anthropologie. *Wissenschaft und Weltbild,* 25, 163-177.

Hamann, B. (1977). *Sexualerziehung in der Schule von heute. Ein Beitrag zu Inhalt und Methode.* Bad Heilbrunn.

Hamann, B. (1979). *Das Problem der Normativität in der modernen Erziehungswissenschaft.* Würzburg.

Hamann, B. (1981). *Sozialistionstheorie auf dem Prüfstand. Bestandsaufnahme und Kritik in pädagogischer Perspektive.* Bad Heilbrunn.

Hamann, B. (1982). *Jugend im Blickfeld der Wissenschaft. Theorien der Human- und Sozialwissenschaften.* Bad Heilbrunn.

Hamann, B. (1984). Ansätze und Ergebnisse der Verhaltensforschung. *Jugendwohl,* 65 (3), 83-91.

Hamann, B. (1988). *Familie heute. Ihre Funktion und Aufgabe als gesellschaftliche und pädagogische Institution.* Frankfurt/M.

Hamann, B. (1989). *Sozialisation - Lebenshilfe oder ideologisches Kampfmittel?* Köln.

Hamann, B. (1992). Zeitgeschichtliche Tendenzen gesellschaftlicher Entwicklungen als Herausforderung einer familienorientierten Erziehung. In K.A. Schneewind & L. von Rosenstiel (Hrsg.), *Wandel der Familie* (S. 57-73). Göttingen.

Hamann, B. (1994). Lebenslaufforschung. Aspekte und Konzepte. In W. Scharl & F. Pöggeler (Hrsg.), *Gegenwart und Zukunft christlicher Erziehung* (S. 207-225). Würzburg.

Hamann, B. (1994). *Theorie pädagogischen Handelns. Strukturen und Formen erzieherischer Einflußnahme.* Donauwörth.

Hamann, B. (2001). *Ethische Verantwortung im Medienbereich der modernen Erlebnisgesellschaft.* Köln.

Hamann, B. (2003). Was eine moderne Schule sein und leisten soll. Reformperspektiven aus mehrdimensionaler Sicht. *Katholische Bildung,* 104 (1), 10-22.

Hanser, H. & Scholtyssek, Ch. (Red.) (2000/2001). *Lexikon der Neurowissenschaft.* 4 Bde.

Harecker, G. (2000). *Werterziehung in der Schule.* Wien.

Hartmann, N. (1949). *Das Problem des geistigen Seins* (2. Aufl.). Berlin.

Hartmann, N. (1949). *Der Aufbau der realen Welt.* Meisenheim.

Hartmann, N. (1949). *Neue Wege der Ontologie* (3. Aufl.). Stuttgart.

Hartmann, N. (1955). Naturphilosophie und Anthropologie. In N. Hartmann (Hrsg.), *Kleinere Schriften* (Bd. I). (S. 214-244). Berlin.

Hartmann, N. (1962). *Ethik* (4. Aufl.). Berlin.

Hassenstein, B. (1972). Das spezifisch Menschliche nach den Resultaten der Verhaltensforschung. In H.-G. Gadamer & P. Vogler (Hrsg.), *Neue Anthropologie.* 2. Bd.: Biologische Anthropologie. 2. Teil.

Hassenstein, B. (1973). *Verhaltensbiologie des Menschen.* München.

Hassenstein, B. (1980). *Verhaltensbiologie des Kindes* (3. Aufl.). München.

Heberer, G. (1973). *Moderne Anthropologie.* Reinbek.

Heberer, G. u. a. (1980). *Der Ursprung des Menschen* (5. Aufl.). Stuttgart.
Heberer, G., Schwidetzki, I. & Walter, H. (Hrsg.). (1970). *Anthropologie* (Neubearb.). Frankfurt.
Heckhausen, H. (1974). Anlage und Umwelt als Ursache von Intelligenzunterschieden. In F. E.Weinert, C. F. Graumann u. a. (Hrsg.), *Pädagogische Psychologie* (Funkkolleg Bd. 1). (S. 275-312). Frankfurt/M.
Heimsoeth, H. & Heiß, R. (Hrsg.). (1952). *N. Hartmann, der Denker und sein Werk,* Göttingen.
Heimsoeth, H. (1943). *Zur Anthropologie Friedrich Nietzsches. Blätter für deutsche Philosophie* (Bd. 17). (S. 205-239). Berlin.
Heintel, E. (1991). *Einführung in die Sprachphilosophie* (4. Aufl.). Darmstadt.
Heinz, W.R. (1976). Sozialisation. In L. Roth (Hrsg.), *Handlexikon zur Erziehungswissenschaft* (S. 412-417). München.
Hemling, H. (1974). *Taschenbuch der Psychologie.* München.
Hemminger, H. (1984). *Der Mensch - eine Marionette der Evolution? Eine Kritik an der Soziobiologie.* Stuttgart.
Hengstenberg, H.-E. (1961). *Freiheit und Seinsordnung.* Stuttgart.
Hengstenberg, H.-E. (1966). *Philosophische Anthropologie* (3. Aufl.). Stuttgart.
Hengstenberg, H.-E. (1969). *Grundlegung der Ethik.* Stuttgart (jetzt: 2. völlig überarb. Aufl., Würzburg).
Hengstenberg, H.-E. (1979). *Seinsüberschreitung und Kreativität.* Salzburg.
Hennecka, H. P. (1980). *Grundkurs Erziehungssoziologie.* Freiburg.
Henz, H. (1991). *Ethische Erziehung.* München.
Herder, J. G. (1784). *Ideen zur Philosophie der Geschichte der Menschheit* (Bes. Teil II/1: Vom Menschen). Riga.
Herriger, N. (1979). *Verwahrlosung.* München.
Hess, E.H. (1975). *Prägung.* München.
Hierdeis, H. (Hrsg.). (1973). *Sozialistische Pädagogik im 19. und 20. Jahrhundert.* Bad Heilbrunn.
Hinde, R. (1973). *Das Verhalten der Tiere* (2 Bde.). Frankfurt.
Hitzler, R. (1988). *Sinnwelten. Ein Beitrag zum Verstehen von Kultur.* Opladen.
Hjelmslev, L. (1968). *Die Sprache. Eine Einführung.* Kopenhagen.
Hobbes, T. (1918). *Grundzüge der Philosophie* (2. und 3. Teil: Lehre vom Menschen und vom Bürger). Leipzig.
Hobbes, T. (1936). *Leviathan.* Zürich.
Hofer, H. & Altner, G. (1972). *Die Sonderstellung des Menschen. Naturwissenschaftliche und geisteswissenschaftliche Aspekte.* Stuttgart.
Höffe, O. (1980). Sittlichkeit als Horizont menschlichen Handelns. In *Philos. Jahrbuch* (Bd. 87).
Hoffmann, J. & Kintsch (Hrsg.) (1996). *Enzyklopädie der Psychologie.* Themenbereich C, Serie 2: Kognition, Bd. 7. Göttingen u. a.
Hofmann, C. (1990). *Jugendberatung in der Bundesrepublik Deutschland.* Bad Heilbrunn.
Hohmann, M. & Reich, H.H. (Hrsg.). (1989). *Ein Europa für Mehrheiten und Minderheiten. Diskussion um interkulturelle Erziehung.* Münster.
Hohmann, M. (1971). *Die Pädagogik M.J. Langevelds. Untersuchungen zu seinem Wissenschaftsverständnis.* Bochum.
Holbach, D. v. (1770). *Systeme de la nature.* London.

Holland, J.G. & Skinner, B. F. (1971). *Analyse des Verhaltens*. München.
Hollmann, E. (1986). Interkulturelles Lernen. In Deutscher Verein für öffentliche und private Fürsorge (Hrsg.), *Fachlexikon der sozialen Arbeit* (2. Aufl.). (S. 438 f.). Frankfurt.
Holst, E. v. (1969). *Zur Verhaltensphysiologie bei Tieren und Menschen*. München.
Höltershinken, D. (Hrsg.). (1976). *Das Problem der pädagogischen Anthropologie im deutschsprachigen Raum*. Darmstadt.
Holz, H.H. (1972). *Strömungen und Tendenzen im Neomarxismus*. München.
Hommes, U. & Ratzinger, J. (1975). *Das Heil des Menschen - innerweltlich christlich*. München.
Horkheimer, M. (1970). *Die Sehnsucht nach dem ganz anderen*. Hamburg.
Hörmann, H. (1979). *Psychologie der Sprache* (2. Aufl.). Berlin.
Horn, H. (1973). *Psychoanalyse - Kritische Theorie des Subjekts* (2. Aufl.). Amsterdam.
Hummel, G. (1982). *Einführung in die theologische Anthropologie*. Darmstadt.
Hurrelmann, K. & Ulich, D. (Hrsg.). (1991). *Neues Handbuch der Sozialisationsforschung* (4. völlig neubearb. Aufl.). Weinheim.
Hurrelmann, K. (1975). *Erziehungssystem und Gesellschaft*. Reinbek.
Huyssen, A. & Scherpe, K. (Hrsg.). (1986). *Postmoderne. Zeichen eines kulturellen Wandels*. Reinbek.
Huyssen, A. (1986). Postmoderne - eine amerikanische Internationale. In A. Huyssen & K.R. Scherpe (Hrsg.), *Postmoderne* (S. 13 ff.). Reinbek.
Ignatow, A. (1979). *Heidegger und die philosophische Anthropologie*. Meisenheim.
Illies, J. (1973). *Anthropologie des Tieres*. München.
Illies, J. (1977). *Zoologie des Menschen. Entwurf einer Anthropologie* (2. Aufl.). München.
Illies, J. (1978). *Nicht Tier, nicht Engel. Der Mensch zwischen Natur und Kultur* (2. Aufl.). Zürich.
Illies, J. (1979). *Schöpfung oder Evolution*. Zürich.
Immelmann, K. (1976). *Einführung in die Verhaltensforschung*. Berlin.
Immelmann, K. u. a (Hrsg.) (1988 a). *Psychobiologie. Grundlagen des Verhaltens*. Stuttgart u. a.
Immelmann, K., Scherer, K.R., Vogel, C. & Schmoock, P. (Hrsg.). (1988). *Psychobiologie. Grundlagen des Verhaltens*. Stuttgart.
Immelmann, K./Scherer, H. R. & Vogel, Ch. (1988 b). Was ist Verhalten? In K. Immelmann u. a. (Hrsg.), *Psychobiologie. Grundlagen des Verhaltens* (S. 3-39) Stuttgart u. a.
Jahnke, G. (1989). Jugendvandalismus und Jugendkriminalität. *Jugendwohl*, 70 (8/9), 374-385.
Jensen, A. R. (1969). *Environment, Heredity and Intelligence*. Cambridge (Mass.).
Johansen, E. M. (1978). *Betrogene Kinder. Eine Sozialgeschichte der Kindheit*. Frankfurt.
Jung, C.G. (1963). *Analytische Psychologie und Erziehung*. Heidelberg.
Junker, H. (1976). Theorien und Elemente psychotherapeutischer Beeinflussung. In *Funkkolleg »Beratung in der Erziehung«* (Studienbegleitbrief 7). S. 34-58). Weinheim.
Junker, H. (1977). Einführung in die Psychoanalyse. In W. Hornstein u. a. (Hrsg.), *Beratung in der Erziehung* (Funkkolleg Bd. 2). (S. 424-444). Frankfurt.
Kainz, F. (1961). *Die »Sprache« der Tiere*. Stuttgart.

Kaiser, G. (1982). *Jugendkriminalität*. Weinheim.
Kamper, D. (1971). Neuere Ansätze zu einer »Pädagogischen Anthropologie«. In *Erziehungswissenschaftliches Handbuch* (Bd. III/1). (S. 101-154). Berlin.
Kamper, D. (1973). *Geschichte und menschliche Natur*. München.
Kandel, E. R., Schwartz, J. H. & Jessel, Th. M. (Hrsg.) (1996). *Neurowissenschaften. Eine Einführung*. Heidelberg.
Kardiner, A. (1967). *The Psychological Frontiers of Society* (9. Aufl.). New York.
Kasper, W. (Hrsg.). (1977). *Unser Wissen vom Menschen. Möglichkeiten und Grenzen anthropologischer Erkenntnis*. Düsseldorf.
Keilhacker, M. (1961). *Pädagogische Psychologie* (6. Aufl.). Regensburg.
Keller, G. (2003). Wie steuern neurobiologische Vorgänge unsere Wahrnehmung? *Ibw - journal*, 41 (2), 3-8.
Keller, J. A. & Novak, F. (1993). *Kleines Pädagogisches Wörterbuch*. Freiburg.
Kerstiens, L. (Hrsg.). (1976). *Elternbildung*. Bad Heilbrunn.
Kerstiens, L. (1987). *Das Gewissen wecken*. Bad Heilbrunn.
Kerstiens, L. (1989) *Ethische Probleme in der Pädagogik*. Paderborn.
Kerstiens, L. (Hrsg. u. Bearb.). (1983). *Verbindliche Perspektiven menschlichen Handelns*. Stuttgart.
Kiernan, T. (1976). *Psychotherapie. Kritischer Führer durch Theorien und Praktiken*. Frankfurt.
Klingenberger, H. (1992). *Ganzheitliche Geragogik*. Bad Heilbrunn.
Klingenberger, H. (1996). *Handbuch Altenpädagogik. Aufgaben und Handlungsfelder der ganzheitlichen Geragogik*. Bad Heilbrunn.
Kluge, K.-J. (Hrsg.). (1977). *Kriminalpädagogik* (Bd. II). Wiesbaden.
Kluge, N. (Hrsg.). (1986). *Handbuch der Sexualpädagogik* (2 Bde.). Düsseldorf.
Koehler, O. (1969). Tiersprachen und Menschensprachen. In G. Altner (Hrsg.), *Kreatur Mensch* (S. 119-133). München.
Köhler, M. (1977). Postmodernismus. Ein begriffsgeschichtlicher Überblick. *Amerikastudien*, 22, 8-18.
Köhler, W. (1921). *Intelligenzprüfungen an Menschenaffen*. Berlin.
Kohli, M. (1991). Lebenslauftheoretische Ansätze in der Sozialisationsforschung. In K. Hurrelmann & D. Ulich (Hrsg.), *Neues Handbuch der Sozialisationsforschung* (4. völlig neubearb. Aufl.). (S. 303-317). Weinheim.
König, E. & Ramsenthaler, H. (Hrsg.). (1980). *Diskussion Pädagogische Anthropologie*. München.
Konrad, H. (Hrsg.). (1982). *Pädagogik und Anthropologie*. Kippenheim.
Koslowski, P., Spaemann, R. & Löw, R. (Hrsg.). (1986). *Moderne oder Postmoderne?* Weinheim.
Krocker, E.J. & Dechamps, B. (Hrsg.). (1990). *Wertewandel und Lebenssinn*. Frankfurt/M.
Krömler, H. (Hrsg.). (1976). Horizonte des Lebens. *Ein Arbeits- und Lesebuch zur Frage nach dem Sinn des Lebens*. Göttingen.
Kükenthal, W. (Hrsg.). (1965). *Über tierisches und menschliches Verhalten* (2 Bde.). München.
Kull, U. (1979). *Evolution des Menschen - Biologische, soziale und kulturelle Evolution*. Stuttgart.
Kulturpolitische Gesellschaft & Ev. Akademie Loccum (Hrsg.). (1989). *Kulturpädagogik - Zur Zukunft eines Berufsfeldes*. Loccum.

Kupfermann, I. & Kandel, E. (1996). Lernen und Gedächtnis. In E. R. Kandel u. a. (Hrsg.), *Neurowissenschaften. Eine Einführung* (S. 667-684). Heidelberg u. a.
Lammettrie, J. O. de (1875). *L'homme machine.* Leipzig.
Lamprecht, J. (1982). Verhalten. *Grundlagen - Erkenntnisse - Entwicklungen der Ethologie.* Freiburg.
Landmann, M. (1962). *De homine.* Der Mensch im Spiegel seines Gedankens. München.
Landmann, M. (1975). *Philosophische Anthropologie. Menschliche Selbstdeutung in Geschichte und Gegenwart* (4. Aufl.). Berlin.
Langeveld, M. J. & Danner, H. (1981). *Methodologie und Sinn-Orientierung in der Pädagogik.* München.
Langeveld, M.J. (1959). *Kind und Jugendlicher in anthropologischer Sicht. Eine Skizze.* Heidelberg.
Langeveld, M. J. (1965). *Einführung in die theoretische Pädagogik* (5. neubearb. Aufl.). Stuttgart.
Langeveld, M. J. (1968). *Studien zur Anthropologie des Kindes* (3. Aufl.). Tübingen.
Langeveld, M. J. (1971). *Erziehungskunde und Wirklichkeit. Studien und Gedanken zur Theorie und Praxis der Erziehung.* Braunschweig.
Längle, A. (1985). *Wege zum Sinn.* München.
Lassahn, R. (1983). *Pädagogische Anthropologie.* Heidelberg.
Lassahn, R. (1995). Konstruiertes Selbstverständnis. Implizite Menschenbilder in pädagogischer Theorie und Praxis. *Pädagogische Rundschau,* 49 (3), 285-294.
Lattmann, U.P. (1986). *Werden und Lernen des Menschen. Lebenssinn und Lebensgestaltung in anthropologisch-pädagogischer Sicht.* Bonn.
Leclaire, S. (1976). *Das Reale entlarven. Das Objekt in der Psychoanalyse.* Olten.
Lefèbvre, H. (1975). *Der Marxismus.* München.
Lehmann, K. (1988). Mann und Frau - Antworten aus der Sicht christlicher Anthropologie. In Zentralstelle Pastoral der Deutschen Bischofskonferenz (Hrsg.), *Der Mensch als Gottes Ebenbild.* Bonn.
Lehr, U. (1968). Sozialisation und Persönlichkeit. *Zeitschrift für Pädagogik,* 14.
Lehr, U. (1973). *Die Bedeutung der Familie im Sozialisationsprozeß.* Bonn.
Lehr, U. (1974). *Die Rolle der Mutter in der Sozialisation des Kindes.* Darmstadt.
Lenk, H. (2001). Kleine *Philosophie des Gehirns.* Darmstadt.
Lenzen, D. (1987). Mythos, Metapher und Simulation. Zu den Aussichten Systematischer Pädagogik in der Postmoderne. *Zeitschrift für Pädagogik,* 33 (1), 41-60.
Lepenies, W. (1971). *Soziologische Anthropologie.* München.
Leyhausen, P. (1968). *Antriebe tierischen und menschlichen Verhaltens.* München.
Liedtke, M. (1972). Versuch einer Apologie der Pädagogischen Anthropologie. *Vierteljahrsschrift für wissenschaftliche Pädagogik,* 48 (4), 294-314.
Liedtke, M. (1976). *Evolution und Erziehung. Ein Beitrag zur integrativen Pädagogischen Anthropologie* (2. Aufl.). Göttingen.
Liedtke, M. (1980). Pädagogische Anthropologie als anthropologische Fundierung der Erziehung. In E. König & H. Ramsenthaler (Hrsg.), *Diskussion Pädagogische Anthropologie.* (S. 175-190). München.
Liedtke, M. (1986). Anthropologische Grundlagen von Erziehung. In H. Hierdeis (Hrsg.), *Taschenbuch der Pädagogik* (2. Aufl.). (Teil 1, S. 7-18). Baltmannsweiler.
Linton, R. (1974). *Gesellschaft, Kultur und Individuum.* Frankfurt/M.

Litt, Th. (1948). *Die Sonderstellung des Menschen im Bereich des Lebendigen.* Wiesbaden.
Loch, W. (1963). *Die anthropologische Dimension der Pädagogik.* Essen.
Loch, W. (1965). Der pädagogische Sinn der anthropologischen Betrachtungsweise. *Bildung und Erziehung,* 18 (3), 164-180.
Loch, W. (1966). Das Menschenbild der Pädagogik. In H.-G. Drescher (Hrsg.), *Der Mensch. Wissenschaft und Wirklichkeit* (S. 179-227). Wuppertal.
Loch, W. (1968a). Enkulturation als anthropologischer Grundbegriff der Pädagogik, *Bildung und Erziehung,* 21 (3), 161-178.
Loch, W. (1968b). Rollenübernahme und Selbstverwirklichung. In G. Bräuer u. a. (Hrsg.), *Studien zur Anthropologie des Lernens.* Essen.
Loch, W. (1970). Sprache. In J. Speck & G. Wehle (Hrsg.), *Handbuch pädagogischer Grundbegriffe* (Bd. 2). (S. 481-528). München.
Loch, W. (1979). Curriculare Kompetenzen und pädagogische Paradigmen. Zur anthropologischen Grundlegung einer biographischen Erziehungstheorie. *Bildung und Erziehung,* 32 (3), 242-266.
Loch, W. (1979). *Lebenslauf und Erziehung.* Essen.
Loch, W. (1980). Der Mensch im Modus des Könnens. Anthropologische Fragen pädagogischen Denkens. In E. König & H. Ramsenthaler, (Hrsg.), *Diskussion Pädagogische Anthropologie* (S. 191-225). München.
Lochner, R. (1976). Über das Grundverhältnis zwischen Anthropologie und Erziehungswissenschaft. In D. Höltershinken, (Hrsg.), *Das Poblem der pädagogischen Anthropologie im deutsch-sprachigen Raum* (S. 127-142). Darmstadt.
Lorenz, K. (1966). *Über menschliches und tierisches Verhalten* (Ges. Abhandlungen I und II). München.
Lorenz, K. (1982). *Vergleichende Verhaltensforschung.* Wien/New York.
Lorenz, K. (1992). *Einführung in die Philosophische Anthropologie* (2. Aufl.). Darmstadt.
Lorenzer, A. (1973). *Über den Gegenstand der Psychoanalyse oder Sprache und Interaktion.* Frankfurt/M.
Lorenzer, A. (1974). *Die Wahrheit der psychoanalytischen Erkenntnis.* Frankfurt/M.
Lotz, J.B. (1977). *Wider den Un-Sinn. Zur Sinnkrise unseres Zeitalters.* Frankfurt.
Löwisch, D.-J. (1989). *Kultur und Pädagogik.* Darmstadt.
Löwisch, D.-J. (1995). *Einführung in pädagogische Ethik.* Eine handlungsorientierte Anleitung für die Durchführung von Verantwortungsdiskursen. Darmstadt.
Lyons, J. (1987). *Die Sprache* (2. Aufl.). München.
Lyotard, J.-F. (1986). *Das postmoderne Wissen.* Wien.
Lyotard, J.-F. (1987). *Der Widerstreit.* München.
Maier, K.E. (1986). *Grundriß moralischer Erziehung.* Bad Heilbrunn.
Markl, H. (1985). *Evolution, Genetik und menschliches Verhalten.* München.
Markl, H. (1986). *Natur als Kulturaufgabe. Über die Beziehung der Menschen zur lebendigen Natur.* Stuttgart.
Marquard, O. (1965). Zur Geschichte des philosphischen Begriffs »Anthropologie« seit dem Ende des achtzehnten Jahrhunderts. In H. Lübbe u. a. (Hrsg.), *Collegium philosophicum* (S. 209-239). Basel.
Marquard, O., & Stierle, K. (Hrsg.). (1979). *Identität.* München.
Marschallek-Pauquet, G. (1974). Lerntheorie. In D. Kamper (Hrsg.), *Sozialisationstheorie* (S. 72-84). Freiburg.

Marten, R. (1988). *Der menschliche Mensch.* München.
Martin, R. & Knußmann, R. (1988 ff.). *Handbuch der vergleichenden Biologie des Menschen* (3 Bde.). Stuttgart.
Martin, R. & Saller, K. (1957/1966). *Lehrbuch der Anthropologie* (4 Bde.). Stuttgart.
Marx, K. & Engels, F. (1927-35). *Historisch-kritische Gesamtausgabe.* Frankfurt/M.
Marx, K. & Engels, F. (1962 ff.). *Werke. Karl-Marx-Studienausgabe* (6 Bde.). Darmstadt.
Marx, K. (1968). *Bildung und Erziehung. Studientexte zur Marxschen Bildungskonzeption.* Paderborn.
März, F. (1978/80). *Problemgeschichte der Pädagogik* (Bd. I und II: Pädagogische Anthropologie). Bad Heilbrunn.
Maslow, A.H. (1973). *Psychologie des Seins.* München.
Mayer, K.-U. (1987). Lebenslaufforschung, In W. Voges (Hrsg.), *Methoden der Biographie- und Lebenslaufforschung* (S. 51-73). Opladen.
Mead, M. (1954). Research on primitive children. In L. Carmichael (Ed.), *Manual of child psychology* (p. 735-780). New York.
Meinberg, E. (1988). *Das Menschenbild der modernen Erziehungswissenschaft.* Darmstadt.
Menzel, R. & Roth, G. (1996). Verhaltensbiologische und neuronale Grundlagen des Lernens und des Gedächtnisses. In G. Roth & W. Prinz (Hrsg.), *Kopf-Arbeit* (S. 239-277). Heidelberg u. a.
Mertens, G. (1991). Auf dem Weg in die Postmoderne? Pädagogische Anfragen und Perspektiven. *Vierteljahrsschrift für wissenschaftliche Pädagogik,* 67 (1), 24.
Mertens, W. (1991). Psychoanalytische Theorien und Forschungsbefunde. In K. Hurrelmann & D. Ulich (Hrsg.)., *Neues Handbuch der Sozialisationsforschung* (4. neubearb. Aufl.). (S. 77-97). Weinheim.
Metz, J. B. (1963). Leiblichkeit. In *Handbuch theologischer Grundbegriffe* (Bd. II). (S. 30 ff.). München.
Metzger, W. (1969). *Psychologie in der Erziehung.* Bochum.
Metzger, W. (1971). Ganzheit - Gestalt - Struktur. In W. Arnold, u. a. (Hrsg.), *Lexikon der Psychologie* (Bd. 1). (Sp. 675-682). Freiburg.
Metzger, W. (1975). Gibt es eine gestalttheoretische Erziehung? In K. Guss (Hrsg.), *Gestalttheorie und Erziehung.* Darmstadt.
Meves, Ch. (1981). *Der Weg zum sinnerfüllten Leben.* Freiburg.
Meyer, B. (1977). *Bibliographie zur Elternbildung.* Rheinstetten.
Meyer, H. (1947/1950). *Geschichte der abendländischen Weltanschauung* (5 Bde.). Würzburg.
Meyer, H. (1958). *Systematische Philosophie* (Bd. II). Paderborn.
Meyer-Drawe, K., Peukert, H. & Ruhloff, J. (Hrsg.). (1992). *Pädagogik und Ethik. Beiträge zu einer zweiten Reflexion.* Weinheim.
Meyers kleines Lexikon Psychologie. (1986). Mannheim.
Meyers Lexikonredaktion (Hrsg.) (1988). Meyers kleines *Lexikon Pädagogik.* Mannheim.
Meyers Lexionredaktion (Hrsg.) (1992). *Meyers großes Taschenlexikon.* Bd. 5 (4. Aufl.). Mannheim.
Mieth, D. (1977). Sittlichkeit, Sittliche Erziehung. Philosophische Grundlegung. In Willmann-Institut München-Wien (Hrsg), *Wörterbuch der Pädagogik* (Bd. 3). (S. 143 f.). Freiburg.

Miller - Kipp, G. (1998). Neue Offenheit - alte Zweifel. Neurobiologie der Kognition und menschliches Selbstverständnis. In W. Marotzki, J. Masscheiln & A. Schäfer (Hrsg.), *Anthropologische Markierungen. Herausforderungen pädagogischen Denkens* (S. 207-225). Weinheim.
Miller, G.A. (1969). *Große Psychologen. Klassiker einer Wissenschaft*. Wien.
Miller, G.A. (1969). Tierverhalten: In G.A. Miller, *Große Psychologen* (S. 251-267). Wien.
Minsel, W.-R. (1974). *Praxis der Gesprächspsychotherapie*. Wien.
Minsel, W.-R. (1977). Gesprächstherapie. In Th. Herrmann u. a. (Hrsg.), *Handbuch psychologischer Grundbegriffe (S. 180 ff.)*. München.
Mitscherlich, A. (1975). *Der Kampf um die Erinnerung*. München.
Mitter, W. & Swift, J. (Hrsg.). (1983). *Erziehung und die Vielfalt der Kulturen* (2. Beiheft der Zeitschrift „Bildung und Erziehung").
Moleschott, J. (1877/1888). *Der Kreislauf des Lebens* (2 Bde.). (5. Aufl.). Mainz.
Mollenhauer, K. (1983). *Vergessene Zusammenhänge. Über Kultur und Erziehung*. München.
Moltmann, J. (1971). *Mensch. Christliche Anthropologie in den Konflikten der Gegenwart*. Stuttgart.
Monod, J. (1971). *Zufall und Notwendigkeit. Philosophische Fragen der moderneren Biologie*. München.
Moralentwicklung-Moralerziehung. (1979). [Heftthema]. *Zeitschrift für Pädagogik*, 25 (4).
Moralische Erziehung. (1987). [Heftthema]. *Zeitschrift für Pädagogik*, 33 (2).
Morris, C.W. (1973). *Zeichen, Sprache und Verhalten*. Düsseldorf.
Moser, G. (1979). *Wie finde ich zum Sinn des Lebens?* (5. Aufl.). Freiburg.
Muck, O. (1974). *Die transzendentale Methode in der scholastischen Philosophie der Gegenwart*. Innsbruck.
Mühlmann, W.E. (1984). *Geschichte der Anthropologie* (3. Aufl.). Wiesbaden.
Müller, M. & Halder, A. (Hrsg.). (1973). *Kleines philosophisches Wörterbuch* (3. Aufl.). Freiburg.
Müller, M. (1971). *Erfahrung und Geschichte. Grundzüge einer Philosophie der Freiheit als transzendentale Erfahrung*. Freiburg.
Müller, M. (1974). *Philosophische Anthropologie*. Freiburg.
Müller-Herlitz, U. (1972). *Karl Marx - Wesen und Existenz des Menschen. Ansätze zur kritischen Erörterung seiner Anthropologie*. München.
Müller-Rolli, S. (Hrsg.). (1988). *Kulturpädagogik und Kulturarbeit*. München.
Münch, D. (Hrsg.) (1992 / 2000). *Kognitionswissenschaft. Grundlagen, Probleme, Perspektiven*. Frankfurt/M.
Nagel, W. & Wuketits (1995). *Dimensionen der modernen Biologie*. 7 Bde. Sonderausgabe. Darmstadt.
Natur und Pädagogik. (1986). [Heftthema]. *Zeitschr. für EntwicklungsPädagogik*, 9 (4).
Neel, A.F. (1974). *Handbuch der psychologischen Theorien*. München.
Neumann, D. (1994). Pädagogische Perspektiven der Humanethologie. *Zeitschrift für Pädagogik*, 40 (2), 201-227.
Neumann, P.H.A. (1974). *Die Frage nach dem Sinn des Lebens*. Stuttgart.
Nicklis, W. S. (1967). *das bild des menschen in der kybernetik*. Essen.
Nicklis, W. S. (1967). *Kybernetik und Erziehungswissenschaft*. Bad Heilbrunn.
Nicklis, W. S. (Hrsg.). (1969). *Programmiertes Lernen*. Bad Heilbrunn.

Nietzsche, F. (1961). *Werke in 3 Bdn. und Index-Band.* München.
Nietzsche, F. (1965 ff.). *Werke. Kritische Gesamtausgabe*. Berlin.
Nietzsche-Chronik. Daten zu Leben und Werk. Zusammengestellt von K. Schlechta (1975). München.
Nietzsche-Studien (1972). *Internationales Jahrbuch für die Nietzsche-Forschung.* Berlin.
Nikolajczyk, P. (1982)., Die Bedeutung der Geschwister. In M. Balkenohl & H. Wesseln (Hrsg.), *Erziehung in Verantwortung* (S. 160-168). Hamm.
Nipkow, K. E. (1996). Ziele ethischer Erziehung heute. In G. Adam & F. Schweitzer. (Hrsg.), *Ethisch erziehen in der Schule* (S. 38-61): Göttingen.
Nipkow, K. E. (1977). Erziehung und Unterricht als Erschließung von Sinn. *Der evangelische Erzieher,* (6), 398-413.
Nipkow, K. E. (1981). *Moralerziehung.* Gütersloh.
Nipkow, K. E. (1986). Religion. Aus Martens, E. & Nipkow. K.E., Lernbereich Philosophie-Religion-Ethik (S. 167-192). In H.-D. Haller & H. Meyer (Hrsg.), *Ziele und Inhalte der Erziehung und des Unterrichts* (Enzyklopädie Erziehungswissenschaft, Bd. 3). Stuttgart.
Nitschke, A. (1968). *»Das verwaiste Kind der Natur«.* Ärztliche Beobachtungen zur Welt des jungen Menschen. Tübingen.
Nosbüsch, J. (1972). *Der Mensch als Wesen der Sprache*. Meisenheim.
Nosbüsch, J. (1977). Moderne Anthropologie und ihre Bedeutung für die Pädagogik. In H.H. Becker (Hrsg.). *Anthropologie und Pädagogik* (S. 28-48). Bad Heilbrunn.
Novak, F. u. a. (1976). *Pädagogik 1.* München.
Nymann, A. (1966). *Die Schulen der neueren Psychologie*. Bern.
Oelkers, J. (1987). Die Wiederkehr der Postmoderne. Pädagogische Reflexionen zum neuen Fin de siecle. *Zeitschrift für Pädagogik, 33* (1), 21-40.
Oelmüller, W. (Hrsg.). (1977). *Weiterentwicklungen des Marxismus.* Darmstadt.
Oerter, R. (1981). *Entwicklung und Sozialisation. Kindheit, Jugend, Alter* (2. Aufl.). Donauwörth.
Oerter, R. (Hrsg.). (1978). *Entwicklvng als lebenslanger Prozeß.* Hamburg.
Ohe, W. v. d. (1987). *Kulturanthropologie. Beiträge zum Neubeginn einer Disziplin.* Berlin.
Opolka, U. (Hrsg.). (1994). *Der Mensch in seiner Welt: Anthropologie heute*. 3 Bde. Stuttgart.
Opp, K. D. (1972). *Verhaltenstheoretische Soziologie*. Reinbek.
Oraison, M. (1972). *Meditationen über den Sinn des Lebens*. Mainz.
Orth, G. (1989). Überlegungen zur Praxis interkulturellen Lernens. *Zeitschrift für EntwicklungsPädagogik,* 12 (3).
Ortlieb, P. (1970). Neobehaviorismus. In W. Horney, J. Ruppert & W. Schultze (Hrsg.), *Pädagogisches Lexikon* (Bd. 2). (Sp. 454-456). Gütersloh.
Osthoff, R. (1986). *Grundlagen einer ökologischen Pädagogik.* Frankfurt.
Pädagogik und Postmoderne. (1987). [Heftthema]. *Zeitschrift für Pädagogik*, 34 (1).
Pädagogik und Postmoderne. (1989). [Heftthema]. *Vierteljahrsschrift für wissenschaftliche Pädagogik,* 65 (4).
Paetzold, B. & Fried, L. (Hrsg.). (1989). *Einführung in die Familienpädagogik.* Weinheim.
Pannenberg, W. (1962). Was ist der Mensch? *Die Anthropologie der Gegenwart im Lichte der Theologie.* Göttingen.

Pannenberg, W. (1983). *Anthropologie in theologischer Perspektive*. Göttingen.
Patzig, G. (1983). Ökologische Ethik. In H. Markl (Hrsg.), *Natur und Geschichte* (S. 335 ff.). München.
Paus, A. (Hrsg.). (1978). *Suche nach Sinn - Suche nach Gott*. Graz.
Perls, F. S. (1976). *Gestalt-Therapie in Aktion*. Stuttgart.
Perls, F. S. (1978). *Das Ich, der Hunger und die Aggression. Die Anfänge der Gestalttherapie*. Stuttgart.
Perls, F. S. (1979). *Gestalt-Therapie. Lebensfreude und Persönlichkeitsentfaltung*. Stuttgart.
Pesch, H.O., Spaemann, R. & Warnach, W. (1972). Freiheit. In J. Ritter (Hrsg.), *Historisches Wörterbuch der Philosophie II* (S. 1065-1098). Darmstadt.
Pleines, J.E. (1976). Über die anthropologische Betrachtungsweise in der Pädagogik. *Pädagogische Rundschau*, 30 (11), 836-857.
Pleines, J. E. (1979). Über die anthropologische Betrachtungsweise in der modernen Philosophie und Pädagogik. *Vierteljahrsschrift für wissenschaftliche Pädagogik*, 55 (1), 38-49.
Plessner, H. (1964). Conditio Humana. *Opuscula*, (14). Auch in A. Heuß & G. Mann (Hrsg.). (1961), *Propyläen-Weltgeschichte* (Bd. 1). (S. 33-86). Berlin.
Plessner, H. (1975). *Die Stufen des Organischen und der Mensch* (3. Aufl.). Berlin.
Plewig, H.-J. & Wegener, Th. (1984). *Zur Genese von Devianz im frühen Jugendalter*. Heidelberg.
Pöggeler, F. (1970). *Der Mensch in Mündigkeit und Reife - Anthropologie des Erwachsenen* (2. Aufl.). Paderborn.
Poletajew, J. A. (1963). *Kurze Einführung in eine neue Wissenschaft* (2. Aufl.). Berlin.
Pollak, P. (1949). *Frankls Existenzanalyse in ihrer Bedeutung für die Anthropologie und Psychotherapie*. Innsbruck.
Pongratz, L. J. (1967). *Problemgeschichte der Psychologie*. Bern.
Pöppel, K. G. (Hrsg.). (1978). *Das Bild des Menschen in der Wissenschaft*. Hildesheim.
Portmann, A. (1958a). Die Menschengeburt im System der Biologie. In R. Bamberger u. a., *Das Kind in unserer Zeit*. Stuttgart.
Portmann, A. (1958b). *Zoologie und das neue Bild des Menschen. Biologische Fragmente zu einer Lehre vom Menschen* (2. Aufl.). Reinbek.
Portmann, A. (1964). *Das Tier als soziales Wesen* (2. Aufl.). Freiburg.
Portmann, A. (1969). *Biologische Fragmente zu einer Lehre vom Menschen* (3. Aufl.). Basel.
Portmann, A. (1970). *Entläßt die Natur den Menschen?* München.
Portmann, A. (1972). Biologie und Geist. In R. Rocek/O. Schatz (Hrsg.). *Philosophische Anthropologie heute* (S. 115-129). München.
Portmann, A. (1978). *Biologie und Geist* (2. Aufl.). Frankfurt/M.
Portmann, A. (1979). *Vom Lebendigen* (2. Aufl.). Frankfurt.
Portmann, A. (1980). Der Weltbezug des Menschen und seine Stellung im Evolutionsgeschehen. *Universitas*, 35 (3), 225-234.
Pourtois, J.-P. (1985). *Elternerziehung. Ein handlungsorientiertes Förderprogramm*. Salzburg.
Prinz, W., Roth, G. & Maasen, S. (1996). Kognitive Leistungen und Gehirnfunktionen. In G. Roth & W. Prinz (Hrsg.), *Kopf - Arbeit* (S. 3-34). Heidelberg u. a.
Proc.Natl.Acad.Science, 85 (1988), 7627-7631.
Pütz, P. (1975). *Friedrich Nietzsche*. Stuttgart.

Rahner, K. (1971). *Hörer des Wortes.* Freiburg.
Rattner, J. (1974). *Neue Psychoanalyse und intensive Psychotherapie. Einführung in die Theorie und Praxis der Tiefenpsychologie in ihren Weiterentwicklungen seit Sigmund Freud.* Frankfurt.
Ratzinger, J. (1967). Das Menschenbild des Konzils in seiner Bedeutung für die Bildung. In *Christliche Erziehung nach dem Konzil* (S. 33-65). Köln.
Ratzinger, J. (1970). *Glaube und Zukunft.* München.
Ratzinger, J. (Hrsg.). (1972). *Die Frage nach Gott.* Freiburg.
Reble, A. (1953/54). Sprache und menschliche Existenz. Besinnung auf einige Grundfragen des Menschseins und der Spracherziehung. *Pädagogische Rundschau,* 8, 49-57, 104-113, 164-167.
Reble, A. (1959). Menschenbild und Pädagogik. *Die Deutsche Schule,* 51 (2), 49-66.
Reble, A. (1983). Erziehung im Lichte der Kulturverantwortung. In W. Eisermann (Hrsg.), *Maßstäbe* (S. 105-118). Bad Heilbrunn.
Reichert, H. (2000). *Neurobiologie* (2. Aufl.). Stuttgart.
Reijen, W. van (1988). Das unrettbare Ich. In M. Frank, G. Raulet & W. van Reijen (Hrsg), *Die Frage nach dem Subjekt.* Frankfurt/M.
Reitinger, J. (1964). *Der neue Weg zur Menschenbildung.* München.
Remane, A. (1976). *Sozialleben der Tiere* (3. Aufl.). Stuttgart.
Remane, A. u. a. (1980). *Evolution - Tatsachen und Probleme der Abstammungslehre* (5. Aufl.). München.
Resnick, S. (1978). Gestalt-Therapie. *Psychologie heute,* (2).
Riedl, R. & Kreuzer, F. (Hrsg.). (1983). *Evolution und Menschenbild.* Hamburg.
Riedl, R. (1985). *Evolution und Erkenntnis. Antworten auf Fragen unserer Zeit* (3. Aufl.). München.
Rieken, F. (2003). Biologische und moralische Werte. Eine Kritik der naturalistischen Ethik. *Zur debatte,* 33 (1), 38-39.
Ringel, E. (1970). Tiefenpsychologie heute. *Wissenschaft und Weltbild,* 23, 99 ff.
Rocek, R. & Schatz, O. (Hrsg.). (1972). *Philosophische Anthropologie heute.* München.
Rogers, C.R. (1972). *Nicht-direktive Beratung.* München.
Rogers, C.R. (1973). *Die klient-bezogene Gesprächstherapie.* München.
Rogers, C.R. (1973). *Entwicklung der Persönlichkeit.* München.
Rogers, C.R. (1974). *Encounter-Gruppen.* München.
Rogers, C.R. (1979). *Lernen in Freiheit.* München.
Röhrs, H. (Hrsg.). (1979). *Die Erziehungswissenschaft und die Pluralität ihrer Konzepte.* Wiesbaden.
Rolfes, H. (1971). *Der Sinn des Lebens im marxistischen Denken.* Düsseldorf.
Rombach, H. (1971). *Strukturontologie, eine Phänomenologie der Freiheit.* Freiburg.
Rombach, H. (1977). Freiheit. In *Wörterbuch der Pädagogik* (Bd. 1). (S.321-323). Freiburg.
Rombach, H. (1987). *Strukturanthropologie.* Freiburg.
Rombach, H. (Hrsg.). (1966). *Die Frage nach dem Menschen. Aufriß einer philosophischen Anthropologie.* Freiburg.
Rössner, H. (1986). *Der ganze Mensch. Aspekte einer pragmatischen Anthropologie.* München.
Rost, D.H. Grunow, P. & Oechsle, D. (1975). *Pädagogische Verhaltensmodifikation.* Weinheim.

Roth, G. & Prinz, W. (Hrsg.) (1996). *Kopf - Arbeit. Gehirnfunktionen und kognitive Leistungen.* Heidelberg u. a.

Roth, G. (1995). Die Kostruktivität des Gehirns: Der Kenntnisstand der Hirnforschung. In R. Fischer (Hrsg.), *Die Wirklichkeit des Konstruktivismus* (S. 47-61). Heidelberg.

Roth, G. (1997). *Das Gehirn und seine Wirklichkeit. Kognitive Neurobiologie und ihre philosophischen Konsequenzen.* Frankfurt/M.

Roth, H. (1961). *Jugend und Schule zwischen Reformation und Restauration.* Hannover.

Roth, H. (1966/71). *Pädagogische Anthropologie.* Bd. I: Bildsamkeit und Bestimmung (4. Aufl. 1976). Bd. II: Entwicklung und Erziehung (2. Aufl. 1976). Hannover.

Roth, H. (1967a). Begabung als Problem der Forschung. *Die Deutsche Schule*, (4), 197-207.

Roth, H. (1967b). Empirische Pädagogische Anthropologie. In H.H. Becker (Hrsg.), *Anthropologie und Pädagogik* (S. 121-133). Bad Heilbrunn.

Roth, H. (Hrsg.). (1974). *Begabung und Lernen. Ergebnisse und Folgerungen neuer Forschungen* (4. Aufl.). Stuttgart.

Rothe, F.K. (1984). *Kultur und Erziehung. Umrisse einer Ethnopädagogik.* München.

Röthlein, B. (2002). *Sinne, Gedanken, Gefühle. Unser Gehirn wird entschlüsselt.* München.

Rubner, E. (1980). Themenzentrierte Interaktion. In Deutscher Verein für öffentliche und private Fürsorge (Hrsg.), *Fachlexikon der sozialen Arbeit* (S.758). Frankfurt.

Rudolf, W. & Tschohl, P. (1977). *Systematische Anthropologie.* München.

Rutt, Th. (1978). Bildungstheoretische Beiträge in den Werken Max Schelers. *Pädagogische Rundschau*, 32 (8), 589-614.

Sachsse, H. (1978). *Anthropologie der Technik.* Braunschweig.

Salber, W. (1969). *Wirkungseinheiten.* Kastellaun.

Salber, W. (1973/74). *Entwicklungen der Psychologie Sigmund Freuds* (Bd. I-III). Bonn.

Saller, K. (1964). *Leitfaden der Anthropologie.* Stuttgart.

Sander, F. & Volkelt, H. (1962). *Ganzheitspsychologie.* München.

Schaff, A. (1965). *Marxismus und das menschliche Individuum.* Wien.

Schaller, K. (Hrsg.). (1979). *Erziehungswissenschaft der Gegenwart.* Bochum.

Schandry, R. (1988). *Lehrbuch Psychophysiologie.* (2. überarb. und erw. Aufl.). München.

Schandry, R. (2003). *Biologische Psychologie.* Weinheim.

Scharmann, D.-L. & Scharmann, T. (1975). Die Vaterrolle im Sozialisations- und Entwicklungsprozeß des Kindes. In F. Neidhardt (Hrsg.), *Frühkindliche Sozialisation* (S. 231-269). Stuttgart.

Schatz, O. (Hrsg.). (1974). *Was wird aus dem Menschen?* Graz.

Scheffczyk, L. (1979). *Die Theologie und die Wissenschaften.* Aschaffenburg.

Scheffczyk, L. (Hrsg.). (1969). *Der Mensch als Bild Gottes.* Darmstadt.

Scheffczyk, L. (Hrsg.). (1987). *Veränderungen im Menschenbild. Divergenzen der modernen Anthropologie.* Freiburg.

Scheidt, J. v. (1980). *Hilfen für das Unbewußte - Esoterische Wege der Selbsterfahrung.* München.

Scheler, M. (1925). *Die Formen des Wissens und die Bildung.* Bonn.

Scheler, M. (1949). *Die Stellung des Menschen im Kosmos.* München (8. Aufl. 1975, Bern).

Scheler, M. (1956 ff.). *Gesammelte Werke* (13 Bde.). Bern.
Scheler, M. (1966). *Der Formalismus in der Ethik und die materiale Wertethik* (5. Aufl.). Bern.
Scheler, M. (1968). *Vom Ewigen im Menschen* (5. Aufl.). Bern.
Schelling, F.W.J. (1834). *Philosophische Untersuchungen über das Wesen der menschlichen Freiheit ...* . Reutlingen.
Scherer, G. (1967). *Ehe im Horizont des Seins* (2. Aufl.). Essen.
Scherer, G. (1976). *Strukturen des Menschen. Grundfragen philosophischer Anthropologie.* Essen.
Scherer, K. R. & Wallbott, H.G. (Hrsg.). (1984). *Nonverbale Kommunikation: Forschungsberichte zum Interaktionsverhalten.* Weinheim.
Scheuerl, H. (1982). *Pädagogische Anthropologie. Eine historische Einführung.* Stuttgart.
Schiefele, H. & Krapp, A. (1973). *Grundzüge einer empirisch-pädagogischen Begabungslehre.* München.
Schiefele, H. & Krapp, A. (1981). *Handlexikon zur Pädagogischen Psychologie.* München.
Schiefele, H. (1964). *Programmierte Unterweisung.* München.
Schirlbauer, A. (1990). Konturen einer postmodernen Pädagogik. *Vierteljahrsschrift für wissenschaftliche Pädagogik*, 66 (1), 31-45.
Schischkoff, G. (1966). Kybernetik und Ganzheitsforschung. *Zeitschrift für Ganzheitsforschung*, 10 (II).
Schlederer, F. (1965). Zu einer Topologie der Logotherapie Viktor E. Frankls. *Wissenschaft und Weltbild*, 18, 62-68.
Schleißheimer, B. (1979). Orientierung auf einen letzten Sinn. In H. Beck (Hrsg.), *Philosophie der Erziehung.* Freiburg.
Schlüter, J. (1970). Begabung, Bildsamkeit, Leistung. In J. Speck & G. Wehle (Hrsg.), *Handbuch pädagogischer Grundbegriffe* (Bd. I). (S. 55-81). München.
Schmalohr, E. (1975). »Mutter«-Entbehrung in der Frühsozialisation. In F. Neid-hardt (Hrsg.), *Frühkindliche Sozialisation* (S. 188-229). Stuttgart.
Schmidt, H. (1965). *Die anthropologische Bedeutung der Kybernetik.* Quickborn.
Schmitt, R. (1991). Moralische Entwicklung und Erziehung. In L. Roth (Hrsg.), *Pädagogik. Handbuch für Studium und Praxis* (S. 172-182). München.
Schneewind, K.A. (1977). Selbstkonzept. In Th. Herrmann u. a. (Hrsg.), *Handbuch psychologischer Grundbegriffe* (S. 424-431). München.
Schockenhoff, E. (2003). Wir Phantomwesen. Die Grenzen der Hirnforschung. In *Frankfurter Allgemeine Zeitung* vom 17. Nov. 2003, Nr. 267, S. 31.
Schramm, T., Vopel, K. & Cohn, R.C. (1972). Methoden der Gruppenarbeit. *Wissenschaft und Praxis in der Kirche und Gesellschaft*, 308 ff.
Schröder, H. (1985). *Grundwortschatz Erziehungswissenschaft.* München.
Schüler-Springorum, H. (Hrsg.). (1983). *Jugend und Kriminalität.* Frankfurt/M.
Schulz, W. (1979). *Ich und Welt. Philosophie der Subjektivität.* Pfullingen.
Schulz-Hencke, H. (1970. *Lehrbuch der analytischen Psychotherapie.* Stuttgart.
Schwarz, R. (1957). *Wissenschaft und Bildung.* Freiburg.
Schwarz, R. (1965). *Humanismus und Humanität in der modernen Welt.* Stuttgart.
Schwarz, R. (1967). Probleme der menschlichen und geschichtlichen Existenz in der modernen Welt. In R. Schwarz (Hrsg.), *Menschliche Existenz und moderne Welt.*

Ein internationales Symposion zum Selbstverständnis des heutigen Menschen (Teil II). (S. 639-848). Berlin.
Schwarz, R. (Hrsg.). (1967). *Menschliche Existenz und moderne Welt. Ein internationales Symposion zum Selbstverständnis des heutigen Menschen* (Teil I und II). Bildung/Kultur/Existenz. Bd. 2 und 3). Berlin.
Schweitzer, F. (1980). Moral, Verantwortung und Ich-Entwicklung ... *Zeitschrift für Pädagogik*, 26 (6), 931-942.
Science, 241 (1988), 1598-1600, 1756-1759.
Seidel, W. (Hrsg.). (1985). *Christliche Weltanschauung. Wiederbegegnung mit Romano Guardini.* Würzburg.
Seifert, J. (1979). *Das Leib-Seele-Problem in der gegenwärtigen philosophischen Diskussion. Eine kritische Analyse.* Darmstadt.
Seve, L. (1973). *Marxismus und Theorie der Persönlichkeit* (2. Aufl.). Frankfurt.
Sexualerziehung - Grundlagen, Normen Ziele. (1986). [Heftthema]. *„engagement"*, (2).
, W. (2002). *Der Beobachter im Gehirn. Essays zur Hirnforschung.* Frankfurt/M.
Singer, W. (2003). *Ein neues Menschenbild? Gespräche über Hirnforschung.* Frankfurt/M.
Sinn des Lebens, Der Mensch vor der Frage nach dem (o. J.). *Theologie im Fernkurs* (Grundkurs). (Lehrbrief 3). Würzburg.
Sinnfrage, Antworten zur (1973). [Heftthema]. *Lebendiges Zeugnis*, (1/2).
Skinner, B. F. & Correll, W. (1971). *Denken und Lernen.* Braunschweig.
Skinner, B. F. (1938). *The Behavior of organism.* New York.
Skinner, B. F. (1953). *Science and Human Behavior.* New York.
Skinner, B. F. (1971). *Erziehung als Verhaltensformung.* München.
Skinner, B. F. (1973). *Jenseits von Freiheit und Würde.* Reinbek.
Skowronek, H. (1973). *Umwelt und Begabung.* Stuttgart.
Spaemann, R. (1977). *Zur Kritik der politischen Utopie.* Stuttgart.
Speck, J. (1976). Pädagogik und Anthropologie. In J. Speck (Hrsg.), *Problemgeschichte der Pädagogik* (Bd. II). (S. 7-59). Stuttgart.
Spitz, R. (1967). *Vom Säugling zum Kleinkind.* Stuttgart.
Spitz, R. (1968). Hospitalismus I. In G. Bittner & E. Schmid-Cords (Hrsg.), *Erziehung in früher Kindheit* (S. 77-98). München.
Spitzer, M. (2003). *Lernen. Gehirnforschung und die Schule des Lebens.* Heidelberg/Berlin.
Stachel, G. & Mieth, D. (1978). *Ethisch handeln lernen.* Zürich.
Stachowiak, H. (1989). Kybernetik. In H. Seiffert & G. Radnitzky (Hrsg.), *Handlexikon zur Wissenschaftstheorie* (S. 182-186). München.
Stammler, E. (Hrsg.). (1973). *Wer ist das eigentlich - der Mensch?* Stuttgart.
Staude, J. R. (1967), *Max Scheler.* New York.
Staudinger, H. & Behler, W. (Hrsg.). (1976). *Chance und Risiko der Gegenwart.* Paderborn.
Staudinger, H. & Schlüter, J. (Hrsg.). (1981). *Wer ist der Mensch?* Entwurf ei*ner offenen und imperativen Anthropologie.* Stuttgart.
Steinbuch, B. K. (1971). *Automat und Mensch* (4. Aufl.). Göttingen.
Stern, C. (1955). *Grundlagen der menschlichen Vererbungslehre.* Göttingen.
Steuber, H. (1976). *Jugendverwahrlosung und Jugendkriminalität.* Stuttgart.
Stöckl, A. (1958/59). *Die spekulative Lehre vom Menschen und ihre Geschichte* (2 Bde.). Würzburg.

Strauß, D. F. (1872). *Der alte und der neue Glaube*. Leipzig.
Suchodolski, B. (1961). *Grundlagen der marxistischen Erziehungstheorie*. Berlin.
Süllwold, F. (1975). *Begabung und Leistung*. Hamburg.
Sünger, M.Th. (1976). *Lernprogramme für die Schulpraxis*. Weinheim.
Süß, H.J. & Martin, K. (1978). Gestalttherapie. In *Handbuch der Psychologie* (Band 3/2). Göttingen.
Süßmuth, H. (1984). *Historische Anthropologie*. Göttingen.
Süssmuth, R. (1968). *Zur Anthropologie des Kindes. Untersuchungen und Interpretationen* (S. 31-94). München.
Süssmuth, R. (1970). Erziehungsbedürftigkeit. In J. Speck & G. Wehle (Hrsg.). *Handbuch pädagogischer Grundbegriffe* (Bd. I). (S.405-424). München.
Svilar, M. (Hrsg.). (1986). *Erbanlage und Umwelt*. Bern.
Szydzik, S.-E. (Hrsg.). (1978). *Sinnfrage und Gottesbegegnung*. Regensburg.
Tart, Ch. T. (1979). *Transpersonale Psychologie*. Freiburg.
Tembrock, G. (1982). *Tierstimmenforschung*. Wittenberg-Lutherstadt.
Teutsch, G.M. (Hrsg.). (1965). *Soziologie der pädagogischen Umwelt*. Stuttgart.
Thielicke, H. (1976). *Mensch sein - Mensch werden. Entwurf einer christlichen Anthropologie*. München.
Thier, E. (1957). *Das Menschenbild des jungen Marx*. Göttingen.
Thomae, H. (1960). *Der Mensch in der Entscheidung*. München.
Tietze, W. (1991). Familienerziehung und Kleinkindpädagogik. In L. Roth (Hrsg.), *Pädagogik. Handbuch für Studium und Praxis* (S.589-600). München.
Tinbergen, N. (1964). *Instinktlehre* (3. Aufl.). Berlin.
Tinbergen, N. (1975). *Tiere untereinander*. Formen sozialen Verhaltens (3. Aufl.). Berlin.
Tschamler, H. & Zöpfl, H. (Hrsg.). (1978). *Sinn- und Wertorientierung als Erziehungsauftrag der Schule*. München.
Tumat, A.J. (Hrsg.). (1984/86). *Interkulturelle Erziehung in Praxis und Theorie* (3 Bde.). Baltmannsweiler.
Uexküll, J. v. (1956). *Streifzüge durch die Umwelten von Tieren und Menschen*. Hamburg.
Vester, F. (1975). *Denken, Lernen, Vergessen*. Stuttgart.
Vester, H.-G. (1986). Verwischte Spuren des Subjekts - Die zwei Kulturen des Selbst in der Postmoderne. In P. Koslowski, R. Spaemann & R. Löw (Hrsg.), *Moderne oder Postmoderne*? (S. 189-201). Weinheim.
Vialou, D. (1992). *Frühzeit des Menschen*. München.
Vogel, C. (1977). *Primatenforschung - Beiträge zum Selbstverständnis des Menschen*. Göttingen.
Vogel, C. (1986). Von der Natur des Menschen in die Kultur. In H. Rössner (Hrsg.), *Der ganze Mensch: Aspekte einer pragmatischen Anthropologie*. München.
Vogel, G. & Angermann, H. (1984). *dtv-Atlas zur Biologie*. Bd. 2 (5. Aufl. 1990). Bd. 3 (6. Aufl. 1992). München.
Voges, W. (Hrsg.). (1987). *Methoden der Biographie- und Lebenslaufforschung*. Opladen.
Vogt, K. (1976). *Köhlerglaube und Wissenschaft*. Gießen.
Volk, H. (1953). *Gott lebt und gibt Leben*. Münster.
Völker, U. (1977). Kann man den Menschen humanisieren? *Psychologie heute*, (8), 34-39.

Vopel, K. (1974). Zur Theorie der themenzentrierten interaktionellen Methode. *Blickpunkt Hochschuldidaktik*. 25.
Waelder, R. (1969). *Die Grundlagen der Psychoanalyse*. Frankfurt.
Walter, H. (1973). Das Anlage-Umwelt-Verhältnis. In G. Altner (Hrsg.), *Kreatur Mensch* (S. 163-204). München.
Warsewa, E. (1971). *Die Welt des Kindes als menschliche Lebensform. Eine Einführung in M.J. Langevelds anthropologisches Denken* (Diss.). Tübingen.
Wasen, E. (Hrsg.). (1986). *Studienfach Pädagogik*. Baltmannsweiler.
Weber, E. (1973). *Pädagogik. Eine Einführung* (Bd. 1: Grundfragen und Grundbegriffe). (3. Aufl.). Donauwörth.
Weber, E. (1986). *Erziehungsstile* (8. Aufl.). Donauwörth.
Weber, E. (1987). *Generationskonflikte und Jugendprobleme aus (erwachsenen) pädagogischer Sicht*. München.
Weber, E. (1995). *Pädagogik. Eine Einführung* (Neuausgabe). *Bd. I: Grundfragen und Grundbegriffe. Teil 1: Pädagogische Anthropologie - Phylogenetische (bio- und kulturrevolutionäre) Voraussetzungen der Erziehung*. Donauwörth.
Weber, E. (1996). *Pädagogik. Eine Einführung* (Neuausgabe). *Bd. I: Grundfragen und Grundbegriffe. Teil 2: Ontogenetische (entwicklungspsychologische und lebensgeschichtliche) Voraussetzungen der Erziehung - Notwendigkeit und Möglichkeit der Erziehung*. Donauwörth.
Weber, I. (1981). *Sinn und Bedeutung kindlicher Handlungen*. Weinheim.
Welsch, W. (1988a). *Unsere postmoderne Moderne* (2. Aufl.). Weinheim.
Welsch, W. (Hrsg.). (1988b). *Wege aus der Moderne. Schlüsseltexte der Postmoderne - Diskussion*. Weinheim.
Welte, B. (1967). *Im Spielfeld von Endlichkeit und Unendlichkeit*. Frankfurt.
Welte, B. (1969). *Determination und Freiheit*. Frankfurt.
Welte, B. (1972). Versuch zur Frage nach Gott. In J. Ratzinger (Hrsg.), *Die Frage nach Gott* (S. 13-26). Freiburg.
Welte, B. (1975). *Zeit und Geheimnis*. Freiburg.
Wendt, H. & Loacker, N. (Hrsg.). (1982/85). *Kindlers Enzyklopädie Der Mensch* (10 Bde.). Zürich.
Werlen, I. (1989). *Sprache, Mensch und Welt*. Darmstadt.
Werner, H. - J. (2002). *Moral und Erziehung in der pluralistischen Gesellschaft*. Darmstadt.
Wickler, W. & Seibt, U. (1977). *Das Prinzip Eigennutz*. Hamburg.
Wickler, W. & Seibt, U. (1990). *Männlich. Weiblich. Ein Naturgesetz und seine Folgen* (Neuausgabe). München
Wickler, W. & Seibt, U. (Hrsg.). (1973). *Vergleichende Verhaltensforschung*. Hamburg.
Wickler, W. (1970). Biologische Grundlagen menschlichen Verhaltens. In W. Wickler, *Antworten der Verhaltensforschung* (S. 179-194). München.
Wickler, W. (1972). *Verhalten und Umwelt*. Hamburg.
Wiener, W. (1968). *Kybernetik. Regelung und Nachrichtenübertragung in Lebewesen und Maschine*. Reinbek.
Wiesenhütter, E. (1969). *Grundbegriffe der Tiefenpsychologie*. Darmstadt.
Wiesenhütter, E. (1979). *Die Begegnung zwischen Philosophie und Tiefenpsychologie*. Darmstadt.
Wigger, L. (1989). Pädagogikgeschichte im Spiegel postmodernen Philosophierens. *Vierteljahrsschrift für wissenschaftliche Pädagogik*, 65 (4), 361-377.

Willmann, O. (1913). Bildsamkeit. In E.M. Roloff (Hrsg.), *Lexikon der Pädagogik* (Bd. 1). (Sp. 522-524). Freiburg.
Wilson, A.C. (1985). Die molekulare Grundlage der Evolution. *Spektrum der Wissenschaft*, (12).
Winkler, E. & Schweikhardt, J. (1982). *Expedition Mensch. Streifzüge durch die Anthropologie*. Wien.
Wisser, R. (Hrsg.). (1960). *Sinn und Sein. Ein philosophisches Symposion*. Tübingen.
Wojtyla, K. K. u. a. (1979). *Der Streit um den Menschen*. Kevelaer.
Wolf, W. (1971). Das Problem von Anlage und Umwelt - Das Wechselwirkungsmodell. In W. Klafki u. a. (1971), *Erziehungswissenschaft* (Bd. 3). (S. 15-28). Frankfurt.
Wulf, Ch. & Zirfas, J. (Hrsg.). (1994). *Theorien und Konzepte der pädagogischen Anthropologie*. Donauwörth.
Wulf, Ch. (1977). Der Lehrer als Berater. In W. Hornstein u. a. (Hrsg.). *Beratung in der Erziehung* (Bd. 2). (S. 639-674). Frankfurt/M.
Wulf, Ch. (Hrsg.). (1994). *Einführung in die pädagogische Anthropologie*, Weinheim.
Wurzbacher, G. (1974). *Der Mensch als soziales und personales Wesen* (2. Aufl.). Stuttgart.
Wust, P. (1965). *Ungewißheit und Wagnis* (Ges. Werke Bd. VI). Münster.
Wyss, D. (1974). *Die tiefenpsychologischen Schulen von den Anfängen bis zur Gegenwart*. Göttingen.
Zdarzil, H. (1975). Pädagogische Anthropologie zwischen Empirie und Philosophie. *Erziehung und Unterricht*, 776-784.
Zdarzil, H. (1976). Anthropologie des Erwachsenen. In H. Zdarzil & R. Olschowski, *Anthropologie und Psychologie des Erwachsenen* (S. 13-110). Stuttgart.
Zdarzil, H. (1978). *Pädagogische Anthropologie* (2. überarb. Aufl.). Graz.
Zdarzil, H. (1980a). Existenzanalyse und Pädagogik. Eugen Finks anthropologische Grundlegung der Pädagogik. *Vierteljahrsschrift für wissenschaftliche Pädagogik*, 56, (4), 493-504.
Zdarzil, H. (1980b). Pädagogische Anthropologie: empirische Theorie und philosophische Kategorialanalyse. In E. König & H. Ramsenthaler (Hrsg), *Diskussion Pädagogische Anthropologie* (S. 267-287). München.
Zdarzil, H. (1982). Das Menschenbild der Pädagogik. Zum Forschungsstand der Pädagogischen Anthropologie. In H. Konrad (Hrsg.), *Pädagogik und Anthropologie* (S. 152-165). Kippenheim.
Zdarzil, H. (1985). Soziobiologie, Verhaltensforschung und Pädagogik. *Pädagogische Rundschau*, 39 (5), 559-578.
Zdarzil, H. (1987). Pädagogik und Kulturanthropologie. *Anzeiger der phil.-hist. Klasse der Österreichischen Akademie der Wissenschaften* (Wien), 124 (13), 227-240.
Zdarzil, H. (1988). Anthropologische Grundlagen der Pädagogik. *Pädagogische Rundschau*, 42 (1), 109-120.
Zeltner, H. (1954). *Schelling*. Stuttgart.
Ziegler, K. (Hrsg.). (1957). *Wesen und Wirklichkeit des Menschen*. Göttingen.
Zielinski, J. *(1971): Aspekte des programmierten Unterrichts*. Frankfurt.
Zimmermann, A. (1975). Der Mensch in der marxistischen Philosophie. In A. Zimmermann, *Der Mensch in der modernen Philosophie* (S. 83-111). Essen.
Zimmermann, A. (1975). *Der Mensch in der modernen Philosophie*. Essen.

Zöpfl, H. (1966). Bildung, Erziehung und Unterricht im Blickpunkt der Philosophischen Anthropologie. In F. Stippel (Hrsg.), *Aspekte der Bildung* (S. 39-83). Donauwörth.

Zöpfl, H. (1967). *Bildung und Erziehung angesichts der Endlichkeit des Menschen.* Donauwörth.

Zöpfl, H. (1976). *Besinnung auf den Menschen in der Pädagogik.* Donauwörth.

Zwick, E. (1992). *Der Mensch als personale Existenz: Entwürfe existentialer Anthropologie und ihre pädagogischen Implikationen bei Sören Kierkegaard und Thomas von Aquin. Eine Studie über die Konstitution der Geschichtlichkeit anhand von Grundfragen zur Möglichkeit eines Dialogs zwischen Sören Kierkegaard und Thomas von Aquin.* St. Ottilien.

ERZIEHUNGSKONZEPTIONEN UND PRAXIS

Herausgeber: Gerd-Bodo von Carlsburg

Band 1 Barbara Hellinge / Manfred Jourdan / Hubertus Maier-Hein: Kleine Pädagogik der Antike. 1984.

Band 2 Siegfried Prell: Handlungsorientierte Schulbegleitforschung. Anleitung, Durchführung und Evaluation. 1984.

Band 3 Gerd-Bodo Reinert: Leitbild Gesamtschule versus Gymnasium? Eine Problemskizze. 1984.

Band 4 Ingeborg Wagner: Aufmerksamkeitsförderung im Unterricht. Hilfen durch Lehrertraining. 1984.

Band 5 Peter Struck: Pädagogische Bindungen. Zur Optimierung von Lehrerverhalten im Schulalltag. 1984.

Band 6 Wolfgang Sehringer (Hrsg.): Lernwelten und Instruktionsformen. 1986.

Band 7 Gerd-Bodo Reinert (Hrsg.): Kindgemäße Erziehung. 1986.

Band 8 Heinrich Walther: Testament eines Schulleiters. 1986.

Band 9 Gerd-Bodo Reinert / Rainer Dieterich (Hrsg.): Theorie und Wirklichkeit - Studien zum Lehrerhandeln zwischen Unterrichtstheorie und Alltagsroutine. 1987.

Band 10 Jörg Petersen / Gerhard Priesemann: Einführung in die Unterrichtswissenschaft. Teil 1: Sprache und Anschauung. 2., überarb. Aufl. 1992.

Band 11 Jörg Petersen / Gerhard Priesemann: Einführung in die Unterrichtswissenschaft. Teil 2: Handlung und Erkenntnis. 1992.

Band 12 Wolfgang Hammer: Schulverwaltung im Spannungsfeld von Pädagogik und Gesellschaft. 1988.

Band 13 Werner Jünger: Schulunlust. Messung - Genese - Intervention. 1988.

Band 14 Jörg Petersen / Gerhard Priesemann: Unterricht als regelgeleiteter Handlungszusammenhang. Ein Beitrag zur Verständigung über Unterricht. 1988.

Band 15 Wolf-Dieter Hasenclever (Hrsg.): Pädagogik und Psychoanalyse. Marienauer Symposion zum 100. Geburtstag Gertrud Bondys. 1990.

Band 16 Jörg Petersen / Gerd-Bodo Reinert / Erwin Stephan: Betrifft: Hausaufgaben. Ein Überblick über die didaktische Diskussion für Elternhaus und Schule. 1990.

Band 17 Rudolf G. Büttner / Gerd-Bodo Reinert (Hrsg.): Schule und Identität im Wandel. Biographien und Begebenheiten aus dem Schulalltag zum Thema Identitätsentwicklung. 1991.

Band 18 Eva Maria Waibel: Von der Suchtprävention zur Gesundheitsförderung in der Schule. Der lange Weg der kleinen Schritte. 3. Aufl. 1994.

Band 19 Heike Biermann: Chancengerechtigkeit in der Grundschule – Anspruch und Wirklichkeit. 1992.

Band 20 Wolf-Dieter Hasenclever (Hrsg.): Reformpädagogik heute: Wege der Erziehung zum ökologischen Humanismus. 2. Marienauer Symposion zum 100. Geburtstag von Max Bondy. 1993. 2., durchges. Aufl. 1998.

Band 21 Bernd Arnold: Medienerziehung und moralische Entwicklung von Kindern. Eine medienpädagogische Untersuchung zur Moral im Fernsehen am Beispiel einer Serie für Kinder im Umfeld der Werbung. 1993.

Band 22 Dimitrios Chatzidimou: Hausaufgaben konkret. Eine empirische Untersuchung an deutschen und griechischen Schulen der Sekundarstufen. 1994.

Band 23 Klaus Knauer: Diagnostik im pädagogischen Prozeß. Eine didaktisch-diagnostische Handreichung für den Fachlehrer. 1994.

Band 24 Jörg Petersen / Gerd-Bodo Reinert (Hrsg.): Lehren und Lernen im Umfeld neuer Technologien. Reflexionen vor Ort. 1994.

Band 25 Stefanie Voigt: Biologisch-pädagogisches Denken in der Theorie. 1994.

Band 26 Stefanie Voigt: Biologisch-pädagogisches Denken in der Praxis. 1994.

Band 27 Reinhard Fatke / Horst Scarbath: Pioniere Psychoanalytischer Pädagogik. 1995.

Band 28 Rudolf G. Büttner / Gerd-Bodo Reinert (Hrsg.): Naturschutz in Theorie und Praxis. Mit Beispielen zum Tier-, Landschafts- und Gewässerschutz. 1995.

Band 29 Dimitrios Chatzidimou / Eleni Taratori: Hausaufgaben. Einstellungen deutscher und griechischer Lehrer. 1995.

Band 30 Bernd Weyh: Vernunft und Verstehen: Hans-Georg Gadamers anthropologische Hermeneutikkonzeption. 1995.

Band 31 Helmut Arndt / Henner Müller-Holtz (Hrsg.): Schulerfahrungen – Lebenserfahrungen. Anspruch und Wirklichkeit von Bildung und Erziehung heute. Reformpädagogik auf dem Prüfstand. 2. Aufl. 1996.

Band 32 Karlheinz Biller: Bildung erwerben in Unterricht, Schule und Familie. Begründung – Bausteine – Beispiele. 1996.

Band 33 Ruth Allgäuer: Evaluation macht uns stark! Zur Unverzichtbarkeit von Praxisforschung im schulischen Alltag. 1997. 2., durchges. Aufl. 1998.

Band 34 Christel Senges: Das Symbol des Drachen als Ausdruck einer Konfliktgestaltung in der Sandspieltherapie. Ergebnisse aus einer Praxis für analytische Psychotherapie von Kindern und Jugendlichen. 1998.

Band 35 Achim Dehnert: Untersuchung der Selbstmodelle von Managern. 1997.

Band 36 Shen-Keng Yang: Comparison, Understanding and Teacher Education in International Perspective. Edited and introduced by Gerhard W. Schnaitmann. 1998.

Band 37 Johann Amos Comenius: Allverbesserung (Panorthosia). Eingeleitet, übersetzt und erläutert von Franz Hofmann. 1998.

Band 38 Edeltrud Ditter-Stolz: Zeitgenössische Musik nach 1945 im Musikunterricht der Sekundarstufe I. 1999.

Band 39 Manfred Luketic: Elektrotechnische Lernsoftware für den Technikunterricht an Hauptschulen. 1999.

Band 40 Gerhard Baltes / Brigitta Eckert: Differente Bildungsorte in systemischer Vernetzung. Eine Antwort auf das Problem der funktionellen Differenzierung in der Kooperation zwischen Jugendarbeit und Schule. 1999.

Band 41 Roswit Strittmatter: Soziales Lernen. Ein Förderkonzept für sehbehinderte Schüler. 1999.

Band 42 Thomas H. Häcker: Widerstände in Lehr-Lern-Prozessen. Eine explorative Studie zur pädagogischen Weiterbildung von Lehrkräften. 1999.

Band 43 Sabine Andresen / Bärbel Schön (Hrsg.): Lehrerbildung für morgen. Wissenschaftlicher Nachwuchs stellt sich vor. 1999.

Band 44 Ernst Begemann: Lernen verstehen – Verstehen lernen. Zeitgemäße Einsichten für Lehrer und Eltern. Mit Beiträgen von Heinrich Bauersfeld. 2000.

Band 45 Günter Ramachers: Das intrapersonale Todeskonzept als Teil sozialer Wirklichkeit. 2000.

Band 46 Christoph Dönges: Lebensweltliche Erfahrung statt empirischer Enteignung. Grenzen und Alternativen empirischer Konzepte in der (Sonder-)Pädagogik. 2000.

Band 47 Michael Luley: Eine kleine Geschichte des deutschen Schulbaus. Vom späten 18. Jahrhundert bis zur Gegenwart. 2000.

Band 48 Helmut Arndt / Henner Müller-Holtz (Hrsg.): Herausforderungen an die Pädagogik aufgrund des gegenwärtigen gesellschaftlichen Wandels. Bildung und Erziehung am Beginn des 3. Jahrtausends. 2000.

Band 49 Johann Amos Comenius: Allermahnung (Pannuthesia). Eingeleitet, übersetzt und erläutert von Franz Hofmann. 2001.

Band 50 Hans-Peter Spittler-Massolle: Blindheit und blindenpädagogischer Blick. Der *Brief über die Blinden zum Gebrauch für die Sehenden* von Denis Diderot und seine Bedeutung für den Begriff von Blindheit. 2001.

Band 51 Eva Rass: Kindliches Erleben bei Wahrnehmungsproblemen. Möglichkeiten einer selbstpsychologisch ausgerichteten Pädagogik und Psychotherapie bei sublimen und unerkannten Schwächen in der sensorischen Integration. 2002.

Band 52 Bruno Hamann: Neue Herausforderungen für eine zeitgemäße und zukunftsorientierte Schule. Unter Mitarbeit von Birgitta Hamann. 2002.

Band 53 Johann Amos Comenius: Allerleuchtung (Panaugia). Eingeleitet, übersetzt und erläutert von Franz Hofmann. 2002.

Band 54 Bernd Sixtus: Alasdair MacIntyres Tugendenlehre von *After Virtue* als Beitrag zum Disput über universalistische Erziehungsziele. 2002.

Band 55 Elke Wagner: Sehbehinderung und Soziale Kompetenz. Entwicklung und Erprobung eines Konzeptes. 2003.

Band 56 Jutta Rymarczyk / Helga Haudeck: *In Search of The Active Learner.* Untersuchungen zu Fremdsprachenunterricht, bilingualen und interdisziplinären Kontexten. 2003.

Band 57 Gerhard W. Schnaitmann: Forschungsmethoden in der Erziehungswissenschaft. Zum Verhältnis von qualitativen und quantitativen Methoden in der Lernforschung an einem Beispiel der Lernstrategienforschung. 2004.

Band 58 Bernd Schwarz / Thomas Eckert (Hrsg.): Erziehung und Bildung nach TIMSS und PISA. 2004.

Band 59 Werner Sacher / Alban Schraut (Hrsg.): Volkserzieher in dürftiger Zeit. Studien über Leben und Wirken Eduard Sprangers. 2004.

Band 60 Dorothee Dahl: Interdisziplinär geprägte Symbolik in der visuellen Kommunikation. Tendenzen therapeutisch-kunstpädagogischer Unterrichtsmodelle vor dem Hintergrund multimedialer Zeitstrukturen. 2005.

Band 61 Gerd-Bodo von Carlsburg / Marian Heitger (Hrsg.): Der Lehrer – ein (un)möglicher Beruf. 2005.

Band 62 Bruno Hamann: Pädagogische Anthropologie. Theorien – Modelle – Strukturen. Eine Einführung. 4., überarbeitete und ergänzte Auflage. 2005.

www.peterlang.de